대한법률연구회가 만드는 생활법률 기본지식

일반인을 위한
부당노동행위와 부당해고
생활법률의 기본지식

공인노무사 **박영수** 지음

가림 M&B

대한법률연구회가 만드는 생활법률 기본지식

일반인을 위한
부당노동행위와 부당해고
생활법률의 기본지식

공인노무사 **박영수** 지음

가림 M&B

머리말

　필자는 노동관계 업무에 10여 년 간 종사하면서 많은 노동상담을 받아왔습니다. 그 중에서도 가장 많은 상담은 부당노동행위와 정리해고, 징계해고 부분이었습니다.
　상담을 받고 이에 대한 해석과 자문·지도를 하면서 늘 아쉬웠던 점은 쟁점사안에 대한 이론적 근거와 법원의 판결을 체계적으로 정리하여 산업현장의 인사관리 실무자나 노동조합의 관계자에게 판단의 기초자료와 근거를 제공하여 합법적이고 합리적인 노사관계가 될 수 있도록 도움을 주었으면 하는 것이었습니다.
　이 부분에 대해서는 그 동안 수차례에 걸친 노동관계법의 개정에 따라 그 내용이 약간씩 바뀌었고, 특히 정리해고 부분은 판례로서 정립되었던 법리를 이제는 근로기준법에서 직접 규정함으로써 제도의 진일보를 가져왔습니다.
　본서는 노사관계 이슈 중에서 가장 많이 언급되는 부당노동행위와 정리해고, 징계해고에 대해서 상세한 해설과 체계적 정리를 통하여 누구나 쉽게 이해할 수 있도록 기술하였습니다.
　또한 이와 관련한 최근의 대법원 판례를 되도록 많이 소개함으로써 판례의 일반적 태도와 흐름을 파악케 하여 담당 실무자들에게 실질적 도움을 주고자 노력하였습니다. 또한 부족한 부분에 대해서는 계속 보완해갈 것을 약속드립니다.

끝으로 이 책의 출판을 맡아주신 가림M&B의 강선희 사장님, 장연수 국장님 이하 직원분들과 원고정리에 많은 도움을 준 동국노무법인 직원들에게도 감사드립니다.

2000. 9. 9.
박 영 수

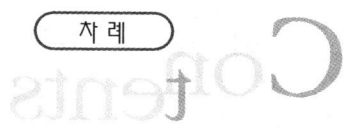

머리말 9

제1편 부당노동행위의 이론과 실제

제1장 노사관계와 부당노동행위

1. 노사관계 / 23
- ◆노사관계의 개념 • 23
- ◆노사관계와 노자관계 • 24
- ◆노사관계 개념의 역사적 배경 • 25

2. 부당노동행위제도의 목적 / 30
- ◆노동기본권의 보장 • 30
- ◆부당노동해위의 유형 • 31
- ◆부당노동행위 금지사유 • 33
- ◆노동위원회에 의한 구제 • 34

3. 부당노동행위제도에 관한 기본원칙 / 36
- ◆규제대상이 되는 행위 • 36
- ◆규제방법 • 37
- ◆구제를 관장하는 기관 • 38
- ◆구제절차의 개시 • 38
- ◆절차의 수행 • 39

4. 부당노동행위 법리의 발전 / 41
- ◆해석의 불확정 • 41
- ◆법리의 유동성 • 41
- ◆판례, 명령에 의한 법리의 창조 • 42

제2장 불이익 취급

1. 불이익취급의 원인 / 43
- ◆불이익취급 • 43
- ◆노동조합의 업무를 위한 행위 • 45

차례

◆기타 노동조합의 정당성 • 50
2. 불이익취급의 유형 / 58
◆신분상의 불이익취급 • 58
◆경제상의 불이익취급 • 63
◆정신상, 생활상의 불이익취급 • 68
◆조합활동상의 불이익처분 • 70
◆회사의 해산과 사업의 폐지 • 72
◆위장해산 • 74
3. 불이익취급의 인정 / 78
◆불이익취급의 의의 • 78
◆부당노동행위의사의 인정기준 • 80
◆처분이유의 경합 • 82
◆조합간부의 책임 • 83
◆부당한 인사처분 • 84

제3장 단체교섭 거부

1. 단체교섭제도의 의의 / 87
◆단체교섭의 의의 • 87
◆단체교섭의 개념 • 88
◆단체교섭의 성숙화 • 90
2. 단체교섭의 거부 / 91
◆단체교섭의 의무 • 91
◆단체교섭의 거부 • 91
◆성의 있는 단체교섭 • 93
3. 단체교섭 거부의 정당한 이유 / 96
◆단체교섭 당사자로서의 자격과 관련한 거부 • 96
◆교섭사항에 관련한 거부 이유 • 96
◆단체교섭의 시기에 관련한 거부 이유 • 98
◆단체교섭의 절차에 관련한 거부 이유 • 99
◆단체교섭 담당자에 관련한 거부 이유 • 100

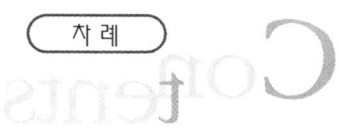

◆단체교섭의 형태에 관련한 거부 이유 • 100

제4장 지배 · 개입

1. 지배 · 개입의 의의 · 요건 / 101
◆지배 · 개입의 의의 • 101
◆지배 · 개입의 성립요건 • 102
◆불이익취급과의 관계 • 105
◆지배 · 개입 행위자 • 106
◆지배 · 개입 • 107

2. 사용자의 언동에 의한 지배 · 개입 / 109
◆사용자의 언론의 자유와 지배 · 개입 • 109
◆사용자의 반조합적 언동과 지배 · 개입 성부의 기준 • 110

3. 시설관리권에 의한 조합활동의 규제와 지배 · 개입 / 113
◆회사시설의 이용제한 • 113
◆게시물의 규제 • 114

4. 사용자의 편의제공과 관련한 지배 · 개입 / 116
◆조합사무실의 대여와 이용한계 • 116
◆게시판이용의 제한 • 117
◆근로시간중 조합활동의 규제와 지배 · 개입 • 120
◆Check-off의 폐지에 의한 지배 · 개입 • 121

5. 친목단체의 이용에 의한 지배 · 개입 / 123
◆친목단체의 설립과 그 활동의 원조 • 123

6. 기타 형태의 지배 · 개입 / 125
◆사례별로 본 지배 · 개입 • 125

제5장 그 밖의 부당노동행위

1. 경비원조 / 133
◆조합의 결성, 운영을 위한 경비부담 • 133

2. 황견계약 / 136

차례
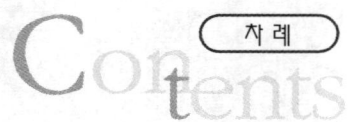

3. 보복적 부당노동행위 / 138

제6장 노동위원회에 의한 부당노동행위의 구제절차

1. 노동위원회와 구제신청사건의 당사자 적격 / 140
    ◆ 중앙노동위원회와 지방노동위원회 • 140
    ◆ 관 할 • 141
    ◆ 구제신청권을 보유하는 자 • 142
    ◆ 구제신청의 상대방 • 145
2. 지방노동위원회의 초심심사절차 / 149
    ◆ 신 청 • 149
    ◆ 조 사 • 151
    ◆ 화 해 • 152
    ◆ 심 문 • 153
    ◆ 심문의 종결, 의결, 명령 • 156
3. 구제명령상의 여러 문제 / 159
    ◆ 구제이익의 존재 • 159
    ◆ 노동위원회의 재량권과 구제명령의 주문 • 160
    ◆ 원직복귀명령과 Back-Pay의 범위 • 163
    ◆ 구제명령의 효력 • 166
4. 중앙노동위원회의 재심절차 / 168
    ◆ 재심사의 신청 • 168
    ◆ 재심신청권자 • 168
    ◆ 재심신청의 방법 • 169
    ◆ 재심신청의 효과 • 170
    ◆ 재심절차 · 명령 • 171

제7장 법원에 의한 절차

1. 행정소송(취소소송) / 172
    ◆ 취소소송의 제기 • 172
    ◆ 취소소송제기의 효력과 이행명령제도 • 174

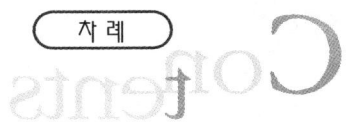

　　◆ 취소소송의 판결 • 175
　2. 민사소송 / 176
　　◆ 법원과 부당노동행위사건의 심리 • 176
　　◆ 사용자의 소제기, 가처분신청 • 177

제2편 경영상 해고

제1장 경영상 해고의 개념

　1. 경영상 해고의 개념 / 181
　2. 경영상 해고의 특징 / 182
　3. 관련 법규정 / 183
　4. 경영상 해고의 요건 및 절차 개요 / 185

제2장 경영상 해고의 요건과 절차

　1. 경영상 해고의 요건 / 186
　2. 긴박한 경영상의 필요성 / 187
　　◆ 경영상 필요성의 판단자료 • 187
　　◆ 경영상 해고에 관한 학설 • 188
　　◆ 관련 판례 및 중앙노동위원회 재결 사례 • 191
　　　긴박한 경영상의 필요성이 인정된 사례 • 191
　　　긴박한 경영상의 필요성이 인정되지 않은 사례 • 197
　　◆ 고용안정협약이 체결되어 있는 경우의 경영상 해고 • 201
　　◆ 사업의 양도 · 인수 · 합병의 경우 경영상 해고 • 202
　　◆ M&A와 근로관계의 이전 • 203
　　　합 병 • 203
　　　주식매매의 경우 • 205
　　　영업의 양도 · 양수 • 206
　　　고용승계의 효과 • 210
　　　영업양도 · 양수와 고용승계에 관한 외국의 입법례 • 211

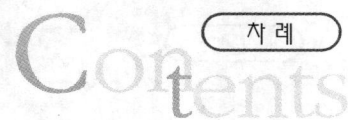

3. 해고회피노력 / 214
    ◆ 해고회피노력의 의의 • 214
    ◆ 해고회피노력의 내용 • 215
    ◆ 관련 판례 및 중앙노동위원회 재결 예 • 218
        해고회피노력을 인정한 사례 • 218
        해고회피노력을 인정하지 않은 사례 • 221
    ◆ 해고회피노력의 구체적 방안 • 226
        경영방침의 개선 및 작업방식의 합리화 • 226
        임원수당 축소 등 일반관리비용의 절감 • 226
        외부 노동력을 자체 인력으로 대체 • 227
        신규 채용의 중단 • 228
        근로시간의 단축 • 229
        탄력적 근로시간제의 활용 • 230
        연 · 월차 휴가 등의 활용 • 232
        배치전환(전보 · 전직) • 232
        기업간 인사이동(사외파견 · 전적) • 233
        임금의 반납 또는 삭감 • 236
        휴업 · 휴직의 실시 • 238
        희망퇴직 또는 명예퇴직의 실시 • 241
    ◆ 기업의 해고회피노력 지원제도 • 243
        고용유지지원금제도 • 243
        채용장려금제도 • 251
        고령자 및 여성고용에 관한 제도 • 253

4. 해고대상자의 선정기준 / 254
    ◆ 공정한 선정기준 • 254
        관련 판례 및 중앙노동위원회 재결 예 • 258
        대상자 선정이 합리적이고 공정하다고 본 사례 • 258
        대상자 선정이 비합리적이고 공정하지 못하다고 본 사례 • 262
    ◆ 대상자의 선정에 대한 일본 판례 • 264

5. 근로자 대표와 성실한 협의 / 266
    ◆ 성실한 협의 • 266

◆ 사용자의 협의 주체 • 268
◆ 관련 판례 및 중앙노동위원회 재결 예 • 275
　성실한 협의사례 • 275
　불성실한 협의사례 • 277
◆ 해고예정일 60일 전에 통보하고 협의개시 • 278
6. 경영상 해고시 신고 / 280
　◆ 해고계획의 신고 • 281
　◆ 신고서 접수효력 • 282
7. 해고자 우선 재고용 노력 / 284

제3장 부당한 해고에 대한 구제

1. 부당해고 구제신청 / 286
2. 관할 지방노동관서에 고소·고발·진정(부당해고 민원제기) / 288
3. 해고무효확인소송 / 289

제4장 해고관련 노동부 업무처리지침

1. 경영상 해고관련 업무처리요령 / 290
　◆ 경영상 해고관련 사실조사 • 290
　◆ 부당해고의 판단 • 294
　◆ 부당해고 민원사건 처리 • 295
　◆ 해고계획 신고서 처리요령 • 295
　◆ 해고자 재고용 노력 지도 • 297
2. 부당해고 등 관련 민원사건 처리지침 / 298
　◆ 제정취지 • 298
　◆ 기본방침 • 299
　◆ 부당해고 등 신고사건 처리지침 • 299
　◆ 노동위원회에서 구제명령서가 송부된 경우 • 302
　◆ 예 외 • 302

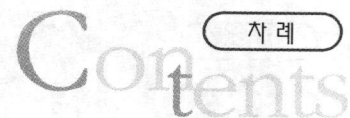

제3편 징계해고

제1장 징계(권)의 개념과 법적 근거
1. 징계(권)의 개념 / 305
2. 징계권의 법적 근거 / 307
   - ◆법적 근거에 관한 학설 • 307
   - ◆학설의 검토 • 312

제2장 징계권의 일반적 한계
- ◆취업규칙상의 근거규정 • 315
- ◆직장질서 위반행위(징계사유) • 316
- ◆사법적 원칙에 입각한 징계행위 • 322
- ◆징계권의 법규범적 통제 • 325

제3장 징계사유의 정당성
1. 징계의 요건 / 326
2. '정당한 이유' / 331
   - ◆징계에 대한 학설 • 331
   - ◆판례의 태도 • 332
   - ◆징계처분의 성격 • 335
   - ◆징계의 정당성 판단 • 336
3. 징계사유의 판단 / 339
   - ◆징계사유의 규정 여부 • 339
   - ◆단체협약 및 취업규칙의 징계사유 • 341
   - ◆당연퇴직조항의 의미 • 344
4. 소급징계의 금지 / 347
5. 징계사유의 명확성 / 349
6. 징계사유 유추적용 / 353
7. 상당성(적정성)의 원칙 / 355

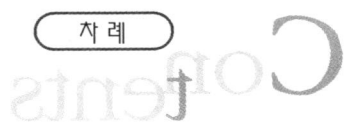

◆ 징계의 필요성 · 355
◆ 징계대상행위와 징계처분과의 균형성 · 359

제4장 유형별 징계사유 관련 판례

◆ 인사명령 및 업무지시 위반행위 • 363
◆ 무단결근 • 368
◆ 직장이탈, 근무태만 및 근무성적불량 • 370
◆ 직무상의 부정행위 • 373
◆ 직장에서의 폭행 및 폭언행위 • 373
◆ 직무외의 비행 및 범법행위 • 374
◆ 업무방해 및 직장질서 문란행위 • 375
◆ 회사의 재산상 손실초래행위 • 378
◆ 회사비방 및 명예손상행위 • 378
◆ 복무수칙 및 안전수칙 위반행위 • 379
◆ 학력 · 경력 및 전력사칭행위 • 381
◆ 업무수행능력 • 383
◆ 유인물 배포 관련 • 385
◆ 노동조합활동 및 쟁의행위관련 • 395

제5장 징계절차의 정당성

1. 징계절차의 정당성 / 398

◆ 해고의 의의 • 398
◆ 해고의 절차 • 398

2. 징계절차 관련 쟁점별 해설 / 400

◆ 규정(취업규칙, 단체협약)된 징계절차를 거치지 아니한 경우 • 400
◆ 규정이 없는 경우의 징계절차 • 404
◆ 소명의 기회 부여 • 407
◆ 절차 위반의 하자 치유 • 409
◆ 징계처분의 취소 • 410
◆ 사전합의(사전동의)조항 위반의 징계 • 411

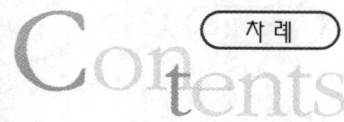

- ◆소명기회 포기시 징계 • 415
- ◆징계위원회 구성 • 416

3. 징계해고의 효력발생시기 / 420

부록 / 관계 서식

- ◆징계의결요구 신청서 (1) • 423
- ◆인사위원회 회부조서 (2) • 424
- ◆심사조사서 • 425
- ◆인사위원회 출석통지서 • 426
- ◆출석요청서 • 427
- ◆출석통지서 수령증 • 428
- ◆징계의결서 • 429
- ◆징계회의록 • 430
- ◆징계처분통지서 • 431
- ◆경고장 • 432
- ◆시말서 • 433
- ◆재심청구서 • 434

제1편
부당노동행위의 이론과 실제

제1장 노사관계와 부당노동행위
제2장 불이익취급
제3장 단체교섭 거부
제4장 지배·개입
제5장 그 밖의 부당노동행위
제6장 노동위원회에 의한 부당노동행위의 구제절차
제7장 법원에 의한 절차

제 1 장
노사관계와 부당노동행위

1. 노사관계

▶ 노사관계의 개념

 노사관계라는 용어는 근간에 이르러 보편적으로 사용되고 있다. 또한 전문적인 분야에서만 사용되는 것이 아니고 신문잡지의 사회면이나 TV 방송에서도 자주 사용되고 있다. 이 노사관계라는 용어는 제2차 세계대전 후 선진국에서 서서히 쓰여져 왔다고 본다. 근간에는 이 문제영역에 관한 국제사회나 국제학회에서 보다시피 노사관계라는 말은 자본주의와 사회주의의 체제를 넘어서 널리 사용되고 있다. 그러나 이 노사관계라는 말의 의미나 개념규정에 있어 보편적인 합의가 성립되지 않고 있다.
 예컨대, 노동법학, 사회정책학, 노동경제학, 산업사회학, 산업심리학, 경제학 등과는 어떻게 관련되고 어느 점이 다른지도 분명하지 않으며 그 뜻이나 내용이 유동적인 경우도 있다. 노사관계라는 원문은

Industrial Relations이나 이를 문자그대로 '산업관계'라고 하기도 하지만 미국에서조차 그 용례가 분명치 않다. Labor Relations를 '노사관계'로 번역하기도 한다.

따라서 산업관계의 명확한 개념규정이 된 것은 아니다. 문자 그대로의 해석에 따르면 '산업에 따른 모든 관계'로서 산업사회에 있어서 인간과 조직체를 결합하는 모든 관계일 것이나 산업관계를 구성하는 모든 요소간의 모든 관계라 하기에는 너무 막연하여 문제의 초점이 확실하지 않다.

결국 노사관계라는 것은 산업활동에서 맺어지는 개인, 집단과 조직간의 모든 관계 중 가장 기본적인 관계인 근로자와 사용자간의 사회관계 일반을 뜻하나 그 중에서 핵심이 되는 것은 노동조합과 그 상대방으로서의 사용자 또는 경영자 및 그 단체간의 관계라고 하겠다.

노사관계와 노자관계

노사관계라는 용어 이전에는 노동문제라든가 노자관계라는 용어가 사용되었다. 이는 기업의 관리자로서의 사용자가 아니고 구성원으로서의 근로자가 아닌 자본가와 노동자 및 생산수단의 소유자인 자본가계급과 생산수단을 소유하지 못하고 노동력을 자본가에게 파는 노동자계급이며 산업사회에 있어 이들의 관계는 착취와 피착취, 지배와 종속관계였다.

따라서 지배적 대립과 지배투쟁의 관계이며 이런 계급사회에 있어서의 정부는 Bourgeois 독재의 권력구조이며 자본가계급의 이익을 수호하고 노동자계급을 쟁취하며 억압하는 체제를 유지해가기 위한 '총자본'의 의미를 구현하고 집행하는 기관에 불과하고 개개의 기업에서 현실적 생산활동이나 서비스활동을 지휘, 감독하는 관리자·감독자 및 경영자 등은 모두가 개별자본의 의미대리인에 지나지 않는다 라는 뜻에서 경영자나 관리자는 자본가적 지배에 완전히 종속한 것이므로 산업사회에 있어 인간관계의 기본은 노동자 대 자본가의 적대적 관계 및 노자관계라는 마르크스주의측의 학설도 노사관계의 개념을 전면적으로 거부하지 않고 노사관계는 노자관계의 상위개념에 포함되는 하부개념이라든가 노자관계를 구성하는 일정의 한정적 영역에 한하여 합리성과 유효성을 인정하는 사고가 형성, 변화되고 있다.

 이런 노자관계의 용어는 일하는 사람과 돈을 갖고 있는 사람이란 뜻에서 우리는 그 뜻의 원천을 생각지 않고 전근대적 노사관계의 표현이라는 점에서 노동자를 근로자, 자본가를 사용자로 바꾸어 표현하기에 이르렀고 또한 제2차 세계대전 후 노사관계론이라는 학문분야가 급속히 발전하였다.

노사관계 개념의 역사적 배경

1) 노동조합운동의 발전

 노사관계의 개념을 성립시킨 가장 큰 이유는 노동자계급의 성숙과 산업민주제의 발전이다. 산업혁명 이후 공업화의 진전과 더불어 노동자계급은 양적, 질적으로 성장, 발전하였다. 특히 19세기 말 이후 취업인구 중의 고용근로자는 그 양적 비중을 확대해 왔으며 노동자계급의 생활수준이나 지적수준도 계속 향상되어 왔다. 또한 물질적인 생활수준이 개선되었을 뿐만 아니라 정치적, 사회적 지위도 현저히 향상되었다.

 이와 같은 노동자계급의 지위향상과 개선을 가져오게 한 것은 국가의 노동입법, 사회입법과 사회 또는 공공정책의 역할이 컸으며 이런 입법과 정책을 추진한 것은 노동운동이었다. 그 중에서 주를 이룬 것은 노동조합운동으로서 근로자는 스스로 단결하여 노동조합을 조직하여 사용자나 자본가와 단체교섭을 통하여 고용, 근로조건을 집단적으로 결정하고 그 유지, 개선을 꾀하여 왔다. 또한 단체교섭으로 근로자측 주장이 이루어지지 않으면 노동조합은 파업 등의 노동쟁의에 의지하여 왔다.

노동조합은 점차 그 조직과 영역을 확대하여 단체교섭의 실행을 넓히고 정치, 경제면에서 발언권이 증대되었다. 당초에는 노동조합운동을 강압하거나 제한하던 각국의 노동입법이나 노동정책도 점차로 노동조합을 승인하고 다시 그 권리를 적극적으로 보장하기에 이르렀다. 이 결과 사용자나 자본가에게 종속되어, 고용조건이 일방적·전단적으로 결정되던 근로자는 노동조합에 결집함으로써 사용자나 자본가와 대등한 지위에서 단체교섭을 통하여 근로조건의 결정에 발언, 참가, 규제를 가하게 되었다. 자본가나 사용자의 전제적 지배(Industrial Autocracy)에 대신하여 산업민주주의(Industrial Democracy)가 발전하여 그 내용이 향상되었다. 이런 경향은 제2차 세계대전 이후 크게 변화하여 제도적으로 정착하였다.

노사관계 개념의 보급과 노사관계론이라는 학문분야의 발전은 무엇보다도 노동조합운동과 단체교섭제도의 전개가 그 기초라고 하여도 좋겠다.

2) 소유와 경영의 분리

사용자의 개념을 종래의 자본가개념으로 다룰 수 없는 경영자인 직업의 탄생과 그 독립적 기능의 확대발전이다. 즉 '소유와 경영의 분리' 또는 '경영자혁명'이라는 문구로 표현되는 바와 같이 자본의 소유자에 대한 기업경영자의 우위의 지배체제가 발전되었다. 이런 발전은 주식회사제도에 의한 것이라 하겠다. 주식회사제도는 자본을 여러 주식으로 분산하여 자본소유자의 기능을 분산화하는 한편 자본의 소유와는 상대적으로 독립한 경영(Management)이라는 사회적 직능을 발전시켰다.

기업규모가 대형화하여 기업활동이 복잡한 시장경제의 구조 중에서 다양해지면 기업은 재화, 자금, 정보, 인간의 모든 자원의 확보와 적절한 배분을 하게 되며 이 때 기업은 여러 가지 기능, 전문적 지식과 기술을 갖고 있는 인간집단을 조직적으로 편성하여 이 집단의 활동을 기업목적의 수행을 위하여 지도, 통제, 통합해 나가야 한다.

이들 인간집단은 각각 인간적 욕구나 소망을 갖고 독립적 이해의 관계자로서 그 이해는 종종 기업의 이익이나 기업의 구성원인 타인이나 인간집단의 이해와 대립한다. 이런 대립과 이해관계를 갖고 있는 개인과 집단을 기업목적에 통합·조정하여 경쟁시장에서 기업의 존립과 발전을 도모해 나가는 일은 단순한 자본의 소유자로서는 어려우므로 전문적 경영자가 등장하게 된 필연성이 있다 하겠다.

이런 소유와 경영의 분리는 대규모기업에서 실현되는 것이며 중소기업에서는 아직도 자본의 소유자와 경영자가 분리되지 않고 있다. 소위 Owner Manager가 지배적이다. 이와 같은 자본가를 겸한 사용자가 노사관계에서 현실적으로 맡고 있는 역할은 아주 중요하다. 그러나 고도의 산업사회에 있어 노사관계의 당사자로서 지도적 역할을 하는 것은 자본가가 아니고 경영자이며 노동자측에서는 개개의 노동자가 아니고 노동조합이라는 조직체인 것이다.

현대의 노사관계는 노동조합 대 경영관계(Union Management Relation)라고 할 수 있다. 그리고 이런 노동조합 대 경영관계를 통하여 생성되는 노사관계의 협약과 노동관행은 노동조합이나 전문경영자가 없는 기업에도 영향을 미친다.

3) 정부역할의 증대

오늘날 정부는 거대기업, 독점기업, 공익기업의 경영자로서의 역할과 조정자로서의 역할과 책임을 담당하면서 노동문제에 대한 정부의 개입은 증대되었다.

정부는 산업노동 주변의 사회관계에 관한 입법이나 행정을 통하여 폭넓게 노사관계에 통용되는 제도적 방안을 만들고 국민경제의 운영과 사회질서를 유지하는 입장에서 고용문제, 임금결정, 노동쟁의 등 통상 발생되는 노동문제에 관하여 정책적 유도와 직접적인 압력이나 영향력을 행사한다. 이 경우 정부의 입장은 노사관계의 당사자뿐 아니라 소비자 대중의 이해 조정과 정치정세에 따른 정치적 균형유지, 국제관계에서의 국민적 이해의 옹호와 신장 등의 여러 요인이 정부측 행동동기이다.

노사관계에서 정부역할의 다른 면은 사용자로서의 정부이다. 정부는 사용자나 경영자로서의 위치와 자격으로 노사관계의 당사자이며 제도, 규약, 관행 제정에 있어 지도적 역할을 한다. 또한 정부기관이 행하는 공공부문의 산업활동은 재화의 생산, 서비스의 제공에서 민간기업과는 달리 자본가적 소유에 의한 영리활동이 아니다.

4) 사회체제와 노사관계

민간의 영리기업, 비영리기업, 정부기관의 산업에 공통되는 인간관계는 집단적·조직적 노동에 있어 사용자와 노동자와의 관계 또는 관리자와 피관리자와의 관계라고 할 수 있다. 그래서 구미에서는 노사관계와 같은 의미로 사용자 – 종업원관계(Employer – Employee Relation)라든가 관리자 – 피관리자관계(Manager – Managee Relations)라는 용어가 사용되기도 한다.

오늘날 산업사회를 구성하는 개인과 조직체간의 모든 관계는 활동영역에서 다원화돼가는 사회계층과 조직체간의 모든 관계로서 이들 모든 관계를 규율하고 광의의 규정제정과 그 운영도 복잡한 제도적 조성에 의하여 행하여진다.

마르크스경제학이 추상한 노자관계 즉 생산수단의 소유와 비소유에 의하여 구분되는 계급적 대립과 투쟁의 관계에서도 산업사회는 형성되며, 기능적으로 분화한 이익집단간의 이해의 대립과 조정으로 산업활동의 목적을 위한 통합, 협력의 모든 관계로서 발전한다. 따라서 이들 모든 관계는 소위 체제의 형태를 불문하고 적용되는 것이다.
　왜냐하면 생산수단의 사유가 존재하지 않는 사회주의체제에 있어서도 산업활동에서의 관리자와 피관리자와의 관계 또는 이익집단간의 긴장 마찰, 조정과 타협의 과정은 항상 있기 때문이다. 사회주의국가들이 선진자본주의 노사관계제도를 배우고자 하는 이유도 이 때문이다. 따라서 노사관계라는 것은 체제와 관계 없이 적용되는 사회과학적 개념이다.

2. 부당노동행위제도의 목적

　노동조합및노동관계조정법의 부당노동행위제도는 노동기본권의 철저한 보장을 위하여 사용자에 의한 그 침해행위를 간편하고 신속하게 시정하는 제도로서 노동위원회에서 운영하고 있다. 행정기관인 노동위원회와 사법기관인 법원이 국가기관으로서 부당노동행위에 개입하고 있는 바, 사법적 구제방법이 내포하고 있는 시간적, 경제적 손실과 절차의 번잡을 피하고 간편하게 구제할 수 있는 행정적 구제방법을 채용한 것이며, 노사관계의 복잡성과 근로자의 입장을 고려하여 법원과 같이 복잡한 절차를 거쳐 형식적이고 경직성을 띤 법적 가치판단을 내리는 것이 아니고, 절차가 간편하고 탄력성 있게 신속한 구제가 가능한 행정기관이 부당노동행위제도의 운영상 주축이 되어 노동기본권을 보장하려는 제도이다.

◀ 노동기본권의 보장

　부당노동행위제도는 노동기본권을 보장하기 위한 제도이다. 헌법 제31조에서 '근로자는 노동조건의 향상을 위하여 자주적인 단결권·단체교섭권·단체행동권을 가진다'라고 규정하고 있으며 이것은 국가기본방침으로 열거한 단결권·단체교섭권·단체행동권을 노동기본권으로서 존중하여야 한다는 강한 의사의 표명이다. 그러므로 사용자도 이 노동3권을 존중하는 것이 노동관계의 안정과 평화를 위하여 바람직한 것이다.
　그러나 현실적으로는 사용자에 의하여 노동3권이 침해되는 사례는 허다하며 이 경우 근로자나 노동조합이 바로 단체교섭에 의하여 침해를 시정하든지 실력을 과시하여 침해되지 않도록 노력할 수 있으나 그것은 쉬운 일이 아니므로 국가권력으로 사용자의 노동3권 침해를 금지하고 침해되었을 경우 적극적인 구제로 노사관계 안정의 회복을 촉진하는 것이 요청된다.

헌법에서 이런 것을 규정한 것은 노동3권이 침해되었을 때 국가가 노동자와 노동조합에 대하여 충분한 보호를 위한 배려를 선언한 것이다. 따라서 노동조합및노동관계조정법은 헌법의 취지에 따라 일정유형의 사용자의 행위를 부당노동행위로서 금지하고 부당노동행위 발생시에는 일정의 절차를 거쳐 노동위원회가 구제명령을 하고 구제명령을 위반한 사용자에게 제재를 가함으로써 노동3권의 실질적 보장을 구현하기 위한 것이다.

부당노동행위의 유형

이 제도는 사용자에 의한 노동기본권의 침해행위를 대상으로 하기 때문에 여러 유형이 있겠으나 노동조합및노동관계조정법(제81조)에서 사용자의 다음 행위를 부당노동행위로 규정하고 있다.

● 불이익 취급

근로자가 노동조합에 가입 또는 가입하려고 하였거나 노동조합을 조직하려고 했을 때, 기타 노동조합의 업무를 위한 정당한 행위를 한 것을 이유로 그 근로자를 해고하거나 그 근로자에게 불이익을 주는 행위

● 황견계약

근로자가 어느 노동조합에 가입하지 아니할 것 또는 탈퇴할 것을 근

로조건으로 하거나 특히 근로조합의 조합원이 될 것을 고용조건으로 하는 행위·다만, 노동조합이 그 사업장에 종사하는 근로자의 3분의 2 이상을 대표하고 있을 때는 근로자가 그 노동조합의 조합원이 될 것을 고용조건으로 하는 단체협약의 체결은 예외로 하며 이 경우 사용자는 근로자가 그 노동조합에서 제명된 것을 이유로 신분상 불이익한 행위를 할 수 없다.

● 단체교섭 거부

노동조합의 대표자 또는 노동조합으로부터 위임을 받은 자와의 단체협약체결, 기타의 단체교섭을 정당한 이유없이 거부하거나 해태하는 행위.

● 지배·개입·경비원조

근로자가 노동조합을 조직하거나 운영하는 것을 지배하거나 이에 개입하는 행위와 노동조합의 전임자에게 급여를 지원하거나 노동조합의 운영비를 원조하는 행위. 다만, 근로자가 노동시간중에 사용자와 협의 또는 교섭하는 것을 사용자가 허용함은 무방하며, 또한 근로자의 후생자금 또는 경제상의 불행, 기타의 재해방지와 구제 등을 위한 기금의 기부와 최소한 규모의 노동조합 사무소의 제공은 예외로 한다.

● 보복적 부당노동행위

근로자가 정당한 단체행위에 참가한 것을 이유로 하거나 노동위원회에 대하여 사용자가 이 조의 규정에 위반한 것을 신고하거나, 그에 대한 증언을 하거나 기타 행정관청에 증거를 제출한 것을 이유로 그 근로자를 해고하거나 그 근로자에게 불이익을 주는 행위.

이상이 현재 노동조합및노동관계조정법이 규정하고 있는 부당노동행위의 유형이다.

부당노동행위 금지사유

앞에서의 유형들은 근로자의 단결권 · 단체교섭권, 단체행동권을 침해하는 행위로서 현재의 노사관계에서 사용자에 의하여 침해당하기 쉬운 행위이며, 이들 유형을 특히 금지한 사유는 다음과 같다.

- 불이익취급의 전형적 사례는 활발한 조합활동을 하는 근로자를 해고하는 것으로 이런 해고를 방임하는 것은 단결권의 현저한 침해이므로 이것을 금지한 것이다. 해고에 이르지는 않아도 조합활동을 이유로 한 불이익취급을 방임한다면 근로자의 조합활동은 소극적인 것이 되고 근로자의 단결권보장이 이루어질 수 없으므로 이들 행위를 금지한 것이다.

- 사용자가 근로자와 근로계약을 체결함에 있어 노동조합에 가입하지 않을 것 또는 노동조합에서 탈퇴할 것을 근로계약 성립(또는 존속)조건으로 하는 것은 노동조합활동을 약화시키고 근로자의 단결권을 침해하는 행위이므로 이를 금지한 것이며, 소위 황견계약의 금지이다.

- 단체교섭권은 노동조합이 갖고 있는 기본적 기능으로서 단체교섭이 노사관계의 안정을 위한 큰 기능이다. 그러므로 사용자의 정당한 이유없는 단체교섭거부를 부당노동행위로 규정하고 금지하여 조합의 고유기능인 단체교섭권을 활발하게 행사할 수 있도록 배려한 것이다.

- 사용자가 노동조합의 결성 · 운영에 지배 개입함을 방임하면 노동조합의 자주성을 손상하고 근로자의 단결권 및 단체행동권이 침해되므로 이런 행위를 금지토록 한 것이다. 또한 경비원조가 금지된 것도 같은 이유이다.

- 근로자나 노동조합이 부당노동행위의 구제를 신청하든가 노사간의 분쟁해결을 위하여 노동위원회제도를 이용하는 것은 장려할 만하다. 따라서 사용자가 노동위원회제도를 이용한 근로자를 불이익 취급함을 방치하는 것은 노동조합활동을 위축시키기에 이런 행위를 금지한 것이다.

노동위원회에 의한 구제

노동조합및노동관계조정법에서 부당노동행위금지를 규정하고 노동위원회로 하여금 부당노동행위의 구제를 담당토록 한 것은 다음과 같은 배려에 의한 것이다.

● 신속·간편한 구제

부당노동행위 구제신청사건의 판정을 담당하는 기관으로서 노동기본권의 침해에 대하여 근로자와 노조에게 신속·간편한 구제를 하기 위한 것이다. 노동위원회는 행정기관이므로 사건의 처리에 있어 법원과 같이 복잡한 민사소송절차에 따를 필요 없이, 독립의 절차에 따라 간편하고 신속한 판정을 행할 수 있다는 이점이 있다.

● 부당노동행위의 사실상 배제(원상회복)

노동위원회의 구제명령은 부당노동행위의 결과를 사실상 배제하여 원상회복하는 것을 목적으로 하고 있다. 사법기관에 의한 구제가 손해배상을 원칙으로 하고 행위의 배제는 예외적으로 인정하는 데 그치는 것에 반하여, 노동위원회에 의한 구제는 단결권·단체교섭권·단체행동권의 침해가 직접 회복되도록 하기 위한 것이다. 이 재판은 과거의 사실에 대하여 법률을 적용하고 그 결과 결론을 도출하는 구상을 채택하는데 반하여, 행정기관에 의한 구제는 일반사실의 존부를 전제로 하면서도 장래를 전망한 적절한 결론을 고안하는 것이 가능하며, 이 점이 노동위원회에 의한 구제제도의 특색이다.

● 독립행정기관에 의한 구제

노동위원회에서 부당노동행위구제신청사건을 심사하는 것은 공익위원이며 구제명령은 공익위원회의에서 결정한다.

공익위원의 신분은 일반직 공무원이 아니고 임기 3년의 비상근특별직(상임위원은 별정직 공무원)이며 위촉과 그 지위에 있어 일반직 공무원과 다른 배려가 있으며, 노동위원회는 일반행정기구의 계선조직에 포함되지 않는 특징이 있다(노동위원회법 제4조).

3. 부당노동행위제도에 관한 기본원칙

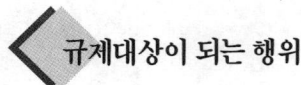
규제대상이 되는 행위

● 노사쌍방의 행위를 규제

　미국, 캐나다의 입법 등이 채용하고 있는 것은 사용자의 부당노동행위와 노동조합의 일정유형의 행위를 부당노동행위로 규정하고 있다.
　예컨대, 노동조합의 단체교섭거부, 위법적인 쟁의행위의 실행 등 건전한 노동관계를 확립하기 위하여 사용자에 대한 관계로서 규제를 필요로 하는 행위와 노동조합의 가입과 조합원으로서의 권리행사에 관한 차별취급 등 조합내부의 운영에 관한 규제를 필요로 하는 행위를 포함하고 있다.
　노사관계의 안정을 해치는 요인을 제거함에 있어 노사를 대등하게 처우하여 노사의 어떤 행위도 안정의 저해가 되는 이상 그 요인제거에 있어 국가의 협력의무에 근거한 것이다.

● 사용자의 행위만을 규제

　우리나라의 노동조합및노동관계조정법은 일본과 같이 사용자의 행위만을 규제하는 제도를 채택하여 '사용자는 다음 각 호의 1에 해당하는 행위를 할 수 없다'(법 제81조)라고 규정하여 사용자의 행위만을 부당노동행위로 하고 있다.

규제의 방법

● 처벌주의
부당노동행위를 범죄로 정하고 행위자를 처벌하여 같은 행위의 금지를 간접적으로 이행시키려는 것이었기에 원상회복의 문제는 도외시되었다.

● 원상회복주의
부당노동행위를 사실상 배제하여 그 행위 발생 전의 원상으로 회복시키기 위한 방안이며 구제신청인이 원하지 않는 경우 처벌하지 않는다.

● 현행법의 입장
원상회복주의는 근로자의 구제라는 점에서는 직벌주의보다 우위에 있지만 사용자가 노동위원회의 명령에 따라 일응 원상을 회복시키면 처벌당하지 않게 되므로, 근로자의 단결권을 존중하여 부당노동행위를 극력 피하지 않으면 안 된다는 규범적 의식이 사용자에게 요구된다. 결국, 부당노동행위를 예사로 반복하는 질나쁜 사용자를 배출하여 예방적 효과가 없는 결과가 되었다. 또 알선적 이해가 부당하게 많이 쓰여져 단결권 문제를 금전으로 거래(흥정)하는 풍조를 초래하기도 하였으며 또한 재산권의 침해는 범죄로 벌하면서 헌법상 이와 같은 지위에 있는 단결권의 침해는 범죄로 인정하지 않는 것은 부당하다고 주장하는 사람도 있어 현행법에서는 원상회복주의를 원칙으로 하면서 처벌주의를 병용하는 태도를 취하고 있다.

구제를 관장하는 기관

● 노동위원회 전관주의

부당노동행위의 성립, 인정 여부 및 결과의 규제를 독립된 행정위원회를 설치하여 관할시키는 제도로서 유동적인 노동관계의 실태를 잘 이해하여 그 안정과 회복을 위한 해결책을 제시하는 데는 행정기관에 맡기는 것이 바람직하다는 것이다. 그리하여 특별 위원으로 구성되는 합의제 행정기관을 설치하여 관장하게 하는 것인데, 미국의 전국노동위원회제도는 이것을 채용하고 있다.

● 재판절차 병용주의

노동위원회 이외의 일반법원에도 부당노동행위의 규제를 소관시키는 주의로서 노동조합법이 일정 유형의 행위를 부당노동행위로 규정하고 금지시키고 있는 것은 노동3권의 보장을 강조하기 위한 것이다. 따라서 부당노동행위로 자기의 권리를 침해당한 자는 노동위원회의 부당노동행위구제신청 여부에 불구하고 법원에 민사소송(본안소송과 가처분 등)을 제기하여 자기의 권리를 지킬 수 있다는 것이며 현행 우리 제도도 병용주의를 채택하고 있다.

구제절차의 개시

● 신청주의

부당노동행위사건의 심사는 신청에 의해서만 행한다는 주의로서 (조정사건은 때로는 직권으로 개시되는 경우가 있으나) 부당노동행위사건의 판정이 직권으로 개시되는 일은 없다. 부당노동행위를 당한 노동조합이나 근로자가 구제를 신청하지 않는 경우 노동위원회가 스스로 심사를 개시할 경우도 드물고 또한 노동위원회 입장에서 보아도 부당노동행위의 존재를 직권으로 인지할 수 있는 기능을 발휘할 수도 없으며 직권으로 심사를 개시하는 기준을 정하는 것도 곤란하기 때문에 신청주의가 채택되고 있다.

● 직권주의

직권으로 부당노동행위의 심사를 행하는 주의로서 극히 협의의 직권주의가 취해지고 있다. 중앙노동위원회의 관할지정과 사건이 중요하고 전국적으로 걸친 것으로 인정할 경우 중앙노동위원회의 직접처리 등이 그 예로서 이것이 일종의 직권주의에 가까운 운영으로서 후자의 직권행사의 예는 거의 없다.

절차의 수행

● 피해자 수행주의

부당노동행위사건은 노동기본권을 침해당한 근로자 또는 노동조합의 신청에 의하여 개시되고 절차의 종료시까지 신청인의 책임으로 수행하는 주의이다. 피해자인 근로자와 노동조합이 신청하는 것이 사건의 진상을 확실하게 할 수 있고 적절한 구제에도 가장 적합하여 우리나라도 피해자 수행주의를 따르고 있다.

● 국가기관 수행주의

피해자의 신청에 의하여 국가기관이 구제절차 수행의 중심적 역할을 하는 주의이며, 공정한 사건의 심리로서 피해의 구제에 만전을 기하기 위하여는 국가기관이 신청하여 이를 유지함이 타당하다고 풀이하는 것으로 미국은 이 방법을 따르고 있다. 피해자로부터의 고소, 관계자의 고발에 따라 검찰관이 수사하고 공소를 제기하는 제도와 비슷하며 증거수집, 신청절차의 유지 등 모두가 국가기관에 의하여 진행되므로 근로자나 노동조합은 부담이 없고 강행성을 띠게도 된다. 그러나 이 신청을 담당하는 기관(사무국)이 신청을 결정하지 않을 경우에는 피해자는 구제의 기회를 잃는다.

4. 부당노동행위 법리의 발전

◀ 해석의 불확정

부당노동행위의 법리는 1953년의 노동조합법 제정 후부터 통산하여 30년에 불과하여 중요한 논리에 관한 해석이 확립되지 않고 미해결점이 많다. 예를 들면, 정당한 노동조합 활동이란 무엇을 지칭하는지, 경영상의 결정이 단체교섭사항이 되는 것인지, 또는 시설관리권의 행사와 조합활동의 자유와의 조화, 그리고 구제명령을 발하는 노동위원회는 어느 정도의 재량을 갖는 것인지 등이다.

이들 문제점은 결과적으로 법원의 판결에 따라 확정되는 것이나 법리에 관한 확정적 판단을 내리는 대법원의 최종 판결이 드물어 공권적 해석이 확정되지 않은 것은 불가피하다. 앞으로 시일의 경과와 더불어 점차 해석이 고정화될 것이라고 기대한다.

◀ 법리의 유동성

● 쟁점의 변화

부당노동행위에 관한 법리는 유동적이다. 노사관계는 사회의 변화, 경제여건의 변동에 따라 민감한 반응을 나타내며 이것과 관련하여 부당노동행위제도가 노사관계의 안정에 기여하는 기능도 변화하고 있다.

● 유형의 추가, 금지

부당노동행위의 유형은 반드시 노동조합및노동관계조정법 제39조에 열거한 행위에 한정되는 것은 아니다. 같은 조 제정 당시의 일반적 노사관계를 전제로 한 같은 조 해당 사용자의 행위를 부당노동행위로 규정 금지하는 것이 노사관계의 안정을 위하여 필요하다는 점에서 제정된 것이다.

따라서 노사관계의 변화에 따라 새로운 유형을 추가하는 것도 가능하다. 또 반대로 이 유형의 일부를 폐지하는 것도 가능할 것이다. 결국 어느 형태의 노동3권 침해행위를 금지하는 것이 노사관계의 안정에 적합한가라는 견지에서 수시로 부당노동행위의 유형을 정할 수 있다.

그러나 현재의 부당노동행위의 유형은 노사관계의 안정유지 방안으로 유효 적절하게 작용하고 있어 이를 변경, 추가, 제외하려는 움직임은 보이지 않는다.

판례, 명령에 의한 법리의 창조

노사관계의 변화에 있어 사용자에 의한 노동3권 침해의 새로운 유형이 있을 수 있다. 이 경우 노동조합법 제81조의 개정에 의한 유형의 추가 없이도 노동위원회나 법원이 새로운 유형의 부당노동행위 성립을 인정하고 있다. 이것은 새로운 유형의 행위를 기존의 어느 유형에 적용시키면서 실은 부당노동행위의 법리를 창조하고 있음을 말해준다.

일반적으로 법원의 판례에 의한 법의 창조는 여러 분야에서 활발히 계속되고 있으나 그 중에서도 특히 부당노동행위의 법리에 관하여 법원의 판결, 가처분 결정과 노동위원회의 구제명령으로도 법리의 창조가 진행되고 있다. 따라서 부당노동행위의 법리에 관하여 노동조합및노동관계조정법 제81조 규정의 문구를 확대, 축소, 귀납하는 등 각종 해석기술을 구사하는 것보다는 오히려 판례, 명령의 발전경과를 정리하고 또한 장래를 전망하는 것이 중요한 과제가 되고 있다.

제 2 장 불이익취급

제 2 장 불이익취급

 이 장에서는 불이익취급 또는 차별적 취급이라고 불리고 있는 노동조합및노동관계조정법 제81조 1호에서 규정하는 부당노동행위의 성립요건을 불이익취급의 원인과 부당노동행위의 의사, 불이익취급의 형태 등으로 나누어 설명한다.

I. 불이익취급의 원인

◀ 불이익취급

 불이익취급이라는 부당노동행위는 근로자가 ① 노동조합의 조합원일 것, ② 노동조합에 가입 또는 조직하려고 하였을 것, ③ 노동조합의 정당한 행위를 이유로 하여 그 근로자를 불이익하게 취급하는 경우에 성립한다.

1) 노동조합의 조합원일 것

근로자를 노동조합의 조합원인 것을 이유로 하여 불이익하게 취급하는 것은 부당노동행위가 된다.

여기에서 말하는 노동조합이란 실질적으로 자주성을 띤 조합이면 족하고 사용자측의 이익대표자가 참가하고 있다든지 사용자로부터 경비원조를 받고 있기 때문에 노동조합및노동관계조정법(제2조 4호 단서에 해당)의 요건을 충족하고 있지 않은 조합이라도 관계 없다.

> **부당노동행위의 판단**(대법원 1997. 3. 28. 96누4220)
>
> 사용자가 표면적으로 내세우는 징계사유와는 달리 실질적으로는 근로자의 정당한 조합 활동 등을 이유로 해고 등의 징계처분을 한 것인지 여부는
>
> - 사용자가 내세우는 징계사유와 근로자가 한 노동조합활동 등의 행위의 내용,
> - 징계처분을 한 시기, 징계처분을 하기까지 사용자가 취한 절차,
> - 같은 사례에 있어서의 제재의 불균형,
> - 사용자와 노동조합과의 관계 등 부당노동행위의사를 추정할 수 있는 제반사정을 비교·검토하여 종합적으로 판단하여야 하고,
> - 단순히 징계절차에 하자가 있다거나 징계양정이 부당하다는 사정은 그것이 부당노동행위 의사 여부를 판단하는 하나의 자료가 되기는 하여도 그러한 사정만으로 곧바로 부당노동행위를 인정할 수는 없다.
>
> 근로자의 노동조합업무를 위한 정당한 행위를 실질적인 해고이유로 한 것인지의 여부는 사용자측이 내세우는 해고사유와 근로자가 한 노동조합업무를 위한 정당한 행위의 내용, 징계해고를 한 시기, 회사와 노동조합과의 관계, 같은 사례에 있어서 조합원과 비조합원에 대한 제재의 불균형 여부, 처분 후에 다른 노동조합원의 탈퇴 등 노동조합활동의 쇠퇴 내지 약화 여부, 기타 부당노동행위 의사의 존재를 추정할 수 있는 제반사정을 비교검토하여 종합적으로 판단하여야 할 것이다(대법원 1991. 2. 22. 90누6132).

2) 노동조합에 가입 또는 조직하려고 한 것

노동조합에 가입하려고 하거나 조직하려고 한 것을 이유로 한 불이익취급도 금지되는 것으로 노동조합에의 가입, 그 조직 직전의 준비행위 예컨대, 종업원이 다수의 결의에 따라 근로조건 개선요구안을 작성한 것은 조합조직의 징후로 추측될 수 있는 것이며 특히 서약서를 작성하여 견고히 하고자 하는 것 등은 조합조직의 준비행위로서 인정된다. 또한 기타 상부단체와 연락하여 그 지도하에 동조자를 규합한 것, 종업원에게 단결을 호소하는 취지의 유인물을 배포한 것 등의 사실은 그 근로자가 조합에 가입 또는 조직하려고 하는 행위인 것이다.

3) 노동조합의 업무를 위한 정당한 행위를 한 것

'노동조합의 업무를 위한 정당한 행위를 한 것'을 이유로 하여 근로자를 불이익하게 취급하는 것은 부당노동행위가 된다. 다시 말하면 불이익취급이라는 부당노동행위가 성립되려면 ① 노동조합의 업무를 위한 행위로서 ② 또한 정당한 행위라야 한다.

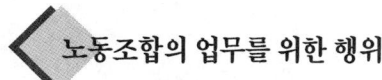

노동조합의 업무를 위한 행위

1) 개 념

'노동조합의 업무를 위한 행위'란 근로조합의 목적인 노동조건의 유지개선, 기타 근로자의 경제적 지위향상을 도모하기 위한 필요행위 및 이와 관련하는 일체의 행위를 뜻하는 것으로 조합총회나 그 관계의 결정에 따라 행하는 활동, 조직확대를 위한 지령활동, 각종의 직장활동,

단체교섭, 쟁의행위 등과 같이 조합활동이라고 할 수 있는 모든 행위를 포함한다. 그러나 협동조합 등 노동조합이 아닌 단체의 의무에 종사하는 것은 노동조합의 활동이라고 할 수 없다.

또한 조합임원과 조합원이 노동조합을 위하여 행하는 행위도 노동조합의 행위이다. 그리고 조합임원이 조합기관의 결정에 반해 자기의 독자적 판단으로 조합활동을 한 경우라도, 조합내부의 책임문제는 별개문제로서 때로는 조합활동으로 인정되는 경우도 있다. 즉 조합원이 조합기관의 결정이나 지령에 의하지 않고 자발적으로 행한 행위일지라도 조합이나 조합원을 위하여 행한 것이라면 조합활동으로 보는 경우가 많다. 조합에 가입코자 하였으나 거부된 근로자가 조합의 방침을 공격하는 유인물을 배포한 일이 조합활동에 해당한다고 판단되기도 하고 또 조합결성에 즈음하여 근로자가 회사의 경리처리에 의심을 품고 미불임금을 요구하는 것이 조합활동과 동일시되기도 한다.

그러나 종업원의 대표에 불과한 자의 행위는 '노동조합의 행위'라고는 할 수 없으며 총무부장과 같이 사용자의 이익을 대표하는 자가 조합조직의 지도적 역할을 하였더라도 부장의 해고는 부당노동행위가 되지 않는다. 또 비조합원인 인사주임이 조합의 대의원대회에 참석한다든가,

---

"노동조합의 업무를 위한 정당한 행위"의 의미(대법원 1995. 6. 23. 95다1323)

구노동조합법 제39조(현 노동조합및노동관계조정법 제81조) 제1호 소정의 "노동조합의 업무를 위한 정당한 행위"란 일반적으로는 노동조합의 정당한 활동을 가리키나,

조합원이 조합의 결의나 구체적인 지시에 따라서 한 노동조합의 조직적인 활동 그 자체가 아닐지라도 그 행위의 성질상 노동조합의 활동으로 볼 수 있거나 노동조합의 묵시적인 수권이나 승인을 받았다고 볼 수 있을 때에는 그 조합원의 행위를 노동조합의 업무를 위한 행위로 보아야 한다[(249-1) 중앙노동위원회 1998. 4. 22. 판정 98부노16].

> **정당한 업무의 판단기준**(대법원 1992. 3. 13. 91누5020)
>
> 구노동조합법 제39조(현 노동조합및노동관계조정법 제81조) 제1호가 규정한 노동조합의 업무가 정당한 행위에 해당하는가의 여부는
>
> 구체적 사건에 있어서 노사 쌍방의 태도, 사용자가 할 불이익취급의 태양·정도 등을 종합하여 사회통념에 따라 판단해야 한다[(250-1) 서울고법 1997. 2. 14. 96구756].

조합의 유인물을 배포한 경우도 그 사람의 행위는 노동조합활동으로 볼 수 없으며 해고 또한 부당노동행위에 해당되지 않는다.

2) 조합의 정치활동

조합의 정치활동이 '노동조합의 행위'라고 할 수 있느냐는 문제이다. 예컨대, 국회의원 선거에 있어 특정 정당후보자를 위한 선거운동이라든가, 조합임원 또는 조합원 자신이 입후보하여 자신을 위하여 행한 선거활동을 조합의 기관에서 그 정당, 그 후보를 지지하는 것을 결정한 경우에 현행법에서는 조합활동으로 인정될 수 있다. 즉 조합이 정치운동을 목적으로 하지 않는 경우라면 어느 정도의 정치활동은 가능한 것이다.

선진국에서는 정치활동과 동시에 조합활동이라고 할 수 있는 경우에 있어 조합활동이라고 판단되는 사례도 있다.

3) 경영간섭 목적의 조합활동

경영권이란 회사를 조직·관리하고 이에 필요한 인력을 확보하여 이들을 지휘·명령·통제할 수 있는 권한을 말한다. 일부에서는 경영권이 노동3권과 같이 헌법이나 법률에 명시되어 있지 않아 그 존재를 부인하

는 견해도 있으나, 사유재산권을 보장하고 있는 헌법체계상 재산권의 관리와 유기적 일체성을 유지하기 위해 당연히 인정되는 권능이라고 보아야 할 것이다. 따라서 조합활동이 구체적인 근로조건의 개선과는 관계없이 경영권의 본질적인 부분을 인정하거나, 경영권 자체는 부정하지 않지만 경영에 대한 간섭이나 경영참가를 주목적으로 하는 경우는 정당성이 없다 할 것이다.

부·당·사·례

① 경영방침, 인사 등을 총괄 결정하는 경영협의회나 징계위원회의 구성시 노사동수 참가와 함께 가부동수시 노조측에 결정권을 달라고 요구하는 경우
② 경영진을 포함한 임직원의 임명 및 배치전환 등의 인사발령에 있어 일률적으로 노조측의 사전동의가 필요하도록 회사제도를 변경하거나 단체협약을 체결하자고 하는 행위
③ 인사위원회나 징계위원회에 노조의 대폭 참가를 요구하는 경우
④ 노조원의 인사 및 부서이동시 노사합의를 요구하는 경우
⑤ 언론기관의 특정간부(제작국장, 편집국장 등)의 임명시 노조의 동의를 요구하는 경우
⑥ 특정임직원(공장장)의 직선제를 요구하는 경우
⑦ 신입사원 채용시 노조의 동의를 요구하는 경우
⑧ 경영방침의 변경, 경영합리화를 위한 공장이전, 기구개편 등을 요구하거나 이와같은 경영제도 변경시 노조의 동의를 요구하는 경우

❖ 예외

경영·인사에 관한 고유한 사항이라도 그 내용이 근로자의 근로조건에 직접적인 영향을 미치는 경우 그 부분의 관철을 위한 쟁의행위는 정당성이 인정될 수도 있다. 그러나 여기서 주의할 것은 예컨대, 영업양도·회사의 조직변경이 단체교섭의 대상이 될 수 있다고 하여 근로자의 동의를 얻지 않으면 영업양도나 조직변경이 불가능하다는 의미는 아니다.

따라서 이와 같은 사항에 대하여 동의를 요구하는 경우 이는 부당하다 할 것이며, 이 경우 이를 거부한다 해도 부당노동행위는 성립되지 않는다. 그리고 단체교섭이 될 수 없더라도 인사·경영·생산에 관한 사항이 노사협의의 대상이 될 수 있음은 물론이다(근로자참여및협력증진에관한법률 제19조).

> **사 · 례**
>
> ① 회사 이전시 이전에 대한 판단은 경영권의 고유한 사항이나 이전으로 인한 근로자의 이사비용, 정착비용 등의 지급을 요구하는 경우
> ② 인사원칙, 배치전환의 기준 등과 같이 전체근로자의 근로조건과 밀접히 관련된 일정한 '인사기준'의 설정을 요구하는 경우
> ③ 징계·해고시에 그 최종결정권은 회사가 보유한 채 노동조합의 의견을 듣거나 사전협의를 거치도록 요구하는 경우

4) 서클활동

 야구, 등산, 낚시, 합창 등의 서클활동은 조합원이 동호인으로서 자발적으로 행하는 임의활동에 불과한 경우는 조합에서 자금보조를 받는다 하더라도 조합활동이라고는 할 수 없다.
 서클활동이 조합기관의 결정에 따라 조합의 조직을 위하여 행하는 경우는 조합활동으로 인정하고 있으며 서클활동이 조합의 체질개선을 도모하기 위한 것이라면 일부 조합원의 임의활동이라도 조합활동으로서의 측면을 갖는 것은 부정되지 않는다.

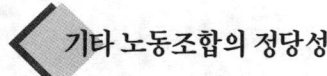 기타 노동조합의 정당성

1) 폭력의 행사

폭력의 행사는 어떤 경우이든 조합활동이라고 할 수 없다. 조합의 요구를 관철하기 위한 것이라도 타인의 신체를 건드리거나 구타, 침을 뱉거나 하는 것은 용인되지 않는다. 또 거래처의 바이어가 사장과 상담할 때를 노려 사장실에 침입, 임금인상의 단체교섭을 요구하여 그 결과 상담진행이 이루어지지 않게 하고 회사의 업적에도 영향을 미치게 한 것은 정당한 조합활동이라고 할 수 없다. 또한 조합을 탈퇴한 종업원에게 반성을 촉구하기 위한 것이라도 야간에 주거지를 방문하여 본인에게 공포를 느끼게 하는 언동을 한 것은 정당한 조합활동의 한계를 벗어난 것이다.

2) 사회상식에 벗어난 행위

건전한 사회상식에 반하는 행위도 정당하다고는 할 수 없다. 중병의 환자를 조합의 결의대회에 출석시켜 인사케 하는 것은 정당한 조합활동으로 볼 수 없다. 사업체인 병원 내에 탁아소시설을 요구하는 것은 조합활동이나 그 때문에 생후 2개월여의 유아를 직원휴게실에 수용하고 전임자 없이 보육하는 것은 건전한 사회상식에 반하는 것으로 정당한 조합활동이라고는 할 수 없다.

3) 근로시간 내 조합활동

근로시간중의 조합활동은 정당하지 않다고 해석되는 경우가 많다. 대개 조합활동은 취업시간 외에 행하는 것이 원칙이다. 단, ① 취업규칙 또는 단체협약으로 용인되는 경우, ② 사용자가 허가하는 경우, ③ 태업 등의 실력행사시, ④ TV로 관심사인 유사사건의 판결내용을 시청하기 위하여 취업시간중 허락하지 않는 집회는 정당한 조합활동이라고 할 수 없으므로 집회의 중심인물인 조합임원을 3일간 출근 정지케 한 것은 불이익취급이 아니라고 판단된다. 하지만 ⑤ 쟁의해결 직후 조합집행부 전원을 일률적으로 징계해고라는 중징계처분을 한 것은 불이익취급이 된다.

4) 사용자의 시설관리권과의 관계

사용자의 시설관리권에 저촉하는 조합활동이 정당한 조합활동이라고 할 수 있느냐 하는 문제가 있다. 예컨대, 사용자의 건물에 유인물을 게시하는 것이 정당한 조합활동이냐, 조합게시판 이용에 관한 결정이 있을 경우 그 결정에 반한 이용이 정당한 조합활동이냐 등이 있다. 사용자의 시설관리권은 노동자의 단체행동권과 상응한 중요한 권리로서 양자의 어느 것을 중시하느냐에 따라 결론이 달라질 수 있으며 조합활동의 자유제한에 관한 문제는 지배·개입의 장에서 논하기로 한다.

5) 정당한 쟁의행위

쟁의행위의 정당성에 관하여는 보통 목적, 절차, 수단의 세 가지 면에서 검토되고 있으며, 그 어느 하나라도 정당하지 않은 쟁의행위는 부당노동행위의 법리에서도 정당한 조합활동이라고는 할 수 없다.
• 목적이 정당하지 않은 파업은 정당한 조합활동이라고는 할 수 없다.
• 쟁의행위 개시 절차가 적법인 경우도 그 쟁의행위의 목적이 정당치 않다면 조합활동으로서의 보호를 받지 않는다.
① 조합규약상의 쟁의개시 절차 불이행의 파업은 정당한 조합활동이

라고는 할 수 없다.

② 노동조합및노동관계조정법상의 조정절차 없이 쟁의행위에 돌입한 경우 정당한 조합활동이라 할 수 없다(법 제45조 2항).

• 쟁의행위의 수단이 위법인 경우도 정당한 조합활동이라고 할 수 없다. 헌법이 노동3권을 보장하고 있으나 이 보장도 그 권리의 무제한의 행사를 허용하고 그것이 국민의 평등권, 자유권, 재산권 등의 기본적 인

> **근로자의 행동이 정당한 노조활동에 해당되지 않아 이를 이유로 근로자를 파면한 경우 이는 부당노동행위에 해당한다고 볼 수 없다**(대법원 1995. 5. 26. 94누7966).
>
> - 그 위반행위로 말미암아 국민생활의 안정이나 사용자의 사업운영에 예기치 않은 혼란이나 손해를 끼치는 것과 같은 부당한 결과를 초래하는지의 여부 등의 구체적 사정을 살펴서 그 정당성 유무를 가려야 할 것이다.
>
> 이 사건 원고들이 주도한 노동가의 제창과 쟁의행위에 대한 설명회의 개최는 앞으로 냉각기간이 지난 다음의 쟁의행위에 대비하기 위해 개최된 것이나
>
> - 그것이 취업시간중 회사의 작업장 내에서 진행되고 이로 인하여 회사가 적지 않은 손해를 입게 된 점과 냉각기간중의 행위로서 원고들이 병가중이거나 출근시간 이전인데도 위 조업장으로 가서 위와 같은 행위를 하였다는 점을 고려하면 그 시기 및 수단이나 방법에서 정당성을 인정하기 어렵다.
>
> 또한 위와 같은 집회를 주도한 원고들의 행위는 단체협약의 체결권이 있는 본조합의 의사에 따른 것이 아닌 분조합의 간부로서의 자발적인 활동에 불과한 것일 뿐 아니라
>
> - 그 행위의 태양이 정당성을 결여한 이상 그 성질상으로도 노동조합의 활동으로 볼 수 있거나 노동조합의 묵시적인 수권 또는 승인을 받았다고 볼 수는 없다고 할 것이어서
>
> - 정당한 노조활동에 해당된다고 볼 수 없는 바 같은 취지로 원고들을 파면한 행위는 부당노동행위에 해당한다고 볼 수 없다.

권에 절대적으로 우위인 것을 시인하는 것이 아니므로 근로자가 노동쟁의에 있어 사용자측의 자유의사를 박탈하거나 극도의 억압적 행위를 취하는 것을 허용하는 것이 아니기 때문이다.

6) '정당성'의 평가기준

• 조합활동으로서의 정당 여부는 사용자의 행동과 비교하여 상대적으로 평가된다.

조합의 활동은 그 때마다 사용자의 행동에 영향을 미치는 것으로 사용자의 지나친 조합의 파괴행위시에는 이에 반발하여 조직방어를 위하여 더욱 과격한 행동을 하지 않으면 안 되는 경우가 있다. 그래서 사용자의 도발과 반조합적 행동이 없을 때에 정당하다고 평가될 수 없는 조합활동이 사용자의 위와 같은 행동이 있었을 경우에는 정당한 것으로 평가되기도 한다.

노동조합의 행동에 정당하지 않은 점이 있다하여도 회사가 조합파괴행위를 하며 조합원에 대한 빈번한 폭력사건, 조합을 파괴할 시도를 공공연하게 시위하는 상태하에서의 조합의 중심인물인 조합장 등의 해고는 불이익취급에 해당된다고 판단된다.

• 범죄가 되는 행위는 노동조합및노동관계조정법에서도 정당한 행위로 볼 수 없는 경우가 많다. 그러나 반대로 범죄의 구성요건을 갖추지 못하였기 때문에 무죄가 되는 행위라 하며 즉각 부당노동행위제도의 보호대상이 되는 정당한 행위라고는 할 수 없다. 예컨대, 입고중인 택시에서 엔진시동열쇠, 차량검사증, 자동차손해배상책임보험증명서 등을 꺼내어 회사의 의사에 반하여 지출·은닉한 행위가 폭력업무방해죄에 해당하지 않는다는 판시가 있었다고 하여도 당연히 정당한 조합행위라고 해석할 수는 없다는 것이다.

• 통상의 조합활동이 규약상의 절차에 따르지 않든지 조합결정에 반

한 행동일 경우에도 그 행위자 본인이 조합내부에서 통제위반으로서 제재 및 징벌을 받았다는 것만으로 그 같은 행동이 사용자에 대한 관계에서 당연히 정당성을 상실한다는 것은 아니다.

• 또한 조합행위가 정당한가 여부의 판단에 있어 개개의 행동으로 보면 업무방해의 정도가 어느 정도 크지 않는 경우라도 발생 전후의 과정에서 일어난 일련의 행위로서 종합적으로 고려하여야 할 것이다.

[참 고] 노동조합의 정당한 행위에 대한 고찰

❖ 조합의 행위와 조합활동

'노동조합의 행위'라는 말은 흡사 사단법인과 같은 조합의 행위와 조합원의 행위로 구분되며, 두말할 것 없이 비조합원의 행위와는 무관한 행위라는 인상을 주는 것이나, 그 해석, 운영에 있어 노동위원회나 법원도 이를 조합활동이라는 용어를 쓰면서 탄력성을 갖고 있다. '노동조합의 정당한 행위'는 정당한 조합활동과 같은 뜻으로 사용되고 있다. 그러나 조합활동이라는 것이 어떤 성격을 띠는 행동이냐는 것은 반드시 명확하지는 않다.

조합활동은 어느 정도는 막연하다고 하나 조합의 기관으로서 행하는 활동이라든가 조합의사로서 행하는 활동뿐 아니라, 조합원으로서의 자각을 갖고 행하는 행동, 또 미조직의 근로자에 관하여는 조합을 조직하고 이에 가입하기 위한 권유활동 등 조합활동에 참가하는 활동까지를 포함하여 사용되는 용어라고 생각된다. 그리고 헌법 제33조는 근로자의 조합활동 권리를 단결권, 단체교섭권 및 단체행동권의 세 종류로 구분하여 보장하고 있다고 해석하여야 할 것이다.

헌법이 근로자의 기본권으로서 노동3권을 보장하기 위해서는 근로자집단의 양심에 비추어 그 규범적 가치가 승인되는 조합활동이어야 될 것이다. 또한 반조합활동이라 하더라도 현재의 조합에 반대하는 일이 반드시 반조합적이라고 할 수 없으며 근로자 자체의 행동이라 하여도 현저한 배신적 행동이 아닌 이상 단결도의 차이, 운동방침, 투쟁방법의 견해가 얽히는 것은 당연한 것이므로 그 평가는 근로자의 반성적 규범의식과 노동기본권 보장이념을 고려하는 노동양식의 입장에서 구분되어야 한다.

> **조합원의 일부가 노동조합의 결정이나 방침에 반대하거나 이를 비판하는 행위를 노동조합의 활동이라고 할 수 있는지 여부**(대법원 1992. 9. 25. 92다18542).
>
> 조합원의 일부가 노동조합 집행부와 조합원 전체의 의사에 따르지 않고 노동조합의 결정이나 방침에 반대하거나 이를 비판하는 행위는 행위의 성질상 노동조합의 활동으로 볼 수 있다거나 노동조합의 묵시적인 수권 혹은 승인을 받았다고 인정할 만한 사정이 없는 한 조합원으로서의 자의적인 활동에 불과하여 노동조합의 활동이라고 할 수 없다.
>
> 이 사건 원고가 노조집행부와 피고 회사가 타결한 임금협상의 내용에 불만을 품고 조합원의 찬반투표를 요구하며 조합집행부와 대립하여 오다가 점심시간에 식당입구에서 조합원 40여 명을 모아놓고 노조가 어용이라고 주장하며 조합장의 퇴진서명운동을 벌일 것과
>
> - 연장근로의 거부를 선동하여 이에 동조한 근로자 120여 명으로 하여금 잔업을 거부하게 한 행위를 정당한 노동조합활동이라고 볼 수 없다.

대표이사의 연임을 방해하는 것은 정당한 쟁의행위가 아니다(대법원 1999. 3. 26. 97도 3139).

업무방해죄에서 말하는 위력이란 사람의 의사의 자유를 제압, 혼란케 할 세력을 가리키는 것으로서, 쟁의행위는 본질적으로 위력에 의한 업무방해의 요소를 포함하고 있다. 다만, 근로자의 단체행동권은 단결권, 단체교섭권과 함께 헌법에 의하여 보장된 권리이므로 단체행동권에 속하는 쟁의행위가 형식적으로는 업무방해죄의 구성요건에 해당하는 경우에도 그것이 근로자의 근로조건의 유지, 개선, 기타 근로자의 정당한 이익을 주장하기 위한 상당한 수단인 경우에는 정당행위로서 위법성이 조각된다고 할 것이다.

따라서 근로자들이 작업시간에 집단적으로 작업에 임하지 아니한 것은 다른 위법의 요소가 없는 한 근로제공의무의 불이행에 지나지 않는다고 할 것이지만, 단순한 노무제공의 거부라고 하더라도 그것이 정당한 쟁의행위가 아니면서 위력으로 업무의 정상적인 운영을 방해할 정도에 이르면 형법상 업무방해죄가 성립될 수 있는 것이다(대법원 1991. 11. 8. 91도326: 1991. 4. 23. 90도2771 등 참조).

그리고 근로자의 쟁의행위가 형법상 정당행위가 되기 위하여는 첫째, 그 주체가 단체교섭의 주체로 될 수 있는 자이어야 하고, 둘째, 그 목적이 근로조건의 향상을 위한 노사간의 자치적 교섭을 조성하는 데에 있어야 하며, 셋째, 사용자가 근로자의 근로조건 개선에 관한 구체적인 요구에 대하여 단체교섭을 거부하였을 때 개시하되 특별한 사정이 없는 한 조합원의 찬성결정 및 노동쟁의 발생신고 등 절차를 거쳐야 하는 한편, 넷째, 그 수단과 방법이 사용자의 재산권과 조화를 이루어야 함은 물론 폭력의 행사에 해당되지 아니하여야 한다는 여러 조건을 모두 구비하여야 한다(대법원 1998. 1. 20. 97도588 : 1996. 2. 27. 95도2970 등 참조).

따라서 이 사건 파업행위가 위력으로 위 회사의 방송업무를 방해한 것이라고 판단하고, 그 파업은 그 목적이 위 회사의 대표이사인 강성구의 연임을 저지하기 위한 것으로서 근로조건의 유지·개선을 위한 것이 아님이 명백하여 그 목적에 있어서 정당성이 결여되었다는 이유로 위 파업이 정당행위에 해당한다는 피고인들의 주장은 이유없다.

노동조합과 회사 사이에 임금인상에 관한 협의가 이루어졌음에도 더 많은 임금인상을 요구하며 농성한 경우(대법원 1991. 9. 20. 91누1240)

노동조합과 회사 사이에 임금인상에 관한 협의가 이루어졌음에도 불구하고 이에 불만을 품은 원고가 다른 수십 명의 근로자와 함께 보다 많은 임금인상 등을 요구하며 농성한 행위는

- 노동조합의 결의나 구체적인 지시에 의한 것이 아니라 조합원으로서의 자발적인 활동에 불과하며

- 또한 그 행위의 성질상으로도 노동조합의 활동으로 볼 수 있다거나 노동조합의 묵시적인 수권이나 승인을 받았다고 인정할 만한 자료도 없어 노동조합의 활동이라고 할 수 없으므로

- 원고의 위 행위를 노동조합의 업무를 위한 정당한 행위 또는 활동이라고 보기 어렵다

2. 불이익취급의 유형

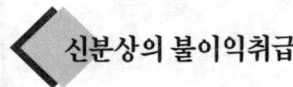
신분상의 불이익취급

1) 해 고

해고는 근로자의 지위를 박탈하여 임금을 잃게 한다는 점에서 전형적인 불이익취급이며 노동조합및노동관계조정법에서도 해고를 불이익취급의 예시로 들고 있다.

> **최종학력 미기재 등의 사유를 표면적인 구실로 내세웠으나 노조활동에 대한 보복조치의 일환으로 이루어진 징계해고는 부당노동행위에 해당한다**(대법원 1996. 2. 9. 94누9771).
>
> 이 사건 참가인 회사가 원고를 위와 같이 징계해고한 것은 설령 원고가 입사시 제출한 이력서에 최종학력을 기재하지 아니하고 타회사 근무기간을 실제보다 길게 기재한 것이 참가인 회사 취업규칙상 징계해고사유에 해당한다고 하더라도,
>
> 실제로는 원고가 주동이 되어 노동조합을 설립하고 그 위원장이 되어 단체교섭을 요구하고 나서는 등 적극적으로 노조활동을 하는 것을 혐오한 나머지 위와 같은 최종학력 미기재 등의 사유를 표면적인 구실로 내세워 그에 대한 보복조치의 일환으로 이루어진 것이라고 보지 않을 수 없으므로, 결국 참가인 회사의 원고에 대한 이 사건 해고는 구노동조합법 제39조(현 노동조합및노동관계조정법 제81조) 제1호 소정의 부당노동행위에 해당한다.

2) 퇴직의 강요

사용자측이 의원퇴직토록 종용하여 퇴직원을 낸 경우도 본인의 의사에 의한 것이 아니면 불이익취급이 된다. 예컨대, 회사에서 퇴직원을 작성하여 놓고 본인을 설득하여 무리하게 날인케 하였으나 바로 뜻을 바꾸어 조합과 협의하여 조합으로부터 바로 퇴직원의 철회를 통지한 경우 등이 그 예이다.

그러나 때로는 사용자의 퇴직강요가 인정되지 않고 근로자가 자신의 의사로 퇴직원을 제출한 것이라고 인정된 사례도 적지 않다.

이와 같이 근로자가 퇴직원을 제시하여 사용자가 수리하면 근로계약은 합의해약이 되는 것으로서 근로계약의 합의해약이 불이익취급이 되기에는 '적어도 사용자의 부당한 행위, 기타 이와 유사한 사용자로부터의 영향하에 부당노동행위라는 불법한 의도가 표시되거나 합의 목적의 결과로서 해약된 경우에' 한한다. 이 경우 사용자로부터의 작용의 부당 여부는 결국 사회통념에 따라 결정하게 되는 것이다.

3) 채용 거부

• 사용자가 근로자를 채용하는 데에는 폭넓은 자유를 가진다. 예컨대, 다른 회사에서의 노동조합활동을 이유로 채용을 거부하여도 원칙적으로 불이익취급은 성립되지 않는다. 불이익취급은 사용자와 근로자와의 관계가 성립된 후의 사용자의 행위를 대상으로 하고 있기 때문이다.

• 그러나 다음과 같은 경우는 불이익취급이 된다.
  ㉠ 계절근로자의 재채용거부
  기간관계로 하절기에만 조업하고 동절기에는 조업을 중지하기 위하여 근로자를 해고하고 다음 계절에 재채용하는 경우 매년 이의없이 채용하

던 근로자를 조합활동을 이유로 갑자기 채용하지 않는 것은 불이익취급이 될 수도 있다.

　ⓒ 정년 후의 재채용거부

　일반적으로 정년에 이른 근로자를 재채용하고 있는 사업체에서 조합활동자를 그 이유로 재채용하지 않는 것은 불이익취급이다.

　ⓒ 사업재개시 재채용의 거부

　공장이 소실되어 모든 종업원을 해고하였으나, 그후 공장재가동시 조합원만을 불채용한 것은 불이익취급에 해당한다.

　ⓔ 사업양도시 재채용거부

　사업의 경영자인 대표이사가 사업을 타인에게 양도시 모든 종업원을 해고하고 새로 재채용하는 방법에 관하여 노사간에 합의하였음에도 새로운 대표이사가 비조합원 및 조합탈퇴자만을 재채용하고 조합원을 제외시킨 것은 불이익취급이 된다.

　ⓜ 제2회사 설립시 채용거부

　회사가 경영부진으로 도산 후 종업원의 실업을 방지하는 것을 중요한 동기로 하여 제2회사를 설립하였는 바 이 제2회사는 구회사가 사용하던 토지, 건물, 기계, 설비를 그대로 사용하여 경영내용과 규모도 거의 같고, 회사명칭도 구회사명과 비슷한 명칭을 쓰고 종전의 거래선을 승계하고 더욱이 구회사의 사실상 경영자가 제2회사에서도 유일한 상근임원이 되어 회사의 종업원 중 1명을 제외한 전원을 채용하고, 신구회사의 임금수준도 회사의 공장폐쇄 후부터 제2회사 설립시까지의 기간중 제2회사 설립발기인에 의하여 업무가 계속되고 임금도 단절되지 않은 채 지급된 경우 이 채용되지 않은 종업원 1명이 활발한 조합활동자였으므로 이 불채용은 불이익취급이다.

　ⓗ 본채용의 거부

　임시근로자가 조합의 단합대회에 참가한 것을 이유로 하여 정규직으로 채용치 않은 것은 불이익취급이다. 또 사용자가 기간이 지나면 당연히 본채용되고 있는 경우 조합활동을 이유로 한 불채용은 불이익취급이다.
 Ⓐ **전근 · 배치전환**
 ⅰ) 업무상의 필요에 따른 전근 · 배치전환은 불이익취급이 아니다.
 ⅱ) 전근이나 배치전환이 다음과 같은 경우에는 불이익취급이다.

> **강임, 급여의 감액이 수반되는 경우**
> 강임이나 급여의 감액을 초래하는 지위에 좌천되는 경우는 불이익취급이다. 그러나 계장에서 일반사원으로 강임됨에 따라 출장경비 등의 지급액이 감하더라도 회사측에서 본인에게 경제상의 불이익이 없도록 배려하고 있는 경우와 사소한 근로조건의 변동이 있었던 것에 불과한 경우는 불이익취급이 아니다.
>
> **직종의 변경을 수반하는 경우**
> 기술자를 영업부에 배치전환하고 관련 교육 없이 근무케 하는 것은 불이익취급이다. 또 정비직을 기획실 근무로 바꾸어 잡역으로 근무케 하든가, 남자근로자를 여자근로자가 쉽게 할 수 있는 간단한 작업에 근무케 하든가, 전화교환원을 은행외근직에 배치전환하는 것도 불이익취급이다.
>
> **가정사정을 무시하고 있는 경우**
> 근로자의 처가 질병의 회복기에 증상악화의 가능성이 있음을 알면서 특히 경영상 꼭 필요하지도 않은 지방전근명령은 불이익취급이다.

 ⅲ) 배치전환에 따라 급여나 지위가 오르는 영전의 경우도 불이익취급이 되는 경우도 있다.
 ⅳ) 배치전환이 불이익취급이 아니라 지배 · 개입으로서 부당노동행위가 성립되는 경우도 있다. 2회에 걸친 배치전환이 조합원이 조합에 적을 두고 있기 때문에 이롭지 못하다는 생각을 갖게 하여 조합의 약체화를 기도하고 이 배치전환으로 급여면에 불이익취급을 받지 않았다고 하더라도 지배 · 개입에 해당된다.
 ⅴ) 타사 전출명령도 불이익취급이 되는 경우가 있으나 이것은 배치전환의 사례에 준하여 판단될 것이다.
 ⅵ) 휴직, 휴직자의 복귀 거부 – 조합활동을 이유로 한 휴직명령은 불

이익취급이며, 휴직자의 휴직사유 소멸에 불구하고 복직을 거부하는 것도 같다.

  vii) 징계 - 취업규칙에 따라 출근정지, 경고, 시말서제출을 요구하는 것도 불이익취급이 되는 경우가 있다. 출근시간이 8시 30분인데 그후 25분간 출근부 정리시간이 있어 사실상 8시 55분까지 출근하면 지각취급은 되지 않았던 경우 이 25분 전에 유인물을 배포한 행위에 대하여 사용자가 질서유지를 이유로 이를 금지시키고 경고처분한 경우 사용자가 정기승급시 경고를 이유로 하여 승급에서 제외시켰다면 불이익취급이 될 수 있는 것이다. 취업규칙에 의한 징계가 아닌 구두로 주의를 요하는 계고는 현재나 장래에 있어 불이익한 것이 아니므로 불이익취급이 되지 않는다는 견해가 있으나 일률적으로 판단할 수는 없는 것으로 불이익취급이 되는 경우도 있다.

> **근로자에 대한 전출명령**(대법원 1993. 2. 23. 92누11121)
>
>   전출명령이 부당노동행위에 해당되는지 여부는 당해 전출명령의 동기, 목적, 전출명령에 관한 업무상의 필요성이나 합리성의 존부, 전출에 따른 근로자의 생활상의 불이익과의 교량, 전출명령의 시기, 사용자와 노동조합과의 관계, 그 전출명령을 하기에까지 이른 과정이나 사용자가 취한 절차, 그 밖에 전출명령 당시의 외형적·객관적 사정에 의하여 추정되는 부당노동행위의사의 존재유무 등을 종합적으로 검토하여 판단해야 할 것이다.
>
>   참가인에 대한 전출명령은 경영상의 필요에 의한 정당한 인사권의 행사라기보다는 참가인이 원고 조합측의 탈퇴권유에 불응하면서 노동조합에 계속 가입하고 있는 것을 혐오하여 그에 대한 보복조치로써 이루어진 불이익처분으로서 부당노동행위에 해당한다.

제 2 장 불이익취급 63

> **근로자의 전보**(대법원 1993. 1. 12. 91누5426)
>
> 회사는 근로자를 본사로부터 멀리 떨어져 있는 출장소로 전보처분하였는데 그곳에서는 근로자가 직원협의회 회장의 업무를 계속 수행하기가 곤란한 데다가 위 근로자를 위와 같이 전격적으로 특별히 그곳으로 전근발령하여야 할 경영상의 필요성도 엿보이지 아니하는 바,
>
> - 사정이 이와 같다면 위 근로자의 일련의 행위는 노동조합에 가입하려고 한 행위에 해당하고 회사가 위 근로자 등이 직원협의회를 설립하여 노동조합가입을 위한 행위를 하기 시작한 직후부터 짧은 기간 3차례에 걸쳐 위 근로자를 전보 또는 전근발령한 점 등 제반정황에 비추어 보면
> - 회사의 위 전근발령은 경영상의 필요에 의한 정당한 인사권의 행사라기보다는 근로자의 노동조합가입을 위한 활동을 혐오하여 이를 방해할 의도로 경영상의 이유를 핑계삼아 이루어진 불이익처분으로 봄이 상당하니 이는 부당노동행위라 할 것이다.

경제상의 불이익취급

1) 임금지급상의 차별

• 조합원에 대해서만 임금지급액을 적게 책정하는 것이 그 전형적인 예이다. 임금인상을 비조합원에게만 실시하고 조합원에게는 실시치 않는 경우라든가, 월급제를 일급제로 바꿀 때 연령·근속연수·경력 등이 같은 수준인 비조합원과 조합원 사이에 상당한 차이가 있을 때에는 불이익취급의 의사가 있다고 판단된다. 월급제였으나 조합결성을 싫어하여 일급제로 바꾼 경우라든가, 파업을 주도한 조합원의 그 기간의 임금은 지급치 않으면서 동조하여 참가한 조합원에게는 파업에 관계없이 임금전액을 지급하는 것은 불이익취급이다.

• 조합원만을 임금지급시기나 승급시기를 늦추는 경우가 있다. 예를 들면, 비조합원에게는 임금지급일에 임금전액을 지급하면서 조합원에게는 기본급만을 지급하고 잔액은 5일 후에 지급한 것은 불이익취급이다. 또 임금인상에 있어 비조합원에게는 4월부터, 조합탈퇴자에게는 탈퇴하는 달부터, 조합원에게는 타결된 7월부터 시행한 것은 불이익취급이다.

2) 보조금 지급상의 차별

생계보조금을 평조합원에게 지급하고 열성조합원에게는 전혀 지급하지 않는다든가 조합원에게는 비조합원보다 적은 금액을 지급하는 경우 등이다.

3) 개근수당 지급상의 차별

개근수당은 1개월간 개근한 경우 지급하는 것으로 정하고 그 지급목적은 출근장려를 위하여 소정의 근무일수를 근로한 사람에게만 지급되는 것이므로 파업참가에 의한 불취업은 개근수당 지급대상에 해당하지 않으므로 이를 지급하지 않는 것은 불이익취급이 되지 않는다.

4) 대부금 대여의 차별

비조합원에게만 생활자금대부를 실시하고 또 조합탈퇴자에게도 대부의 혜택을 주면서 조합원에게는 대부하지 않거나 대부액을 낮추는 것은 불이익취급이다.

5) 현물지급의 차별

평조합원에 해당하는 남자근로자에게는 넥타이 1개를, 여자근로자에게는 블라우스 1장씩을 주면서 열성조합원에게는 주지 않는 경우 불이익취급이다.

6) 휴업명령

조합의 약체화 또는 해산을 목적으로 조합원만을 휴업케 하여 대금을 지급하지 않는 것은 불이익취급이다. 가령 모든 사업을 일시 휴업하는 경우도 노동조합이 싫어서 행하는 것은 용인되지 않는다.

7) 유급휴가 청구의 거부

사용자는 근로자가 근로기준법의 규정에 의한 유급휴가를 청구하면 이를 주어야 하는 것임에도 불구하고 조합원이 유급휴가를 청구한 경우 사용자가 이를 허락치 않고 결근처리한 것은 불이익취급이다. 또 근로자가 귀향코자 6일간의 유급휴가를 청구하여 사용자의 승낙을 받아 귀가하였다가 단체교섭이 시작되었음을 듣고 예정보다 빨리 돌아와서 유인물 배포행위를 하였는데 사용자는 유급휴가를 얻어 조합활동을 한다 하여 출근할 것을 명하였으나 근로자가 이에 따르지 않고 승낙받은 유급휴가를 전부 사용하였다. 그후 사용자가 업무명령을 위반하고 유급휴가사유를 위장하였다는 이유로 감봉처분한 경우 이 처분은 불이익취급이 된다.

그러나 근로자 140명 중 45명이 작업시간 5분 전에 가처분사건의 당사자로서 법원에 출석할 것을 이유로 하여 유급휴가를 신청하였으나 사용자는 이를 작업거부행위로 생각하여 승낙하지 않았음에도 불구하고

> **종류와 기간을 특정하지 않은 연·월차휴가 신청의 효력**(대법원 1997. 3. 28. 96누4220)
>
> 연·월차휴가권이 근로기준법상의 성립요건을 충족하는 경우에 당연히 발생하는 것이라고 하여도 그와 같이 발생한 휴가권을 구체화하려면 근로자가 자신에게 맡겨진 시기지정권(時期指定權)을 행사하여 어떤 휴가를, 언제부터 언제까지 사용할 것인지에 관하여 특정하여야 할 것이고,
>
> - 근로자가 이와 같은 특정을 하지 아니한 채 시기지정권을 행사하더라도 이는 적법한 시기지정이라고 할 수 없어 그 효력이 발생할 수 없으며,
>
> - 이와 같은 경우에는 적법한 휴가시기 지정이 있음을 전제로 하는 사용자의 시기변경권(時期變更權)의 행사도 필요하지 않다.
>
> - 단체교섭 및 면담요구를 관철할 목적으로 다른 노동조합원들과 함께 농협중앙회에서의 농성에 참가하기 위하여 종류 및 기간이 특정되지 않은 연·월차휴가원을 제출하였으나
>
> - 단위농업협동조합장이 농번기임을 이유로 불허가처리하고 출근할 것을 지시하였음에도 근로자가 이에 응하지 않고 11일간 출근하지 않자 이를 무단결근으로 보고 그 근로자에 대하여 정직의 징계처분을 하였는 바
>
> - 그 근로자에 대한 정직처분은 그 처분 행위나 참가인의 비위행위의 내용과 정도, 참가인의 비위행위과정에서의 행태 등에 비추어 정당하므로 부당노동행위에 해당한다고 할 수 없다.

이들(45명)이 취업을 거부한 경우는 사용자에게 시기변경권행사의 여유마저 주지 않은 신청은 정당성을 상실한 권리행사라고 볼 수 있으며 이 경우 사용자의 제재조치는 불이익취급이 되지 않는다.

제 2 장 불이익취급 67

> **집단적인 연차휴가의 사용 또는 근로제공 거부행위가 쟁의행위에 해당하는지 여부**(대법원 1997. 12. 26. 97누8427)
>
> 노조 조합장이 자신의 주장을 관철할 목적으로 집단적인 연차휴가실시를 주도한 결과 이루어진 근로자들의 연차휴가 사용 및 근로제공 거부행위는 이른바 쟁의적 준법투쟁으로서 쟁의행위에 해당한다고 할 것이고,
>
> - 비록 참가인인 근로자들에게 집단적으로 연차휴가를 사용하도록 함에 있어서 설날 연휴기간이라고 날짜를 특정한 바 없다 하더라도 그 결론이 달라지는 것은 아니라고 할 것이다.
>
> - 이와 같은 준법투쟁은 정당한 쟁의행위의 한계를 벗어난 것이어서 회사가 단체협약 소정의 면직사유인 '법에 위반되는 쟁의행위를 선동 또는 주동한 때'에 해당한다고 하여 근로자를 면직한 것은 정당한 인사권의 행사라 할 것이고,
>
> - 비록 조합장이 조합활동을 하여 왔다고 하더라도 회사가 실질적으로 조합장의 조합활동을 혐오하여 그를 사업장에서 배제할 의도로 단순히 조합장의 행위를 표면적인 구실로 삼아 조합장을 면직하였다고는 할 수 없어 부당노동행위라고 할 수 없다.

8) 수입 감소업무 종사

새 차량에 배치된 운전기사가 조합에 가입하였기 때문에 갑자기 헌 차량으로 바꾸어 수입이 감소되도록 하는 등 조합원에 대해서만 수입이 많은 하역을 시키지 않는 것은 불이익취급이다.

9) 시간 외 근로에 관한 차별

조합원에 한하여 시간 외 근로를 주지 않은 것은 불이익취급이 되는 경우가 있다. 통상 근로자는 시간 외 근로의 의무를 지니고 있지 않으나

시간외 근로를 함으로써 연장근로수당을 받을 수 있으며, 이 수당이 매월 수입의 상당부분을 차지하고 있어 시간 외 근로를 하지 않으면 수입이 감소되는 일이 있다. 이 경우 열성조합원에게는 시간 외 근로를 시키지 않고 평조합원에게만 시키는 것은 불이익취급이다.

정신상, 생활상의 불이익취급

● 전근명령

정신상의 불이익취급이 부당노동행위가 되는 것은 사실이다.

불이익취급이란 감봉, 승급정지 등 경제적 대우에 있어서의 불리한 차별대우뿐만 아니라 정신적 대우 등에 관하여 불이익한 차별적 취급도 포함한다고 해석된다. 정신상 불이익의 판단은 주관적 감정이 아니고 누구도 그 입장이 되면 그렇게 느낀다고 생각되는 합리적인 것이라야 한다. 따라서 일반적인 전근에서 있을 수 있는 다소의 불편함이나 업무가 다소 마음에 들지 않는 정도는 불이익취급이 되지 않는다.

● 취업거부

조합활동 때문에 대기발령 후 취업을 정지시키는 것은 비록 유급이라 하더라도 불이익취급이 된다. 왜냐하면 근로를 함으로써 얻을 수 있는 근로자의 가치의식을 고의로 박탈하는 것이기 때문이다.

● 시말서의 요구

파업 및 조합집회에 참가한 조합원에게 시말서를 징구하는 것은 조합원에게 정신적 타격을 주어 조합활동을 견제하는 조치라고 해석된다.

● 복리후생시설 이용상의 차별취급

조합원이므로 사택 입주 및 합숙소 입주가 승인되지 않는 경우가 있다.

또 비조합원에게는 사원식당에서 무료급식하면서 조합원에게는 동등한 대우를 하지 않는 것은 불이익취급이다. 탈의실 설비에 관한 차별도 같다.

● 야유회, 연회참가의 차별

해수욕, 송년회 등 행사참가에 차별취급한다든지 야유회 등에 조합원만을 참가시키지 않는 것도 불이익취급이다.

● 고의적 조치

조합원만을 숙소에서 회사까지 운행하는 차량에 편승시키지 않거나 조합원인 운전기사나 조수에게 고유업무를 맡기지 않는 것은 불이익취급이 된다. 또 급여면에서는 불이익당하지 않더라도 남이 싫어하는 일만을 시킨다든가 하루종일 혼자서 작업하는 부서에 배치전환하는 것도 불이익취급이다.

조합 중심인물을 조합원과 접촉하기 쉬운 자재과에서 감시하기 쉬운 유리창이 부착된 접수창구에 배치전환하는 것도 정신적 고통을 주기 위한 예이다. 또한 식품과 소속 근로자가 조합의 임원으로 취임한 직후부터 담당업무를 바꾸어 적합치 않은 다른 과에 배치전환하는 것도 현저한 정신적 고통을 주는 예이다.

여러 명의 여자근로자 중에서 조합에 가입한 1명만을 청소업무에 명하는 것은 합리적 이유의 소명에 따라 차별취급 여부를 판단할 것이다.

조합활동상의 불이익처분

● 조합활동의 방해

조합활동자를 조합가입 대상자가 거의 없고, 조합활동에 매우 부적합한 근로부서에 정당한 이유 없이 배치하는 것은 불이익취급이 된다.

불이익취급이란 단순히 경제적 대우상의 불이익뿐만 아니라 조합원으로서의 활동에 불이익을 주는 것도 포함하는 것으로 해석되므로 조합원의 조합활동을 저지하고 적어도 활동을 현저히 곤란하게 하여 조합의 약체화를 위한 의도적 전근이므로 비단 대우상 유리한 정사원으로 승진시킬 예정이라도 불이익이 아니라고 할 수는 없다.

그러나 불이익이란 노사의 근로계약에서 직접 발생하는 불이익을 의미하는 것이라고 해석함이 타당하며 근로계약에 의하지 아니하는 간접적이거나 근로계약과 관계 없는 조합내부의 문제, 다시 말해서 조합유지발전에 관한 이익, 불이익 같은 것은 상호불간섭을 원칙으로 하는 노사관계에 있어 각각 별개의 독립관계인 것으로 법상의 불이익개념에 포함되지 않는다고 하는 판단도 있다.

● 조합임원 선출기반의 박해

조합임원을 조합활동을 이유로 조합임원에 입후보할 수 없도록 타 부서에 배치전환하는 것도 불이익취급이다.

● 승 진

조합활동자의 승진은 직위를 승진시켜 급여가 증액되는 것으로 신분상, 경제상으로는 이익이 되는 경우라도 조합활동면에서 불이익을 주는 경우라면 불이익취급이 될 수 있다. 그러나 불이익이라기보다는 조합활동자를 승진시켜 조합운영을 활발치 못하게 한 지배 · 개입에 해당한다고 해석하기도 한다. 그러나 이 경우에 본인이 승진을 수용한 경우라면

근로자에 대한 승진 (서울고법 1992. 11. 26. 91구28834)

회사가 근로자를 승진시킬 무렵에는 근로자가 노동조합의 평조합원에 머물렀을 뿐만 아니라 뚜렷한 활동을 한 바 없어 회사가 근로자를 노동조합의 활동과 관련하여 혐오할 만한 사정이 있었다고 볼 수 없다.

근로자가 승진에 의하여 노동조합원의 자격을 상실한 것은 회사와 노동조합간의 단체협약에 따른 것이며, 승진대상자가 진급포기각서를 제출하였다고 하여 회사가 반드시 그에 따라야 하는 것은 아니고,

- 근로자에 대한 승진은 회사의 경영조직을 합리적으로 관리하기 위한 경영목적상 고유한 인사권의 범위 내에 속하는 문제라 하겠으므로
- 승격 대상자의 의사를 참작하지 아니하였다 하여 그로써 반드시 부당노동행위의사가 있는 것이라고 단정할 수는 없는 것이다.

사용자의 승진조치 (대법원 1992. 10. 27. 92누9418)

근로자의 승진이 사용자의 부당노동행위 의사에 의하여 이루어진 것인지의 여부는

- 승진의 시기와 조합활동과의 관련성, 업무상 필요성, 능력의 적격성과 인선의 합리성 등의 유무와 당해 근로자의 승진이 조합활동에 미치는 영향 등 제반사정을 고려하여 판단하여야 할 것이다.

원고에 대한 승진조치는 참가인회사가 정기승진인사의 일환으로 승진대상자에 대한 합리적 사정을 거쳐 회사의 인사질서와 입사동기생간의 형평을 고려하여 행한 것일 뿐

- 원고의 종전 노동조합활동을 혐오하여 이에 대한 예방적 차원의 조치로서 행한 것은 아니라고 보여지고,
- 또 승진인사에 앞서 원고가 참가인회사의 간부에게 승진거부의 의사를 표명하였다고 하여도 사용자에게 인사질서의 문란을 감수하면서까지 노동조합활동을 계속하고자 하는 평조합원의 희망을 무조건 존중하여야 할 의무가 있는 것도 아니므로 이를 받아들이지 않고 원고를 승진시켰다고 하여 그것이 부당노동행위가 될 수 없다.

노동조합에서 이를 주장하기는 곤란할 것이다.

회사의 해산과 사업의 폐지

● 사업폐지의 자유

기업존속 여부의 결정은 사용자의 자유이며 이것은 헌법이 보장하는 직업선택의 자유의 일면이다. 따라서 주주가 회사를 해산하여 사업을 폐지하는 것을 결정하면 그 해산결의는 유효하며 근로자나 노동조합측이 기업의 계속 운영을 강요할 수는 없다.

● 반조합적 의도에 의한 사업의 폐지

사용자가 근로자의 노조조직 및 조합활동의 격화 등을 싫어하여 회사를 해산하므로써 사업을 폐지하는 경우에 부당노동행위가 성립되는가의 여부에 관하여는 두 가지 설이 있다.
• 회사의 해산 여부는 주주의 자유이므로 주주가 사실상의 회사해산의사를 갖고 결의한 것이라면 가령 그것이 조합조직의 저해를 위한 것일지라도 그 해산은 무효가 되지 않는다는 설이다.
또 부당노동행위제도는 기업 내의 근로자의 조합활동의 자유를 확보하여 기업 내에서의 노사대등의 원칙을 유지하기 위한 것으로 회사자체의 소멸을 목적으로 한 해산결의는 부당노동행위의 심판대상행위가 아니다.
• 회사의 해산, 기업의 폐지가 노동조합의 파괴를 기도한 경우에는 기업폐지의 자유를 남용한 것이며 동시에 공서양속에 위반하므로 무효라는 설이다.
회사의 해산 및 근로자의 해고는 정당한 조합활동에 대한 대항수단의 행위로 보는 것이 타당하기에 부당노동행위로 인정된다. 따라서 그 폐쇄나 해고는 취소되어야 한다는 것이다.

● 사업일부의 폐쇄·폐지

여러 영업소 및 공장 중 채산성이 희박한 곳을 폐쇄하는 것은 경영권의 일환으로 독자적 결정사항이다. 그러나 정당한 이유 없이 조합활동이 일어난 영업소, 공장만을 폐쇄하는 것은 부당노동행위이다. 예컨대, 관광버스사업과 자동차교습소를 경영하고 있는 회사가 자동차교습소에 조합이 결성된 것을 싫어하여 동 교습소를 폐쇄하여 그 근로자 전원을 해고하였으나 관광버스사업은 계속하고 있는 경우이다.

> **노조전임자가 노조사무실에 출근하지 않는 것이 무단결근에 해당하는지 여부**(대법원 1995. 3. 11. 95다 46715)
>
> 노조전임자라 할지라도 사용자와의 사이에 기본적 근로관계는 유지되는 것으로서 취업규칙이나 사규의 적용이 전면적으로 배제되는 것이 아니므로,
>
> - 노조전임자에 관하여 단체협약상의 특별한 규정이나 특별한 관행이 없는 한 출·퇴근에 관한 취업규칙이나 사규의 적용을 받는다.
>
> 근로계약 소정의 본래 업무를 면하고 노동조합의 업무를 전임하는 노조전임자의 경우 출근은 통상적인 조합업무가 수행되는 노조사무실에서 조합업무에 착수할 수 있는 상태에 임하는 것이므로,
>
> - 노조전임자가 사용자에 대하여 취업규칙 등 소정의 절차를 취하지 아니한 채 위와 같은 상태에 임하지 아니하는 것은 무단결근에 해당된다.

위장해산

● 위장해산의 의의와 목적

조합의 조직을 이유로 사업을 폐지하고 근로자를 해고한 후 같은 사업을 재개하는 예가 규모가 작은 기업에서 종종 발견된다. 사실상 사업을 폐지하는 것이 아니고 주주총회의 결의에 의하여 회사를 형식적으로 해산하는 경우에 속임수의 해산이라는 관점에서 위장해산이라고 불린다.

위장해산의 경우 회사는 해산시키고 조합원은 해고하며 신설사업은 다른 사업주체가 행하는 것으로 신사업 주체가 근로자를 채용함에 있어 조합원 이외의 근로자만을 채용하는 형식으로 조합활동자를 배제코자 하는 것이 위장해산의 목적이다.

● 위장해산의 유형
- 회사를 해산한 후 곧바로 회사를 계속 운영하는 결의를 행하는 경우
- 법인업체를 개인업체로 명의만 바꾸는 경우
- 영업을 제2회사에 형식상 양도하는 경우

● 구제

이런 사건에서는 신구의 기업주체는 실질상 같은 것이므로 현실적으로 근로자를 해고한 구회사뿐 아니라 신회사도 구제명령의 당사자가 되는 것으로 해고된 근로자의 복직(채용)명령이나 소급하여 임금 지급명령을 할 수 있을 것이다.

〔참　고〕 불이익취급형태에 관한 요약정리

　법 제81조 제1호의 불이익취급을 정리하기로 한다.
　불이익취급이 무엇인가에 관하여는 학설상 큰 대립이 될 만한 쟁점은 없다고 보며 문제는 구체적 인정 여부에 있고 이에 따라 불이익취급이 명료해질 것이다. 또한 제5호의 보복적 부당노동행위도 부당노동행위로서의 불이익취급이라 하겠다.

1) 불이익취급의 개념

　법 제81조 제1호에서의 불이익취급은 종전의 사례와의 비교, 또는 다른 근로자와의 비교에서 특정근로자나 조합원에게 실질적으로 불이익한 차별취급을 하는 것으로 다른 근로자와의 비교에 있어 불이익만을 뜻한다는 학설도 있다.
　종전의 사례와의 비교에서라는 것은 다른 근로자와의 비교가 어려운 경우 예컨대, 조합원을 해고하고 싶은데 이것이 부당노동행위가 명백하므로 전원 해고한 경우 등을 생각할 수 있으나 이 경우도 조합원이 아니면 이런 취급은 하지 않았을 것이라는 뜻에서는 조합원과 비조합원과의 차별취급이라는 성격을 띠고 있다.
　따라서 이 두 가지 학설은 일반론으로서는 틀린 것이라고 할 수는 없을 것이다. 그러나 부당노동행위에서 말하는 불이익취급은 근로자 본연의 이익을 부당하게 침범하는 것으로 차별취급만이 불이익취급이 아니다. 법 제81조 제1호가 '이유로', '불이익을 주는 행위'라고 하는 것은 '이유'가 없는 경우에는 다른 취급을 했다는 뜻이므로 이것을 일반적으로 차별취급이라고 하는 것이다.
　불이익취급 여부의 판단은 실제문제에 있어 상당한 어려움이 있으나 부당노동행위제도에 비추어 구체적, 실질적으로 고찰해야 함은 재론할 필요가 없다. 따라서 비조합원만을 승급시키고 조합원은 그대로 둔 것과 같이 다른 근로자를 유리하게 취급한 것으로 차별하는 것도 여기에서 말하는 불이익취급에 해당한다. 또 불이익취급은 사용자가 근로자에 대한 모든 취급으로서 법률행위에 한하는 것이 아니라 사실행위도 포함하는 것에 이의가 없다. 극단적으로 예를 들자면, 조합에 가입한 근로자에 대해서만 사장이 다른 데를 쳐다보면서 말을 들으려 하지 않고 딴청을 부리는 것도 불이익취급이라 하여도 좋을 것이다.

2) 불이익취급의 내용

어떤 불이익이 있는 경우 불이익취급이 되는가?
불이익의 내용을 유형화해보면 경제상의 불이익, 생활상의 불이익, 정신상의 불이익, 조합활동상의 불이익 등을 들 수 있다.
• 경제상의 불이익
이것이 불이익취급에 해당하는 것은 당연하며 실제로 문제되는 불이익의 대부분은 경제상의 불이익이다.
• 정신상의 불이익
불이익취급이란 감봉, 승급정지 등 경제적 대우에 관한 불리한 차별대우를 하는 것뿐만 아니라 정신적 대우 등에 있어 불이익한 차별적 취급 등을 포함하는 것으로 해석하여야 할 것이다.
따라서 사용자가 근로자에 대하여 출근정지처분을 한 경우 예컨대, 이로 인하여 급여, 기타 경제적 대우에 있어 불이익한 결과를 초래하지 않는다 하더라도 소위 불이익취급에 해당되는 것이라고 해도 무방한 것이며 정신상의 불이익도 불이익취급이라는 불이익에 해당하는 것을 인정함에 이론은 없다.
• 생활상의 불이익
정신상의 불이익과 같은 무형의 불이익도 불이익취급으로 인정되는 바, 더 구체적 불이익인 생활상의 불이익도 불이익취급으로 인정하는 것은 당연하며 이를 적극적으로 반대하는 설은 점차 약해지고 있다. 실례로서 전근에 따른 불이익이 문제가 되는 일이 많다.

• **조합활동상의 불이익**

조합활동상의 불이익이란 해당근로자의 조합활동을 불가능하게 하거나 곤란하게 하는 것이다. 이런 사용자의 행위가 부당노동행위인 것은 다른 의견은 없겠지만 이것은 노조법 제81조 제4호(지배·개입) 전반의 문제로 취급되어야 한다는 주장이 있다.

제1호와 제4호와의 관계는 부당노동행위 중에서 견해가 가장 엇갈리는 점으로서 단결권은 원래 개개의 근로자에게 보장된 권리이므로 그 행사를 방해당하는 불이익만이 제1호의 불이익취급에서 제외되는 것이라고 해석할 이유가 없다. 오히려 단결권을 보장한다는 부당노동행위제도의 취지에서 본다면 경제상, 생활상의 불이익보다는 오히려 조합활동상의 불이익이 단결권에 더한층 직접적인 영향을 주게 되므로 조합활동상의 불이익이 먼저 금지되지 않으면 안 된다고 할 수 있겠다. 따라서 조합활동상의 불이익도 불이익취급에 해당된다고 할 수 있다. 그러나 동시에 사용자에 의한 조합활동의 방해는 제4호의 지배·개입의 전형적인 예이다.

따라서 이 경우에는 불이익을 받은 근로자측에서도 불이익취급이며 조합의 조직운영을 방해당한 조합측으로는 지배·개입으로서 중복된 부당노동행위의 성립을 인정해야 할 것이라 생각된다. 단지 노동위원회에 부당노동행위의 구제신청이 있을 때 어떤 구제가 적당한지의 여부가 문제될 뿐이며, 조합활동상의 불이익이 특히 문제되는 것은 승진의 경우가 많으며 물론 승진의 경우에만 국한되는 것은 아니다.

3. 불이익취급의 인정

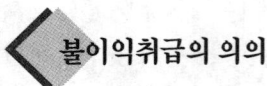
불이익취급의 의의

1) 의 의

　불이익취급이라는 부당노동행위가 성립되기 위하여는 근로자가 정당한 조합활동을 '한 것을 이유로' 그 근로자를 불이익취급한 것을 요건으로 한다. 즉 조합활동을 하였기 때문에 해고한다든가 조합활동을 하였기 때문에 감봉한다는 등의 조합활동과 불이익취급과의 관계(인과관계)가 없으면 안 되며 또 사용자가 어떤 처분을 함에 있어 조합활동을 이유로 한 것이라는 인식이 있어야 한다. 이와 같은 사용자의 심리상태를 부당노동행위의사라고 한다.
　사용자가 부당노동행위의사를 갖고 근로자에 대하여 차별취급한 때에는 '불이익취급'이 성립된다.

2) 사용자의 인식

　사용자가 근로자의 조합활동 사실을 인식하고 있는 경우, 가령 그 활동이 조합활동에 해당하지 않는다든가 정당하지 않다든지 오해하고 있는 경우라도 그것은 단순히 그 사실의 평가, 해석을 잘못한 것에 불과하므로 '정당한 조합활동을 이유'로 불이익취급을 한 것이라는 부당노동행위의사가 존재한다고 볼 수 없다.

3) 부당노동행위의사의 주체

① 사용자 본인, 사용자가 법인일 경우 대표권이 있는 이사에게 부당노동행위의사가 있을 때에는 문제가 없다.

② 법인의 기관은 아니나 인사에 관한 감독권한과 처분권한을 가진 사람 예를 들면, 인사부장 등은 부당노동행위의사의 주체가 된다.

③ 부당노동행위 구제신청사건의 심문에 있어 근로자 또는 노동조합측(신청인측)은 ⅰ) 조합활동을 하고 있었던 것, ⅱ) 그 조합활동은 정당한 것일 것, ⅲ) 조합활동한 것을 사용자가 알고 있을 것, ⅳ) 불이익취급이 가해진 것 등을 입증함과 동시에, ⅴ) 사용자가 조합을 싫어하여 반조합적 태도를 취하고 있었을 것, ⅵ) 처분이 조합활동이 격화된 시기에 있었을 것, ⅶ) 처분이 조합원과 조합원 이외의 사람 사이에 또는 과거의 예와 비교하여 불균형일 것, ⅷ) 처분이유가 없을 것, ⅸ) 처분 후에 조합활동이 쇠퇴한 것 등의 사실을 주장하고 입증하지 않으면 안 된다.

④ 이에 대하여 사용자는 조합활동중임을 몰랐던 것 등을 입증하는 외에 근무성적 불량, 업무명령 거부 및 위법행위를 하였다는 등 처분이유가 존재한다는, 즉 조합활동 때문에 행한 처분이 아님을 주장하고 입증하여야 한다.

⑤ 위의 ③의 근로자 또는 노동조합측은 입증이 되고 ④의 사용자측은 입증이 되지 않는 경우에는 부당노동행위의사의 존재는 증명되는 것이다. 반대로 ④는 입증이 되고 ③은 입증이 안 된 경우에는 부당노동행위의사는 증명되지 않는 것이다.

부당노동행위의사의 인정기준

1) 사용자의 반조합적 태도

조합조직 후 근로자에 대한 사용자의 태도가 급변한 것이라든가 조합을 해산시키고자 하는 언동이 뚜렷한 것 등은 유력한 자료가 된다. 또한 사용자가 조합원에 대한 처분을 엄격하게 규정한 것이라고 볼 수 있는 사정도 사용자의 부당노동행위의사를 추측케 한다.

2) 처분의 시기

조합조직 총회의 직전 또는 조합조직 준비중이라든가 조합조직 직후라든가 조합활동이 활발해진 직후에 처분이 있었던 경우 대개 시기가 우연히 일치한 것에 불과한 것이라고 할 수 있는 사정이 없는 한 조합활동이 싫어서 행한 처분이라고 추측케 한다. 평시에는 불문에 붙여왔던 사실을 조합활동이 활발해지자 새삼스럽게 거론하여 그 사실을 처분이유로 하는 경우도 부당노동행위의사가 있다고 보기가 쉽다.

3) 처분의 불균형

• 해고 또는 배치전환된 대상이 조합원뿐이며 조합탈퇴자, 비조합원은 그 대상에서 제외한 처분은 그 자체가 사용자의 부당노동행위의사를 유력하게 뒷받침하는 것이다
• 처분이 특히 가혹한 것도 사용자의 부당노동행위의사가 있었던 것을 뒷받침하는 자료가 된다.
• 또 과거에 있었던 같은 사례나 본인 이외의 다른 근로자에 대한 처분과 비교해 보면 불균형한 것이 인정되는 경우가 많다.

• 비조합원에 대해서만 승급을 실시하고 조합가입자는 승급시키지 않는 경우와 같이 다른 근로자를 유리하게 취급함으로써 반사적으로 조합원을 차별하는 경우도 불이익취급의사로 인정된다. 그러나 2개의 조합이 사용자와 별개의 단체교섭으로 타결된 성과가 다르더라도 개개의 조합이 각자의 역량을 배경으로 행한 단체교섭의 결과일 경우와 일시금 등의 차이가 있더라도 근무성적, 근속연수, 지각·조퇴, 사고, 작업내용 등의 기준에 따라 사정된 경우에는 사용자의 부당노동행위의사에 의한 것이라고는 할 수 없다.

4) 처분이유의 불명확, 불합리

• 사용자가 제시하는 처분이유가 명확하지 않은지, 필요인원의 과잉 이유를 들면서 한편으로 신규채용을 한다든지, 근무성적불량이라는데 그 직전성적이 우수하다하여 표창하는 등 근거가 없는지, 사소한 일을 들추고 있는지, 또는 머리가 너무 길다고 해고했다 등의 불합리한 것을 들고 있는지, 본인에게 해고이유를 통지할 때 노동조합에 설명할 때와 후일 노동위원회에 사건이 신청되어 사용자가 주장하는 것과 다른 경우에는 처분의 진실과 사유가 다른 데 있음을 추측케 할 수 있다.

• 또 처분이유의 정당 여부를 판단함에 있어서는 사용자측의 태도도 고려하여 사용자측에게 도발적 행위 등이 있는 처분은 부당노동행위의사가 존재한다고 인정되는 경향이 높다. 예컨대, 조합이 회사강당을 점거하여 많은 조합원이 숙박하였던 것에 대하여 회사는 이를 묵인하였으며 또한 금지시키기 위한 명확한 지도를 하지 않았던 점을 고려할 때 그 책임의 일부는 회사에 있으므로 조합원의 불법행위만을 비난하는 것은 타당하지 않다는 것이다.

• 처분 후의 조합활동의 쇠퇴

조합임원이 해고된 후 조합활동이 쇠퇴하는 예는 적지 않다. 이 경우 해고의 목적은 조합활동의 쇠퇴에 있었다고 보기 쉬우며 사용자의 부당노동행위의사를 추측케 하는 하나의 자료가 된다.

• 심문의 취지에서의 종합판단

위와 같이 외부적 사실은 어느 것이든 사용자의 부당노동행위의사의 존재를 추측케 하는 하나의 기준일 뿐이다. 외부적 사실이 있다고 해서 당연히 부당노동행위의사가 인정되는 것은 아니며, 결국 사건 전체의 줄거리를 파악, 종합적으로 판단되어야 한다.

처분이유의 경합

1) 처분이유의 경합

사용자가 주장하는 것과 같이 근무성적불량, 부정행위, 인원정리기준 등의 처분이유가 입증되었으나 한편 사용자는 조합활동을 싫어하고 처분된 자는 활발한 조합활동중에 있던 사실도 입증된 경우 그 처분이 불이익취급으로 볼 수 있느냐의 여부는 미묘한 문제로서 '처분이유의 경합'의 문제라고 불린다.

2) 결정적 동기의 기준

이와 같이 처분이유가 경합될 경우에는 조합활동을 싫어한 것이 결정적 동기이냐, 근로성적불량이 결정적 동기이냐에 따라 부당노동행위의 성립 여부가 정해진다. 예컨대, 여러 가지 사정으로 보아 사용자가 부정행위자를 계속 사업체 내에 둘 수 없다는 판단에 따라 해고한 것으로 사용자 본인의 조합활동을 혐오하는 요소가 어느 정도 포함되었을지는 몰라도 결정적 동기는 부정행위의 이유로서 해고한 것이라면 부당노동행위는 성립되지 아니한다. 그러나 근무성적불량이라는 이유로 조합원 몇 명만이 해고되고 비조합원 중에도 같은 정도의 근무성적불량자가 있었으나 그들은 제외된 경우에는 사용자의 결정적 동기는 근무성적불량이 아니며 조합원의 해고에 비중을 두고 있으므로 조합활동을 싫어한 해고로 볼 수 있다.

3) 사실인정의 곤란

해고사유가 경합하는 경우의 사실인정은 매우 곤란하여 판단이 엇갈리는 경우가 많다. 예컨대, 2km 이내의 거주자에게 교통비를 지급치 않는 경우 조합간부가 이사하여 통근거리가 가까워져서 수급자격을 상실하였으나 이를 계속 지급받았다는 이유로 해고되었을 때, 사용자가 조합조직 이후 그 간부의 언동을 싫어하던 것을 중시하여 부당노동행위를 인정한다든가 통근비의 부정수급에 관하여 종전부터 엄격히 통제하여 오던 것을 중시하여 해고의 결정적 원인은 통근비의 부정수급이라 하여 부당노동행위를 부정하는 것 등이다.

조합간부의 책임

1) 문제의 소재

노동조합의 임원, 집행위원 등의 조합간부는 조합활동, 특히 쟁의행위중 조합의 간부로서 당연히 사용자에 대하여 책임을 지느냐 위법부당한 행위에 구체적으로 관여한 경우만 책임을 지느냐는 문제가 있다.

2) 기관책임을 인정하는 견해

조합간부이며 조합기관의 지위에 있는 것만으로 당연히 책임이 있다는 것으로 예컨대, 투쟁위원은 특별한 사정이 없는 한 쟁의행위의 계획, 수행 또는 지휘한 것이라고 추정되므로 위법한 쟁의행위에 관하여 책임이 있다고 하는 견해이다.

3) 조합활동의 책임을 한정하는 견해

조합의 간부라는 것만으로 당연히 사용자에 대하여 법률상의 책임을 져야 한다는 해석은 지나친 것이라는 비판이 높다. 그래서 2)와 같이 광의로 관련책임을 인정치 않고 조합간부의 책임을 ⅰ) 간부 자신이 위법한 쟁의행위를 결의하고, 집행하며, 지휘한 때(행위자로서의 책임이 있다)와 ⅱ) 조합간부는 일반적으로 위법한 쟁의행위를 방지하여야 할 의무를 지고 있으나 이 방지의무를 해태한 때에 한정하고자 하는 견해가 유력하다. 즉 조합간부는 조합원을 지휘함에 있어 위법한 쟁의행위를 방지할 의무가 있으며 또한 조합원이 적법한 쟁의행위를 하도록 지휘하지 않으면 안 된다는 것이다.

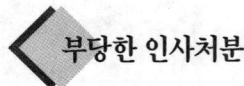

부당한 인사처분

1) 부당처분과 불이익취급

부당처분은 반드시 불이익취급이 되는 것은 아니므로 부당해고라고 해서 모두 부당노동행위가 되는 것은 아니다. 또한 근로계약이나 단체협약을 위반한 해고가 바로 부당노동행위라고 할 수도 없다. 해고가 부당노동행위로 되려면 근로자의 조합활동을 이유로 한 경우에 한한다.

2) 인사처분권의 남용

> 징계위원회의 구성이나 징계절차가 위법하다는 사유는 그 해고가 부당노동행위에 해당하는지의 여부에 영향을 미치는 결정적인 요소는 아니다(대법원 1997. 6. 13. 96누15718).
>
> 징계절차가 단체협약에 정하여진 규정에 위반되었다는 등의 사정이 사용자의 부당노동행위의사를 판단하는 하나의 자료가 될 수는 있다 하더라도 그 징계절차 위반의 점이 해고무효사유가 되는지의 여부는 별론으로 하고 부당노동행위의 성립에 당연히 영향을 미치는 결정적인 요소가 되는 것은 아니라 할 것이다.

> 정당한 해고사유가 있어 해고한 경우 비록 사용자가 근로자의 노조활동을 못마땅하게 여긴 흔적이 있다거나 사용자에게 반노동조합의사가 추정된다 하더라도 그 사유가 단순히 표면상의 구실에 불과하다고 할 수 없다(대법원 1997. 6. 24. 96누16063).
>
> - 참가인과 이 사건 노조 사이의 임금협약이 원고에 대한 징계로 인하여 노조에게 불리하게 체결되었음을 인정할 만한 아무런 증거가 없고 원고에 대한 징계파면은 제반사정에 비추어 정당한 이유가 있으므로 부당노동행위가 되지 않는다.
>
> 이 사건 정당한 해고사유가 있어 해고한 경우에는 비록 사용자가 근로자의 노동조합활동을 못마땅하게 여긴 흔적이 있다거나 사용자에게 반노동조합의사가 추정된다고 하더라도 그 해고사유가 단순히 표면상의 구실에 불과하다고 할 수는 없을 것이므로 부당노동행위에 해당한다고 할 수 없다.

사용자의 근로자에 대한 처분이 불이익취급이 되지 않는 경우도 그 정도가 지나치면 처분권의 남용으로 무효가 되는 일이 있다. 예컨대, 근로자를 모집함에 있어 직업안정소에 제출하는 구인표에 상여금 연2회

> **사용자의 근로자에 대한 해고 등의 불이익처분이 정당하지 못하여 무효로 판단되는 경우에 그러한 사유만으로 곧바로 그 해고 등이 불법행위를 구성하게 된다고는 할 수 없다**(대법원 1997. 1. 21. 95다24821).
>
> 일반적으로 사용자의 근로자에 대한 해고 등의 불이익처분이 정당하지 못하여 무효로 판단되는 경우에 그러한 사유만으로 곧바로 그 해고 등이 불법행위를 구성하게 된다고는 할 수 없다.
>
> 사용자가 근로자에 대하여 징계해고 등을 할 만한 사유가 전혀 없는 데도 오로지 근로자를 사업장에서 몰아내려는 의도하에 고의로 어떤 명목상의 해고사유 등을 내세워 징계라는 수단을 동원하여 해고 등의 불이익처분을 한 경우나
>
> - 해고 등의 이유로 된 어느 사실이 취업규칙 등 소정의 징계사유에 해당되지 아니하거나 징계사유로 삼을 수 없는 것임이 객관적으로 명백하고,
>
> - 또 조금만 주의를 기울였더라면 이와 같은 사정을 쉽게 알아 볼 수 있는 데도 그것을 이유로 징계해고 등의 불이익처분을 하거나 적법한 절차를 거치지 아니한 경우처럼
>
> - 사용자에게 부당해고 등에 대한 고의·과실이 인정되는 경우에는 불법행위가 성립된다.

200%지급이라고 기재하였음에도 불구하고 현실적으로 지급치 않은 경우 조합활동 때문에 지급치 않았다고 인정되지 않는 한 노동위원회는 구제를 명령할 권한이 없다.

제 3 장 단체교섭 거부

1. 단체교섭제도의 의의

단체교섭의 의의

근대적 노사관계에서 가장 중요한 것은 단체교섭이다. 단체교섭은 노사간에 발생하는 여러 문제를 처리하고, 해결하기 위한 제도로서 존중되고 있다. 단체교섭이란 개인적 거래나 교섭에 대비되는 개념이며 근로자가 해고·근로조건에 대하여 스스로 선정한 대표자를 통해서 사용자나 사용자단체와 교섭하는 것을 말한다. 이 경우 근로자를 집단적으로 대표하는 조직이 노동조합이다.

노동조합의 기능 중 가장 중요한 기능은 단체교섭에 의한 근로조건의 결정으로 조합원인 근로자의 노동조건의 개선, 경제적·사회적 지위향상을 도모하는 것이다.

근로자는 개별적으로는 사용자와 대등한 입장에서 근로조건의 거래(결정)를 하기 어렵다. 근로자는 단결을 통하여 개별교섭에 의한 근로자간의 경쟁을 제한함으로써 사용자와 대등한 입장에 가까워질 수 있는 것이며, 사용자측이 일방적 또는 자의적으로 제정한 고용조건에 대하여 근로자가 발언하고 참가하여 규제를 할 수가 있다.

　단체교섭에서 거론되는 대상범위도 노동조합운동과 단체교섭역량에 따라 사용자의 전결사항에 속하던 '일방적 결정'이 사용자와 근로자의 '쌍방적 결정'이 된다.

　그러나 국민경제의 안정 및 성장과의 관계, 특히 인플레와 실업의 극복이라는 관점에서 단체교섭제도의 재검토가 국제적 차원에서 논쟁의 주제로 등장하고 있다. 그렇지만 근대적 노사관계에 있어서 단체교섭제도를 배제할 수 없으며 산업민주주의를 보장하기 위한 대체적 방법, 예컨대 노사협의제나 경영참가의 시도도 자주적 노동조합의 역량을 배경으로 하는 단체교섭제도 없이는 소기의 기능을 달성할 수 없을 것이다.

단체교섭의 개념

　단체교섭의 개념적 특징은 노사관계에 있어 단체교섭이란 원래 이질적인 제도였다. 우리나라의 산업사회는 서구와 같이 시민혁명을 거친 계약사회가 아니고 신분제적 사회였으므로 노사관계는 대등관계, 즉 노동력이라는 상품의 매매관계가 아닌 신분이 다른 양자간의 지배와 종속관계로서 그 질서는 사용자측의 권위와 온정에 대한 충성과 봉사라고 할 수 있는 관념에 의존되어 왔다.

　해방 이후 건국 초기 미군정 정책에 의한 노동조합운동은 공산당과 영합한 정치문제로서 파란도 많았으나 산업민주화라는 이름아래 신분제도의 철폐를 요구하였다. 그러나 오랜 동안의 근로자의 사용자에 대한 신분제적인 종속의식을 갑자기 불식할 수는 없었고 이런 의식이 뒷받침된 노사관계에서의 우리의 단체교섭은 서구적 의미의 노사 대등관계상의 개인적 결정에 대신하는 집단적 결정관계라는 개념으로 정리되기보다는 그 개념의 정착을 위한 과정이라고 할 수 있다.

　단체교섭(Collective - bargaining)이란 용어의 해석은 여러 가지로 표현되고 있다. 이를 나열하면 ① 단체교섭은 개별교섭의 집합적 결정이며, ② 단체교섭은 본질적으로 규칙(Rule)을 작성하는 과정이며, 그 특징은 노동조합과 사용자가 근로계약과 이에 부수되는 상호간의 관계를 규제하기 위하여 작성되는 Rule의 합동작성자로서 행동하는 것이므로 단체교섭을 합동규제라고 바꾸어 말할 수 있다.

　단체교섭이란 임금, 근로시간, 기타 근로조건에 대하여 노동조합과 사용자가 합의나 협의에 도달하기 위하여 벌이는 거래 이상의 의미를 갖지 않는다. 그러나 단체교섭 및 그 연장인 노동쟁의는 특정기업의 공동구성원간의 관계에 있어 일시적 긴장, 대립과 그 조정, 타협, 화해의 과정이므로 단체교섭 그 자체는 처음부터 노사 대립을 의미하며 노사 쌍방의 긴장을 내포하게 되는 것은 부인할 수 없는 사실이다. 단체교섭은 근로조건을 에워싼 경제적 결정(거래)이므로 본질은 상품의 거래와 다르지 않다.

　교섭은 근로자가 스스로 선정한 대표자를 통한 교섭을 뜻하는 것이므로 교섭에 임하는 인원수는 상관없지만 많은 인원이 참석하는 집단을 형성하여 그 집단의 힘을 과시하는 물리적, 심리적 방법이 사용되어 왔다. 직장 내외에서의 결의표명부터 사용자에 대한 인신공격에까지 이르는 전단 부착 등으로 집단의 힘을 과시하기도 한다.

　근로자측이 단체교섭에 있어 이런 대결의 자세를 취하는 데 대응하여 사용자측도 단체교섭에 대하여는 특별한 개념을 갖고 긴장하는 경우가 많으며, 중소기업의 많은 사용자는 단체교섭을 종속적이던 근로자에 의한 사용자의 권위에의 반역이며 기업경영의 권리에 대한 도전으로 받아들이고 있다. 거기에 근로자측의 여러 형태의 압력 행사가 따르므로 사용자 중 많은 사람들이 단체교섭에 대한 경계와 공포, 기피의 감정이 크다.

따라서 단체교섭은 일반적으로 조용하게 이루어지는 상거래와는 전혀 이질적인 긴장된 분위기 속에서 노사의 대결국면이 되어 사실상 노동쟁의와 불분명한 형태가 되기도 한다.

단체교섭의 성숙화

건국 초기의 혼란기에 공산당에 의하여 정치적으로 이용당한 비정상적인 노동조합운동과 노동법 제정과 더불어 갑자기 얻게 된 단체교섭권이 여러 형태의 부작용을 노출시킨 적도 있었으나 1960년대 이후의 고도의 경제성장과 더불어 노동운동도 발전하여 왔다.

경제성장 및 사회발전과 함께 단체교섭도 성숙하고 풍부한 경험이 누적된 결과, 이제 단체교섭은 합리적이고 성숙화되고 있다. 노사관계가 안정된 기업은 단체협약을 통해서 안정되고 있으며 이것은 노사관계의 협약적 자치의 원칙이 뿌리를 내리는 근거이나 전반적으로는 단체교섭이 제도적으로 완전히 성숙된 것이라고는 할 수 없겠다.

2. 단체교섭의 거부

◀ 단체교섭의무

● 조합원을 대표하는 조합대표자로부터의 단체교섭 요청

사용자는 자기가 고용하는 조합의 대표와 단체교섭의 의무를 갖고 있을 뿐 자기가 고용하고 있지 않은 근로자의 대표와 단체교섭을 할 필요는 없다. 예컨대, 다른 회사로부터 파견된 근로자가 자기 공장에서 취업하고 있어도 그 근로자가 가입하고 있는 조합에 대한 단체교섭의 의무를 갖고 있는 것은 아니다. 그러나 노동조합이 교섭권을 위임한 경우에는 예외이다(법 제29조). 또한 단체교섭은 노동조합만이 가지는 권리이므로 노동조합이 아닌 단체는 사용자에게 교섭을 요청할 수 없다.

◀ 단체교섭의 거부

● 거부에 해당하는 경우

단체교섭을 처음부터 하지 않는 것은 두말할 것 없이 거부이며, 상당기일 이상 단순히 문서로써 연기통고한 것에 불과한 경우라든지 서면에 의한 회답을 교섭한 것으로 주장할 수 없다. 또한 조합측 출석자를 지정하는 것을 조건으로 단체교섭에 응하겠다는 요지를 회답한 경우도 단체교섭의 거부이다.

● 사용자로부터의 연기요청

사용자는 조합에서 요청한 날에 꼭 단체교섭을 하여야 하는 것은 아니다. 사정이 있으면 다른 날을 지정할 수 있다. 또한 요구사항의 검토를 위한 상당기간의 연기요청은 단체교섭 거부가 아니다.

● 단체교섭의 중단

단체교섭을 시작하였으나 중단된 경우 과연 거부라고 할 수 있는가는 미묘한 문제로서 사건마다 다르다. 충분한 교섭에도 불구하고 서로 의견이 대립되고, 일치하지 않아 교섭이 중단된 것은 단체교섭거부가 아니다. 또 단체교섭중 사용자가 조합에 대하여 충분한 경영상의 근거를 설명하고 가능한 정도까지 양보하는 회답을 제시하며 조합측에 합리적 요구의 이유를 제시하도록 요구하였으나 조합이 이에 응하지 않은 경우 중복된 단체교섭의 요청을 거부하여도 부당하다고는 할 수 없다.

● 단체교섭과 대화

사용자 중에는 단체교섭이라는 용어나 명칭을 싫어하는 경향을 띤 사

> **사용자가 최종적인 결정권한이 없는 근로자측 교섭대표와의 단체교섭을 회피한 것은 정당한 이유가 없는 것이라고 할 수 없다**(대법원 1998. 1. 20. 97도588).
>
> 구노동조합법 제33조 제1항(현 노동조합및노동관계조정법 제29조 제2항) 본문은 "노동조합의 대표자 또는 노동조합으로부터 위임을 받은 자는 그 노동자 또는 조합원을 위하여 사용자나 사용자단체와 단체협약의 체결, 기타의 사항에 관하여 교섭할 권한이 있다"고 규정하고 있는 바,
>
> - 여기서 '교섭할 권한' 이라 함은 사실행위로서의 단체교섭의 권한 외에 교섭한 결과에 따라 단체협약을 체결할 권한을 포함하는 것이다.
>
> 그럼에도 불구하고 노동조합의 대표자 또는 수임자가 단체교섭의 결과에 따라 사용자의 단체협약의 내용을 합의한 후 다시 협약안의 가부에 관하여 조합원 총회의 의결을 거친 후에만 단체협약을 체결할 것임을 명백히 하였다면,

- 노사 쌍방간이 타협과 양보의 결과로 임금이나 그 밖의 근로조건 등에 대하여 합의를 도출하더라도 노동조합의 조합원 총회에서 그 단체협약안을 받아들이기를 거부하여 단체교섭의 성과를 무(無)로 돌릴 위험성이 있으므로

- 사용자측으로서는 최종적인 결정권한이 없는 교섭대표와의 교섭 내지 협상을 회피하거나 설령 교섭에 임한다 하더라도 성실한 자세로 최후의 양보안을 제출하는 것을 꺼리게 될 것이고, 그와 같은 사용자측의 단체교섭회피나 게을리함을 정당한 이유가 없는 것이라고 비난하기도 어렵다 할 것이므로,

이 사건 사용자측의 단체교섭 회피가 구노동조합법 제39조 제3호가 정하는 부당노동행위에 해당한다고 보기도 어렵고, 그에 대하여 단행된 쟁의행위는 그 목적에서 정당한 쟁의행위라고 볼 수 없다.

용자가 있는 것도 사실이다. 이 경우 노사의 대표자가 대화라는 이름으로 회합하여 노사간의 현안문제를 검토하는 일이 있다. 명목상 대화라 하여도 실질적으로 단체교섭과 같은 결과를 얻는 것이라면 그것으로 단체교섭을 끝낸 것으로 보는 일이 많다.

그러나 단지 조합의 사정을 들은 것에 불과한 경우라든가 실질적으로 단체교섭의 효과를 얻었다고 볼 수 있는 경우라도 명백히 단체교섭이 아니라는 유보조건하에서 행한 경우에는 노동조합의 단체교섭권이 부정되었다 할 것이므로 이 대화로 단체교섭이 끝났다고는 해석되지 않는다.

성의 있는 단체교섭

● 단체교섭의 연기 및 장소의 변경

사용자가 표면적으로는 교섭에 응하는 척하면서 실제로는 조합을 무시한다든가 조합행사 때문에 단체교섭에 응할 수 없는 날을 고의로 지정한다든가 단체교섭의 기일변경을 반복한다든가 단체교섭 당일에 이

르러 갑자기 장소 변경을 제안하는 것 등은 성의 있는 단체교섭으로 볼 수 없다.

● 교섭담당자의 무책임

　단체교섭을 거듭하여도 교섭담당자가 '권한이 없어 상신하겠다, 사장에게 보고하여 회답하겠다' 라고 하면서 교섭을 지연시키는 경우 예컨대, 회사측 교섭담당자와 사장과의 연락에 시간이 허비되든가 교섭담당자의 언질이 번복되는 경우는 결국 성의 있게 단체교섭에 임하였다고 할 수 없다. 또 여러 차례에 걸쳐 단체교섭을 하였으나 경영책임자는 한 번도 출석치 않고 비상근 고문만이 출석하고 경영부진으로 현 상황에서는 임금인상이 불가하다는 회답뿐 구체적인 제안은 하지 않고 교섭담당자가 교섭석상에서 '대표이사와 협의코자 하였으나 협의기회가 이루어지지 않는다', '이사와 협의 분위기가 아니다' 라는 등의 이유로 단체교섭이 몇 번 중지된 상황에서는 그 교섭위원이 실질적 권한을 위임받았다고 보기는 어려울 것이다.

　단체교섭에 반드시 대표이사가 참석할 필요는 없으며 책임 있는 사람이 출석하면 충분할 것이다.

● 형식적인 단체교섭

　외형상 단체교섭을 하고 있지만 겉치레뿐이며 성의 있는 단체교섭을 하지 않는 것은 해태에 해당한다. 따라서 여러 차례의 단체교섭이 있더라도 회사측이 '단체협약체결의 의사가 없다' 라는 기본방침을 견지하면서 대화를 계속하는 것은 형식적 대화에 불과하고 성의있게 단체교섭에 응하였다고는 볼 수 없다.

● 주장근거와 설명기피

　단체교섭은 자기가 주장하는 근거를 상대방에게 설득하는 것이 주가 되어야 한다. 따라서 자기주장을 일방적으로 내세우기만 하고 그 근거를 설명하려 하지 않는 태도는 성의 있는 단체교섭을 했다고 할 수 없다. 즉 '노사가 단체교섭사항으로 상정하는 이상 최종적으로 무슨 합의에도 도달할 수 없었다 하더라도 그 단체교섭의 과정에서 쌍방은 자기주장을 상대방이 충분히 납득할 수 있도록 성의를 갖고 임하지 않으면 안 된다.

예컨대, 회사가 A 등 3명을 징계한 것이 정당하며 조합이 요구하는 징계해고 철회요구를 수락할 수 없다면 회사는 조합측에 징계해고의 정당성에 관한 구체적이고 상세한 설명을 해야 할 것이다. 즉 회사가 징계해고의 사유로 하고 있는 금품착복에 관하여 회사 조사, 인정한 사실을 당사자인 A 등과 조합에 설명하고 이에 대한 변명이라든가 조합의 견해 등에도 귀를 기울이고 회사가 인정한 사실의 진실성을 조합측에 납득시켜 그것을 전제로 한 징계해고의 정당성을 분명히 하도록 노력하여야 할 것이다.

● **자료 제출**

단체교섭과정에서 노사 모두 자기의 주장을 뒷받침할 수 있는 자료를 제출하는 것이 바람직하다. 자료 하나 없이 주장만 반복한 경우는 성의 있는 단체교섭으로 보기 어렵다.

성의 있는 단체교섭이란 조합의 요구에 대하여 대안을 준비하고 자료를 제공하는 등 자진하여 토론에 참가하여 일치점을 찾으려고 적극적인 노력을 하는 것이다.

그러나 조합이 요구하는 자료가 '어느 종류의 것을 뜻하는지 또 어느 사실이 그 자료로 설명될 수 있는 것인지' 가 분명하지 않거나 교섭과 관계없는 자료요구에 일부 자료를 제공치 않았다 하여도 반드시 성의가 없다고는 볼 수 없다.

3. 단체교섭 거부의 정당한 이유

사용자가 단체교섭을 거부하여도 정당한 이유가 있으면 부당노동행위는 성립되지 않는다.

◀ 단체교섭 당사자로서의 자격과 관련한 거부

● 연합단체인 노동조합의 교섭권

단위노동조합과 회사와의 단체교섭에 있어 단체교섭의 위임에 연합단체인 노동조합과의 교섭이 개시될 수 있다. 따라서 교섭의 위임이 정당한 내부절차(규약상)와 법적 절차에 의해서 이루어졌다면 회사는 위임받은 자와 교섭을 진행시켜야 한다.

● 위임사항 이외의 단체교섭 거부

위임단위노동조합과 수임연합단체 노동조합은 위임사항을 명시하여 사용자에게 제시하여야 하며, 위임받은 자가 위임내용 이외의 사항에 대하여 교섭을 요구할 경우 사용자가 이를 거부하여도 단체교섭의 거부는 성립되지 않는다.

◀ 교섭사항에 관련한 거부 이유

● 조합업무와 관계 없다는 것을 이유로 한 거부

의료기관의 노동조합에서 요양환자의 처우에 관한 단체교섭을 신청한 경우 의료기관이 단체교섭대상이 아니다라는 이유로 이를 거부한 것은 정당하다는 판례도 있다.

● 임원인사

회사의 임원인사에 관한 문제는 본래 조합의 개입사항이 아니며, 이를 계속하는 경우는 인사권의 침해가 될 수 있으므로 이는 단체교섭거부이유가 될 수 있다.

● 부서편성에 관한 사항

부서편성, 즉 어떤 제품을 어떤 작업조직으로 생산하느냐 하는 생산계획도 근로조건 관련부문에 한해서 단체교섭의 대상이 될 수 있다는 이론이 있다. 생산계획과 작업계획은 근로자의 직종, 취업 장소 등의 중요한 작업조건과 관련있기 때문이다.

단체협약에 '회사의 기구직제 등을 신설할 때는 조합에 통지한다' 는 요지의 조건이 있을 때는 사업체인 빌딩의 엘리베이터 운행, 청소 등을

사용자가 단체교섭을 거부할 정당한 이유(대법원 1998. 5. 22. 97누8076)

- 사용자가 단체교섭을 거부할 정당한 이유가 있다거나 단체교섭에 성실히 응하였다고 믿었더라도 객관적으로 정당한 이유가 없고 불성실한 단체교섭으로 판정되는 경우에도 성립한다고 할 것이다.

한편 정당한 이유인지의 여부는 노동조합측의 교섭권자, 노동조합측이 요구하는 교섭시간, 교섭장소, 교섭사항 및 그의 교섭태도 등을 종합하여 사회통념상 사용자에게 단체교섭의무의 이행을 기대하는 것이 어렵다고 인정되는지 여부에 따라 판단할 것이다.

원고 사무총장의 업무파악이 끝나지 않았다는 사유는 원고의 내부사정에 불과한 것으로 사회통념상 단체교섭을 행하기 어려운 사유라고 할 수 없고,

- 조합해산결의는 정당한 소집권한이 없는 자에 의하여 소집된 임시총회에서의 결의로서 무효라고 할 것이므로 조합이 해산되었다는 이유로 원고가 단체교섭에 불응한 것 역시 정당하다고 볼 수 없다.

전문업자에게 하청할 때 이에 따른 조합원의 직제변경이 있는 한 단체교섭대상이 된다.

　신문사가 다른 회사의 신문을 인쇄하는 결정은 경영권에 관한 것이므로 조합의 개입대상이 아니다. 또 타임레코터 설치는 근로자의 근로조건에 영향이 없는 것이므로 단체교섭대상이 아니다.

◀ 단체교섭의 시기에 관련한 거부 이유

● 쟁의중의 교섭에는 응할 수 없음을 이유로 한 거부

　사용자가 쟁의중 선전문을 게시하고 있는 이상한 상태하에서는 단체교섭에 응할 수 없다고 주장하는 일이 있다. 쟁의중이라면 더욱 빨리 단체교섭을 시작하여 해결안을 협의하여야 하므로 이와 같은 주장은 정당한 이유가 되지 않으며, 조합이 기관지에 회사를 비방하는 기사를 게재한 것은 단체교섭 거부의 정당한 이유가 되지 않는다. 또 조합이 '단체교섭을 중지하고 실행 투쟁한다' 라는 투쟁선언을 한 것이므로 조합 스스로가 단체교섭권을 포기한 것이라고 해석하고 단체교섭신청을 거부하는 것은 정당한 이유가 되지 않는다.

● 단체교섭을 하여도 효과가 없다는 것을 이유로 한 거부

　사용자가 처분을 철회할 의사가 없고 임금인상에 관하여 양보의사가 없으므로 교섭할 필요가 없으며 전혀 효과가 없다고 주장하는 일이 있다. 그러나 단체교섭은 상호간에 성의 있게 응하면 종래의 소신을 바꿀 수도 있는 것이므로 자기 주장을 고집하기 위한 것이라 하여 단체교섭이 필요 없다는 주장은 정당한 이유가 될 수 없다. 또 퇴직금 등에 관하여 해결능력이 없으므로 응할 수 없다는 것도 이유가 되지 않는다.

단체교섭의 절차에 관련한 거부 이유

● 조합규약, 조합임원명부, 조합원명부를 제출하지 않는 것을 이유로 한 거부

사용자가 조합에 먼저 규약, 명부 등의 제출을 요구하고 제출치 않는 한 단체교섭에 응할 수 없다고 주장하는 일이 있다. 그러나 조합은 단체교섭에 앞서 규약, 명부 등을 제출할 의무가 없는 이상 사용자의 이와 같은 주장은 단체교섭 거부의 정당한 이유가 되지 않는다. 다만, 단체교섭 개시 후 교섭과정에서 필요한 경우 조합은 이에 응하는 것이 당연하나 개시 전에 고집하는 것은 정당한 이유가 되지 않는다.

그러나 수습근로자의 가입으로 종래의 조합원이 10여 명에서 일시에 100명으로 늘어나고 교섭사항이 수습근로자의 본채용문제 등 조합 구성과 밀접한 관계가 있는 경우, 회사가 조합원명부 제출을 요구하고 조합이 이에 응하지 않을 때에는 이를 이유로 한 단체교섭의 거부는 정당한 이유라고 할 수 있다.

● 교섭시간 등 교섭방법의 선결을 조건으로 하는 거부

사용자가 교섭인원과 시간을 제한하고 이 제한에 따라야 교섭에 응한다는 것을 고집하는 경우 교섭거부가 된다. 그러나 많은 조합원이 근무시간 내에 교섭에 참가함으로써 생산에 지장을 초래하게 됨을 이유로 교섭인원 제한요구를 한 것은 부당하지 않다고 보아야 할 것이다.

● 기일의 변경 또는 연기를 요구하는 경우

조합측이 요구하는 기일에 단체교섭이 시작되지 않았다고 하여 사용자가 이를 거부하였다고는 할 수 없으며, 임원의 질병이나 분공장 외 개설 등 공사를 이유로 한 연기요구도 이유 있다고 보아야 할 것이다.

단체교섭 담당자에 관련한 거부 이유

● 단체교섭 수임자와의 교섭거부

단체교섭이 시작되기 전 노동조합의 대표자 중에서 특정 대표자를 기피하고 교섭을 거부하는 행위는 정당하지 아니하다.

노조연합단체와의 교섭에 있어 정당한 위임절차를 밟았는데도 직접 당사자가 아니라는 이유로 교섭을 거부하는 것은 정당하지 아니하다.

단체교섭의 형태에 관련한 거부 이유

폭력적, 굴욕적 교섭에 응할 필요가 없으므로 이를 거부하는 것은 정당하다. 예를 들어 사용자를 좁은 골방에 감금하고 여러 사람이 큰소리로 욕설을 퍼붓고, 옆방에서는 조합원 수십 명이 근로자의 노래 등을 크게 부르며 위압적인 힘을 과시하는 한편 화장실 출입까지 감시하면서 철야 교섭하는 것은 단체교섭의 정당한 한계를 넘은 것이다.

단체교섭은 '평화적이고 질서를 유지하여야 한다. 따라서 교섭인원이 필요 이상으로 많거나 교섭시간을 지나치게 오래 끈다든지, 흥분한 나머지 책상 위를 내리쳐서 책상유리를 깬다든지, 폭언을 하면서 소란을 피우고 교섭상대방을 졸졸 따라다니면서 식사, 용변, 전화 등 모든 행동을 감시하는 등 교섭 과정에서 부당한 위세가 한쪽에 있었다고 인정된다면 그 단체교섭은 정당성의 한계를 벗어난 것이므로 이런 경우의 교섭거부는 정당하다.

제 4 장 지배·개입 101

제 4 장 지배·개입

1. 지배·개입의 의의·요건

지배·개입의 의의

 지배·개입이라고 불리는 부당노동행위는 근로자가 조합을 결성 또는 운영하는 것을 지배하거나 이에 개입하는 것을 말한다. 다시 말해 근로자가 자주적으로 결정하여야 할 노동조합의 결성 또는 운영에 관하여 사용자가 간섭하는 행위 일체를 말하는 것이다.
 지배·개입은 ① 노동조합을 조직하는 것을 지배, ② 노동조합을 운영하는 것을 지배, ③ 노동조합을 조직하는 것에 개입, ④ 노동조합을 운영하는 것에 개입 등 4종류가 있다고도 할 수 있다. 지배와 개입을 나누어 정의하는 견해도 있으나 지배이든 개입이든 부당노동행위가 성립하는 효과는 같은 것이다.
 일반적으로 양자를 구분하지 않고 이를 포괄하여 지배·개입이라는 개념으로 이해되고 있다.

지배·개입의 성립요건

지배·개입은 사용자가 노동조합의 조직이나 운영에 간섭하는 경우에 성립된다.

1) 지배·개입의 주체

지배·개입의 주체는 사용자이다. 불이익취급, 단체교섭 거부에 대해서는 행위 주체인 사용자의 범위가 비교적 명확하나, 지배·개입의 주체로서의 사용자는 반드시 근로계약의 주체인 사용자 본인에 국한되지 않고 사용자의 이익대표자나 감독지위에 있는 피용용자 등 사용자를 대신하여 집단적 노사관계를 처리하는 담당자도 포함된다고 이해해야 할 경우가 많다.

2) 지배·개입의 대상이 되는 노동조합

지배·개입은 노동조합의 조직, 운영에 대한 간섭행위를 말한다.
그 노동조합이 근로조건의 유지개선, 기타 경제적 지위향상을 도모하는 것을 목적으로 조직된 단체이면 충분하며, 자주성을 결하였다든가 조합규약에 불비한 점이 있다고 하여도 관계가 없다.

3) 노조의 조직·운영에 대한 간섭

① 지배·개입은 노동조합의 조직, 운영에 대한 간섭, 즉 근로자의 단결권, 단체행동권의 행사를 침해하는 행위를 말하는 것으로 그 형태는 매우 다양하다.

- 조직에 대한 간섭
  ⅰ) 조합의 조직을 저지하고 방해하는 경우
  ⅱ) 사용자에게 유리한 조합의 조직을 지원하는 경우
- 조합의 운영에 대한 간섭
  ⅰ) 조합조직에 대한 간섭
  ⅱ) 조합의 통상 운영에 대한 간섭
  ⅲ) 노동쟁의시 운영에 대한 간섭

② 지배·개입은 간섭행위의 강약의 정도 및 근로자나 노동조합의 의사를 현실적으로 억압하는 정도임을 요하지 않으며 근로자나 노동조합의 행동의 자주성을 해칠 가능성이 있으면 된다. 따라서 그 간섭행위로 인하여 현실적으로 조합의 조직저지, 가입자 감소, 조합운영의 곤란, 조합활동의 둔화 등의 결과를 발생케 한 것을 요하지 않는다. 또 간섭행위가 지배·개입을 받는 조합자체에 직접 행하여지지 않아도 제2조합에 대한 우대가 동시에 제1조합에 대한 지배·개입이 되기도 한다.

4) 지배·개입의 의사

행위자에게 지배·개입의 의사, 즉 조합활동에 간섭할 의사의 존재를 요건으로 하지 않는다. 불이익취급은 사용자가 근로자의 조합활동을 싫어하는 의도가 존재하는 것을 필요로 하지만 지배·개입에 관하여는 조합활동을 저해하려는 동기는 꼭 필요하지 않다. 가령 그런 동기가 없는 경우라도 객관적으로 간섭행위가 존재하면 바로 지배·개입이 성립되는 것으로 객관적으로 조합활동에 대한 비난과 조합활동을 이유로 하는 불이익취급의 암시를 포함한 것이라고 인정되는 발언으로 조합운영에 영향을 미치게 한 사실이 있는 한 비록 발언자에게 이 점에 대하여 주관적 인식과 목적이 없었다 하더라도 역시 조합경영에 대한 개입이 있었

> **노사간의 갈등이 일어난 상황 속에서 사용자측 회장이 종무식장에서 모든 직원을 상대로 태어나지 말아야 할 노조가 생겼다는 등의 발언을 한 행위는 지배·개입의 부당노동행위에 해당한다**(대법원 1998. 5. 22. 97누8076).
>
> 사용자가 연설, 사내방송, 게시문, 서한 등을 통하여 의견을 표명할 수 있는 언론의 자유를 가지고 있음은 당연하나,
>
> - 그것이 행하여진 상황, 장소, 그 내용, 방법, 노동조합의 운영이나 활동에 미친 영향 등을 종합하여 노동조합의 조직이나 운영을 지배하거나 이에 개입하는 의사가 인정되는 경우에는 구노동조합법 제39조(현 노동조합및노동관계조정법 제81조) 제4호에 정한 부당노동행위가 성립한다.
>
> 위 사건 전쟁기념사업회 노동조합의 조합원들이 위 사업회의 회장 등을 업무상 횡령혐의로 고소함으로써 위 사업회와 그 노동조합간의 갈등이 일어난 상황 속에서
>
> - 위 회장이 종무식장에서 모든 직원을 상대로 원고 조직의 성질상 태어나지 말아야 할 노조가 생겼으며
>
> - 자신을 포함한 우리 모두가 노동자인 것이고, 원고 조직의 성격상 노조활동에 한계가 있다고 보며
>
> - 계속하여 분쟁이 일어나 모든 직원으로부터 사표를 받고 공개채용으로 다시 충원해야 하는 일이 없기를 바란다는 취지의 발언을 하였는 바
>
> - 이러한 원고 회장의 행위는 노동조합을 부인하는 태도를 명백히 함과 동시에 노동조합활동이 계속되는 경우 직원의 신분이 박탈될 수 있다는 신분상의 불안감을 느끼게 하여 조합활동을 위축시킴으로써 조합의 조직과 활동에 영향을 미치고자 하는 의도임이 충분히 인정되므로 이는 구노동조합법 제39조 제4호에 정한 부당노동행위이다.

다고 해석하는 것이 타당하다는 것이다.

◆ 불이익취급과의 관계

1) 법 제81조 제1호와 제4호와의 관계

① 근로자를 해고하는 불이익취급이 그 노동조합의 운영에 대한 지배·개입이 되기도 한다. 이 경우 제81조 제1호와 제4호 규정의 쌍방에 적용된다든가 아니면 어느 한쪽에 적용하는 데 불과하다는 등의 견해로 나누어진다.

② 제4호의 지배·개입은 조합의 조직·운영에 대한 간섭을 금지하고 있어 이런 간섭행위 중 불이익취급, 단체교섭거부에 대하여는 각각 제1호, 제3호의 금지규정이 있으므로 그 특별규정만이 해당될 뿐 제4호의 지배·개입은 성립하지 않는다는 설이 있다. 이 설은 제4호를 포괄규정으로 보고 있는 점으로 보아 포괄규정설이라고 한다.

③ 그러나 제81조 각 호 규정의 배열이나 용어로 보아 제4호의 지배·개입 금지규정이 포괄규정이라고 해석할 근거가 없으며 각 호는 각각 개별적으로 노동3권의 현저한 침해행위를 열거한 것이므로 하나의 행위가 불이익취급(제1호)과 지배·개입(제4호)에 동시에 해당한다고 해석하는 것이 타당하다는 병렬규정설도 있다.

2) 해고, 배치전환 등의 지배·개입

조합활동 때문에 근로자를 해고한다든가 전근명령하는 것은 불이익취급이다. 그러나 근로자의 해고나 전임명령이 조합활동 사유로 이루어진 것이라는 증거가 충분치 않고 또한 불이익취급이 되지 않는 경우라 하더라도 조합활동을 약화시키는 결과를 초래하였다면 지배·개입에 해당된다는 견해도 있다.

지배·개입 행위자

● 임원의 행위

　기업체의 이사나 기타 업무집행기관 또는 경영자의 행위가 사용자의 행위임은 당연한 것이다. 대표이사의 지배·개입 행위를 개인적 행위라고 평가할 수는 없다. 그러나 대표자의 언동이 노사관계를 떠나 친한 사이에서 견해를 말한 것에 불과하다고 판단되면 이는 개입으로 보기는 어려울 것이다. 그러나 이사이면서 현장부장으로서 직원의 지도·감독직에 있는 자의 언동은 사용자의 행위로 인정되고 있다.

● 직무상의 행위

　지배인, 지점장, 공장장, 영업소장과 같은 상급감독자라든가 부장, 과장 등의 업무상 행위는 사용자의 책임이 되는 것으로 이 직무상의 행위가 대표이사, 기타 업무집행기관과 공모하는 등 의사 소통이 분명치 않은 경우라 하더라도 사용자를 위하여 행동하고 있다고 해석되는 경우가 많다. 미리 문서로 지배·개입행위를 금지할 것을 경고한다고 하더라도 이것만으로 책임을 면할 수는 없다.

● 하급감독자의 직무상 행위

　계장, 주임, 반장 등 하급의 감독지위에 있는 근로자의 행위에 대하여는 사용자의 지시 또는 의도에 따라 혹은 사용자의 묵시적 승인하에서 행한 경우는 사용자의 행위로 볼 수 있다.

● 실력자의 행위

　회사의 모든 주식을 매수하고 지배인으로 취임하고 있는 소위 실력자는 임원으로 이름을 올리지 않고 있더라도 회사의 중대한 이해관계를 갖는 자로서 그 언동은 실질적으로 회사의 언동이라고 인정된다.

> 유니언숍 협정에 의하여 사용자가 노동조합을 탈퇴한 근로자를 해고할 의무는 단체협약상의 채무일 뿐이고 이러한 채무의 불이행 자체가 지배·개입의 부당노동행위에 해당한다고 단정할 수는 없다(대법원 1998. 3. 24. 96누16070).
>
> 단체협약상의 유니언숍 협정에 의하여 사용자가 노동조합을 탈퇴한 근로자를 해고할 의무는 단체협약상의 채무일 뿐이고 이러한 채무의 불이행 자체가 바로 구노동조합법 제39조(현 노동조합및노동관계조정법 제81조) 제4호 소정의 노동조합에 대한 지배·개입의 부당노동행위에 해당한다고 단정할 수는 없다.
> 부당노동행위가 성립하려면 사용자에게 근로자가 노동조합을 조직 또는 운영하는 것을 지배하거나 개입할 의사가 있어야 하는 것이다.

● 제3자의 행위

제3자의 행위가 사용자의 책임이 되는 것은 사용자의 청탁 또는 사용자가 제3자의 언동을 이용할 의사가 있는 경우에 한하며, 이런 사정이 없는 경우에는 사용자의 행위라고 해석되지 않는다.

지배·개입

법 제81조 제4호는 근로자가 노동조합을 조직·운영하는 것에 대하여 사용자가 지배·개입하는 것을 사용자의 부당노동행위로 규정하고 이를 금지하고 있다.

따라서 부당노동행위가 성립되는 것은 노동조합의 조직활동과 운영활동을 겨냥한 것이어야 한다.

노동조합의 조직·운영이라는 법문상의 용어는 노동조합의 여러 활동 중에서 특히 이들 활동만을 한정하여 부당노동행위제도의 보호대상으로 하고자 하는 취지가 아니다.

왜냐하면 부당노동행위제도는 헌법에서 보장하는 단결권행사에 대한 모든 반조합행위를 금지코자 하는 것이므로 노동조합의 조직·운영도 헌법상 보장된 근로자의 단결권활동을 바꾸어 말한 것 이외의 뜻이 없기 때문이다.

따라서 노동조합의 조직활동은 조직에 이르는 모든 준비행위를 포함하는 것이라고 해석되어야 하며, 또한 노동조합의 운영도 단순히 내부적 운영뿐만 아니라 노동조합을 위한 활동 모두를 포함하는 것으로 해석되어야 한다. 따라서 노동조합의 운영 중에는 단체교섭·쟁의행위·고충처리·단체협약 등의 대사용자 활동, 복지활동 및 선전·계몽·교육활동의 대내적 내부활동, 각종 문화활동 등 대외적 사회활동의 모든 활동이 포함되는 것이다.

노조활동의 조직·운영이 헌법에서 보장한 일체의 단결권활동을 지칭하는 것이라면 헌법에서 보장하는 단결권은 근로자 개인의 단결권과 근로자단체 자체의 단결권 모두를 말하는 것이므로 노동조합의 조직은 그 성질상 근로자 개인의 단결권행사에 의하여 이루어지나 조직된 근로자단체의 운영은 단체 자체의 조합활동과 조합원 개인의 조합활동 양자를 포함하는 것이다.

지배와 개입의 차이는 노동조합의 조직·운영에 대한 간섭, 방해의 정도의 차이에 불과하다.

지배란 노동조합의 조직·운영에 있어 주도권을 장악하여 조합의 의사결정을 좌우하는 경우이며, 개입이란 그 정도에는 이르지 않으나 넓은 의미의 간섭을 행하는 경우라고 해석하는 것이 타당하다.

2. 사용자의 언동에 의한 지배·개입

◀ 사용자의 언론의 자유와 지배·개입

1) 언론의 자유와 그 한계

 일반적으로 언론의 자유는 가급적 많이 보장되는 것이 바람직하며 사용자의 언론의 자유도 또한 같다. 그러나 사용자의 반조합적 언론 전부를 방임하는 것은 조합의 단결권, 행동권을 침해하는 결과를 초래하기 쉽기 때문에 사용자의 언론에 일정한 한계를 정하여 이를 초과하는 경우는 지배·개입이 된다고 해석되고 있다. 이는 헌법이 보장하는 언론의 자유라 하더라도 근로자의 단결권을 침해할 수는 없기 때문이다.

2) 조합의 조직·운영에 개입하는 언론

 ① 조합의 조직을 포기토록 하거나 노동조합이 아닌 노사협의기구와 같은 조직의 구성 권유, 조합에서의 탈퇴 및 설득이 지배·개입이 되는 것에는 의문의 여지가 없다. 조합임원 중 특정인 추궁, 조합간부의 퇴출지시 발언은 운영에 개입하는 것이다. 사용자의 이익대표자를 조합에 가입시키라는 경우도 또한 같다. 그러나 사용자가 노동조합에 가입되어 있는 경우 이를 조합원에서 제외시킬 것을 요구하는 것은 정당하다.
 ② 사용자가 조합이나 조합임원의 활동을 모략, 비방하는 내용의 문서를 배포하는 것도 지배·개입이 된다. 예컨대, 회사에서 발간하는 신문에 조합간부가 반항분자로서 회사를 파괴하려는 음모를 갖고 있다는 등의 기사를 실어 배포하였다든가, 근로자 전원에게 배포한 서면에 '조

합은 회사의 질서와 평화를 파괴하는 악질적 단체이다. 이런 조합에 가입하지 말기를…' 등을 기술하였다면 결과적으로 그 신문이나 서면이 조합원 각자에게 조합원으로서의 거취결정에 부당한 영향을 끼친 경우로 지배·개입이 된다.

③ 제1조합의 활동을 비난하는 반면 제2조합의 활동을 지지하여 근로자가 제2조합에 가입하도록 권유하는 것도 근로자 각자가 갖고 있는 조합선택의 자유를 간섭하는 행위로서 지배·개입에 해당한다.

사용자의 반조합적 언동과 지배·개입 성부의 기준

1) 강제, 위협이 포함된 경우에 한한다는 기준

사용자의 반조합적 언동은 그것만으로 곧 지배·개입이 되는 것이 아니며 그 내용이 조합 또는 조합원에 대한 강제, 위협, 보복 또는 이익에의 유도를 포함하는 경우 지배·개입에 해당한다고 해석하는 견해가 있다. 따라서 사용자의 단순한 조합의 비판 예컨대, 사용자가 조합을 싫어한다고 발언하는 데 그치는 경우, 이 기준에 따르면 이 정도로서는 사용자가 큰 뜻 없이 이런 표현을 했을 뿐 강제, 위협, 보복, 이익에의 유도라고 할 요소를 결하고 있으므로 지배·개입이 성립되지 않는 것이라고 해석된다.

예컨대 '노사간에 있어 사용자의 언론 및 보도의 통상한계의 초과 여부는 그 언동 및 보도가 상대방에 대한 위협, 불이익의 예고, 지나친 비방, 중상 등을 포함하여 그 방법 등을 종합적으로 검토하여 조합활동의 자유를 침해하고 그 자주성을 현저하게 저해하는 정도의 여부에 따라서 결정하는 것이 노사관계의 현실에서 볼 때 타당한 것이다'라는 이론이 있다.

2) 공정 여부의 기준

① 사용자의 언동이 공정하면 지배·개입은 성립하지 아니한다고 해석되고 있어 사용자의 행동이 평상시부터 조합의 약체화를 기도하고 있었느냐 여부, 자기의 경영방침을 강조하는 것이 주목적이었는가 여부와 앞에서 설명한 위협 등의 요소가 포함되었는지 여부를 고려하여 단순히 표현의 강도에 의하지 않고 사안별로 결정해야 한다.

예컨대, 사장이 연초 시무식에서 신년사를 하면서 '회사발전을 위하여 금년은 인재양성계획을 적극적으로 시행코자 하니 임금에 대한 불만, 근로태만 등 사장이나 상사의 허가 없이 행동한다든가 회사의 방침에 역행하는 언동은 용납될 수 없으니 한 사람이라도 다른 생각을 해서는 안 되며 만약 이 말을 따를 수 없는 사람은 사퇴하여 다른 직장으로 가는 것이 좋겠다'는 취지의 말을 하고 이 신년사를 인쇄하여 모든 사원에게 배부한 경우에 '사장의 신년사 중에는 반드시 타당하다고 할 수 없는 부분도 있으나 지난 연말의 단체협약갱신시 격렬하였던 직후라든가 그 내용으로 보아 이 신년사가 조합에 대한 비판의 자유를 넘어서 지배·개입에 이른다고 하기에는 어렵다'고 본다.

② 그러나 발언의 내용이 심하지 않아 조합에 대한 비판이라고 볼 수 없는 경우라도 임금협약 개시 후 심한 대립상태에 이르지 않은 시기에 사장이 취업시간 중 이례적인 사내방송으로 모든 근로자에게 작업을 중지하고 방송을 경청할 것을 강제하는 한편 조합에게 늘 빌려주던 방송시설을 고장을 이유로 사용하지 못하게 하는 경우에는 지배·개입이 성립되기도 한다.

③ 그래서 사용자의 언동이 지배·개입이 되느냐의 여부는 어느 한 문구에 따라서 판단할 것이 아니라 '문서 전체의 구성을 보아 이와 관련시켜 개개의 기술내용을 음미하고 다시 거꾸로 문서 전체가 뜻하는 바를 추측하는 등 전체와 부분을 종합적으로 검토하여 문서의 표현을 파

악하는 것이 타당하다'고 본다.

3) 사용자 언동의 상대방

● **모든 근로자에 대한 언동**

사용자의 지배·개입이 될 언동은 조합원을 대상으로 하는 경우가 많으나 조합원에 국한되지 않고 모든 근로자를 대상으로 하는 형식으로 조합의 와해를 목적으로 하는 언동이 있을 수 있다.

● **조합원의 가족에 대한 언동**

조합원의 가족에게 서면을 보내 가족을 통하여 구체적으로 본인에게 조합에서의 탈퇴를 종용하는 경우를 들 수 있다.

● **제3자에 대한 언동**

신원보증인이나 취업을 알선한 출신학교의 교사에게 서면을 보내 조합원에 대한 영향력으로 조합의 탈퇴 등을 꾀하는 경우 등이다.

> **노조활동의 자유를 방해·간섭하기 위한 사용자측의 언동으로도 부당노동행위가 성립된다**(중앙노동위원회 1997. 2. 25. 판정 96부노103).
>
> 사용자의 언론, 즉 반조합적 언동은 그것이 노동조합에 대한 의견의 피력이나 단순한 비판의 발언에 그치는 경우는 노동조합의 권리에 대한 침해행위인 지배·개입에 해당된다고 볼 수 없으나, 단순한 발언의 한계를 벗어나 노동조합의 정당한 활동을 비난하고 근로자의 노동조합활동의 자유를 방해·간섭하려는 의도에서 비롯된 것이라면 부당노동행위가 성립된다할 것이며, 따라서 이러한 행위로 말미암아 노동조합에 구체적인 침해·간섭의 결과가 발생하지 않았다고 하여 노동조합에 대한 지배·개입 행위 자체를 부정할 수는 없다.

3. 시설관리권에 의한 조합활동의 규제와 지배·개입

회사시설의 이용제한

1) 시설관리권과 조합활동의 자유

사용자는 자기의 토지, 건물을 경영상의 목적에 따라 이용하는 권리를 보유하고 그 이용을 위한 준비나 관리를 행할 수 있다. 한편 조합활동의 자유는 있지만 사용자의 토지, 건물 안에서 조합활동을 할 때 사용자의 시설관리권에 의한 제한을 면할 수 없다. 즉 사용자의 건물, 시설, 부지 등을 이용해서 행하는 조합활동은 비록 그것이 휴게시간이거나 작업종료 후라 할지라도 특단의 사정이 없는 한 사용자의 의사에 반하여 행하기는 어렵다고 하는 것이 합당하다.

2) 시설이용의 거부

① 조합은 그것이 기업 내의 조합이라 할지라도 회사의 승인 없이 회사 시설을 이용하는 권리를 당연히 갖는 것은 아니다. 조합이 대의원회 개최를 위하여 회사강당의 사용신청을 한 경우 회사가 사용신청을 거부하면 이를 묵살하고 사용할 수 없다. 이 경우 사용자의 거부가 지배·개입에 해당하지는 않는다.
② 사용자가 통상 회사시설의 이용에 있어 사용신청서를 제출하기만 하면 사용하게 하던 것을 허가제로 바꾸었다 하더라도 사용자는 자기소유 시설의 관리방법을 자유로이 바꿀 수 있으므로 특별히 불합리한 이유가 없는 한 조합활동에 다소의 불편이 발생하더라도 어찌할 수 없다.

③ 그러나 사용자가 그 시설을 조합 이외의 단체의 집회에는 사용케 하면서 특별한 사정도 없이 조합의 집회에만 사용하지 못하게 하는 것은 사용자가 갖고 있는 시설관리권을 이용한 조합의 단결권을 부정하는 것이 될 것이다.

예컨대, 회사로부터 여러 차례의 퇴거명령에도 불구하고 태업중에 회사 내의 휴게실 겸 작업대기실에서 조합의 집회를 가진데 대하여 평상시 조합원의 사용을 위하여 설비한 시설 안에서 집회를 가진 경우 그 집회가 업무방해를 야기치 않았다면 이는 조합측의 위법이 아니고 정당한 쟁의행위의 범위를 초과한 것이라고 볼 수는 없다.

게시물의 규제

● 게시와 시설관리권과의 조화

조합의 게시문은 조합의 교육, 선전활동에 불가분의 역할을 하고 있는 것이므로 일반적으로 금지하지 말아야 한다. 그러나 다른 한편으로 보면 사용자의 시설에 임의로 더욱이 사용자의 거부에도 불구하고 게시할 수 있느냐에 대하여는 의문이 있는 바, 조합활동의 자유와 사용자의 시설관리권과의 조화를 어느 선에서 다루느냐 하는 것이 문제이다.

일반적으로 '쟁의중일지라도 게시판 이외의 장소에 전단 등을 게시·부착하는 것이 당연히 용인되는 것은 아니다'. 따라서 이런 행위에 대하여 다소의 징계를 행하는 것은 불이익취급이 되지 않는 것이다.

그러나 '일반적으로 사용자의 의사에 반하여 시설에 전단 등을 부착하는 것은 사용자의 시설관리권을 침해하는 것이라고 할 수 있겠으나 전단부착이 조합 선전활동의 가장 보편적인 방법으로서 특히 쟁의시 조합의 단결유지와 강화를 위한 수단으로서 기업시설에 다소의 전단을 부착한 것은 조합활동으로서 인정될 수 있는 것이므로 전단부착이 사용자의 의사에 반한 것이라는 이유로 곧 위법한 쟁의행위라고 단정할 수 없으며 이러한 부착은 사용자의 업무운영 저해 정도, 시설관리상 입은 지장의 정도, 조합측의 그 필요성, 쟁의에 이른 사정 등을 종합하여 구체적으로 결정하여야 한다' 라는 이론도 있다.

4. 사용자의 편의제공과 관련한 지배·개입

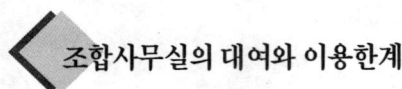
조합사무실의 대여와 이용한계

1) 조합사무실의 대여 거부

조합사무실의 대여는 사용자의 호의에 의한 것이다. 따라서 회사건물에 여유가 있으면서도 조합에 사무실을 대여하지 않는다는 방침을 세워도 할 수 없는 일이며 그것이 노사관계의 분위기 유지에 현명치 못한 것이라도 지배·개입은 되지 않는다. 그러나 조합사무실을 제2조합이나 근로자 친목단체에는 대여하면서 특단의 이유도 없이 제1조합에 빌려주지 않는 것은 조합을 차별적으로 취급하는 것이므로 지배·개입이 성립된다.

2) 조합사무실의 이용제한

조합사무실을 대여한 경우 사용자가 그 이용방침에 대하여 시설관리상 필요한 제한 예컨대, '평일은 오후 8시까지 사용할 수 있으며 일요일, 기타 휴일은 사용을 금지한다'라고 정한다든가 '작업종료 후의 조합사무실 사용은 공장장의 승낙을 받아야 한다'는 등의 제한은 지배·개입이 아니다.

그러나 사용자가 조합사무실 한쪽의 출입구를 폐쇄한다든가 조합사무실이 잘 보이는 사용자측 사무실의 불투명 유리창을 투명 유리창으로 바꾸거나 조합에 연결된 구내전화를 단절하는 것은 조합활동을 제한하고 방해할 의도에서 행한 것이므로 지배·개입이 될 것이다.

3) 조합사무실의 명도요구

사용자가 조합활동의 방해를 목적으로 조합사무실을 명도요구하는 경우는 조합운영에 대한 지배·개입이 될 것이다. 또 조합사무실을 대여하였을 때 사용조건을 위반했다든가 화재예방의 이유로 조합원의 반대를 무릅쓰고 로프를 걸어 레커차로 사무실을 도괴한 것은 회사가 조합에 타격을 주기 위한 배치일 것이다. 그러나 조합이 사용조건을 위반했든가 조합에 대여한 사무실의 일부를 사용자가 사용코자 하는 경우 그 명도요구에 상당한 이유가 있으면 지배·개입이 되지 않을 것이다.

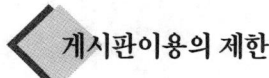

게시판이용의 제한

1) 게시물의 제한

① 사용자가 게시판 사용을 허락한 경우 조합은 그 이용에 대하여 폭넓은 자유를 갖고 있는 것이므로 노사간에 게시판의 이용방법에 관하여 협약이 있는 경우와 협약이 없는 경우는 사용자가 조합에 대하여 특정 선전물의 부착을 금지하는 지시는 안 되는 것이며, 사용자가 조합의 게시물을 임의로 철거하는 것은 지배·개입이 된다. 그러나 허위사실이나 근거 없는 비방, 회사 및 특정 개인의 명예훼손사항은 정당한 게시물로 볼 수 없으므로 회사의 질서유지에 필요한 범위 안에서 철거할 수 있다.

② 일반적으로 협약에서 정하는 사항을 보면 '게시물의 게시사항은 다음 각 호에 한하며 회사의 신용실추, 개인의 명예훼손, 직장의 질서문란을 초래한다고 인정되는 사항, 또는 사실무근한 사항은 게시하지 않는다. ⅰ) 조합의 각종 집회에 관한 사항, ⅱ) 조합의 선거, 임원의 임면, 이동사항, ⅲ) 조합원의 교육, 문화, 체육, 후생, 친목에 관한 사항,

iv) 기타 사전에 회사로부터 승인된 사항' 이라고 정하여진다.

2) 게시의 허가제

사용자는 조합에 대하여 협약에서 정해진 경우를 제외하고는 사용자가 허가한 것에 한하여 게시하게 하는 것은 안 된다. 예컨대, 취업규칙에 건물, 기타의 시설에 부착하는 선전문은 사용자의 허락이 있어야 한다고 정하고 있는 경우에도 조합이 정당한 조합정보를 게시한 것을 사용자가 철거하는 것은 지배·개입이 될 수 있다.

왜냐하면 조합은 그 견해, 의견 등을 자유로이 표현할 수 있어야 하며 사용자가 찬성하는 것만이 게시되고 그렇지 않은 것은 게시할 수 없다는 것은 부당하기 때문이다.

3) 게시판 이용방법의 변경

조합에 게시판을 이용하는 자유가 주어진 경우라도 그 이용에 관하여 절대적 자유를 획득한 것이라고는 할 수 없는 것이므로 그 취급의 변경을 요구하는 합리적 이유가 있어 노사간에 협의하는 등 합리적 절차를 밟은 후에는 합리적 제한을 가할 수 있다. 그러나 이런 절차를 밟지 않고 취업규칙의 개정 등으로 일방적으로 자유게시제를 사전승인제로 변경하는 것은 지배·개입이 될 것이다.

유인물 배포행위의 정당성은 그 유인물의 내용, 매수, 배포 시기, 대상, 방법 및 그로 인한 기업이나 업무 영향 등을 고려하여 판단하여야 한다(대법원 1992. 3. 13. 91누5020).

사용자가 불이익취급의 사유로 한 근로자의 행위가 유인물의 배포행위인 경우에는 그 유인물의 내용, 매수, 배포 시기, 대상, 방법 및 이로 인한 기업이나 업무에의 영향 등이 정당성을 판단하는 데 있어 기준이 될 것이다.

- 또한 회사와 노동조합 또는 근로자 사이의 근로관계와는 직접 관계가 없는 사항과 관련하여 집단적으로 월차휴가를 실시할 것을 선동하는 내용이며,
- 취업규칙에 정한 사전통보 절차도 밟지 않았고,
- 그 결과 다수의 근로자가 이에 동조하여 사업장을 무단이탈함으로써 참가인 회사업무의 정상적인 운영에 지장을 주었다면 위 유인물 배포행위는 정당한 조합활동이라고 할 수 없다.

유인물 배포목적이 근로자의 경제적, 사회적 지위의 향상을 도모하기 위한 것이고 그 문서의 내용이 전체적으로 보아 진실한 경우(대법원 1993. 12. 28. 93다13544)

노동조합 활동으로서 배포된 문서에 기재되어 있는 문언에 의하여 타인의 인격, 신용, 명예 등이 훼손 또는 실추되거나 그렇게 될 염려가 있고, 또 그 문서에 기재되어 있는 사실관계의 일부가 허위이거나, 그 표현에 다소 과장되거나, 왜곡된 점이 있다고 하더라도,

그 문서를 배포한 목적이 타인의 권리나 이익을 침해하려는 것이 아니라 노동조합원들의 단결이나 근로조건의 유지개선과 근로자의 복지증진, 기타 경제적, 사회적 지위의 향상을 도모하기 위한 것이고,

- 또 그 문서의 내용이 전체적으로 보아 진실한 것이라면, 그와 같은 문서의 배포행위는 노동조합의 정당한 활동범위에 속하는 것으로 보아야 한다.

근로시간중 조합활동의 규제와 지배·개입

① 근로시간 내 조합활동의 금지

근로시간은 회사를 위하여 근로하는 시간이므로 가령 하기휴가를 단축하였다고 하여 근로시간중에 자유로이 조합활동을 하는 것은 안 된다. 조합활동은 취업시간 내에, 즉 작업개시 전, 퇴근시간 후, 휴게시간 또는 휴일 등에 하여야 하는 것이다.

가령 자신의 휴가기간중에는 취업의 의무가 없다하더라도 다른 근로자가 취업하고 있는 시간에 회사에 들어가서 전단배포 등 조합활동하는 것을 금지시킨 것은 지배·개입이 되지 않는다. 또 조합업무를 위한 외출시 조합소정의 외출증 제시만으로 되던 것을 회사소정의 외출증을 얻은 후에 나갈 수 있도록 하였더라도 이것만으로 조합활동을 침해하는 것이라고 판단할 수는 없다.

이와 같이 조합활동을 위한 직장이탈에 대하여 조합에서 회사에 통고하면 되던 것을 회사의 사전승인제로 바꾼 것만으로 지배·개입은 되지 않는다.

> **노동조합장을 비방하는 내용의 유인물을 개인적으로 제작, 근무시간중에 배포한 경우**(대법원 1996. 9. 10. 95누16738)
>
> 원고는 3회에 걸쳐 위의 합의에 대하여 노동조합장을 비방하는 내용의 유인물을 개인적으로 제작하여 조합원들에게 배포하고, 근무시간중에 조합원들로부터 조합장의 불신임결의를 위한 임시총회의 소집을 요구하는 서명을 받았으며, 참가인으로부터 근무시간중에 서명을 받는 행동을 중지할 것을 지시받았음에도 이에 응하지 아니하였는 바,
>
> - 원고의 위와 같은 유인물 배포행위나 서명활동은 노동조합장의 명예를 훼손하고 어렵게 타결된 임금협상의 무효화를 선동하는 것일 뿐만 아니라 근무시간 중에 이루어진 것이어서 노동조합의 업무를 위한 정당한 행위라고 할 수 없다.

② 근로자가 노동법상 보장된 기본권 행사에 있어서도 근로계약상의 의무위반 및 업무에 지장을 초래하지 않는 조합활동은 예외적으로 취업 중이라도 허락되어야 할 것이다. 예컨대, 분쟁중에 '리본'을 다는 것은 근로시간중의 조합활동에 해당하나 근로자의 단결권행사로서 그 필요성이 어느 정도 인정되며 근로자 본연의 의무를 조금도 게을리하지 않고 병행한다면 무관할 것이다.

Check-off의 폐지에 의한 지배·개입

1) Check-off의 실시

① 조합비는 원래 조합 스스로 조합원으로부터 징수하는 것이며 '임금은 근로자에게 통화불, 직접불, 정기불로 하는 것이므로' 회사는 당연히 조합비를 공제하는 입장은 아니나 단체협약에 의하여 합의된 경우에는 공제할 수 있을 것이다.

② Check-off는 조합비의 징수에 있어 회사 경리과의 손을 빌리는 것이므로 조합은 사용자로부터 조합비징수의 편의를 제공받는 것이 된다. 그러나 사용자는 조합비만을 공제하는 것이 아니라 각종 세금, 보험료, 연금 등을 공제하고 있으므로 조합비공제가 문제화될 수 없고 경비원조라는 정도에도 이르지 않는다. 따라서 Check-off를 의뢰하였다하여 어용조합으로 볼 수 없을 것이므로 조합운영에 대한 지배·개입이 되지 않는다.

2) Check-off의 폐지

회사와 조합 사이에 Check-off에 대한 합의가 없는 이상 공제의무를 회사가 지는 것이 아니므로 합의사항의 실효 후에 Check-off를 폐지하는 경우 그 때문에 조합이 다소 지장을 받는다하더라도 지배·개입이 되지 않는다.

제4장 지배·개입 123

5. 친목단체의 이용에 의한 지배·개입

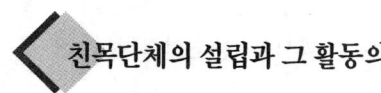

● 친목단체 설립의 원조

사용자가 사업체 내에 친목단체를 설립하는 것은 원칙적으로 자유이나 노동조합의 해산이나 약화를 목적으로 이를 설립하거나 그 활동을 원조하는 것은 지배·개입이 된다. 직장장이 조합을 약화시키기 위하여 조합을 탈퇴하고 친목회를 만들려고 한다든가 조합이 없어도 근로자의 신분을 보장한다는 등의 발언으로 근로자를 시켜 친목회 가입신청서를 배포케 하고 친목회가 설립된 당일 회사가 친목회와 근로조건에 관한 협정을 체결하는 것은 지배·개입이다.

● 친목단체 활동의 원조

노동조합에 대신하는 조직으로서 근로자 전원에게 가입을 강제하는 단체를 원조하는 것은 지배·개입이 된다. 예컨대, 조합원은 상조회의 가입이 거부되고 있으므로 상조회에서 시행하는 후생활동 등에 참가할 수 없고 또 융자를 받을 수도 없으며, 하계휴가비의 교섭에서도 제외되는 등 여러 면에서 불이익을 받고 있어 이것은 마치 조합을 탈퇴하고 상조회에 가입하는 것이 유리하다는 인상을 주고 있다.

또 이 상조회 회칙에는 "회원 중에 본회의 명예를 훼손하거나 회원의 친목, 화합을 파괴하거나 상호협력에 배반하는 등의 온당치 않은 행위가 있는 경우는 임원회의 결의에 의하여 경고하고 그 경고에도 불구하고 개전의 정이 보이지 않을 때에는 총회에 회부하여 제명함과 동시에 회사에 대하여 해고를 상신한다"고 규정하고 있음을 볼 때, 근로자가 조합에 가입하든가 조합활동을 하면 상조회가 회사에 해고를 상신하게 될지도 모른다는 심리적 압박을 줄 수 있다. 또한 상조회는 과장 등이 중심이 되어 취업시간중에 사내에서 창립식을 하고, 사장·전무 등이 고문이 되어 회사로부터 경비보조를 예정하고 있다면 이는 회사의 뜻에 따라 운영되고 있다고 인정할 수 있으므로 회사는 상조회를 통하여 조합의 운영에 지배·개입하고 있다고 본다.

친목단체에 많은 근로자가 가입하고 있는 경우도 이것이 조합과의 단체교섭을 거부하는 이유가 되지 않으며 이런 친목단체와 근로조항의 개선 등에 관하여 교섭하는 것은 조합의 발전을 저해하는 지배·개입이 된다.

6. 기타 형태의 지배·개입

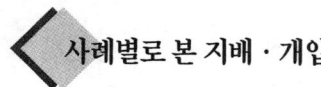
사례별로 본 지배·개입

● 조합에 대한 무시

 조합의 요구에 대한 회답을 일부러 하지 않고 조합을 제쳐놓고 근로자에게 직접 회답한다든가 근로기준법 제97조 제1항 규정의 취업규칙의 작성, 변경절차에 있어 조합이 근로자의 과반수로 조직된 것을 잘 알면서 조합의 의견을 듣지 아니하고 직접 근로자 개인의 의견을 듣는 것은 조합의 존재를 고의로 무시하여, 조합이 불필요하다는 뜻을 조합원에게 주려는 식으로 지배·개입이 된다. 그러나 조합집행부가 조합원의 뜻과는 관계 없이 의견청취권이나 동의권을 남용하는 경우에는 조합원에게 직접 물어 볼 수도 있다.

1) 인사권 행사에 의한 지배·개입

● 불이익취급

 조합활동을 활발히 하는 조합원을 해고하거나 배치전환하여 조합활동을 방해하는 것이 지배·개입이 되는 것은 이미 설명한 바 있다. 예컨대, 조합임원을 선거 직전에 정당한 이유 없이 전출시킨 것은 '조합원에 대한 영향력을 감소시켜 재선임을 방해하기 위하여 서둘러서' 발령한 것이라고 추측되며 이는 조합의 운영에 대한 지배·개입이 될 수 있다.

● 휴일 근무명령

 휴일에 조합설립총회를 개최할 예정인데 사용자가 특별한 필요도 없는데 근무를 명함으로써 총회개최를 불가능케 한 것도 지배·개입이 될 것이다.

● 종업원 교육

사용자가 근로자에게 업무상 필요한 교육을 실시하는 것은 당연하겠으나 반조합적 교육은 지배·개입이 된다. 예컨대, 조·반장급 근로자(대부분 조합원)에 대하여 외부강사에 의한 경제교육, 노동운동의 유형 등에 대한 강의와 조합집행부와 조합방침에 대한 비난을 포함하여 조합활동을 방해하는 구체적 방법까지 교사했다면 이는 지배·개입에 해당한다.

2) 폭력행위

조합활동을 저해하거나 임원선출에 입후보하는 것을 포기시키기 위하여 폭력을 사용하는 것은 지배·개입이다.

3) 조합의 회합 감시

근로자가 조합설립총회에 참석하는 것을 방해하거나 총회장소 입구에서 감시하는 행위, 조합의 임원선출 당일에 사장이 선거에 관하여 영향을 미칠 훈시를 하고 투표장에 출입한다든가 옆방에서 창 너머로 투표장을 감시하는 것은 지배·개입이 된다.
회사의 식당을 조합의 토론회에 대여하면서 회사측의 방청을 조건으로 허가하고 방청한 것은 참가자에게 정신적 영향을 미쳐 자유로운 발언을 제약할 우려가 있으므로 지배·개입으로 볼 수 있다.

4) 조합활동의 조사

조합결성시 모든 근로자에게 조합에의 가입의사 타진 및 노사간의 현황으로 보아 조합의 필요 여부에 관하여 답변을 요구하는 설문지를 배부하는 행위, 조합원일지도 모른다는 이유로 조합에서의 탈퇴를 요구할 의도하에 조합에 참가한 사실이 없다는 뜻의 서증을 징구하는 것은 조합에 대한 지배·개입이며, 조합의 집회를 가까운 거리에서 사진촬영하는 것은 지배·개입이라는 경우와 관리자가 집단적 시위상황을 촬영하는 것은 지배·개입이 아니라는 경우도 있다. 그러나 지배·개입의 여부는 단순히 사진촬영 행위에 국한될 것이 아니라 그 촬영의 목적에 따라 판단되어야 할 것이다.

5) 조합에 우송되는 우편물의 반송

조합의 상부단체에서 조합으로 오는 서신이 사용자의 주소로 우송된 경우 사용자가 조합원에게 확인하지도 않은 채 동 조합은 이미 해산 운운하는 내용으로 반송하는 것은 조합운영에 대한 지배·개입이다.

6) 완장·리본 등의 착용금지

① 투쟁중에 있는 조합원의 완장 또는 리본착용이 업무를 저해하지 않는 범위 안에서 통념상 인정되는 노조활동이라면 직무명령으로 완장 또는 리본의 제거명령은 부당 개입 형성의 문제로서 이에 따르지 않는 직원에 대하여 명령불복종에 대한 징계로서의 경고를 준 경우, 이러한 경고는 지배·개입이 될 수 있다.
② 그러나 문구표현이 과격하거나 머리띠의 끈이 길어서 작업안전상의 문제가 되는 등 사회일반통념에 반하는 경우 사용자의 직무명령으로

금지시키는 것은 지배·개입이 되지 않을 것이다.

③ 결국 완장이나 리본 착용의 정당성은 그 형태, 착용 시기, 장소, 목적, 표시내용, 착용자의 신분, 직종 등을 종합하여 정당성 여부가 결정되는 것이므로 리본 착용으로 사용자의 명예를 훼손하고 제3자에게 부당한 손해를 끼칠 경우에는 위법성을 띠게 된다. 그러나 가슴에 부착하는 작은 리본(임금인상을 요구하는)을 일부 인원이 며칠간 착용한 것에 불과한 경우는 임금인상 요구 등의 타결을 위한 수단이므로 사용자가 경영하는 영업에 지장을 주거나 고객에게 불신감을 줄 정도의 사안은 아니다.

〔참　고〕 부당노동행위의 법적 성격과 지배·개입에 대한 고찰

❖ 부당노동행위의 법적 성격

지배·개입이 어떠한 법적 성격을 갖고 있으며 그 성립과 법적 평가는 어떤 시각에서 파악되어야 할 것인가는 부당노동행위 전반에 걸친 문제이다.

부당노동행위라는 위법행위는 20세기 노동입법이 그 공공정책의 이름으로 창설한 노사간의 새로운 위법행위이다. 따라서 이것은 노동입법이 생성한 노동법 고유의 위법행위이므로 그 법적 성격의 검토는 노동법학에서 분명하게 하여야 할 과제이다. 그러나 그 법적 성격을 어느 측면에서 검토하는 것이 그 본질에 적합한가는 분명치 않다. 따라서 항상 문제는 남게 되나 여기에서는 그 생성과정에서 법적 성격을 가려보고자 한다.

1933년에 제정된 미국의 전국산업부흥법의 노동관계조항이 부당노동행위로서의 원형이 될 것이다. 그러나 근로자 및 노동조합과 사용자간의 노사관계상의 위법행위가 아니고 기업상호간의 경제활동상의 위법행위로서 다시 말하면, 근로자의 단결권을 직접 보호대상으로 한 노동법상의 위법행위가 아니고 기업상호간의 정당한 자유경쟁 질서확보를 직접 보호대상으로 한 경제법상의 위법행위로서 이것에 의하여 근로자의 단결권이 보호되는 것은 직접적인 이익이 아니며 간접적인

반사적 이익이라고 할 수 있다.
　이것이 근로자의 단결권을 직접적 보호대상으로 하는 노사관계상의 위법행위로서 전환한 것이 1935년에 제정된 전국노동관계법이다. 여기에서 처음으로 부당노동행위가 반조합행위라는 실체를 갖게 되었고, 그 내용을 보완하여 근간의 부당노동행위로서 완성되기에 이르렀다. 이런 전환은 반조합행위를 국가가 개입하여 신속하게 제거하여 근대적 노사관계를 형성함과 동시에 안정과 질서를 유지하기 위한 것이었다.
　부당노동행위의 이런 생성과정과 특이성 때문에 그 법적 성격은 경제법상의 각종 위법행위와 공통되는 것을 발견할 수 있는 결과가 되었다. 즉 타인의 권리침해 여부의 불법행위, 즉 권리침해적 관점에서가 아니라 입법이 뜻하는 객관적 질서에 위반하는 행위 여부라는 질서위반적 관점에서 파악되는 위법행위이다.
　이런 관점에서 부당노동행위의 법적 성격을 본다면 단결권 침해의 위법행위라기보다는 단결권 보장상에 성립되는 근대적 노동관계질서 그 자체에 위반하는 행위라고 할 수 있겠다. 즉 부당노동행위를 단결권 침해로서의 불법행위적 시각에서 파악하는 통설적 견해는 지배·개입의 성립에 결과의 발생을 필요로 한다. 그러나 부당노동행위가 단결권의 보장을 위하여 형성된 근대적 노사관계의 질서자체에 위반하는 행위인 성격을 갖는다면 부당노동행위의 성립 여부는 시민법상의 위반행위와는 다른 시각에서 판단해야 하는 것은 당연하다. 즉 권리침해라는 협의적 시각에서가 아니라 단결권 보장질서의 침해라는 보다 광의적 시각에서의 판단이 요청된다 하겠다.
　노동조합의 결성과 그 내부적 운영 등 노동조합 고유의 활동영역은 사용자의 권위 및 자유와 충돌한다. 즉 사용자의 지배권 안에 있는 경영권의 활동영역과 근로자의 지배권 안에 있는 단결권의 활동영역이 관련 또는 교착하는 공동영역에 있어서도 마찬가지다.
　부당노동행위제도가 단결권의 보장으로 생성되는 근대적 노사관계질서를 설정하기 위하여 사용자의 반조합행위를 국가공권력의 간섭에 의하여 배제하려는 것이라면 이것은 근대적 노사관계의 형성을 위한 수단으로서의 단결권 보장만으로는 사용자의 반조합행위를 규제할 수 없었다는 사실에 따라 생성된 제도임을 말해준다. 서구 여러 나라의 노동조합처럼 투쟁의 결과 쟁취한 주체적 역량의 성장과 함께 자력으로 사용자의 반조합행위를 소멸할 수 있었던 곳에서는 필요 없는 제도이다.

노사관계의 선진국으로서의 서구에는 사용자의 부당노동행위를 금지하는 특별한 제도가 없고 1930년대의 미국이라든가 1950년대 이후 일본의 노사관계제도를 도입한 우리나라와 같은 노사관계의 후진성을 띠고 있는 국가에서만이 이 제도가 존재하는 이유일 것이다. 이것은 부당노동행위제도가 전근대적 노사관계를 근대적 노사관계로 발전시키고자 하는 질서형성적 기능을 갖고 있음을 나타내는 것이다.

부당노동행위제도가 사용자의 반조합행위를 규제하여 근로자의 단결권을 보장하고 근대적 노사관계의 형성을 목적으로 하는 것이지만 노동조합의 성장과 함께 그 단결권의 부당한 행사로 인하여 오히려 지향하는 질서를 파괴하기에 이르게 되어 교섭력의 균형화 및 교섭력의 실질적 대등화를 위한 힘의 균형을 위하여, 노동조합의 부당노동행위제도를 도입하게 되었다(미국의 Taft - Hartley법).

이와 반대로 우리나라는 헌법에서 일정한 단결권을 보장하고 이를 전제로 하여 '노동조합및노동관계조정법'에서 부당노동행위제도가 설정되어 있으므로 헌법에서 보장하는 단결권의 부당한 행사에 이르지 않는 한 노동조합의 교섭력이 사용자 이상으로 강력하다는 것만으로 노동조합의 단결권활동에 일정의 제동을 가한다면 오히려 헌법위반의 결과가 될 것이다.

따라서 이런 부당노동행위제도하에서는 단결권의 부당한 행사를 노동조합의 부당노동행위로서 금지시킨다하여도 그 범위는 어느 정도의 제약을 수반할 것이다.

❖ 지배·개입의사의 내용에 관한 고찰

부당노동행위에서 문제가 되는 부당노동행위의사에 대하여 앞에서 서술한 바와 같이 지배·개입의 경우에는 사용자의 의사에 의하여 지배·개입이 되는 행위가 이루어졌다는 사실만 있으면 충분하다. 따라서 부당노동행위의사의 존부 자체가 문제되는 것은 아니다. 즉 의사불요설은 이 경우에 있어 타당한 견해일 수 있다. 그러나 지배·개입의 경우 부당노동행위의사의 존부가 전혀 문제시되지 않는 것은 아니다. 그 이유는 부당노동행위제도가 단결권을 보호함으로써 근대적 노사관계를 형성하려는 것이므로 사용자의 행위가 단결권을 겨냥하여 이루어진 것이 아닌 한, 부당노동행위라는 행위는 성립하지 아니하기 때문이다.

따라서 사용자의 행위가 단결권을 행사하는 근로자 또는 근로자의 단결권 활동을 겨냥한 것이 아닌 한 부당노동행위주체를 결한 것이라 해석된다. 이 경우 부당노동행위를 다른 행위와 구분하기 위하여는 이런 대상사실에 대한 인식을 필요로 할 것이다. 이런 뜻에서 지배·개입의 성립에는 지배·개입의 행위를 형성하는 사실, 즉 반조합적 사실의 인식을 요한다. 부당노동행위제도가 근로자의 단결권 활동에 대한 방해를 배제하고자 하는 데 중점을 둔 이상 사실의 구체적, 확정적 인식까지는 필요하지 않으며 사실의 추상적, 불확정적 인식으로도 충분하다고 해석된다.

예컨대, 인근 같은 업계 회사의 노동조합 조직화 운동이 자사에 파급될 우려 때문에 조합을 설립한다면 전원 해고하고 폐업할 것이라는 발언으로 근로자의 조합결성을 제재하였더라도 조합결성의 동정을 전혀 몰랐다면 부당노동행위 성립의 인정은 어려우나 적어도 근로자 중 누군가가 조합결성준비를 하고 있을지도 모른다는 정도의 인식이 있었다면 부당노동행위는 성립되는 것으로 해석된다. 조합결성 등의 조합활동사실을 입증하면 이에 관한 인식이 있었다고 추정할 수 있게 되므로 그 사실을 몰랐음을 사용자측의 반증에 의하여 입증되어야 할 것이다.

❖ 불이익취급과 지배·개입

불이익취급의 경우에도 노조법 제39조 제1호 및 제5호에 규정하는 불이익취급의 요건적 사실(반조합적 사실)의 인식을 요하는 점에 있어서는 지배·개입의 경우도 같으나 불이익취급은 제1호와 제5호 규정의 사실인 이유로 행하여야 한다. 이 사실들과 불이익취급 사이에 인과관계의 존재를 요건으로 하고 있는 점이 지배·개입의 경우와 다르다. 즉 제1호와 관련시켜 보면 조합활동과 불이익취급과의 인과관계를 나타내는 이유로라는 요건을 주관적으로 이해하고 부당노동행위로 서의 불이익취급이 성립하기 위하여는 그것이 반조합적 의도나 동기에 기인한 것을 요하는 주관적 인과관계설과 이를 객관적으로 이해하여 조합활동과 불이익취급이 원인과 결과의 관계에 있다는 사실이 있음을 요하며 부당노동행위는 이런 인식이 있기만 하면 충분하다는 객관적 인과관계설 등 두 가지 입장이 있다.

제 5 장 그 밖의 부당노동행위

I. 경비원조

사용자가 노동조합 운영상의 경비지급에 대하여 원조를 제공하는 것(경비원조, 경비지원)은 부당노동행위이다.

원칙적으로 조합의 운영은 자주적이어야 한다. 그러나 조합 운영을 위한 경비지급에 있어 사용자로부터 경리상의 원조를 받게 되면 어용조합이 되기 쉬우며 건전한 발전은 기대할 수 없게 되어, 단결권이나 단체행동권의 제약을 받게 되므로 부당노동행위의 유형으로 정하여 금지하고 있는 것이다.

조합의 결성, 운영을 위한 경비 부담

① 사용자가 노동조합의 운영비를 원조하는 것을 금지하고 있으나 이에 국한되는 것이 아니고 사용자가 조합결성비용을 원조하는 것도 금지

하는 것이다.
 ② 조합결성비용의 지원은 사용자가 설립취지문의 인쇄비용을 지원하거나 설립총회나 결성준비를 위한 회합 등의 비용을 지원하는 경우로서 결성과정에서 결성의 사전와해가 여의치 않아 2차적 방법으로(어용화) 호의를 가장한 지원이 있을 수 있다.
 ③ 조합운영비의 원조는 사용자가 조합에서 고용한 사무직원의 봉급 및 조합의 각종 회의장소의 임차료를 부담하거나 조합운영비를 보조하는 경우 등이다.

● 경리상의 원조
 경리상의 원조는 사용자가 조합부담의 비용을 대신 부담하는 등 조합에의 금전 대여, 조합원이 외부로부터 생활자금을 차용하는 경우 채권자에게 지급보증하여 조합원에 대한 편의제공으로 지지기반을 확보하는 것 등이다.

● 예 외
 다음의 경우는 예외적으로 경비원조에 해당되지 않는다.
 ① i) 근로자가 취업시간중 임금의 손실 없이 사용자와 협의하거나 교섭하는 것을 사용자가 허락하는 것은 무방하다. 이는 노사간의 협의나 단체교섭은 조합활동인 반면 사용자로서도 필요한 기능을 다하는 것으로 조합만의 활동이 아니므로 사용자가 협의나 교섭을 취업시간중에 할 경우에 조합측 출석자를 결근취급하지 않고 임금을 지급하더라도 경비원조가 되지 않는다.
 ii) 사용자는 협의나 교섭이 아닌 취업시간중의 조합활동에 대해서도 이를 유급으로 하는 경우가 있다. 이 경우 반드시 경비원조가 되는 것이라고 해석되지 않으며 그 정도가 심하지 않으면 허용된다. 또 이런 문제에 대하여 조합측이 부당노동행위를 주장, 노동위원회에 구제신청하는

경우는 거의 없으므로 실무상 문제는 없겠다.

② '후생자금이나 화재 방지와 구제 등을 위한 기금의 기부'는 허용된다. 이런 기부를 받음으로써 조합이 어용화될 염려는 없기 때문이다. 따라서 사용자가 노동조합주최의 오락, 야유회 행사경비를 지원하는 것과 사용자와 조합이 공동주최하는 운동회 등의 비용을 사용자가 부담하는 것도 허용될 것이다.

③ '최소 규모의 조합사무실의 제공'도 경비원조에서 제외되어 허용된다. 조합이 임차료를 지급할 자력이 없어 사용자가 기업의 시설 안에 사무실을 대여하는 예는 많이 있다. 조합이 사용자로부터 책상 등 사무용 집기를 빌리거나, 전화를 이용한다고 하여 조합이 어용노조화할 우려는 없으므로 경비원조는 아니다.

④ 사용자의 손을 빌려 조합비의 공제를 요구하는 'Check-off'는 본래 조합에서 해야 할 조합비 징수업무가 사용자의 부담(경리직원의 업무)으로 이루어지는 것이므로 엄격한 의미에서는 경리원조를 받는 것이라고 볼 수 있는 요소가 있으나 이것도 조합을 어용화할 우려가 없으므로 사용자간의 협약이 있으면 무방하다.

⑤ 취업시간중에는 조합활동이 어려우므로 이 불편을 덜기 위한 제도로서 조합업무 전임자를 두고 있다. 그 인원수는 노사가 단체협약을 통하여 정한다.

전임자는 근로자의 신분을 유지하면서 회사 업무에는 종사하지 않고 회사로부터 봉급을 수령하는 것은 법에서 금지된다(법 제24조). 그러나 근로자로서 신분을 갖고 있으므로 근속연한 등은 통산되며 전임기간이 지나면 당연히 원직에 복귀할 수 있도록 규정되고 있어 전임자 협정을 두고 있는 것은 경비원조에 속하지 아니한다.

2. 황견계약

● 의 의

황견계약(Yellow-dog Contract)은 근로계약의 체결이나 갱신체결(계속고용)에 있어 근로자 개인에게 노동조합에 가입하지 않을 것과 노동조합에서 탈퇴할 것을 조건으로 하고 이를 위반하였을 때에는 해고되어도 이의가 없다는 취지로 고용하는 경우를 말한다. 이런 조건부 고용은 단결권을 침해하게 되므로 이를 금지시킨 것이다.

● 사 례

채용시에 노동조합에 가입하지 않겠다는 뜻을 기재한 서면에 서명토록 했다면 비록 그 서면에 '노동조합에 가입하는 경우 해고하여도 이의가 없다'는 뜻의 문구가 없다하더라도 "근로자가 어느 노동조합에 가입하지 아니할 것…을 고용조건으로 하는 행위"에 해당되는 것이다.

회사가 근로자에게 '공장의 실정을 감안하여 조합을 탈퇴하고 성의를 다하여 작업에 전념할 것을 서약한다'는 뜻의 서약서를 요구하는 것은 금지된다.

이런 서약에 따라 근로자가 조합을 탈퇴하는 것은 법을 위반한 사용자의 행위로 이루어진 것이므로 조합원으로서의 신분을 유지하느냐 하는 문제는 비록 사용자의 부당노동행위에 의하여 탈퇴원을 제출하였다 하더라도 탈퇴원 제출이 자기 의사에 의한 탈퇴행위이므로 조합원의 신분은 유지되는 것이 아니라고 보아야 할 것이다.

사용자가 유니언숍제에서 탈퇴자를 해고하지 않는 것이 부당노동행위가 아니다(대법원 1998. 3. 24. 96누16070).

단체협약상의 유니언숍 협정에 의하여 사용자가 노동조합을 탈퇴한 근로자를 해고할 의무는 단체협약상의 채무일 뿐이고 이러한 채무의 불이행 자체가 바로 같은 법 제39조 제4호 소정 노동조합에 대한 지배·개입의 부당노동행위에 해당한다고 단정할 수는 없다. 이 부당노동행위가 성립하려면 근로자가 노동조합을 조직 또는 운영하는 것을 사용자가 지배하거나 개입할 의사가 있어야 하는 것인 바, 뒤에서 보는 바와 같은 이 사건 경위에 비추어 볼 때 그 해고조치를 취하지 아니함에 있어 사용자인 참가인에게 그러한 의사가 있었던 것으로 볼 수가 없다.

유니언숍 협정이 있는 사업장의 일부 조합원이 노동조합에 불만을 품고 탈퇴하였다가 다시 재가입 신청을 하였으나 그들 중 일부만의 가입을 승인하고 나머지의 승인을 거부한 것은 권리남용 내지 신의칙 위반이다(대법원 1996. 10. 29. 96다28899).

조합이 조합원의 자격을 갖추고 있는 근로자의 조합가입을 함부로 거부하는 것은 허용되지 아니하고, 특히 유니언숍 협정에 의한 가입강제가 있는 경우

- 단체협약에 명문규정이 없더라도 노동조합의 요구가 있으면 사용자는 노동조합에서 탈퇴한 근로자를 해고할 수 있기 때문에

- 조합측에서 근로자의 조합가입을 거부하게 되면 이는 곧바로 해고로 직결될 수 있으므로 조합은 노조가입 신청인에게 제명에 해당하는 사유가 있다는 등의 특단의 사정이 없는 한 그 가입에 대하여 승인을 거부할 수 없다.

따라서 조합 가입에 조합원의 사전 동의를 받아야 한다거나 탈퇴조합원이 재가입하려면 대의원대회와 조합원총회에서 각 3분의 2 이상의 찬성을 얻어야만 된다는 조합가입에 관한 제약은 그 자체가 위법 부당하므로, 특별한 사정이 없는 경우에까지 그와 같은 제약을 가하는 것은 기존 조합원으로서의 권리남용 내지 신의칙 위반에 해당된다.

위 사건 유니언숍 협정이 있는 사업장의 일부 조합원이 노동조합에 불만을 품고 탈퇴하였다가 다시 재가입신청을 하였으나 그들 중 일부만의 가입을 승인하고 나머지에 대하여는 승인을 거부한 것은 권리남용 내지 신의칙 위반이다.

3. 보복적 부당노동행위

● 의 의

① 다음과 같은 이유로 근로자를 해고하거나 불이익취급을 하는 경우는 노조법 제81조 규정의 보복적 부당노동행위에 해당한다.

- 근로자가 정당한 단체행동에 참가한 것을 이유로 한 해고, 기타 불이익취급
- 노동위원회(중앙노동위원회, 지방노동위원회 불문)에 부당노동행위 구제를 신청하거나 사건의 조사, 심문시 증거를 제출한 것이나 발언한 것을 이유로 하는 해고, 기타 불이익취급
- 행정관청에 증거를 제출한 것을 이유로 한 해고, 기타 불이익취급

② 이는 근로자나 노동조합에 대하여 노동위원회의 기능을 충분히 활용할 수 있도록 하기 위한 것으로 앞에서 설명한 행위가 사용자의 뜻에 반하는 경우라도 이를 이유로 하는 불이익취급을 받지 않도록 배려한 것이다. 따라서 구제신청에 의하여 그 사건의 부당노동행위로 인정되었거나 승인되어도 무방하다.

이 불이익취급의 금지는 한편 노동위원회의 기능을 충분히 발휘할 수 있도록 하기 위한 것이므로 근로자나 노동조합이 법원에 가처분을 신청하거나 본안 소송을 제기하여 판단수행상 증거의 제출, 증언할 것을 이유로 하는 불이익취급은 여기에 해당되지 않으며 이 행위 등은 제1호의 불이익취급에 의하여 보호되어야 한다고 해석된다.

● 불이익취급의 형태

관공서의 출석요구로 작업을 중단하고 출석하는 경우는 소요시간의 임금을 공제하지 않으면서 노동위원회에 증인(노조측의 참고인, 보좌인)으로 출석한 경우 소요시간의 임금을 공제하는 것(특히 회사측 증인에게는 임금을 공제하지 않으면서)이 불이익취급의 범위에 해당하느냐 하는 문제는 그 근로자에게 유리하게 검토되어야 할 것이다.

제 6 장 노동위원회에 의한 부당노동행위의 구제절차

I. 노동위원회와 구제신청사건의 당사자 적격

▶ 중앙노동위원회와 지방노동위원회

● 중앙노동위원회와 지방노동위원회

① 노동위원회에는 중앙노동위원회와 지방노동위원회가 있으며(노동위원회법 제2조 제1항), 중앙노동위원회는 노동부에, 지방노동위원회는 각 시·도에 설치하고(노동위원회법 제2조 제2항), 중앙노동위원회 위원장이 관리하고 있다(노동위원회법 제4조).

여기에서는 노동위원회의 구성, 권한 등 일반에 대하여는 생략하고 부당노동행위의 구제신청에 대하여 해설코자 한다.

② 지방노동위원회는 초심기관으로서 부당노동행위 구제신청을 접수하여 심사(조사와 심문)를 하고, 명령하는 권한을 갖는다.

③ 중앙노동위원회는 지방노동위원회의 명령 및 결정을 취소나 변경하는 권한을 갖고 재심사하며 각하할 수 있다.

- 둘 이상의 시·도에 걸친 사건
- 특히 전국적으로 중요하다고 인정하는 조정사건에 관하여는 지방노동위원회에 우선하여 초심기관으로서의 관할권을 갖는다(노동위원회법 제3조).

● 특별노동위원회

노동위원회는 중앙노동위원회 및 지방노동위원회 이외의 특별노동위원회가 있다. 특별노동위원회는 건설교통부장관 관리하에 선원노동위원회가 전국 지방해운항만청에 설치되어 있다.

관할

● 사건관할

지방노동위원회는 각 시·도에 설치되어 있으므로 신청인이 어느 지방노동위원회에 구제신청할 것인가라는 사건관할의 문제가 있다.

이 관할은 ⅰ) 부당노동행위 사건의 당사자나 근로자, 노동조합의 주소지나 주사무소의 소재지, ⅱ) 부당노동행위가 이루어진 곳의 지방노동위원회가 관할권을 갖고 있으며 이 관할은 구제신청 당시를 기준하여 정하여진다.

어느 곳이 부당노동행위가 이루어진 곳이냐 하는 문제는 법 제81조 각 호에 따라 각각 결정되어야 할 것이다. 신청에 있어 당사자가 합의하여 임의로 특정 지방노동위원회를 선정하는 것은 허용되지 않는다.

이와 같이 사건관할(발생장소)의 지방노동위원회가 사건을 관할하는 것은 신청인의 편의를 위한 것으로 피신청인은 신청된 지방노동위원회에 출석하여 대항하여야 하며 그 사건의 심사에 응하는 편의를 위하여 다른 지방노동위원회에 이송을 요구할 수도 없다. 이 점은 민사소송법상 1심법원의 관할을 피고 소재지 관할 법원으로 정하고 또 피고의 심리 편의를 위한 이송신청을 허가하는 등 피고측의 이해를 고려하고 있는 것과는 다르다.

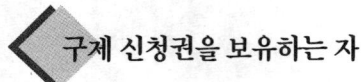
관할의 경합, 지정 및 사건의 이송

이와 같이 여러 지방노동위원회가 사건관할권을 갖고 있으므로 동일 사건이 다수의 지방노동위원회에 계속될 가능성이 있다. 이 경우 먼저 신청을 접수한 지방노동위원회에 관할권이 있다. 중앙노동위원회는 사건관할의 지정권이 있다.

구제 신청권을 보유하는 자

1) 구제 신청권자

부당노동행위의 구제를 신청할 수 있는 자는 구제를 받으므로써 구제이익이 있게 되는 자로서 부당노동행위에 의한 차별취급, 기타의 조치를 받은 근로자 개인이나 노동조합이다.

2) 개별 신청

① 근로자의 신청 : 법 제81조 각 호의 차별취급을 받은 근로자 개인이 신청권을 갖고 있다. 그러나 제3호의 단체교섭 거부사건에 대하여 개별적 신청은 안 된다. 단체교섭을 거부당한 것은 노동조합이지 조합원 개인의 권리가 침해된 것이 아니기 때문이다.

그러나 제4호의 지배·개입사건의 개별신청은 허락되어야 한다. 조합 자체가 어용조합화된 경우 자주성을 회복하기 위하여 조합원 개인이 신

> 노동조합을 조직하려고 한다는 이유로 근로자에 대한 부당노동행위에 대하여는 설립된 노동조합도 구제신청권을 갖는다(대법원 1991. 12. 5. 90누4952).
>
> 구노동조합법 제40조(현 노동조합및노동관계조정법 제82조) 제1항에 의하면 사용자의 부당노동행위로 인하여 그 권리를 침해당한 근로자나 노동조합은 노동위원회에 그 구제를 신청할 수 있도록 되어 있으므로
>
> - 노동조합을 조직하려고 하였다는 것을 이유로 근로자에 대한 부당노동행위에 대하여는 후에 설립된 노동조합도 독자적인 구제신청권을 가지고 있다고 보아야 할 것이므로 이러한 취지의 원심판결은 정당하다.

청하는 실익이 있다.

② 노동조합이 신청하는 경우는 그 노동조합이 법(제2조)에서 정하는 자격요건을 구비한 조합인 것이 필수적이나(법 제7조) 개별 신청의 경우에는 그 개인이 가입하고 있는 제7조의 자격심사는 필요없다. 또 이 자격심사는 근로자 개인이 구제신청하여 보호받을 권리를 부정하는 취지로 해석되어서는 아니되기 때문이다(법 제7조 제2항).

③ 근로자가 미성년인 경우도 친권자나 후견인의 동의를 요하지 않으며 스스로의 판단으로 자기 명의로 신청할 수 있다. 또 근로자가 신청 중 사망한 경우는 부당노동행위로부터 구제를 받는 이익이 개인의 전속적 이익이므로 그 신청권은 소멸되며 상속인에게 승계되지 않는다.

3) 노동조합의 신청

① 노동조합은 제81조 각 호 전부의 사건에 대하여 신청권을 보유한다. 또한 노조는 단체교섭권 및 단체행동권이 침해당하는 경우 신청권을 갖는 것은 당연하며 사용자가 소속 조합원에 대하여 차별취급하는 것은 동시에 노동조합의 조직활동에 대한 침해이기도 하므로 신청권이

있다.

② 신청권을 갖는 것은 법에서 규정하는 자격요건을 구비한 법내조합에 한하며 노동조합의 법인격 취득 여부와는 상관없다.

③ 노동조합이 그 소속 근로자의 의사에 반하여 구제를 신청할 수 있는가? 노동조합의 구제신청권은 노동조합 고유의 권리이므로 조합활동을 이유로 해고된 본인이 해고를 승복하고 자신이 구제를 신청하지 않은 경우라도 노동조합은 그 근로자의 해고를 부당노동행위로서 구제신청할 수 있다고 해석되어야 한다. 그러나 이 경우 원직복귀나 소급지급(Back-pay)을 구하는 구제이익은 없다 할 것이므로 부작위명령이나 게시공고(Post-notice) 등의 배치를 구하는 데 그칠 것이다.

④ 부당노동행위의 구제를 신청한 때에는 조합원이었으나 명령 전에 조합을 탈퇴한 경우 조합의 구제신청권 유무에 대하여는 탈퇴와 동시에 조합은 신청을 유지할 이익을 상실한다는 이론이 있으나 ③의 경우 퇴직(해고의 승복)하였을 때 노조의 신청권 인정과는 상반된다.

⑤ 독립된 노동조합이라고 할 수 없는 지부, 분회는 신청권이 없다. 또 노동조합의 횡적 연락기관인 지역노조협의회 등도 신청권이 없음은 당연하다.

4) 신청인의 추가

● **신청인의 추가는 허용되고 있다. 즉,**

ⅰ) 신청 후 신청인 조합의 조직변경으로 새로운 조합이 신청인의 지위에 이르는 것이 타당한 경우(이 경우는 신청인 보정의 방법으로도 가능할 것이다)

ⅱ) 먼저 개별신청이 있은 다음 심사 진행중에 조합이 뒤늦게 신청인으로 추가되는 경우

ⅲ) ⅱ)와는 반대로 먼저 조합이 신청한 다음 조합원이 신청인으로 추

가되는 경우

 iv) 상기 ii), iii)의 경우 최초의 신청이 부당노동행위가 있은 날부터 3개월 이내이면 추가신청은 3개월을 경과하여도 무방할 것이다.

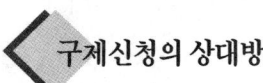

사용자

① 법 제81조에는 '사용자는 다음 각 호의 1에 해당하는 행위(이하 "부당노동행위"라 한다)를 할 수 없다' 라고 규정하고 제82조에는 '사용자의 부당노동행위로 인한 권리를 침해당한 근로자나 노동조합은 노동

> **법률상 자격이 없는 병원장을 당사자(사용자)로 인정한 것은 부적격자를 당사자로 인정하여 판정한 것이다**(대법원 1995. 11. 21. 95구2410).
>
> - '사용자' 라 함은 법률상 독립한 권리의무의 귀속주체일 것을 요하고 법인이 경영하는 시설에 지나지 아니하는 것은 여기서 말하는 사용자에 해당하지 아니한다고 할 것인 바
>
> - 서울 병원은 학교법인 학원이 수익사업을 하기 위하여 경영하는 인적·물적시설로서 그 하부조직에 불과한 사실이 인정되므로
>
> 그러나 위 학교법인이 전직명령을 발함에 있어서 먼저 인사담당직원이 그에 관한 인사명령발령안을 기안한 다음 순차로 상급자에게 결재를 받는 절차를 취하였는데 이 때 병원장은 그 결재에 관여하지 아니하였고, 학교법인 이사장이 직접 결재하였다면
>
> - 이 사건 재심판정이 법률상 자격이 없는 병원(장)을 당사자로 삼은 것을 두고 단순한 표시상의 하자에 불과한 것으로 볼 수 없다. 따라서 이 사건 재심판정은 사용자가 아닌 자를 당사자로 취급하여 행하여진 위법한 판정이라 할 것이다.

위원회에 그 구제를 신청할 수 있다'. 그리고 제83조 및 제84조의 요지는 '제82조 규정에 의한 신청을 받은 때에는 필요한 조사와 심문을 진행하여 구제 명령하여야 한다'는 것이므로 구제신청의 상대는 '사용자'이며 여기에서 말하는 '사용자'는 부당노동행위의 구제명령에 따라 원상회복 조치를 할 수 있고 이를 행하지 않을 때 처벌을 받을 지위에 있는 자를 말한다. 사용자의 법인, 개인 등 구분은 문제되지 않는다.

② 사용자가 법인, 기타 단체인 경우 그 운영에 있어 이사 등의 집행기관은 가령 사용자를 위하여 현실적으로 부당노동행위를 실행하였다 하여도 '사용자'가 아니므로 구제신청의 상대방이 되지 않는다. 만약 사장 개인 등을 상대로 신청한 경우는 상대방(피신청인) 추가의 절차를 밟아 법인을 피신청인으로 추가하고 개인에 대한 신청은 취하하여야 한다.

그러나 부당노동행위의 구제절차는 사법상의 권리관계를 확정시키는 것이 목적이 아니고 신청인이 받고 있는 불이익을 사실상 구제하는 것

> **징계권이 없는 생산담당 전무이사도 부당노동행위 구제절차상의 당사자 적격이 인정된다**(고법 1991. 8. 23. 91구4951).
>
> 첫째, 부당노동행위 구제절차의 피신청인으로서는 고용주뿐만 아니라 공장장, 지점장 등 부당노동행위피지의무를 구제명령을 이행할 수 있는 입장에 있는 자도 될 수 있다 할 것인 바
>
> - 징계권이 없는 생산담당 전무이사 명의로 징계해고하였다 하더라도 징계자체가 잘못되어 부당한 것은 별론으로 하고 그 전무이사가 부당노동행위구제신청사건의 피신청인이 될 당사자 적격이 없다고 할 수는 없다.
>
> - 둘째, 생산담당 전무이사가 당사자 적격이 있는 이상 위 재심판정은 동인에 대해 그 효력을 미친다 할 것이며
>
> - 셋째, 재심판정이 노동위원회 규칙에 정해진 절차나 기간을 준수하지 아니하고 이루어졌다 하더라도 그러한 사유만으로 재심판정이 무효라고 할 수는 없을 것이다.

이 목적이므로 공장장, 지사장, 영업소장도 그 공장, 지사, 영업소의 소관 사항에 대하여 자기 재량으로 조치할 수 있는 범위에서 자기행동에 관하여 구제신청의 상대방으로 하는 것이 바람직한데 법인의 대표만을 상대방으로 하고 있는 실정이다.

공장장, 지사장 및 영업소장 등 경영에 관하여 법인으로부터 포괄적 권한이 위임되어 근로자의 채용, 근로조건의 결정 및 해고의 권한을 위임받고 수임된 권한에 의하여 수임자가 월권에 의하여 행한 처분이 아니라면 상대방으로 인정하는 것이 타당하지 않을까 생각한다.

● 사용자의 지위 승계

① 구제신청의 피신청인인 사용자의 지위는 법인이 합병하는 경우 합병에 의해 존속 또는 설립된 회사가 그 지위를 승계하는 것은 당연하다.

현실적으로 고용관계가 존재하지 않아도 A회사에 흡수되는 B회사의 근로자에게 특정의 노동조합에서 탈퇴하게 하는 것에 대하여 A회사는 노조법상 B회사의 근로자에 대하여 사용자와 근로자와의 관계가 성립되는 것으로 취급하여 동 법의 규제에 따르도록 하는 것이 상당하다고 본다. 그 이유는 곧 고용관계가 성립될 가능성이 현실적, 구체적으로 존재하게 되는 경우이므로 사용자로 해석함이 타당하기 때문이다.

따라서 A회사는 합병의 효과가 발생되기 이전이라도 B회사의 근로자가 조직한 조합에서의 부당노동행위 구제신청의 상대방이 된다.

② 갑회사가 을회사에게 경력 및 인사, 기타 모든 영업권을 위임하고 을회사가 수임에 따라 갑회사 근로자에게 대하여도 인사명령을 하고 있는 경우 을회사가 갑회사의 근로자에 대한 차별적인 취급을 행한 이상 을회사는 당연히 사용자로서의 부당노동행위의 책임이 있고, 구제신청의 상대방이 된다.

구제신청 후 상대방인 사용자가 사업을 양도한 경우는 그 사업의 양수인도 당사자 추가에 의하여 상대방으로 추가함이 합당할 것이다.

③ 사용자 개인이 사망한 경우 부당노동행위의 책임은 일신전속적인 것이므로 상속인에게 승계되지 않는다. 따라서 구제신청 전에 사용자가 사망하면 신청인의 상대(피신청인)지위를 결하게 되며 구제신청 후에 사망하면 신청은 각하된다.

④ 사용자 개인이 경영하던 사업을 폐지한 경우에도 그 사용자는 구제명령의 상대방이 되는 것은 변함이 없겠으나 이런 경우 구제명령에 있어 사업의 재개를 명하는 것은 불가능하며 또 복귀할 원직이 소멸되었으므로 원직에의 복귀명령도 불가능하다.

따라서 사업폐지일까지의 급여의 소급지급(Back-pay)과 사용자 스스로의 사업재개가 예견될 때는 사업을 재개시할 때에 해고자를 우선적으로 개최하라는 것을 명령하는 데 그칠 것이다.

2. 지방노동위원회의 초심 심사절차

● **신청주의**

부당노동행위사건의 심사는 반드시 신청에 의하여 시작되고 노동위원회의 직권으로는 심사가 개시되지 않는다. 이 점은 노동쟁의사건의 직권에 의한 중재회부와는 다르다.

● **신청서의 제출**

① 부당노동행위의 구제신청은 부당노동행위가 있은 날부터 3개월 이내에 신청서를 관할 노동위원회에 제출하는 것이 원칙이다.

② 신청서의 요건이 제대로 갖추어지지 않았어도 신청서의 체제를 갖춘 것이라면 상당기간을 주어 바로잡도록 한 후 이 보정요구에도 불구하고 일정기간까지 보정하지 않으면 신청은 각하된다.

● **신청의 취하**

① 신청인은 명령서의 정본이 교부되기 전까지 언제든지 신청의 전부 또는 일부에 대하여 취하할 수 있으며 당사자간의 합의에 의하여 취하하는 경우가 많다. 신청의 취하는 신청의 경우와 같이 서면으로 하여야 하며, 상대방의 동의를 요하지 않는다.

② 신청이 취하되면 노동위원회는 바로 상대방에게 그 뜻을 통지하여야 하며, 신청이 취하되면 취하된 부분에 관하여는 처음부터 신청이 없었던 것으로 된다. 따라서 신청이 취하된 후에도 법정구제신청기간 안에 다시 신청할 수 있다.

● 신청의 각하

① 심판위원회의 결정에 따라서 신청을 각하할 수 있는 경우는 다음과 같다.

- 신청서의 기재요건 불비에 대한 2회 이상 보정요구에도 불구하고 보정하지 않을 때
- 당사자 적격요건을 갖추지 아니한 경우 예를 들어, 노동조합이 신청인일 경우 그 노동조합이 법에 의한 노동조합이 아닐 때(법외조합)
- 노동조합법 제82조 제2항의 규정(부당노동행위의 구제신청은 그 행위가 있은 날 – 계속되는 행위는 그 종료일 – 부터 3개월 이내에 신청)에 의한 기간을 초과하여 신청하였을 때
- 신청하는 구제의 내용이 법령상 또는 사실상 실현할 수 없거나 구제실익이 없음이 명백한 때
- 신청인이 2회 이상 출석통지를 받고도 이에 응하지 않거나 주소불명, 소재불명으로 2회 이상 반송되거나 신청 의사를 포기한 것으로 인정될 때

② 신청의 각하는 서면으로 당사자에게 결정서의 정본이 송달된다.

부당노동행위 등에 대한 구제신청기간은 근로자가 부당노동행위라고 주장하는 구체적 사실이 발생한 날이나 구근로기준법 제27조의 3 소정의 해고 등 사용자의 불이익처분이 있은 날부터 기산된다(대법원 1996. 8. 23. 95누11238).

부당노동행위에 대한 행정적 구제절차에 있어서 그 심사대상은 구제신청의 대상이 된 부당노동행위를 구성하는 구체적 사실에 한정되므로,

- 부당노동행위 등에 대한 구제신청기간은 근로자가 부당노동행위라고 주장하는 구체적 사실이 발생한 날이나 근로기준법 제27조의 3(신법 제31조 제3항) 소정의 해고 등 사용자의 불이익처분이 있은 날(다만, 계속하는 행위인 경우에는 그 종료일)부터 기산된다.

> **무기정직처분은 구노동조합법 제40조 제2항 소정의 '계속하는 행위'에 해당하지 않는다**(대법원 1993. 3. 23. 92누15406).
>
> - 원고는 자신을 무기정직한 것은 부당노동행위이고, 동 무기정직처분은 구 노동조합법 제40조(현 노동조합및노동관계조정법 제82조) 제2항이 규정하는 부당노동행위가 '계속되는 행위'에 해당하고, 원고를 퇴직조치한 때에 종료하므로 이때부터 3개월의 구제신청기간이 진행한다고 주장하였다.
>
> 그러나 무기정직 처분은 그 처분과 동시에 처분행위가 종료되는 것이지 무기정직의 기간 동안 그 처분행위가 계속하여 위 법조항에서 말하는 계속되는 행위에 해당하는 것은 아니다.

각하의 효력은 결정서의 교부에 의하여 발생된다.

조사

● 당사자 통지 및 증거제출

노동위원회는 부당노동행위의 구제신청을 받게 되면 지체없이 당사자 쌍방에게 통지하며, ⅰ) 신청인에게는 신청이유를 소명하기 위한 증거의 제출을 요구하고, ⅱ) 피신청인에게는 신청서의 사본을 송부하고 답변서와 증거의 제출을 요구하게 된다.

● 조 사

① 조사는 기일을 정하여 당사자의 출석을 요구하여 실시한다. 당사자는 다른 사람에게 대리시키거나 보좌인을 동반하여 출석하는 것을 허용하고 있으며 조사의 공개 규정이 없으므로 통상 분리조사하고 있으나 경우에 따라서는 동시조사가 실효를 거둘 수 있다.

② 조사는 심문을 원활히 진행하기 위하여 쟁점을 정리하고 증거제출

의 요구, 자료 수집 등 심문의 사전준비를 위한 절차이다.

③ 조사에 있어 필요하다고 인정되는 경우 당사자나 증인 등의 출석을 요구하여 진술을 듣고 그 밖에 적당한 방법으로 사실조사를 할 수 있다. 여기에서 말하는 사실조사는 심문을 전제로 한 조사단계에서 사실의 확인이 필요한 정도까지를 조사한다. 공개된 심문과정(심문회의라고도 한다. 이 회의는 노동위원회의 전원회의, 공익위원회의 또는 3자 위원회의 회의체로서의 기관이 아니다)에서 당사자, 증인, 또는 참석인을 심문하여 사실을 발견하기 어려우므로 비공개된 조사과정에서 각각의 당사자로부터 사건의 진실을 청취하는 것이 쉬우므로 부당노동행위를 구성하는 구체적 사실까지를 조사한다면 심문의 진행에 도움이 될 것이다. 그러나 부당노동행위의 성립 여부 자체는 공익위원이 노사위원을 참석시킨 공개석상에서 당사자 양쪽을 출석시켜 이것을 분명히 하는 것이 합당하지만, 사실조사가 그 영역까지에 이르는 것은 곤란하다고 본다.

화 해

화해의 성립은 조사단계뿐 아니라 심문단계에서도 또한 명령하기 전까지 언제든지 가능하다. 화해성립 후 화해조항의 불이행으로 인한 노사관계의 악화와 화해로 체결된 사건의 재신청을 방지하고 화해효력의 보강을 위하여 화해의 효력을 위원회에서 판정한 판정효력과 같게 하였다.

1) 심문의 개시

① 심문은 조사완료 후 실시하며 신청을 각하할 이유가 없는 한 의결에 앞서 행하는 절차로서 이 절차를 생략할 수는 없다. 가령 당사자 쌍방이 심문의 생략에 이의가 없는 경우라도 결정의 절차는 당사자의 합의에 의하여 변경될 수 없는 것이며 조사가 비공개로 진행되고 심문만이 공개로 진행되므로 공정성을 보장하기 위한 취지로 보아도 심문을 생략하는 것은 부당하다.

② 심문개시에 있어 당사자에게 심문통지서를 송부하고 기일과 장소 등을 명시한다.

2) 심 문

① 심문은 공익위원회의 의장의 지휘하에 진행되며 노사위원 같은 수를 참가시킨다.

② 심문은 당사자가 참석한 가운데 진행하는 것이 원칙이나 경우에 따라서는 당사자가 참석치 않아도 진행할 수 있다. 당사자는 의장의 허락을 받아 다른 사람에게 대리시키거나 보좌인을 데리고 참석할 수도 있다.

③ 심문은 공개로 진행한다. 그러나 공익위원회의에서 필요하다고 인정하는 경우에는 예외적으로 비공개로 할 수 있다.

④ 심문은 단 1회에 그치지 않고 여러 번 거듭하여 진행할 수 있다. 조사내용의 미진, 새로운 사실의 발견, 사실조회의 필요성, 주장사실의 보완, 증인의 채택 등 사유가 있을 경우에는 사건을 명확하게 정리하기 위해서 여러 번에 걸쳐 진행하는 수도 있으나 대부분 1회로 끝난다.

> **부당노동행위에 대한 구제심사의 대상은 구제신청의 대상이 된 부당노동행위를 구성하는 구체적 사실에 한정된다**(대법원 1995. 4. 7. 94누1579).
>
> 부당노동행위에 대한 구제절차는 관할노동위원회에 구제신청을 함으로써 개시되고, 그 심사의 대상도 구제신청의 대상이 된 부당노동행위를 구성하는 구체적 사실에 한정되므로,
>
> - 비록 구제신청대상인 맨 처음의 징계처분이 그 후 변경되었다고 하더라도 그 신청을 변경하지 않는 한 지방노동위원회나 중앙노동위원회는 처음의 징계처분을 심판대상으로 삼을 수밖에 없다.

3) 증거조사

① 심문은 신청의 이유가 있을 때 진행되는 것이므로 당사자 쌍방은 증거를 제출하고 상대방의 신청에 대하여 반대심문을 할 충분한 기회를 주어야 한다.

② 쌍방의 당사자로부터 증인신청을 하지 않은 경우에도 노동위원회가 직권으로 증인을 출석시켜 심문할 수 있다. 그 이유는 '노동위원회의 부당노동행위 심사절차는 공익적, 후견적 기능을 취지로 하는 행정처분의 성질상 통상의 민사소송의 경우와 같이 엄격한 변론주의는 타당치 않으며 또 이런 변론주의를 채택할 법적 근거가 없으므로 구제명령의 결론에 영향을 미친다고 인정되는 사실에 관하여는 당사자의 주장, 입증에도 불구하고 직권으로 이를 심리함이 타당한 것'이기 때문이다.

③ 심문에 출석한 위원은 의장 승인을 받아 당사자 또는 입증에 대하여 심문할 수 있으며 당사자, 대리인, 참고인은 의장의 허락을 받아 진술할 수 있고 증인의 심문 및 반대심문을 할 수 있다. 이 경우 유도적 심문, 증인의 위협, 증인을 논리적 곤란에 빠지게 하는 심문은 진상 파악에 도움이 되지 않으며 중복된 질문 등은 제한을 받게 된다.

④ 입증의 정도는 소송과 같이 엄격하고 고도의 증명을 요하지 않으며 주장을 보완하는 정도, 즉 소명이 있으면 되겠으나 실무상으로는 증명을 할 수 있는 정도면 된다.

4) 조사와 심문

조사에 대하여는 공개의 원칙을 규정하고 있지 아니하므로 조사과정에서 작성된 진술조서를 바로 사실인정의 자료로서 사용할 수 없다는 해석도 있으나 이는 타당치 않다고 본다. 조사는 심사관이 수행하며 조사방법으로는 개별조사(당사자 분리조사)와 대질조사(당사자 합석조사)가 있다. 조사방법의 선택은 사건의 내용에 따라 실효성을 고려하여 채택하는 것이 좋을 것이며 조사는 신청에 관계되는 사실을 조사하는 외에 쟁점, 증거의 수리, 증인에 대한 조사 등 심문의 준비절차이므로 때로는 현지조사(사업체 또는 노동조합)가 효과적일 수도 있다.

부당노동행위에 대한 직벌주의를 채용하던 입법초기에는 이 조사가 부당노동행위의 성부를 판단하기 위한 자료로서 사용되었으나 그 후 이 운용이 바뀌어 심문중심주의로 전환되어 조사가 심문의 준비단계화한 것이다. 심문은 주로 부당노동행위의 성부에 관하여 쟁점이 되는 사실관계를 조사내용과 당사자의 진술에 근거하여 당사자 입회하에서 분명케 하는 과정으로 노사위원의 관여가 이를 더욱 명료하게 하고 있으며, 의결기관(심판위원회)의 사실조사의 공정과 타당성을 확보하고 나아가 명령의 설득성과 신뢰성을 높이게 되는 것으로 조사와 심문은 그 한계를 유지하면서 사실조사의 공정성과 신뢰성을 위하여 더욱 연구되어야 할 문제이다.

심문의 종결, 의결, 명령

1) 심문의 종결

① 심문의 결과 명령을 발하는 데 충분하다고 인정될 때에는 의장은 심문을 종결한다. 명령을 발하는 데 충분하다고 인정될 때라는 것은 증인심문까지를 끝내고 합의하면 결론을 내릴 수 있다고 판단되는 때이다.

② 심문의 종결 전에 당사자에게 최후 진술의 기회를 주어야 한다. 현행 규칙상 종결일에 대한 규정이 없어 심문진행중 적당하다고 인정되면 종결할 수 있으나 종결일을 예고하여 당사자로 하여금 심문과정의 여러 문제를 충분히 정리하여 최후 진술할 수 있도록 하는 것이 바람직하지 않을까 생각된다.

> **부당노동행위 사실의 주장 및 입증책임은 부당노동행위임을 주장하는 근로자에게 있다**(대법원 1996. 9. 10. 95누16738).
>
> 구노동조합법 제39조(현 노동조합및노동관계조정법 제81조) 제1호는 '근로자가 노동조합에 가입 또는 가입하려고 하였거나 노동조합을 조직하려고 하였거나 기타 노동조합의 업무를 위한 정당한 행위를 한 것을 이유로 그 근로자를 해고하거나 그 근로자에게 불이익을 주는 행위'를 사용자의 부당노동행위의 한 유형으로 규정하고 있으므로,
>
> - 같은 법조의 부당노동행위가 성립하기 위해서는 근로자가 '노동조합의 업무를 위한 정당한 행위'를 하고 사용자가 이를 이유로 근로자에 대하여 해고 등의 불이익을 주는 행위를 한 경우라야 하며,
>
> - 그 사실의 주장 및 입증책임은 부당노동행위임을 주장하는 근로자에게 있다.

2) 의 결

① 회의는 심판위원회 의장이 소집한다. '심문을 종결하고 부당노동행위가 성립된다고 인정한 때에는 구제명령을 발하여야 하며 부당노동행위가 성립되지 아니한다고 인정한 때에는 기각하는 결정을 하여야 한다'(법 제84조).
② 심판위원회의 합의는 공익위원의 전원 출석과 과반수 찬성으로 결정하며 의장은 가부동수인 경우 결정권을 가지며 이 회의는 공개하지 아니한다.

3) 명 령

① 노동위원회는 심판위원회에서 의결되면, 구제의 전부 또는 일부를 인정하는 명령이나 신청을 기각하는 결정을 서면으로 교부하여야 한다.
② 명령서 또는 결정서는 사무국장이 정본임을 증명하고 당사자에게 직접 교부할 수 있으며 우송도 할 수 있다. 명령서나 결정서의 교부는 송달된 날을 교부일로 보며 당사자의 소재 불명으로 송달이 불가능할 때에는 공시송달의 방법으로 송달할 수 있다.

4) 심사의 지연

① 부당노동행위사건의 처리기간은 60일이며 심사가 지연되는 경우 위원장의 승인을 얻어 처리기한을 연장할 수 있다. 그러나 이 사건의 신청이 일반민원서류와는 성격이 판이하므로 처리기일을 정한 것은 무리이나 신속구제로서 침해된 권리를 조속히 회복한다라는 점에서 설정되었다고 사료되며 처리기한으로 인한 사건취급의 소홀, 정밀심사에 따른 심사의 장기화로 인한 단점이 논의될 수 있을 것이다.

따라서 이론적으로는 정확한 사실판단과 신속한 처리가 바람직하다. 그래도 초심의 경우는 비교적 짧은 시일 안에 처리되고 있으나 재심의 경우는 오랜 시일이 걸리고 있는 경향이다.

② 심사의 지연이유에는 여러 가지 원인이 있다.
- 사건수의 폭증과 내용의 복잡화
- 답변서, 증거제출의 지연
- 증인의 인원수가 많아 심문에 장시간 소요
- 신청인 또는 피신청인의 고의적 지연
- 심문의 횟수 증가

등을 생각할 수 있다. 그러나 여러 원인 중 가장 큰 원인은 소송수행 당사자주의에 치우친 탓이다. 신청은 소송의 제기로, 조사는 준비절차로 심문은 변론으로, 명령은 판결로 이해하는 경향이 많다. 부당노동행위의 심사는 노동위원회가 준사법적 기능을 하고 있다는 점에서 소송과 비슷한 형식이 되어진 터이겠지만 노동위원회가 행정기관이라는 본질에 비추어 볼 때 개선되어야 할 문제라고 생각한다.

3. 구제명령상의 여러 문제

◀ 구제이익의 존재

① 부당노동행위가 성립되는 경우라도 신청인이 구제하고 있는 구제의 전부 또는 일부를 인정하는 명령을 발하기 위해서는 그 명령을 발할 때 구제의 이익이 있지 않으면 안 된다.

예컨대, 근로자의 해고가 부당노동행위로 인정되어도 명령 전에 사용자가 해고를 철회하고 임금을 지급하였다면 이미 원직복귀나 소급지급(Back-pay)을 명하는 구제명령은 할 수 없다. 또한 사건처리 중에 근로자가 사망하면 소급지급을 받을 경제적 이익을 수반하였다 하더라도 단

> **소의 이익**(대법원 1998. 5. 8. 97누7448)
>
> 구노동조합법에 의한 부당노동행위구제제도는 집단적 노사관계질서를 파괴하는 사용자의 행위를 예방·제거함으로써 근로자의 단결권·단체교섭권 및 단체행동권을 확보하여 노사관계의 질서를 신속하게 정상화하고자 함에 그 목적이 있음에 비하여,
>
> - 구근로기준법에 의한 부당해고 등 구제제도는 개별적 근로계약관계에 있어서 근로자에 대한 권리침해를 구제하기 위함에 그 목적이 있는 것으로, 이는 그 목적과 요건에 있어서 뿐만 아니라 그 구제명령의 내용 및 효력 등에 있어서도 서로 다른 별개의 제도라고 할 것이다.
>
> 사용자로부터 해고된 근로자는 그 해고처분이 구노동조합법상 부당노동행위에 해당됨을 이유로 같은 법에 의한 부당노동행위구제신청을 하면서 그와는 별도로 그 해고처분이 구근로기준법상 부당해고에 해당됨을 이유로 같은 법에 의한 부당해고 구제신청을 할 수 있는 것이고.

- 근로자가 이와 같은 두 개의 구제신청을 모두 한 경우에 부당해고구제절차에 부당해고에 해당함을 이유로 구제명령이 발하여졌다고 하여도 그 구제명령은 근로자에 대한 해고처분이 부당노동행위에 해당함을 전제로 이루어진 것이라고 할 수 없으므로

- 그와 같은 부당해고에 대한 구제명령이 있었다는 사정만으로 부당노동행위 구제신청에 대한 구제이익 또는 그 구제신청을 받아들이지 않은 중앙노동위원회의 재심판정에 대한 취소소송에서의 소의 이익마저도 없게 되었다고 할 수 없다.

결권의 침해가 상속인에게 승계될 수 없으므로 구제의 이익은 소멸된다고 보아야 할 것이다.

② 불이익한 배치전환을 받은 조합원이 탈퇴하여 배치전환에 대하여 다툴 의사를 포기한 경우 조합은 그 조합원의 배치전환의 철회를 요구할 실익은 없지만 동종의 행위를 반복하지 않아야 한다는 부작위명령을 발하는 것이 적당하며 그 범위의 구제이익이 잔존한다고 보아야 한다.

노동위원회의 재량권과 구제명령의 주문

1) 청구하는 구제의 내용

노동위원회는 신청서의 기재에 반드시 구속되는 것이 아니며 청구하는 구제의 내용이 원직복귀일 뿐 소급지급을 요하지 않은 경우라도 근로자의 해고가 부당노동행위일 때에는 원직복귀와 더불어 소급지급을 명할 수 있다.

청구하는 구제의 내용은 민사소송의 청구취지와 같이 엄격하게 취급하지 않으며 단순히 제81조의 구제를 구하고 있을 뿐 구체적 구제내용

을 명시하고 있지 않아도 무방하다. 그러나 노동위원회는 신청의 취지에 반하여 명령하여서는 안 될 것이다.

2) 구제명령의 범위

① 부당노동행위가 성립될 때 노동위원회가 어떤 구제명령을 하여야 하는지에 관해서는 법 또는 노동위원회규칙에 규정이 없어 노동위원회의 재량에 맡겨지고 있다. 따라서 노동위원회는 부당노동행위라고 인정되는 행위가 이루어지기 전의 상태로 되돌려, 부당노동행위가 있기 전의 상황, 즉 원상을 회복하는 목적으로 구체적 사안에 부응한 적절하고 다양한 주문을 모색하여야 할 것이다. 이를 위해서는 부당노동행위의 형태, 정도, 근로자측의 고통, 그 행위 전후의 노사관계 등을 종합하여 노사관계의 불공정 노동관행을 시정하여 노사관계를 안정시켜야 할 것이다.

② 구제명령에 징벌적 요소를 포함하는 것은 허용되지 않으며 예컨대, 회사의 지배·개입에 대항하여 조합조직의 방어를 위하여 소요한 비용의 배상을 구하는 등의 손해배상청구는 부당노동행위제도와는 관계가 없으므로 배척되고 있다. 또한 해고에 따른 정신적, 경제적 보상을 요구하는 것도 동일하다.

3) 사실상의 구제

구제명령은 노사간의 불공정한 노동관행을 사실상 시정함을 목적으로 하고 있다. 따라서 구제명령에 있어 사용자의 행위에 대한 법률적 효과를 판단하여 해고가 사법상 무효인 것을 확인한다든가 해고의 의사표시를 철회시키는 점까지 깊이 파고들어가서는 안 된다. 예컨대, '해고를 취소하고 원직에 복귀시켜…' 하는 표현 중 취소라는 문구에는 법률적 의미가 없다고 본다.

4) 조건부 구제명령

구제명령의 주문은 신청인의 행동을 조건으로 하는 것도 무방하겠다. 예컨대, 신청인이 피신청인에게 행동이 지나친 점이 있었다고 인정하고 유감의 뜻을 표명하는 취지의 문서제출을 조건으로 피신청인이 신청인에게 조합사무실 이용을 방해한 것에 대한 유감의 뜻을 표하는 취지의 문서교부를 명한다든지 또는 '피신청인은 신청인이 문서(앞으로 작업장 내에서 폭력을 휘두르지 않겠다는 취지의)를 피신청인에게 제출할 것을 조건으로 하여 신청인을 복귀시키고 해고한 날부터 원직에 복귀하기 전날까지 받을 수 있었던 임금상당액을 지급하여야 한다' 라는 명령 등이다.

5) 부작위명령

사용자에 대하여 장래를 향하여 구체적인 부작위를 명하는 명령도 사용자가 후일 동종 또는 유사한 행위를 반복할 우려가 있는 경우는 허용된다. 그리고 장래의 부당노동행위의 증명은 과거에 있었던 사실의 증명과 달리 어차피 장래 발생할 사실의 증명이므로 심문경과시 객관적으로 발생의 우려가 있다는 증명으로 충분하다는 이론이 있다.

6) 재량권의 한계

① 구제명령을 발하는 것은 부당노동행위의 성립을 인정하는 경우에 한하므로 사용자의 행위가 아무리 부당해도 부당노동행위의 성립이 인정되지 않는 이상 어떤 조치를 명할 수도 없으며 기각을 결정할 수밖에

없다.

② 사용자가 근로자를 해고한 후에 그 자리(직제)를 폐지한 경우 가령 그 해고가 부당노동행위에 해당되어도 폐지 전의 직위에 복귀시켜야 한다라는 명령은 안 되며 원직에 상당하는 직에 복귀시켜야 한다는 명령을 하게 되는 것이다. 또 해고가 부당노동행위일지라도 그 해고 이후에 사업을 폐지하여 전원 해고에 이른 경우는 전원 해고시에 해고되지 않았다고 인정할 만한 근거가 없는 한 원직복귀를 명할 것이 아니라 전원 해고될 때의 다른 해고자와 같은 취급을 명하여야 할 것이다.

원직복귀명령과 Back-pay의 범위

1) Back-pay 금액

해고된 근로자에 대한 구제로서 원직복귀를 명하는 경우는 그 해고가 아니었더라면 받을 수 있었던 임금상당액의 소급지급을 명하는 것이 통례이다. 그리고 명령서의 주문에는 보통 단순히 '…받을 수 있었던 임금상당액을 지급하여야 한다'라고 하며, 임금상당액의 명세가 없다. 이는 그 구체적 금액과 산술기준이 명백하므로 복잡을 피하기 위하여 생략하는 것인데 이 임금상당액의 산출 때문에 상호간에 마찰이 생겨 노사관계문제가 다시 발생하는 예도 드물지 않다.

이 임금상당액에는 매월 정하여진 급여 외에 상여금도 포함되고 정기승급이나 임금인상부분도 포함되어야 한다.

2) 공제금액

① 근로자가 해고당한 후 해고예고수당을 받은 경우에는 이를 공제하

여야 한다.

② 해고 후 법상 쟁의행위에 돌입된 경우에는 그 쟁의행위기간의 Back-pay도 지급대상에서 제외되어야 한다. 또 조합임원이 결근계를 제출하고 있었으나 그 후 해고되어 그 해고가 부당노동행위인 경우 출근하려 해도 출근할 수 없는 상황이었으므로 결근이 계속된 것이라고 취급하는 판례가 있으나 이는 적절치 않다고 본다.

3) 근로자의 근무상태에 따른 Back-pay의 감액

예를 들어, 교통사고발생으로 인한 면허정지 또는 취소의 행정처분이 있은 다음 해고 또는 업무정지처분의 징계사유와 부당노동행위가 경합되어 심사결과 부당노동행위로 인정되었다면 해고 또는 업무정지처분의 취소만이 원상회복일 뿐 사실상 징계처분이 없었더라도 취업할 수 없었기 때문에 그 기간 취업의 대가로 지급된 임금이 없는 것이므로 일률적으로 Back-pay지급 명령을 할 수 없는 것이다.

그러나 해고당한 근로자의 근무태도, 부정사실, 분쟁 원인, 향후의 노사관계를 고려하여 원직복귀명령에 그치고 Back-pay를 명령하지 않거나 평균임금의 60~70%의 소급지급을 명하는 경우도 있다.

4) 해고 후 다른 회사 수입의 공제

① 해고된 근로자의 원직복귀와 Back-pay지급을 명령함에 있어 그 근로자가 해고 후 다른 곳에 취로하여 수입을 얻은 경우도 이를 고려치 않고 전액의 Back-pay로 할 것인가, 아니면 다른 수입을 공제하여야 할 것인가에 대한 문제이다.

'노동위원회가 원상회복의 수단으로서 사용자에게 명하는 이른바 임금소급불의 취급금액은 그 부당노동행위에 의하여 근로자가 사실상 입은 손실액을 한도로 하여 근로자가 해고기간 중 다른 곳에 취로하여 얻은 수입은 해고가 아니더라도 당연히 취득가능한 특단의 사정이 없는 한 이를 소급임금액에서 공제하여야 할 것이다. 즉 해고기간 중 다른 회사에 취로하여 취득한 임금을 공제하지 않고 소급임금금액의 지급을 명한다면 구제명령은 원상회복이라는 본래의 목적 범위를 벗어나 사용자에 대하여 징벌을 부과하는 격이 되므로 위법임을 면할 수 없다'는 이론이 있다(주로 법원의 판단).

② 그러나 노동위원회의 명령에는 이와 같은 다른 수입을 공제치 않은 금액의 Back-pay를 지급명령하는 경우가 많다.

③ 따라서 노동위원회의 명령이 원직복귀를 명할 때 통상 전액의 Back-pay를 명령하는 것은 개선되어야 할 사항으로 본다.

> **사정변경으로 근로계약 종료일 이후 효력이 없어지게 된 경우 임금지급명령에 따른 공법상 의무를 부담하고 있는 사용자는 중앙노동위원회 재심판정의 취소를 구할 법률상 이익이 있다**(대법원 1993. 4. 27. 92누131960).
>
> 중앙노동위원회의 원직복귀명령 및 임금지급명령에 관한 재심결정 중 원직복귀명령이 사정변경으로 인하여 근로계약 종료일 이후부터 효력이 없게 되는 경우
>
> - 해고 다음날부터 복직명령이 이행가능하였던 근로계약 종료시까지의 기간 동안에 임금지급명령에 기하여 발생한 구체적인 임금지급의무는 사정변경으로 복직명령이 실효되더라도 소급하여 소멸하는 것이 아니므로
>
> - 사용자는 사업장이 폐쇄되어 근로계약이 종료한 이후에도 임금상당액의 지급명령을 포함하는 노동위원회의 결정에 따른 공법상의 의무를 부담하고 있어서 사용자로서는 그 의무를 면하기 위하여 재심판정의 취소를 구할 법률상의 이익이 있다.

구제명령의 효력

1) 효력의 발생시기

구제명령은 행정처분이므로 바로 효력이 발생하는 것으로 그 효력발생시기는 당사자에게 고지된 경우, 즉 명령서가 교부된 날이다. 따라서 구제신청을 인정하는 명령서의 정본이 교부되었으면 사용자는 지체없이 그 명령을 이행하여야 한다.

2) 공정력, 확정력, 집행력

① 구제명령은 당사자에게 교부된 후 그 명령을 발한 노동위원회 스스로의 권한으로 이를 취소, 변경할 수 없다. 민사소송법에 의하여 발하는 법원의 결정과 명령은 당사자로부터의 항고와 신청이 이유 있다고 인정될 때에는 심사를 거쳐 스스로의 결정과 명령을 변경할 수 있으나 노동위원회가 발하는 구제명령에 관하여는 이런 제도가 없다. 따라서 구제명령은 재심 신청과 행정소송의 제기에 의하여 적법하게 취소, 변경될 때까지 누구도 그 효력을 부정하지 못하는 효력을 가지며 이를 공정력이라고 한다.

② 지방노동위원회의 명령은 중앙노동위원회에 의하여, 중앙노동위원회의 명령은 법원의 판결에 의하여 취소될 가능성이 있다. 이런 가능성이 없어진 경우를 확정이라고 한다. 지방노동위원회의 구제명령과 결정은 재심신청기간이 경과하면 확정되고, 중앙노동위원회의 명령과 결정은 행정소송제기의 기간(송달받은 날부터 15일 이내)이 경과되면 확정된다. 이렇게 확정된 후에는 당사자는 그 내용에 반하는 주장을 할 수 없는 것이므로 확정력이 생긴다.

③ 구제명령은 행정처분이므로 피신청인이 그 의무를 이행하지 않는

경우, 행정상의 집행이 허용되는 셈이지만 직접강제(이행강제), 즉 의무자인 피신청인의 신체, 재산에 실력을 가하여 명령한 상태의 직접실현을 허용하는 규정은 없으며 불이행에 대한 처벌(3년 이하의 징역 또는 3,000만 원 이하의 벌금)은 가능하다. 그러나 개정법에서는 사용자가 행정소송을 제기한 경우 관할법원은 중앙노동위원회의 신청에 의하여 판결이 확정될 때까지 중앙노동위원회의 구제명령의 전부 또는 일부를 이행하도록 명령할 수 있다.

3) 구제명령과 사법상의 효력

구제명령은 행정처분이므로 사용자에 대하여 복종하여야 할 공법상의 의무를 부여할 뿐, 근로자와 사용자간의 사법상 법률관계를 발생이나 변경케 하는 것은 아니다.

따라서 근로자의 원직복귀를 명하고 있는 경우 그 이전에 사용자가 행한 해고의 의사표시, 나아가서 사법상의 고용계약의 효력에까지 취소명령을 명하고 있는 것은 아니며 사법상의 효과에는 전혀 관계 없다. 금액지급을 명하는 경우도 민사소송법상 채무명의가 되는 것이 아니므로 이 명령에 의하여 강제집행을 할 수 없다.

4. 중앙노동위원회의 재심절차

재심사의 신청

초심 지방노동위원회의 명령에 불복이 있는 당사자의 일방 또는 쌍방은 중앙노동위원회에 재심을 신청하여 중앙노동위원회에서 다시 심사를 받을 수 있다.

초심명령에 대하여 행정소송은 할 수 없다. 그것은 보다 신중한 재심의 절차를 인정하고 있기 때문이다.

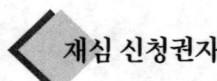
재심 신청권자

1) 불이익한 초심명령을 받은 당사자

재심 신청은 지방노동위원회에서 불이익한 명령을 받은 당사자가 한다. 명령의 불이익 여부는 초심명령의 주문으로 불리한 판단을 받았느냐 여부를 기준으로 인정하는 것이므로 초심명령의 이유가 자기 뜻에 맞지 않는다든가, 1호사건으로 구제신청한 데 대하여 5호사건으로 구제받은 것에 대한 불복을 이유로 한 재심신청은 허용되지 않는다.

2) 초심에서 당사자가 아니었던 자

초심에서 노동조합이 신청인이었던 경우 그 사건의 내용인 근로자 개인이 재심신청할 수 있다. 조합이 재심사의 신청까지 배려하지 않을 경우 그 개인의 충분한 보호를 위하여 필요하며 또 이런 융통성 있는 취급은 이 제도의 취지나 절차의 신속화라는 관점에서 타당하다. 따라서 초심에서는 근로자 개인이 신청하였던 사건에 있어 조합이 재심신청하는 것도 가능하며 재심계류중에도 참가할 수도 있다.

3) 당사자의 승계인

① 초심명령 후에 노동조합이나 회사가 합병한 경우 존속 또는 신설된 노조와 회사가 승계인으로 재심신청할 수 있다.
② 그러나 초심의 당사자였던 근로자 본인이나 개인기업의 사용자 본인이 사망한 경우 상속인의 재심신청은 불가하다. 부당노동행위구제신청은 일신전속적인 사안이므로 상속의 대상이 아니기 때문이다.

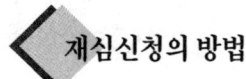 재심신청의 방법

1) 재심신청서 제출

재심을 신청할 때에는 재심신청서를 초심의 지방노동위원회를 경유하거나 직접 중앙노동위원회에 제출하여야 한다.

2) 재심신청기간

재심신청기간은 노사 공히 명령서나 결정서가 송달된 날부터 10일 이내이다.

재심신청의 효과

1) 이전의 효과

재심신청에 의하여 사건은 초심 지방노동위원회로부터 중앙노동위원회에 이전의 효력을 갖는다. 그러나 재심신청은 초심명령의 효력을 정지하거나 소멸하는 것이 아니므로 사용자는 재심신청의 경우에는 초심명령을 이행할 의무가 있다.

2) 재심의 범위

① 중앙노동위원회가 재심하는 범위는 신청한 불복의 범위이며 또한 불복의 신청은 초심에서 신청한 범위를 넘어서는 아니된다. '초심에서 신청한 범위'는 초심에서 주장한 '부당노동행위를 구성하는 구체적 사실'을 지칭하는 것이다. 따라서 초심단계에서는 해고가 부당노동행위라고 주장하던 사건의 재심신청에서는 해고철회의 단체교섭에 응하지 않는 것도 부당노동행위라고 주장하는 것은 허용되지 않는다.

② 사용자가 초심명령을 받은 후에 부당노동행위를 반복하는 경우에도 신청인(초심)은 초심명령 후에 발생한 구체적 사실에 대하여 재심의 절차에서 구제를 신청할 수 없으며 단지 이런 사실이 반복되고 있는 것을 초심에서 주장한 부당노동행위의 성립을 뒷받침하는 근거로 하는데 불과하다.

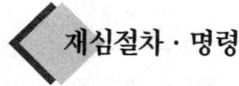 재심절차 · 명령

 1) 재심절차

 ① 중앙노동위원회는 재심신청서의 내용에 대하여 보정명령에 불구하고 보정을 하지 아니한 경우에는 그 신청을 각하하는 외에 재심신청기간을 초과한 신청도 각하하는 등 초심절차에서의 각하규정이 준용되고 있다.
 ② 초심절차에 관한 규정이 '그 성질에 반하지 아니하는 한 재심절차에 준용'되고 있으므로 재심단계에서 당사자의 추가가 가능하며 재심절차도 조사와 심문으로 구분되며 화해에 관한 규정도 준용되고 있다.
 ③ 재심신청의 취하 또는 화해가 성립된 경우에는 그 뜻을 초심 지방노동위원회에 통지하여 재심신청에 대한 명령서나 결정서의 사본은 초심지방노동위원회에 송부하게 된다.

 2) 재심명령

 재심결과 재심신청을 각하하는 경우에 대하여는 앞에서 설명한 바 있으며 재심결과 신청이 이유 없을 경우에는 이를 기각하고, 이유 있을 경우에는 지방노동위원회의 처분을 취소하고 새로운 명령을 발할 수 있으나 초심명령의 변경은 불복의 범위 안에서 할 수 있는 것으로 중앙노동위원회의 재량권행사는 이 점에서 제약을 받게 된다.

제 7 장
법원에 의한 절차

1. 행정소송(취소소송)

취소소송의 제기

1) 취소소송

중앙노동위원회에서 발한 명령에 대하여 불복이 있는 자는 행정소송법이 정하는 바에 의하여 그 명령의 취소를 구하는 소를 제기할 수 있다(법 제85조 ②항).

2) 취소소송의 원고

① 취소소송의 원고가 될 수 있는 자는 '해당 처분이나 재결의 취소를 구함에 있어 법률상의 이익이 있는 자'에 한하며 명령의 취소를 구함에 있어 법률상의 이익의 유무는 명령의 주문에서 불리한 판단을 받았는지

여부를 기준으로 결정되며 명령의 이유에 대하여 불복이 있는 것에 불과한 자는 소제기권이 없다.

② 노동위원회의 절차에서 사용자가 이 취소소송을 제기할 수 있는 것은 물론이나 법률상의 법인 자체와 동등하게 근로자의 채용, 해고 등이 위임된 공장장 등이 피신청인으로서 구제명령의 상대방이 될 경우 이 공장장은 고용관계의 주체로서 독립적 인격을 갖고 있지 않으므로 구제명령의 취소를 구하는 법률상의 이익이 없어 소송당사자가 될 수 없다는 이론이 있으나 구제명령의 상대방으로 자기에게 불리한 명령을 받았음에도 불구하고 명령의 취소를 구하는 법률상의 이익이 없다고 해석하는 것은 부당하겠다.

③ 중앙노동위원회에 구제를 재심신청하여 기각, 또는 각하결정을 받은 신청인도 이 취소소송을 제기할 수 있다.

④ 중앙노동위원회에서 노동조합이 신청인이었던 경우 당해 사건의 대상인 근로자는 신청이 기각된 경우 그 근로자 개인도 취소소송을 제기할 수 있다. 반대로 개인이 신청인이었던 사건에 있어 그 개인이 소속된 노동조합에서 취소소송을 제기할 수도 있다. 어느 경우도 '해당 처분의 취소를 구함에 있어 법률상의 이익이 있는 자'이기 때문이다.

3) 취소소송의 피고

취소소송의 피고는 구제명령을 발한 중앙노동위원회이다. 행정처분인 구제명령의 취소를 구하는 소이므로 그 처분청이 피고가 되는 것이다.

4) 참가인

취소소송의 피고는 중앙노동위원회이므로 원고(소송제기자) 상대방은 피고가 될 수 없으나 그 상대방도 취소소송의 결과에 따라 자기의 권리를 해할 우려가 있으므로 그 취소소송에 참가할 수 있으며 그 실례가 많다.

5) 관 할

취소소송의 제1심은 피고 소재지 관할 행정법원이고, 고등법원에 상고할 수 있으므로 대법원까지 3심제이다.

6) 제척기간

취소소송의 제척기간은 당사자 공히 재심판정서가 송달된 날부터 15일 이내이며 기일을 짧게 잡은 것은 확정의 신속화를 위한 것이다.

7) 취소소송의 절차

구제명령의 취소를 구하는 소의 제기, 답변서 및 준비서면의 제출, 증인신청 등 절차는 일반민사소송과 같다.

취소소송제기의 효력과 이행명령제도

① 취소소송제기와 구제명령의 효력
취소소송의 제기로 중앙노동위원회의 재심에 의한 명령의 효력이 정지되는 것은 아니다(법 제86조). 또한 필요한 경우 법원은 사용자에 대하여 노동위원회의 명령의 전부 또는 일부에 따라야 한다는 명령을 노동위원회의 신청에 의하여 이행명령을 내릴 수 있다(법 제85조 ⑤항).
② 법원은 노동위원회에서 행한 사실인정에 관하여 "행정기관의 사실

인정을 존중하는 원칙"이 채용되지 않으므로 법원은 자유심증적 사실인정이 가능하다. 따라서 노동위원회의 재심과정에서 제출하지 않았던 증거가 소송단계에서 제출, 인정되어 이 때문에 구제명령이 취소되기도 한다.

취소소송의 판결

1) 취소소송의 효력

취소소송의 판결은 그 사건이 당사자를 구속함은 물론 제3자에 대하여도 효력을 가지는 것으로 판결의 범위는 일반민사소송의 판결보다도 확대되고 있으며 취소소송의 판결은 당사자인 중앙노동위원회와 지방노동위원회도 구속하는 것이다.

2) 화 해

취소소송의 당사자는 노사의 한쪽(원고)과 중앙노동위원회(피고)이므로 노동위원회에서 다투던 노사 양쪽은 취소소송에서는 당사자가 되지 못하며 참가인에 불과한 것에 대해서는 설명한 바 있다. 그래서 노동위원회는 구제명령의 내용인 부당노동행위 자체에 대하여 원고와 화해할 입장은 아니나 원고와 참가인 및 소외인(부당노동행위의 당사자)과의 화해에 의한 소의 취하도 많이 이루어지고 있다.

2. 민사소송

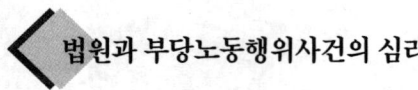
법원과 부당노동행위사건의 심리

1) 법원의 권한

부당노동행위에 해당하는 사용자의 처분은 공공의 질서에 반하여 무효라고 해석되므로 법원은 이와 같은 처분의 효력을 판결할 수 있는 것이다.

2) 원 고

처분의 무효확인이나 해고임을 이유로 하는 Back-pay의 지급을 구하는 소는 이런 처분을 받은 근로자 본인이 제기하여야 하며 그가 가입하고 있는 노동조합이 본인을 대신하여 소송을 제기할 수는 없다. 그러나 노동조합도 사용자를 상대로 단체교섭의 응낙, 지배·개입행위의 반복금지를 구하는 소는 제기할 수 있다.

3) 본소송과 가처분

민사소송을 제기하는 것은 가처분신청에 대응하여 본안소송(본소)이라고 한다. 가처분은 본소가 별도로 진행될 것을 예정하고 본소에서 승소하게 될 자의 권리를 간편하고 신속히 보전하는 것이 목적이다. 예컨대, 해고된 근로자의 지위를 잠정적으로 정하든가, 회사에 대하여 해고의 효력을 정지하는 가처분을 구하기도 한다.

사용자의 소제기, 가처분신청

　노동위원회에 부당노동행위의 구제신청을 하는 것은 근로자측에만 국한하는 것이나 법원의 절차상 본소의 제기, 가처분신청은 사용자로부터도 가능하다. 즉 노사간의 부당노동행위 성부에 따른 분쟁이 있는 경우 사용자는 해결을 위하여 재판상의 절차를 이용할 수 있는 것이다.

제 2 편
경영상 해고

제1장 경영상 해고의 개념
제2장 경영상 해고의 요건과 절차
제3장 부당한 해고에 대한 구제
제4장 해고관련 노동부 업무처리지침

제 1 장 경영상 해고의 개념

I. 경영상 해고의 개념

해고의 원인은 근로자의 귀책사유에 의한 징계해고와 경영상 이유에 의한 정리해고로 구분된다.

경영상 이유에 의한 해고(경영상 해고)는 일반적으로 '경제적, 산업구조적, 기술적 성격에 기인한 기업합리화 계획에 따라 근로자들을 감축하거나 그 인원구성을 바꾸기 위하여 행하는 해고'를 의미한다.

'경영상 해고'와 '정리해고'는 같은 말이다. '경영상 이유에 의한 해고'를 보통 '정리해고'라고도 하는데, 이는 일본식 용어이므로 되도록 '경영상 해고'로 사용하는 것이 바람직하다고 본다.

또한 '경영상 해고'와 '고용조정'을 혼동하여 일부에서는 '정리해고'라는 용어 대신 '고용조정'이라는 용어를 쓰고 있으나 이 역시 정확한 용어 사용이라고 할 수 없다.

'고용조정'은 근로시간과 근로자수를 조정하는 것 외에 기존 노동력의 활용방법을 변경하는 것, 임금조정 등 질적인 것 등을 포괄하는 개념이다. 따라서 '경영상 해고'는 다양한 '고용조정' 방법 중 하나일 뿐이다.

2. 경영상 해고의 특징

이러한 경영상 해고는 다음과 같은 특징이 있다.

- 통상 해고가 근로자의 일신상 또는 근로형태상의 사유에 기인함에 비해 경영상 해고는 사용자측의 경영상의 사정에 의해 이루어진다.
- 해고대상자가 특정되지 않은 단계에서부터 해고안이 사용자로부터 제시된다.
- 해고자가 복수로서 집단성을 띤다.
- 고용조정의 최후의 수단이어야 하고 다양한 해고 방지노력을 다함으로써 그 인원을 최소화해야 할 의무가 사용자에게 있다.

따라서 대법원도 경영상 해고를 통상 해고와 명백히 다른 기준에 따라 그 정당성 여부를 판단하고 있다.

> **관련 판례** 정리해고는 긴급한 경영상의 필요에 의하여 기업에 종사하는 인원을 줄이기 위하여 일정한 요건 아래 근로자를 해고하는 것을 말하는 바…… 이 사건 동 업체가 소멸한 것이 피고 회사의 긴급한 경영상의 필요에 의하여 직원의 수를 줄이기 위한 것이 아니었고, 피고회사와의 관계가 악화된 탓이었으며, 피고회사가 원고를 해고함에 있어서 고용계약상 원고가 피고회사를 위하여 수행하기로 하였던 업무가 종료되었음을 이유로 삼는 것이라면 이는 정리해고는 아니라 할 것이므로…… (대법원 1996. 10. 29. 96다22198).

3. 관련 법규정

　그 동안 경영상 해고의 부당성 여부는 근로기준법 제30조 제1항(구법 제27조 제1항)의 규정에 의한 '정당한 이유'가 있는지에 의해 판단하였다. 따라서 '정당한 이유'에 관한 판례의 형성을 통하여 이 제도가 운용되어 온 것이 사실이다.

❚ 관련 법규정 ❚

> **근로기준법 제30조**【해고 등의 제한】① 사용자는 근로자에 대하여 정당한 이유 없이 해고, 휴직, 정직, 전직, 감봉, 기타 징벌을 하지 못한다.

　그러나 1998. 2. 20. '경영상 이유에 의한 해고의 제한'을 명확히 하는 근로기준법 중 개정법률(법률 제5510호, 1998. 2. 20. 공포·시행)이 공포되고, 같은 해 2. 24. 동 법 시행령이 개정·공포(대통령령 제15682호) 됨으로써 이제는 이 규정이 정한 바 그 요건과 절차를 갖추었느냐에 따라 정당성 여부를 판단하게 된다.

❚ 관련 법규정 ❚

> **근로기준법 제31조**【경영상 이유에 의한 해고의 제한】① 사용자는 경영상 이유에 의하여 근로자를 해고하고자 하는 경우에는 긴박한 경영상의 필요가 있어야 한다. 이 경우 경영악화를 방지하기 위한 사업의 양도·인수·합병은 긴박한 경영상의 필요가 있는 것으로 본다.
> 　② 제1항의 경우에 사용자는 해고를 피하기 위한 노력을 다하여야 하며 합리적이고 공정한 해고의 기준을 정하고 이에 따라 그 대상자를 선정하여야 한다. 이 경우 남녀의 성을 이유로 차별하여서는 아니된다.
> 　③ 사용자는 제2항의 규정에 의한 해고를 피하기 위한 방법 및 해고의 기준 등에 관하여 당해 사업 또는 사업장에 근로자의 과반수로 조직

> 된 노동조합이 있는 경우에는 그 노동조합(근로자의 과반수로 조직된 노동조합이 없는 경우에는 근로자의 과반수를 대표하는 자를 말한다. 이하 '근로자대표'라 한다)에 대하여 해고를 하고자 하는 날의 60일 전까지 통보하고 성실하게 협의하여야 한다.
> ④ 사용자는 제1항의 규정에 의하여 대통령령이 정하는 일정규모 이상의 인원을 해고하고자 할 때에는 대통령령이 정하는 바에 따라 노동부장관에게 신고하여야 한다.
> ⑤ 사용자가 제1항 내지 제3항의 규정에 의한 요건을 갖추어 근로자를 해고한 때에는 제30조 제1항의 규정에 의한 정당한 이유가 있는 해고를 한 것으로 본다.
> **제31조의 2【우선 재고용 등】** ① 제31조의 규정에 의하여 근로자를 해고한 사용자는 근로자를 해고한 날부터 2년 이내에 근로자를 채용하고자 할 때에는 제31조의 규정에 의하여 해고된 근로자가 원하는 경우 해고 전의 직책 등을 감안하여 그 근로자를 우선적으로 고용하도록 노력하여야 한다.
> ② 정부는 제31조의 규정에 의하여 해고된 근로자에 대하여 생계안정, 재취업, 직업훈련 등 필요한 조치를 우선적으로 취하여야 한다.

그러나 이와 같이 경영상 해고의 요건과 절차가 법에 명확히 규정되었다 하나 법규정을 살펴 보면 여전히 '긴박한 경영상의 필요성', '해고를 피하기 위한 노력', '합리적이고 공정한 기준', 근로자대표와의 '성실한 협의' 등 추상적인 용어로 표현되어 있어 구체적인 사실관계에 부딪힐 때 과연 법규정에 부합하는지 여부에 대한 판단이 쉽지 아니할 것이며, 이는 경영상 해고를 둘러싼 법적·사실적 분쟁요인이 되고 있는 것을 부인할 수 없다.

경영상 해고에 관한 정당성 시비는 궁극적으로는 법원 등에 의해 사후적으로 가려질 성질의 것이기는 하나 경영상 해고에 관한 규정은 해고에 있어서의 사용자측의 법 위반사례를 미연에 방지하고 해고를 둘러싼 노사간 협의가 원만히 진행될 수 있도록 하며 부당한 해고로부터 근로자의 권리가 침해되는 것을 예방하는 효과가 있다.

4. 경영상 해고의 요건 및 절차 개요

긴박한 경영상의 필요 발생	조치사항
· 계속되는 경영악화로 경영위기 직면 · 경영악화 방지를 위한 사업의 양도 · 인수 · 합병	· 일부 사업의 폐지, 업종 전환 · 신기술 도입, 기술 혁신 등에 의한 작업형태의 변경 등으로 감원이 객관적으로 보아 합리성이 있는 경우

⬇

해고회피노력	합리적이고 공정한 해고자 선정
· 현장근로의 제한, 동시 휴가 · 근로시간(임금) 감축 등 인건비 절감 · 신규채용 중지 · 임시직의 재계약 정지 · 배치전환, 사외 파견 · 일시휴업(휴직) · 퇴직희망자 모집 등	· 사용자와 근로자 쌍방의 입장을 충분히 고려하여 결정 　- 사용자(근로자의 근무성적, 능력 등) 　- 근로자(근속기간, 피부양자수 등) ※ 남녀차별 금지

⬇

성실한 협의	노동조합 또는 근로자대표
해고회피방법 및 해고기준 등을 해고 60일 전에 근로자대표에게 통보	해고회피를 위한 대안 해고자 선정기준에 대한 의견 · 대안

(해고 30일 전) 노동부에 신고[10%(10인) 이상 및 100인 이상 해고시]

경영상 이유에 의한 해고 실시[30일 전 해고 예고 또는 수당 지급(30일분 통상임금)]

해고자 우선 재고용 노력(경영상 해고 후 2년 내 신규 채용시)

제 2 장
경영상 해고의 요건과 절차

I. 경영상 해고의 요건

근로기준법 제31조에 규정된 경영상 해고의 정당성 요건은 다음의 네 가지로 요약될 수 있다.

- 긴박한 경영상의 필요가 있어야 한다.
- 해고를 피하기 위한 노력을 다하여야 한다.
- 합리적이고 공정한 기준을 정하고 이에 따라 해고대상자를 선정하여야 한다.
- 해고를 피하기 위한 방법 및 해고 기준 등에 관하여 근로자대표에게 60일 전에 통보하고 성실히 협의하여야 한다.

경영상 해고 규정이 없던 과거에는 위 네 가지 요건을 종합적, 전체적으로 고려하여 당해 해고의 정당성을 판단하였으나 경우에 따라서는 근로자측과의 협의를 거치지 않았더라도 전체적으로 보아 해고가 객관적 합리성과 사회적 상당성이 있다면 정당하다고 판정한 사례도 있었다.

그러나 근로기준법 제31조에서 이 네 가지 요건을 명문화한 이상 앞으로는 이상의 네 가지 요건을 하나하나 구분하여 충족되지 않은 경우에는 그 해고는 효력을 인정받을 수 없는 것이다.

2. 긴박한 경영상의 필요성

◀ 관련 법규정 ▶

> **근로기준법 제31조 【경영상의 이유에 의한 해고의 제한】** ① 사용자는 경영상 이유에 의하여 근로자를 해고하고자 하는 경우에는 긴박한 경영상의 필요가 있어야 한다. 이 경우 경영악화를 방지하기 위한 사업의 양도·인수·합병은 긴박한 경영상의 필요가 있는 것으로 본다.

◀ 경영상 필요성의 판단자료

긴박한 경영상의 필요성의 요건은 해고를 하여야 할 필요성으로서 다른 요건들에 앞서는 전제요건이며 일반적으로 긴박한 경영상의 필요성의 요건은 기업의 총자본수익률, 고정자본구성비율, 결산재무제표, 과거와 현재의 영업실적, 채무금상환 등 회계자료를 통해 판단할 수 있을 것이다. 또한 인건비 변동상태, 시간 외 근무 증대 여부, 적자부분의 계속영업 여부, 주식배당 등의 간접자료를 종합적으로 감안하여 판단하여야 할 것이다.

이러한 경영상의 여건을 고려한 결과 만일 일시적인 경영악화에 불과하다면 해고의 정당성을 확보할 수 없을 것이나 일시 현상이 아닌 장기적·구조적 현상이라면 긴박한 경영상의 필요가 있다고 판단된다.

또한, 긴박한 경영상의 필요 여부는 일부 사업부문 또는 지점만을 기준으로 판단해서는 아니되며 '사업체 전체'를 대상으로 종합적으로 판단해야 타당할 것이다.

> **관련판례**
>
> • 정리해고의 요건 중 '긴박한 경영상의 위기'는 회사 전체의 경영사정을 종합적으로 검토하여 결정하여야 하며, 이 사건에서와 같이 일개 영업부분 또는 영업소에 불과한 중기사업소의 영업수지만을 기준으로 결정하여서는 안 된다(대법원 1990. 3. 13. 89다카24455).
>
> • 어떤 기업이 하나의 사업장에서 하나의 영업허가를 가지고 동종의 사업을 경영하면서 그 경영진의 사정 때문에 그 사업을 2개 이상의 단위로 분할하여 그 인적·물적 설비를 서로 독립시키고 회계를 서로 분리하여 경영하여 왔다 하더라도 그 경영주체가 동일한 인격체라면 그 회사 내부의 분리경영이라는 사정이 있다 하여 이를 별개의 사업체로 볼 수는 없는 것이며, 이러한 경우 여러 개의 사업단위 중 하나의 사업단위를 폐지하기로 하였다 하더라도 이는 사업축소에 해당할 뿐 사업전체의 폐지라고 할 수는 없는 것이어서 그 사업체가 폐업되었음을 전제로 하여 그 사업단위에 속한 근로자를 해고할 수는 없는 것이다(대법원 1992. 5. 12. 90누9421).

경영상 해고에 관한 학설

어느 정도의 경영상의 필요성이 있을 때 경영상 해고가 정당화될 수 있는지에 대한 학설은 다음과 같은 세 가지 입장으로 대별되고 있다.

- **도산회피설** 인원정리를 하지 않으면 기업의 존속유지가 위태롭게 되는 경우에 한하여 정리해고의 유효여건이 된다는 견해로서 정리해고를 하지 않으면 기업의 도산이 필연적이라는 객관적 상태에 있을 경우에 한하여 그 정당성이 인정된다는 입장이다.
- **합리적 필요설** 도산회피까지는 이르지 않더라도 사용자가 인원정리를 결정한 것이 객관적으로 보아 경영상 합리적인 것이라고 인정된다면, 그 결정은 정리해고를 무효로 하는 것은 아니라는 견해로서 기업경영에 있어서의 사용자의 경영판단을 존중하는 입장이다.
- **감량경영설** 생산성 향상, 이윤추구를 위하여 사용자가 인원정리의 결정을 할 수 있고 그 결정은 유효한 것으로 보는 견해이다.

대법원은 1989. 5. 23. 판결에서는 도산회피설의 입장을 취한 듯하다.

> **관련 판례**
> 기업이 경영상의 사정에 의하여 근로자를 해고하는 이른바 정리해고에 있어서도 첫째로 해고를 하지 않으면 기업경영이 위태로울 정도의 긴박한 경영상의 필요성이 존재하여야 하고……
> (대법원 1989. 5. 23. 87다카2132).

그 후 1991. 12. 10. 대법원은 이와 같은 입장을 바꾸었으며, 이후에도 경영상의 필요성을 보다 폭넓게 인정하여 합리적 필요설 또는 감량경영설을 지지하는 입장을 보이고 있다.

관련 판례

• 정리해고의 요건으로 첫째 요건인 기업경영상의 필요성이라는 것은 기업의 인원삭감 조치가 영업성적의 악화라는 기업의 경제적인 이유뿐만 아니라 생산성의 향상, 경쟁력의 회복 내지 증강에 대처하기 위한 작업형태의 변경, 신기술의 도입이라는 기술적인 이유와 그러한 기술혁신에 따라 생기는 산업의 구조적 변화도 이유로 하여 실제 이루어지고 있고 또한 그럴 필요성이 충분히 있다는 점에 비추어보면 반드시 기업의 도산을 회피하기 위한 것에 한정할 필요는 없고 인원삭감이 객관적으로 보아 합리성이 있다고 인정될 때에는 긴박한 경영상의 필요성이 있는 것으로 넓게 보아 주어야 함이 타당하다(대법원 1991. 12. 10. 91다8647).

• 정리해고의 요건으로 '긴박한 경영상의 필요'는 기업의 도산을 회피하기 위한 경우만 허용되는 것이 아니므로 기업에 종사하는 인원을 줄이는 것이 객관적으로 보아 합리성이 있다고 인정될 때에는 긴박한 경영상의 필요가 있는 것으로 보아야 한다(대법원 1993. 1. 26. 92누3076).

관련 판례 및 중앙노동위원회 재결 사례

● 긴박한 경영상의 필요성이 인정된 사례

생산의 중단·축소로 인해 작업부서를 폐지한 사례

관련 판례   정리해고가 정당한 이유가 있다고 하기 위해서는 긴박한 경영상의 필요성이 있어야 하는 것인 바 이는 기업이 일정수의 근로자를 해고치 않으면 경영악화로 사업을 계속 할 수 없거나 적어도 기업재정상 심히 곤란한 처지에 놓일 개연성이 있을 경우를 뜻한다 할 것인 바, 골재생산·레미콘 제조를 업으로 하는 기업이 한강 구역 내에서 골재생산을 중단, 축소조절할 수밖에 없고 이에 따라 일정 공구사업소를 폐지하여 사업규모가 대폭 축소되었다면 이는 긴박한 경영상 필요가 있다고 인정된다(대법원 1990. 1. 12. 88다카34094).

취업규칙 등에 근거하여 경영합리화를 목적으로 직제개편한 사례

관련 판례   일반적으로 기업의 경영상의 사정에 의하여 근로자를 정리해고함에 있어서 인사관리규정에 터잡아 경영합리화를 목적으로 한 직제개편에 따라 행하여진 것으로서 회사에 경영상의 필요가 있었고 해고회피를 위한 노력도 있었던 것으로 보이고 임원 전속기사의 채용과정이나 근무형태의 특수성에 비추어 볼 때 전속운전사의 해고가 합리적이라고 보여지며, 해고에 앞서 적절한 통지와 협의도 있었던 것으로 보이므로 이 사건 해고행위는 정당한 이유가 있다(대법원 1991. 1. 29. 90누4433).

경영상의 이유로 과(科)를 폐지하고 법인산하 다른 사업장으로 흡수한 사례

> **관련 판례** 병원을 경영하는 학교법인이 병원의 '산업보건과'를 경영상의 이유로 폐지하고 그 업무를 법인 산하의 산업보건연구소로 이관하면서 그 직원들을 근로조건이 비슷한 위 연구소로 이동시키기 위하여 해고처분을 한 것이라면 이는 정당한 이유가 있는 것으로 유효하다(대법원 1987. 12. 22. 87다카2011).

계속된 노사분규로 인하여 장기적으로 경영이 악화된 사례

> **관련 판례** 자본금이 총 8억 원인 회사가 계속적인 노사분규로 1년 동안에 무려 4억 원의 적자가 발생할 정도였다면 경영이 악화된 것이고 그 경영사정이 호전될 전망이 전혀 보이지 않는다면 이는 노사분규로 인한 파업 등으로 일시적으로 매출이 줄어드는 임시적인 곤경에 그친다고 할 수 없기 때문에 근로자를 해고한 것은 정당한 해고에 해당한다(대법원 1992. 5. 12. 90누9421).

경영개선을 위한 기구개편의 사례

> **관련 판례** 정리해고를 포함한 인원삭감 조치가 당해 기업이 민영화되는 과정에서 비료가격 자유경쟁체제로의 전환을 비료산업구조의 변화에 대비하고 종래의 방만한 경영에 따른 경쟁력 하락을 타개하고 적자요인을 해소하기 위해 효율적으로 축소개편해야 할 경영상의 필요성에 의해 이루어진 것으로 이 사건 해고조치는 정당하다(대법원 1994. 6. 14. 93다48823).

독립채산제 형식으로 운영된 사업소의 인력을 감축한 사례

관련판례 참가인 회사의 장비사업소가 회사의 다른 사업부서와 인적·물적 설비가 분리되어 있고 근로자들의 교류도 없는 독립채산제 형식으로 운영되어 왔으므로 원고들 주장과 같이 긴박한 경영상의 필요를 반드시 참가인 회사 전체의 경영사정을 고려하여 결정할 것은 아니라 할 것인 바, 위 장비사업소가 1990년도부터 계속된 적자 등으로 인한 경영난을 해소하기 위하여 잉여인력을 감축하였다면 긴박한 경영상의 필요에 의하여 정리해고 대상자로 124명을 선정한 이상 그 중 112명이 명예퇴직의 방법에 의하여 퇴직하였다 하더라도 그 긴박한 경영상의 필요성이 소멸되었다고 볼 수는 없다 할 것이다(서울고법 1996. 5. 9. 95구19784).

임원 등 외부로부터의 자금지원에 의존하던 기업이 자금지원이 중단된 경우의 사례

관련판례 1989년 이후 계속하여 매년 회원들의 회비미납 등으로 인하여 회장이나 임원 등의 특별찬조금이나 찬조금 성격이 강한 광고협찬금 등의 자금지원이 없으면 직원들에 대한 급료마저도 제대로 지급할 수 없게 된 상황에서 1993년 초에 이르러 임원 등으로부터 특별찬조금 등의 자금지원 중단을 통보받고 직원을 감축한 것은 긴급한 운영상의 필요에 기한 것이라고 할 것이고……(대법원 1996. 12. 4. 95누15783).

계속적인 적자난으로 사업을 하도급제로 운영한 사례

관련 판례 피고회사의 총매출액의 99% 정도를 차지하는 협력작업부문과 건설공사부문 중 총매출액의 65% 내지 84% 정도를 차지하는 협력작업부문에서 위에서 본 바와 같은 경영 내외적인 요인들이 겹쳐 1989년 이래 4년 가까이 계속적인 적자를 보았고, 이와 같이 계속된 적자가 단순히 파업 등으로 인한 일시적인 현상으로 볼 수 없을 뿐 아니라 그 부문에서의 적자를 매우는 중요한 수입원이던 위 광양제철소 내 건설공사마저 1992년 9월 말 종료되고, 그 이후의 건설공사 수주가 예정되어 있지도 아니한 상황에서 피고회사가 협력작업부문에서의 적자 등으로 인한 경영난을 해소하기 위하여 그 사업부문에 대하여 하도급제를 실시하기로 함에 따라 발생한 잉여인력을 감축한 것은 객관적으로 보아 합리성이 있었던 것이라 할 것이므로 이는 긴급한 경영상 필요에 의한 것이라 아니할 수 없다(대법원 1995. 12. 22. 94다52119).

계속적인 경영적자로 인원을 감축한 사례

중앙노동위원회 재결 선박건조 및 해상철구조물 제조업을 경영하는 피신청인 회사는 조선불황의 여파로 1986년 총부채액이 1조 4,892억 원에 이르는 등 극도의 경영위기에 처하였으며, 후에도 계속 경영적자가 발생하여 1988년에는 일반직 417명, 생산직 519명 등이 퇴사한 사실에 비추어 일정 수의 근로자를 정리해고하지 아니하면 기업재정상 심히 곤란한 처지에 처할 것임을 인정한다(중앙노동위원회 재결 1990. 12. 3. 90부해113).

수익성 감소로 기업의 일부 조직을 폐쇄한 사례

중앙노동위원회 재결

반도체 소재인 다이오드글라스를 생산해오던 피신청인 회사는 1986. 8. 8.부터 건축자재인 글라스블록을 생산하였으나(직제상 생산2부라 칭함) 1988년 1억 8천만 원, 1989년 2억 3천만 원의 손실이 초래되었고 수입단가는 1,550원인데 제조원가는 3,500원 이상으로서 앞으로도 수익성이 없음이 확인된 바, 이러한 생산2부를 폐쇄결정한 것은 정당한 경영적 필요사유가 있다고 보는 것이 타당하다(중앙노동위원회 재결 1990. 9. 20. 90부해174).

원청회사의 화재로 정상 가동이 불가능하여 감원한 사례

중앙노동위원회 재결

신청인 회사는 ○○전자(주) 및 ○○케리어에 제품을 납품하고 있는 하청업체로 적자운영과 자금압박을 받아오던 중 원청회사의 화재로 인한 정상 가동이 어렵다고 예상되어 부득이 입사경력이 적은 순으로 감원한 것은 불가피하다고 본다(중앙노동위원회 재결 1991. 5. 14. 91부해23).

회사정리계획 인가를 받은 업체가 누적되어 경영적자로 인하여 감원한 사례

중앙노동위원회 재결   1986. 2. 20. '회사정리계획 인가'를 받은 업체로서 1987년 이후 경기불황, 매출감소, 인건비 상승으로 경영상태가 계속 악화되었고(1990년 1억 8천여 만원, 1991년 5억 3천여 만원, 1992년 12억 4천여 만원) 1993년 두 차례에 걸쳐 근로시간을 단축한 사실에 비추어 일정 수의 인원감축을 하여야 할 필요성이 인정된다고 본다(중앙노동위원회 재결 1994. 4. 6. 93부해310).

소규모 영세업체에서 경쟁력 없는 분야를 폐쇄하고 해당 근로자를 해고한 사례

중앙노동위원회 재결   소규모 영세업체에서 경기불황으로 일거리가 없었고 기존 시설로는 작업효율이 떨어져 타회사와 경쟁할 수 없었으나, 최신시설로 대체할 능력이 없었고 신청인이 타근로자에 비하여 고임금을 받고 있었던 점이 인정되어 신청인을 해고한 것은 불가피하다(중앙노동위원회 재결 1993. 4. 30. 93부해63).

국가보훈처에서 출자한 회사에서 감량운영방안 등의 대책수립을 지시 받고 감원을 행한 사례

중앙노동위원회 재결

국가보훈처에서 전액출자한 피신청인 회사는 건설경기 침체로 인한 계속되는 경영적자로 인하여 국가보훈처로부터 감량운영방안 등에 대한 대책수립을 지시받은 바 있으며, 1996년 근로자들이 임금인상분을 반납한 사실과 1996년 상반기 이미 114억 원 적자가 발생한 사실에 비추어서도 인원감축을 해야 할 합리적 필요성이 인정된다(중앙노동위원회 재결 1996. 12. 17. 96부해174, 96부해217 병합).

● 긴박한 경영상의 필요성이 인정되지 않은 사례

1989년 삼익건설 사건에 대한 대법원의 판결 이전에 긴박한 경영상의 필요성으로 인정되지 않았던 사례도 이후에는 그 요건이 완화됨으로써 긴박한 경영상의 필요성이 인정될 소지가 있는 바 여기에서는 원칙적으로 1989년 이후의 사례를 중심으로 예시한다.

영업이 양도·양수되는 경우의 사례

관련 판례

영업양도 당사자 사이에 근로관계의 일부를 승계의 대상에서 제외하기로 하는 특약이 있는 경우에는 그에 따라 근로관계의 승계가 이루어지지 않을 수 있으나, 그러한 특약은 실질적으로 해고나 다름이 없다 할 것이므로, 근로기준법 제27조 제1항 소정의 정당한 이유가 있어야 유효하며, 영업양도 그 자체만을 사유로 삼아 근로자를 해고하는 것은 정당한 이유가 있는 경우에 해당한다고 볼 수 없다(대법원 1994. 6. 28. 93다33173).

노동조합의 파업으로 인한 경영난으로 일부 사업장을 폐쇄한 사례

관련판례 　노동조합의 파업으로 인하여 일시 정상적인 경영이 어려웠다는 사정만으로 정리해고 요건 중 '긴박한 경영상의 필요'에 의하여 부득이 사업장을 폐쇄한 것이라고 보기 어렵다. 또 원고 본사 사업장을 폐쇄한 것이라고 보기 어렵다. 또 원고 본사 사업장을 폐지하였다 하더라도 다른 영업소에서 사업을 계속하고 있는 이상 사업을 축소한 것에 지나지 아니할 뿐, 사업 전체를 폐지한 것이라고 할 수 없으므로, 원고가 본사 소재지 사업장의 폐쇄만을 이유로, 그 사업장에서 종사하는 모든 근로자를 다 해고할 수 있는 것도 아니다(대법원 1993. 1. 26. 92누3076).

경영상 해고 후 경영실적이 호전된 사례

관련판례 　대폭적인 재정적자가 예상되리라는 경영진의 판단 속에 예방형의 해고를 하였으나 해고 후에 예상보다 4분의 1을 밑도는 순손실을 보게 되었고(더욱이 순손실이 발생하게 된 것은 해고 당년도에 자산 재평가를 하지 않았으면 오히려 순이익이 발생하게 되어 있었다) 수출의 지속과 원료가격의 인하 및 자산 재평가를 통한 금융여건의 호전 등으로 기업의 경영사정이 예상과 같이 곤란한 점이 없었다면 인원정리의 필요성이 없어 그 해고는 무효이다(대법원 1989. 5. 23. 89다카2132).

경영진의 사정으로 분할하여 운영한 사업의 하나를 폐지한 사례

관련판례 사용자가 그 경영사업체 전부를 폐업하고 이에 따라 그 소속 근로자 모두를 해고하는 것은 원칙적으로 기업경영의 자유에 속하는 것으로서 노동조합의 단결권 등을 방해하기 위한 위장폐업이라는 등의 특단의 사정이 없는 한 부당노동행위가 된다고 할 수는 없겠지만 어떤 기업이 하나의 사업장에서 하나의 영업허가를 가지고 동종의 사업을 경영하면서 그 경영진의 사정 때문에 그 사업을 2개 이상의 단위로 분할하여 그 인적·물적 설비를 서로 독립시키고 회계를 서로 분할하여 경영하여 왔다 하더라도 그 경영주체가 동일한 인격체라면 그 회사 내부의 분리경영이라는 사정이 있다 하여 이를 별개의 사업체로 볼 수는 없는 것이며, 이러한 경우 여러 개의 사업단위 중 하나의 사업단위를 폐지하기로 하였다 하더라도 이는 사업축소에 해당할 뿐 사업 전체의 폐지라고 할 수는 없는 것이어서 그 사업체가 폐업되었음을 전제로 하여 그 사업단위에 속한 전체 근로자를 해고할 수는 없는 것이다(대법원 1992. 5. 12. 90누9421).

경영상 해고의 시점에서 기업의 자금사정을 고려한 사례

관련판례 참가인 회사가 누적적인 적자상태에 있기는 하지만 적자상태가 만성적이고 앞으로도 계속 그런 상태가 유지될 가능성이 있어야 급박한 경영상의 필요가 있다고 볼 수 있을 것인데, 이 사건의 경우에는 한국주택은행에서 그러한 참가인 회사를 잠식된 자본금을 보전하고도 남을 금원을 추가로 지급하고서 인수한 점이라든지 그후 참가인 회사가 흑자로 돌아선 사정, 원고에 대한 이 사건 해고를 하기 약간 전에 고급승용차를 구입하고 그에 부수하여 운전사까지 새로이 고용한 점에 비추어 선뜻 급박한 경영상의 필요가 있다고는 볼 수 없다(대법원 1995. 11. 24. 94누10931).

감원을 단행하면서 새로운 사무실을 구입한 사례

중앙노동위원회 재결

신청인 협회는 건설교통부로부터 지도·감독을 받고 있는 협회로서 회원의 강제가입제에서 임의가입제로의 전환으로 기구 축소 및 이에 따라 잉여인력이 발생하였으나 1996년 제116차 이사회에서 30억~50억 상당 범위 내에서 사무실 구입건을 의결한 것으로 보아 긴박한 경영상의 필요성이 있다고 볼 수 없다(중앙노동위원회 재결 1996. 12. 16. 96부해235).

경영권을 인수한 새로운 경영진의 경영개선 노력 없이 감원한 사례

중앙노동위원회 재결

버스여객운송업을 경영하는 피신청인 회사에서 차량 감소, 당기 순이익, 실질적인 경영권의 양도 등의 사정을 미루어 회사의 경영상태가 어려운 점은 인정되나, 경영진이 교체된 이상 적어도 새로운 경영진은 상당기간 경영개선을 위한 노력을 기울였어야 할 것인데 이러한 과정을 거치지 아니하였다면 긴박한 경영상의 필요가 있다고 할 수 없다(중앙노동위원회 1997. 2. 26. 96부해281).

경영상 해고를 단행하면서 근로자 모집광고를 낸 사례

중앙노동위원회 재결

신청인 회사의 적자가 누적된 사실은 인정되나(1995년 28억 8,500만 원, 1996년 47억 5,900만 원) 일간지에 윤전기 사업부문과 오프셋인쇄기 사업부문 및 마케팅부문의 근로자 다수를 공개모집하는 공고를 게재한 사실에 비추어 경영상의 어려움이 있었다고 보기 어렵다(중앙노동위원회 재결 1997. 6. 12. 97부해21).

'고용안정협약'이 체결되어 있는 경우의 경영상 해고

최근의 IMF사태 등으로 인하여 고용불안이 사회 문제화되자 근로자측에서는 '고용안정협약'의 체결이나 '고용안정대책위원회'의 구성을 요구하고 있으며 노조측이 요구하거나 이미 체결된 예를 보면, 다음의 내용이 포함되어 있다.

- 회사는 인위적인 인원감축을 실시하지 않는다.
- 회사는 3자인수, 분할, 매각, 합병과 같은 중대한 경영상의 결정이 있을 때에는 고용승계 및 단체협약승계를 보장한다.
- 노동조합은 회사 정상화를 위해 적극 협력하며, 회사와 노동조합은 회사 조기정상화를 위한 방안을 모색, 추진한다.

위와 같이 정리해고, 경영상 해고 등을 하지 아니한다는 내용이나 인위적 혹은 일방적인 인원감축을 하지 아니한다는 내용의 협약이 체결되어 있는 상태에서 회사측이 불가피하게 경영상의 긴박한 이유로 경영상 해고를 하는 경우에 그 효력이 문제될 수 있으며 이에 관하여는 다음 세 가지 설이 있다.

- 경영상 해고 자체가 '긴급피난'의 이론에 근거한 것이므로 고용안정협약에도 불구하고 법률상 요건에만 합치되면 경영상 해고가 가능하다는 '긍정설'
- 고용안정협약 자체의 규정을 존중하여야 하므로 이러한 경우에는 경영상 해고가 불가능하다는 '부정설'
- 징계절차에 있어서 노조의 동의 혹은 노조와의 합의가 전제되는 경우에도 징계사유가 명백하고 '회사측이 동의·합의를 도출하기 위하여 진지하고 성실한 노력을 최대한 기울일 경우'에는 동의나 합의 없이도 징계가 가능하다는 판례를 유추적용하여 경영상 긴박한 이유

가 명백하게 존재하고 법률상 요구되는 요건충족을 위하여 위와 같은 노력을 기울였다면 고용안정협약에도 불구하고 경영상 해고가 가능하다는 '신의칙설'

그러나 경영상 해고가 남용되는 것을 방지하는 것은 필요하다고 하겠지만 경영상 해고가 불가피한 경우를 상정하면 위와 같은 내용의 고용안정협약은 노사간 갈등의 요인으로 작용되기 때문에 고용안정에 관한 협약을 체결하더라도 경영상 해고가 금지된다는 표현보다는 경영상 해고를 실시하지 않고도 '최대한 노력한다' 든지 경영상 해고를 실시하지 아니함을 '원칙으로 한다' 는 등의 표현이 보다 바람직할 것이다.

◆ 사업의 양도·인수·합병의 경우 경영상 해고

개정법은 사업의 양도와 인수·합병시 경영상 해고를 둘러싼 노사간의 다툼의 소지를 줄이기 위하여, "경영악화를 방지하기 위한 사업의 양도·인수·합병은 긴박한 경영상의 필요가 있는 것으로 본다."라는 규정을 명문화하였다(근로기준법 제31조 제1항 후단 신설). 따라서 사업양도 등이 경영악화를 방지하기 위한 것이라고 인정되면 경영상 긴박한 필요성은 반대 증거가 없는 한 당연히 인정되며 물론 '경영악화를 방지하기 위한' 것임은 사용자가 입증해야 한다.

'긴박한 경영상의 필요성' 외에 '해고회피노력' 등 나머지 세 가지 요건에 대해서는 법에서 별다른 규정을 두고 있지 않으므로 그대로 준수하여야 할 것이며, 경영악화방지를 위한 기업의 인수·합병에 따른 해고시에도 사용자는 근로자대표와 협의를 거쳐 해고회피노력을 다해야 하며, 합리적이고 공정한 기준에 의해 해고자를 선정해야 한다.

어느 경우가 '경영악화를 방지하기 위한' 것인가와 관련해서는 넓게 해석하여 현재의 경영이 나빠질 조짐이 보여 미리 사업양도 등을 통해

구조조정을 하는 경우도 해당된다는 견해와 좁게 해석하여 기업조직의 변동 외에는 현재의 경영난을 해소할 수 없어 불가피하게 합병 등 구조조정을 한 경우만 해당된다는 견해가 있을 수 있으나, 이 부분에 대해서는 아직 법원의 판단이 없어 앞으로 판례의 형성을 지켜보아야 할 것이다. 그러나 긴박한 경영상의 필요성을 대법원이 비교적 넓게 인정하고 있다는 점과 경영악화를 방지하기 위한 것이라 하여 무조건 당해 해고의 정당성이 인정되는 것이 아니고 여전히 나머지 3요건도 충족되어야 해고의 정당성이 인정된다는 점 등을 고려할 때 굳이 좁게 해석할 것은 아니라고 생각된다.

M&A와 근로관계의 이전

최근 정부의 사업구조 재편성 정책 또는 경쟁력 강화를 위한 기업의 자발적인 업종 전문화의 필요에 의하여 광범위하게 M&A가 이루어질 것으로 예상되고 있으며 이 과정에서 고용승계 여부 등 많은 노동법적인 문제가 발생할 것이라고 생각된다.

M&A는 'Merger'와 'Acquisition'의 약칭으로 학문적으로 정립된 개념은 아니지만 통상 기업의 경영지배권 획득을 목적으로 행해지는 매매행위를 지칭하며, 구체적으로는 '법인의 합병', '주식매매', '영업의 양도·양수' 등의 거래를 그 수단으로 하고 있다.

● 합 병

합병이란 2개의 법인이 하나의 법인으로 바뀌는 것으로서 '흡수합병'과 '신설합병'이 있으며, 합병되면 존속(신설)회사는 소멸회사의 권리의무를 포괄적으로 승계하게 된다.

관련 법규정

> **상법 제235조【합병의 효과】** 합병 후 존속한 회사 또는 합병으로 인하여 설립된 회사는 합병으로 인하여 소멸된 회사의 권리의무를 승계한다.

따라서 합병 당시 재직근로자와의 근로관계도 당연히 승계되며, 합병 당사자간의 계약으로 근로자 전부 또는 일부를 승계치 않기로 합의하더라도 이는 무효이다. 따라서 경영상 해고가 불가피하다면 합병 전에 두 회사가 각각 경영상 해고를 한 후 합병하거나, 일단 그대로 합병한 후 경영상 해고를 실시해야 할 것이다.

이 경우 해고의 정당성 확보가 문제될 수 있는데, 대법원은 정리해고의 요건인 '긴박한 경영상의 필요성'을 반드시 기업의 도산을 회피하기 위한 것에 한정하지 않고 '인원삭감이 객관적으로 보아 합리성이 있다고 인정되는 경우'로 넓게 해석하고 있으므로, 법 제31조 제1항 후단에 명시된 바와 같이 경영악화를 방지하기 위한 것으로 인정된다면 결국 공정한 기준 등 다른 경영상 해고의 요건을 충족하였느냐의 여부가 정당성 인정 여부의 관건이 될 것이다(합병 자체만으로는 정당성을 인정받지는 못할 것이다). 문제는 법률적인 정당성 확보 여부와 함께 합병 전후 중 어느 단계에서 인원을 정리하느냐에 따라 현실적으로 여러 가지 문제가 발생할 것이다.

사・례

건실한 업체(X회사)가 부실한 업체(Y회사)를 흡수합병한다고 가정할 때

합병 전에 각각 고용조정을 한다면

X회사는 합병예정이라는 이유 외에 정리해고 정당성의 근거를 찾기 어렵고 근로자와의 협의도 곤란할 것이므로 X회사의 근로자를 감원하는 것은 어려울 것이다. 결국 Y회사가 경영악화 등을 이유로 근로자를 적정선에서 감원한 후 합병을

추진해야 할 것이다.

합병 후(근로자 인수 후) 고용조정을 한다면

합병으로 Y회사는 이미 소멸되고 법률적으로 모든 근로자는 X회사 근로자가 되는 바, 감원을 추진할 때 양자간에 차별해서는 아니되기에, 즉 X회사 근로자도 감원대상에 포함하여 기준을 설정하여야 하는데, 이러한 사태를 예견한 X회사 근로자들은 합병 자체를 반대할 가능성이 클 것이다.

현실적으로는 합병교섭부터 합병완료(등기)까지는 수개월이 소요되는 바, 합병계약과정에서 고용조정계획이 논의될 것이며 고용조정계획은 X회사가 주도적으로 수립하여 Y회사의 경영진과 노조, X회사의 노조 등과 협의하는 형태가 될 것이다.

고용조정계획에 따라 합병등기 이전부터 X·Y회사가 각각 우선 손쉬운 것(희망퇴직자 모집 등 해고회피노력 차원)부터 착수할 것이나, 결국은 합병 이후 X회사가 법적으로 마무리하게 될 것이다. 합병 이후 노조의 방침, 근로자 수 분포 등에 따라 조정기준 등이 영향을 받을 것인 바, 대체로 Y회사 소속이었던 근로자들이 보다 많이 조정대상에 포함될 가능성이 높다.

● 주식매매의 경우

기존 회사의 독립적인 법인격 및 권리의무관계는 그대로 유지되며, 단순히 주주만 변동(인수회사가 상대방 회사의 주식을 획득)된다. 실제적인 회사 경영권의 이전은 주주총회를 통해 인수회사가 지명하는 사람들이 상대방 회사의 이사회의 과반수를 차지하는 것으로 이루어진다.

우호적 M&A의 경우에는 양도 회사의 대주주가 자기 회사의 경영진의 사표를 미리 받아 주식과 함께 제공한다.

적대적 M&A의 경우에는 통상 법원으로부터 임시 주주총회 소집허가를 받아 경영진을 개편하는 경우가 많다.

주식매매의 경우는 법인 그 자체는 변동이 없으므로 회사와 근로자간의 관계도 아무런 변동이 없으며 다만, 대주주의 변동은 경영진의 교체로 이어지고 새로운 경영진은 새로운 경영방식을 모색할 것인 바, 그에 따라 근로자 고용조정이 뒤따라 이루어질 가능성은 높다. 그러나 이는 그 요건과 절차에 있어 통상의 경영상 해고와 전혀 다를 바 없다.

● 영업의 양도·양수

영업의 양도·양수란 일정한 영업목적에 의하여 조직화된 유기적 일체로서의 기능적 재산을 이전하는 것을 말하며, 법인 자체가 소멸되거나 통합되지 않는다는 점에서 합병과는 다르다. 일종의 채권계약이므로, 합병과는 달리 계약으로 영업의 일부분, 일부 부채나 채권 등에 대한 선별적 인수가 가능하다.

그런데 영업양도의 경우에는 합병과는 달리 권리·의무의 포괄적 승계규정이 없으며 양도·양수 당사자간의 계약에 의하여 권리·의무관계의 이전 여부가 정해진다. 따라서 근로자 고용승계와 관련해서도 계약의 내용에 따라 다양한 형태가 나타날 수 있다.

영업의 양도·양수와 관련한 첫 번째 문제는 영업의 개념이며, 판례는 영업양도의 의의에 대하여 일관되게 다음과 같이 정의하고 있다. "영업의 양도라 함은 일정한 영업목적에 의하여 조직화된 총체, 즉 물적·인적 조직을 그 동일성을 유지하면서 일체로서 이전하는 것"이라고 본다(대법원 1991. 8. 9. 91다15225 : 1995. 6. 28. 93다33173 : 1994. 11. 18. 93다18938 등). 다만, '동일성'이 무엇을 의미하는지에 대해서는 일반적인 기준을 제시하지 않고 구체적·개별적으로 판단하고 있다.

이에 따르면 사업운영에 필요한 물적 시설만을 매입할 경우 이는 영업의 양도라고 할 수 없다. 따라서 근로자 승계의무는 발생할 여지가 없게 되는 바, 구체적 사례가 '영업'의 인수인지, '자산'만의 매입인지에 따라 고용승계문제가 근본적으로 갈라지게 될 것이다. 이 양자를 구분하는 것이 쉽지는 않으나, 중요한 것은 이때 단순히 밖으로 드러난 현상(계약서 등)만 보고 판단해서는 안 된다는 점이다.

영업양도로 인정된 사례

- 사무실·영업시설물의 인수, 사업내용의 동일성, 근로자의 대부분이 인수되고 근로조건의 동일성이 유지된 경우(대법원 1991. 8. 9. 91다15225, 주식회사 동진 사건)
- 물적 시설의 일체·면허권의 인수, 종업원 등 운영조직 일체의 인수인 경우(대법원 1996. 4. 26. 95누1972, 유성여객 사건)
- 재입사에 따른 입사시험을 치르는 등의 실질적인 입사절차를 거친 바가 없고, 퇴직금 지급률 및 근로조건이 동일한 경우(대법원 1991. 3. 22. 90다6545, 강원산업 사건)

영업양도로 인정되지 않은 사례

양도회사가 그 소속 종업원들에 대한 임금 및 퇴직금 등 채무를 청산하기로 하고, 운수사업의 면허 및 물적 시설만을 양도한 경우(대법원 1995. 7. 25. 95다7987, 창신낙산복지회 사건)로 양수회사는 면허와 물적 시설을 양수한 후 종업원 신규채용 공고를 하여 양도회사 소속 근로자 일부를 신규채용 형식으로 새로 고용하였다하더라도 그러한 사정만으로는 영업의 동일성을 유지한 채 포괄적으로 양도·양수하였다고 할 수 없다.

양도회사의 판매망과 생산시설을 바탕으로 동일 생산품을 생산·판매하고 있으나, 양도회사 소속 근로자 일부를 신규입사 형식으로 채용하고 일부 근로자는 그대로 잔류하였으며, 양도회사의 다른 부채 및 채권과 채무 등을 모두 인수하지 않은 경우(대법원 1994. 11. 18. 93다18938, 롯데칠성음료 주식회사 사건)에 두 번째 문제는 영업양도·양수라 할 때 근로자의 고용은 승계되느냐 여부이다. 이에 대해서는 법에 명문규정이 없으며 학설도 엇갈리고 있다.

- **당연 승계설**

영업양도시에도 회사합병의 경우와 마찬가지로 양도·양수 당사자의 약정 여하에 관계 없이 종래의 근로관계가 전체로서 법률상 당연히 양수인에게 포괄적으로 승계된다는 견해이다(다수의 노동법학자들이 주장하고 있다).

주요 논거는 ⅰ) 영업양도는 실질적으로는 합병과 다르지 않다는 점, ⅱ) 기업의 사회적 책임론, ⅲ) 근로자의 인원수를 부인하는 것은 실질적으로는 해고와 같다는 점 등이다.

- 특약 필요설

양도 당사자 사이에 근로관계 승계에 관한 명시적인 특약이나 묵시적인 합의와 이에 대한 근로자의 동의가 있어야만 근로관계가 승계된다는 견해이다(일부 상법학자들이 주장하고 있다).

주요 논거는 ⅰ) 사적자치의 원칙 및 영업의 자유, ⅱ) 근로관계가 함께 이전되어야 할 법적 근거가 없다는 점, ⅲ) 양도인이나 일부 근로자가 인수를 희망하지 않을 경우 이러한 의사가 반영될 수 없다는 점 등이다.

- 원칙 승계설

영업양도 당사자 사이에 반대 특약이 없는 한 영업양도의 합의 속에는 원칙적으로 근로관계를 포괄적으로 승계하기로 하는 합의가 포함된 것으로 추정되고, 특약을 통해 승계를 배제하는 경우에는 이에 대한 합리적인 이유가 있어야 유효하다고 하는 견해이다(대법원 판례의 기본입장이며 일부 노동법학자가 지지하고 있다).

주요 논거는 ⅰ) 오늘날의 근로관계는 기업 내지 사업과 결합하여 객관화되어 있기 때문에 사업주 변경의 경우에도 기업의 기능유지와 존립을 위해 당해 근로관계도 계속 유지되도록 할 필요가 있다는 점, ⅱ) 근로자 승계배제 특약은 근로자 해고문제로 귀착되므로 해고제한 법리에 비추어 제한되어야 한다는 점, ⅲ) 원칙승계설을 수용할 경우 고용승계 여부 판단기준이다.

판례와 같이 원칙승계설에 따를 경우 영업양수시 근로자도 전원 승계한다는 약정이 있으면 물론이고 근로자 문제와 관련하여 아무런 약정이 없는 경우에도 근로관계는 승계된다는 것이다. 그런데 만일 양도·양수인간에 근로자 중 일부를 승계하지 않기로 명시적으로 약정했다면 어떻게 되느냐가 문제이다. 이 경우 대법원은 그것은 실질적인 해고에 해당하므로 근로기준법 제30조 제1항의 규정에 비추어 정당한 이유가 있느냐의 여부를 심사하여 결정하여야 한다고 하고 있다.

• 대법원 판례(1994. 5. 28. 93다33173 : 1995. 9. 29. 94다54245)

"영업양도 당사자 사이에 근로관계 일부를 승계 대상에서 제외하기로 한 특약이 있는 경우에는 그에 따라 근로관계의 승계가 이루어지지 않을 수 있으나, 그러한 특약은 실질적으로 해고나 다름이 없으므로 근로기준법 제27조 제1항(신법 제30조 제1항)의 정당한 이유가 있어야 유효하다." 즉 영업양도시 근로자 중 일부를 승계하지 않기 위해서는 해고의 정당성 요건을 갖추어야 한다는 뜻이다.

이때 적용되는 해고 요건이 보통의 정리해고 요건과 똑같으냐 하는 점에 대해서는 논란의 여지가 있으나, 영업양수시의 고용승계 배제는 현행 근로기준법 제31조의 정리해고의 요건을 모두 충족해야만 유효한 고용승계 배제라고 할 수 있을 것이다.

일부 사업의 폐지와 일부 용역의 문제

식당, 경비, 운전 등 일부 업무부서를 회사 형편상 폐지하고 이를 외부 용역화하는 경우(이른바 아웃소싱)에는 단순한 특정 업무의 이전으로서 경제적 동일체로서 이전되는 경우는 영업양도와 구분된다.

따라서 이 경우까지 당연히 고용이 승계되는 것은 아니며 외부 용역시 그 조건으로 기존 종사인력의 재고용 여부, 재고용시 근로조건 등을 상호 협의하여야 할 것이다.

용역업체로 재고용되지 못한 인력에 대해서는 회사에서 배치전환 등을 통해 최대한 흡수해야 하며, 만일 해고하려고 하는 경우에는 경영상 해고의 요건을 갖추어야 한다.

한편 외형상 도급계약 등의 명칭으로 외부용역을 주었다 하더라도 도급이 근로자에 대해 실질적인 지휘·감독권을 행사하는 경우에는 도급인이 사용자로서의 지위에 서게 된다 할 것이다.

● 고용승계의 효과

근로조건의 유지

영업양수인은 영업양도인이 근로자에 대하여 사업주로서 가지고 있던 지위를 그대로 승계하는 것이므로 근로자의 근로조건은 변동 없음이 원칙이다. 그러나 양도인·양수인·근로자 3자 사이의 '합의'에 의한 퇴직금 중간정산 등 근로조건의 변경은 허용된다고 보아야 할 것이다.

취업규칙

영업양수인은 양도인과 근로자 사이에 형성된 종전의 근로계약, 취업규칙, 단체협약을 통해서 정하여진 근로조건에 따라 임금을 지급하고 근로시간을 정하는 등 사용자로서의 의무를 부담하고, 근로자도 종전과 동일한 내용의 근로관계상의 의무를 부담한다(대법원 1991. 8. 9. 91다15225호). 영업양도 당시 유효하게 적용되고 있던 취업규칙은 이전된 근로자의 '집단적 동의' 없이는 근로자에게 불이익하게 변경될 수 없으며(근로기준법 제97조 제1항), 이에 따라 서로 다른 취업규칙이 병존하게 되어 균등대우의 원칙위반 문제가 발생한다는 의문이 제기될수 있다. 그러나 이는 영업양도로 인한 근로관계의 승계에 의하여 차별적 근로조건을 갖는 두 근로자집단이 병존하게 됨에 따라 발생하는 불가피한 문제로서, 장기적 관점에서 양자가 조정될 수 있도록 기업 내부의 문제로 처리하는 것이 바람직할 것이다.

재해보상금 등의 인수, 퇴직금 및 근속연수의 산정
영업양도인이 종래 근로자에 대하여 부담하고 있는 근로기준법상의 재해보상책임 등도 영업양수인이 이를 인수하는 것으로 보아야 하고, 영업양도 이후의 퇴직으로 인한 퇴직금 지급부분에 대한 책임은 영업양수인에게 있다고 보아야 할 것이다. 근로자의 근속연수에 관하여는 양도시점 이전의 기간까지 포함하는 것으로 보아야 한다.

● 영업양도·양수와 고용승계에 관한 외국의 입법례

유럽공동체의 지침(1997. 2. 14.)
사업이 양도되는 경우에 고용승계를 인정하며, 단체협약 등에서 약정된 근로조건의 효력을 소정의 기간까지 인정하고, 종업원 대표의 기능 존속을 인정하며, 양수인은 사업의 양도를 이유로 근로자를 해고할 수 없으나, 경제적·기술적·조직상의 이유로 해고하는 것은 허용된다.

독 일
1972년 이후 성문법(민법 제613조 a조 신설)으로 승계의무를 인정하고, 법률행위로 인한 사업 또는 사업의 일부가 이전되는 경우의 고용승계를 인정하며, 이러한 권리·의무가 단체협약 등으로 규율되고 있는 경우 이는 이전되는 근로관계의 내용으로 되고 이 내용은 양도 후 1년 이내에 불리하게 변경될 수 없고, 양도시점 이전에 성립한 근로관계와 양도시점 이전에 성립하고 1년 이상의 효력만료 기간을 지닌 단체협약 등에 의하여 규율되는 근로관계에 대해서는 양도인은 양수인과 함께 연

대채무자로서의 책임을 부과한다. 사업의 양도를 이유로 하는 양도인 또는 양수인의 해고조치는 무효이나, 다른 원인에 터잡아 근로관계를 해지할 수 있는 권리는 인정된다. 입법 이전에는 당연 승계설이 소수설이었다.

프랑스

이미 1928. 7. 18. 법에서 사업의 양도와 같은 법률행위에 의한 사업의 이전에 있어서는 사업양수인이 근로관계를 자동적으로 인수한다고 규정하고 있다.

스위스

사용자가 기업 또는 기업의 일부를 제3자에게 양도하면 근로자가 거부하지 않는 한 근로관계로부터 발생된 모든 권리와 의무는 양도일부로 제3자에게 이전된다고 규정하고 있다.

오스트리아

근로관계의 당연 승계를 부정하되 영업양수인이 승계된 근로자와의 근로계약을 해지하고자 하는 경우에는 퇴직금 이외에 퇴직보상금을 지급하도록 하여 양수인에게 근로관계의 계속을 간접적으로 유도하고 있다.

일 본

일본의 경우에는 영업양도에 따른 근로관계의 이전에 관하여 특별한 입법이 없다는 점에서 우리나라와 동일하며, 다양한 학설과 판례가 있다.

• 다수 학설

근로관계가 양도 당사자간의 명시적이거나 묵시적인 합의에 의하여 이전되는 경우에 일부 근로자의 인수를 거부하는 것은 부당해고의 문제로 파악되어야 하며, 근로자의 이의에 의하여 근로관계의 이전이 저지될 수 있다고 보는 점에 대하여는 공통된 견해를 보이고 있다.

• 판례의 입장

상충되는 내용이 많으나 판례의 주류적 경향은 영업양도에 수반하여 근로관계가 이전하는가의 여부는 양도 당사자 사이의 합의에 의하여 결정되어야 하므로 경우에 따라서는 근로자의 인수를 배제하는 합의도 가능하고, 한편으로는 근로관계가 양수인에게 이전되기 위하여는 각 근로자의 동의를 요한다고 한다.

3. 해고회피노력

해고회피노력의 의의

｜관련 법규정｜

> **근로기준법 제31조【경영상 이유에 의한 해고의 제한】** ② 제1항의 경우에 사용자는 해고를 피하기 위한 노력을 다하여야 하며 합리적이고 공정한 해고의 기준을 정하고 이에 따라 그 대상자를 선정하여야 한다. 이 경우 남녀의 성을 이유로 차별하여서는 아니된다.

경영상 해고의 첫 번째 요건인 긴박한 경영상의 필요성이 인정된다고 하더라도 사용자는 경영상 해고를 하기에 앞서 상당한 기간 동안 '해고회피노력'을 다하여야 한다. 즉 최선을 다하여 해고회피노력을 하지 않은 경우 해고의 정당성을 인정받을 수 없기 때문이다.

사용자는 '해고회피노력'을 해고의 정당성 확보라는 소극적 차원에서만 접근하기보다는 장기적인 기업발전과 근로자의 고용안정 차원에서 보다 적극적인 자세로 임해야 할 것이다. 즉 기업의 근로자는 채용 후 수 년간 많은 투자를 한 가장 중요한 자산이며, 기계처럼 쉽사리 재구입할 수도 없으므로 기업의 구조조정 과정에서 보유 부동산 매각, 물적 비용 경감 등의 조치가 선행되어야 하고, 해고는 최후의 수단으로 사용되어야 하며 해고가 불가피한 경우에도 고용불안을 최소화할 수 있는 방식을 채택하여야 한다.

또한 근로자들도 고용안정을 위해서는 고통을 분담하려는 자세가 긴요하다고 할 것이다. 또한 노사 모두 근로시간 단축, 순환휴직제 등을 통하여 고용인원을 유지하거나 감원 대신 임금삭감 등을 통하여 경영난을 타개해 나가려는 노력도 필요하고, 경우에 따라서는 한 직장에서의 고용안정이 아닌 평생을 통한 고용안정에 중점을 두는 인식전환이 필요하다.

정부는 고용안정을 위하여 고용보험제도를 통한 기업의 해고회피노력을 적극 지원하고 있는 바, 경영상의 이유로 잉여인력이 발생한 기업의 경우 그 제도를 적극 활용하는 노력을 기울이는 것이 바람직할 것이다.

해고회피노력의 내용

해고회피의 방안으로 생각할 수 있는 사항들은 상당수가 근로조건의 저하를 내포하고 있어 단체협약, 취업규칙이나 개별 근로계약의 개정을 수반하게 되므로 사용자는 이러한 경우에 원칙적으로 노사간의 합의를 이끌어내려는 노력을 해야 할 것이다. 그렇지 않을 경우 노동조합및노동관계조정법 제33조(기준의 효력), 제34조(단체협약의 해석), 근로기준법 제99조(단체협약 준수)에 의해 단체협약, 취업규칙, 개별근로계약 개정의 효력을 인정받기 힘들 것이며, 또한 근로기준법 제97조(취업규칙의 작성 및 변경절차) 위반의 문제가 발생할 수 있기 때문이다.

【관련 법규정】

〈노동조합및노동관계조정법〉
제33조【기준의 효력】① 단체협약에 정한 근로조건, 기타 근로자의 대우에 관한 기준에 위반하는 취업규칙 또는 근로계약의 부분은 무효로 한다.
② 근로계약에 규정되지 아니한 사항 또는 제1항의 규정에 의하여 무효로 된 부분은 단체협약에 정한 기준에 의한다.

> **제34조【단체협약의 해석】** ① 단체협약의 해석 또는 이행방법에 관하여 당사자간에 의견의 불일치가 있는 때에는 당사자 쌍방 또는 단체협약에 정하는 바에 의하여 어느 일방이 노동위원회에 그 해석 또는 이행방법에 관한 견해의 제시를 요청할 수 있다.
> ② 노동위원회는 제1항의 규정에 의한 요청을 받은 때에는 그 날부터 30일 이내에 명확한 견해를 제시하여야 한다.
> ③ 제2항의 규정에 의하여 노동위원회가 제시한 해석 또는 이행방법에 관한 견해는 중재재정과 동일한 효력을 가진다.
>
> 〈근로기준법〉
> **제97조【규칙의 작성 및 변경절차】** ① 사용자는 취업규칙의 작성 또는 변경에 관하여 당해 사업 또는 사업장에 근로자의 과반수로 조직된 노동조합이 있는 경우에는 노동조합, 근로자의 과반수로 조직된 노동조합이 없는 경우에는 근로자의 과반수의 의견을 들어야 한다. 다만, 취업규칙을 근로자에게 불이익하게 변경하는 경우에는 그 동의를 얻어야 한다.
> **제99조【단체협약의 준수】** ① 취업규칙은 법령 또는 당해 사업 또는 사업장에 대하여 적용되는 단체협약에 반할 수 없다.
> ② 노동부장관은 법령 또는 단체협약에 저촉되는 취업규칙의 변경을 명할 수 없다.

그 동안의 대법원 판례는 다음 사항들을 해고회피노력으로 인정하고 있다.

- 연장근로의 축소, 근로시간(임금) 감축 등 인건비 절감
- 신규채용의 중지
- 임시직 등의 재계약 정지
- 배치전환, 사외파견, 전직훈련, 다른 직종으로의 전환
- 일시휴업(휴직)
- 퇴직희망자 모집
- 사무실 규모 축소, 임원의 임금동결 등

> **관련 판례**
>
> 정리해고의 요건 중 해고회피를 위한 노력을 다하여야 한다는 것은 "사용자가 근로자의 해고의 범위를 최소화하기 위하여 경영방침이나 작업방식의 합리화, 신규채용의 금지, 일시휴직 및 희망퇴직자의 활용 및 전근 등의 가능한 조치를 취하는 것"을 말한다(대법원 1992. 12. 22. 92다14779).
>
> ※ 이후의 판례에서도 이와 같은 입장을 견지함.

사용자가 앞에서 예시한 해고회피 방안을 빠짐없이 이행해야 해고회피노력을 다한 것으로 인정받는 것은 아니지만, 개별 기업의 특성을 고려하여 노사가 협의하여 실효성 있는 방안을 선택하여 최선을 다해야 할 것이다. 특히 해고회피방법에 있어서 결코 '남녀차별'이 있어서는 안 된다(남녀차별금지 규정 참조).

헌법 제11조 제1항에 의하면, 성별에 의한 정치적·경제적·사회적·문화적 생활의 모든 영역에 있어서는 차별이 금지된다.

근로기준법 제5조에서는, 남녀의 차별적 처우를 금지할 뿐만 아니라 위반시 처벌하게 되어 있다.

남녀고용평등법 제8조 제1항에서는 근로자의 정년·해고에 관하여 여성인 것을 이유로 남성과 차별하여서는 아니된다고 규정하고 있다.

관련 판례 및 중앙노동위원회 재결 예

● 해고회피노력을 인정한 사례

사실상 해고조치 외에 마땅한 방법이 없는 경우의 사례

> **관련판례** 회사 내 구로공장의 폐업이 긴박한 경영상의 필요에 의한 것이고, 피고 회사가 이로 인하여 구로공장의 근로자 전부를 해고함에 있어서 그 근로자들을 본사 내수공장이 성남공장으로 전근시킬 여지가 없었고, 다른 해고회피를 위한 조치도 취할 수 없는 경우라고 판단하여 해고회피노력이 없었음을 이유로 부당해고라고 주장하는 원고의 상고를 기각한 사례이다(대법원 1992. 12 .22. 92다14779).

사무실 규모축소, 임원의 임금동결, 촉탁직원의 권고사직 등을 한 사례

> **관련판례** 참가인회가 지속되는 재정적 어려움을 타개하기 위하여 사업의 종류나 규모, 사무실의 규모를 축소하여 오고, 회원들에게 회비납부를 독려하기 위하여 미8군 영내출입증 및 골프장출입증의 발급을 받아 회비를 납부한 회원들에게 교부하였으나 회장이나 임원 등에 대하여 특별찬조금 등의 지원을 요청하면서 한편으로 참가인회의 임원인 상근부회장의 임금마저도 계속 동결하여 오는가 하면 촉탁직원을 먼저 권고사직케 하였고 참가인회의 회비징수는 실질적으로 회원들의 자발적인 납부에 의존할 수밖에 없고 참가인회의 직원의 업무내용이나 인적 구성에 비추어 배치전환이나 희망퇴직자 내지 일시휴직자를 모집할 수 있는 형편도 아니었던 것으로 보여지는 점 등에 비추어 참가인회는 원고를 해고하기에 앞서 해고회피를 위한 상당한 노력을 하였다 할 것이다 (대법원 1996. 12. 5. 94누15783).

신규채용 중단, 명예퇴직 실시 등을 실시한 사례

관련판례 위 장비사업소가 1990년도 이래 신규채용을 중단하고, 잉여인원을 사업소 또는 자택 대기 상태에서 임금을 지급하는가 하면 명예퇴직을 실시하여 퇴직위로금을 지급하였고, 이 사건 정리해고 당시에도 전직훈련계획을 세워 시행하려고 하자 노동조합측에서 근로자들이 고령이라서 전직훈련의 효과를 기대하기 어렵다는 이유로 그 대안으로 정리해고를 제안하여 여러 차례에 걸친 노사협의에 의하여 정리해고 대상자를 선정하였다면 참가인 회사로서는 해고회피노력을 다하였다고 할 것이고, 이미 노사합의에서 정한 기준에 따라 정리해고 대상자로 선정된 원고들을 전직배치하지 아니하였다 하여 해고회피노력을 다하지 아니한 것으로는 볼 수 없다 할 것이다(서울고법 1996. 5. 9. 95구19784).

다른 직종으로의 전환을 제의한 사례

관련판례 피고회사의 사업목적의 변경이라는 경영상의 필요성에 의하여 우선 운전기사 중 1명을 해고하기로 하고 대상자들과의 협의를 거쳐서 여러 가지 사정을 감안한 끝에 원고를 해고대상자로 선정한 다음 다른 직종으로의 전환을 제의하는 등 해고회피노력을 위한 노력을 다하였음에도 더 이상의 방법이 없어 정리해고 차원에서 이루어진 정당한 해고라 할 것이다(인천지법 1994. 9. 27. 93가합18675).

기구 통폐합을 단행하면서 취업알선, 일정기간 임금지급 등을 행한 사례

> **중앙노동위원회 재결**
>
> 경영악화를 극복코자 기구 통폐합을 단행하면서 다른 사업장으로 전직·취업을 알선하였고, 또한 인원감축 기준에 의하여 대상자로 선정된 자들에게 2년여 동안 임금을 지급하면서 충분한 전직의 기회를 부여한 점에 비추어 정리해고가 부당하다고 할 수 없다(중앙노동위원회 재결 1990. 12. 3. 90부해 113).

경영합리화 조치를 행하면서 근무시간 단축, 임원 차량매각 등을 행한 사례

> **중앙노동위원회 재결**
>
> 법정관리업체인 신청인 회사에서 1993년 두 차례에 걸쳐 근무시간을 단축하고 자재가격 인하를 요청하여 비용을 절감하고, 전화·텔렉스 등을 반납조치한 사실이나 임원 차량을 2대 매각처분함과 아울러 통근버스 운행을 축소한 사실과 조직을 축소·개편한 사실 등에 비추어 볼 때 해고회피를 위한 노력을 하였음이 인정된다(중앙노동위원회 재결 1994. 4. 6. 93부해 310).

신규채용 억제 등을 행한 사례

중앙노동위원회 재결

해고회피를 위한 노력에 대하여 피신청인 회사는 1995년도부터 직제상의 정원보다 41~71명의 결원이 발생하였음에도 불구하고 신규채용 등으로 이를 충원치 아니하였고, 기간이 도래한 촉탁·일용직 8명에 대해서도 기간만료시 재임용치 않는 등 최소한의 인력관리를 지속적으로 하여 온 점이 인정되므로 해고회피를 위한 노력이 없었다고 볼 수 없다(중앙노동위원회 1996. 12. 17. 96부해174, 96부해217).

● 해고회피노력을 인정하지 않은 사례

경영합리화 조치, 신규채용 억제 등 적극적인 노력을 하지 않은 사례

관련 판례

회사가 비록 기업경영상의 필요에 따라 일부 생산부서를 폐쇄한 것이라 할지라도 회사측이 감원계획을 일방적으로 마련한 다음 그 전제하에서 근로자들과의 개별면담을 통해 희망근무지를 밝히게 하고 이들 중 일부를 선별하여 배치전환이나 계열회사로 재취업을 시켜 주기로 했을 뿐 해고회피를 위하여 요구되어지는 경영합리화 조치나 신규채용의 억제, 일시휴직, 희망퇴직자의 모집 등과 같은 다른 적극적인 해고회피노력을 다하지 않았을 경우 해고가 정당하다고 볼 수 없다(대법원 1993. 11. 23. 92다12285).

조업단축이나 배치전환의 노력이 없었던 사례

> **관련 판례**
> 1급 자동차정비사업 및 중기임대업을 경영하고 있던 모회사 산하 중기사무소가 …… 1987년경부터 1989년 2월경까지 사이에 설시의 중장비를 매각한 사실이 인정된다고 할지라도 위와 같이 매각이나 폐기된 중장비 가운데는 감량경영과는 무관하게 통상적으로 처분된 노후장비가 포함되어 있음을 알 수 있고 보유장비의 처분대수만으로는 '긴박한 경영상의 위기'를 가늠할 지표로 삼을 수 없음은 물론 이 사건 해고가 있기 전에 회사측에서 이를 회피하기 위하여 조업단축이나 배치전환 등의 조치를 취하였다고 인정할 증거가 없으므로 회사의 해고처분은 무효이다(대법원 1990. 3. 13. 86다카24445).

인건비 절감, 희망퇴직자·휴직희망자 모집 등을 하지 않은 사례

> **관련 판례**
> 해고를 회피하기 위한 충분한 노력이 있었는지에 관하여
> ⅰ) 피고 법인의 직제개편에 따른 초과인원 정리시한이 1994. 6. 30.까지인 이상 1994년도 상반기까지는 적어도 당시 재직인원을 기준으로 예산이 편성되어 있었을 것이므로 늦어도 1994. 3. 31. 이전까지는 기존 예산의 범위 안에서 1차 희망퇴직자 모집과 같은 3개월분의 임금을 퇴직위로금으로 추가 지급하는 것을 조건으로 퇴직희망자를 모집할 수 있었음에도 피고는 이러한 시도를 한 흔적을 찾아볼 수 없다.
> ⅱ) 피고로서는 전체 소속 직원들을 상대로 경영상의 어려움을 호소하거나 설득하는 등의 방법으로 임금의 인상 등을 동결하거나 최소한 억제함으로써 인건비를 절감하여 가능한 한 해고 대상자수를 줄였어야 할 것이나 …… 피고는 오히려 1994. 4.경 승진인사를 단행하고, 1994. 6. 22. 기본급을 3%, 체력단련비를 기본급 대비 150%로 각각 인상하고 대우수당과 선임수당을 신설하는 등 인건비 절감을 통한 해고회피노력을 기울이지 아니하였다.

iii) 피고로서는 휴직희망자를 모집하여 인건비를 절감하면서 자진퇴직에 의한 초과인원의 자연감소를 기다리는 방법으로 해고대상자수를 줄일 수 있었을 것임에도, 피고가 이러한 조치를 취한 흔적은 전혀 엿보이지 아니한다.

iv) 이 사건 각 해고 당시 정원초과인원은 5명에 불과하였음에도 피고는 이보다 많은 7명을 감원하였다.

v) 사정이 위와 같다면 피고가 이 사건 각 해고를 회피하기 위하여 가능한 모든 조치를 취하였다고 볼 수 없다 할 것이다(서울지법 1995. 12. 15. 94가합10586).

다른 공장 전보 및 일시휴직 등의 해고회피노력을 하지 않은 사례

중앙노동위원회 재결

사업의 만성적자로 ○○지역의 공장을 폐쇄하면서 재심신청인을 본사나 다른 지역의 공장으로 전보시키지 아니한 점이나(재심신청인이 ○○지역의 공장으로 전보되기 이전에 맡고 있던 본사 차장 자리가 공석이었음) 달리 일시휴직 등 해고회피를 위한 노력을 찾아볼 수 없으므로 해고회피를 위한 노력을 다하지 않은 점이 인정된다(중앙노동위원회 재결 1993. 4. 19. 92부해341).

희망퇴직자의 모집, 작업방식의 합리화 등의 노력이 없었던 사례

중앙노동위원회 재결

동절기 인원감축이 예견된 상황에서 희망퇴직자를 받아들인 사실이 없고 오히려 신규채용한 바 있으며, 작업방식의 합리화를 위한 구체적인 계획을 수립하여 인원감축에 대비한 노력이 보이지 않는 사실 등으로 보아 해고회피를 위한 최선의 노력을 다하였다고 볼 수 없다(중앙노동위원회 재결 1995. 1. 11. 94부해317).

해고회피를 위한 보다 적극적인 노력이 없었던 사례

중앙노동위원회 재결

정리해고를 회피하기 위해 폐쇄된 라인에 종사하던 근로자들을 다른 라인에 분산 배치하고, 희망퇴직자를 모집하는 한편, 신규채용을 억제하는 등의 노력을 하였다고는 하나, 보다 적극적인 노력 즉, 경영합리화 조치나 일시휴직의 활용, 근로시간의 단축 등을 통한 정리해고 회피노력을 다하였다는 사실을 입증할 만한 자료가 없어 이를 인정할 수 없다(중앙노동위원회 재결 1995. 2. 13. 94부해312).

인건비 확보 및 퇴직희망자의 모집·배치전환 등의 노력이 없었던 사례

중앙노동위원회 재결

전국적인 조직을 가지고 국고지원을 받아 사업을 운영하는 신청인 ○○○협의회는 적정인원을 유지할 수 있도록 부족한 예산을 확보하기 위한 보다 적극적인 활동과 노력을 기울였어야 하고, 사업비의 축소, 사무관리비의 절약을 통한 인건비 예산확보를 위한 노력을 기울였어야 할 것이다. 또한 근로자를 해고하기에 앞서 퇴직희망자를 우선 파악하고, 배치전환 등을 통해 해고를 최소화시키기 위한 노력을 기울였어야 마땅할 것임에도 이를 소홀히 한 책임이 있다(중앙노동위원회 재결 1996. 7. 15. 96부해114).

정년자의 자연감소가 예상됨에도 불구하고 정리해고를 단행한 사례

중앙노동위원회 재결

○○○구청에서 '하수도 준설업무 민영화 계획'에 의거, 고용하였던 업무담당 상용인부를 감원함에 있어 급박한 경영상의 필요에 의해서가 아니라 경영합리화, 예산절감 차

> 원에서 추진된 점을 감안할 때 정년자의 자연감소를 통해 잉여인력을 정리해가는 방안이 가능하였음에도 불구하고 정리해고를 단행한 것은 해고의 폭을 최소화하기 위한 노력을 다했다고 볼 수 없다(중앙노동위원회 재결 1996. 8. 14. 96부해117).

희망퇴직자의 모집 등의 노력없이 오히려 사원을 증원한 사례

중앙노동위원회 재결
> 신청인 ○○고속이 실질적인 경영권을 △△고속에 양도한 후 각 지방출장소를 폐쇄하도록 하고, 잉여인력을 감원하였으나 정리해고를 하기에 앞서 희망퇴직자를 모집하는 등 해고회피를 위한 노력이 없었을 뿐 아니라 출장소의 운영쇄신을 위한 노력을 기울이지 않았고, 오히려 고속에서는 주재사원을 증원한 점에 비추어 해고회피를 위한 노력을 다하였다고 볼 수 없다(중앙노동위원회 재결 1997. 3. 5. 96부해281).

해고통보를 하면서 3개월분의 기본급여만 지급한 사례

중앙노동위원회 재결
> 해고통보를 하면서 다만, 3개월분의 기본급여를 지급하고자 한다고 하였을 뿐 달리 일시휴직이나 대기발령 등의 조치를 검토하거나 희망퇴직자를 활용하는 등 해고회피를 위한 다각적인 노력을 기울였다고 볼 수 없다(중앙노동위원회 재결 1997. 7. 23. 97부해76).

해고회피노력의 구체적 방안

● 경영방침의 개선 및 작업방식의 합리화

경영방침의 합리적 개선은 경영상 필요에 따른 구조조정에서 당연히 전제되어야 할 것이며, 작업방식의 과학화·합리화 및 조직개편 등을 들 수 있다.

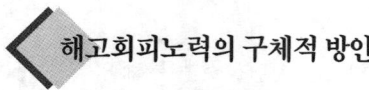

- 경영상 필요에 따라 일부 생산부서를 폐지코자 할 때 회사가 먼저 경영합리화 노력을 보이지 않고 일방적인 감원계획을 실행한 경우 해고회피노력을 부인(보암산업 사건. 대법원 1993. 11. 23. 92다12285).

- 동절기 인원감축이 예견되는 상황에서 작업방식 개선을 통한 합리적인 인원감축을 유도하지 못한 경우에도 충분한 해고회피노력을 부인(중앙노동위원회 재결 1995. 1. 11. 94부해317).

● 임원수당 축소 등 일반관리비용의 절감

회사의 불요불급한 일반관리비용의 최소화를 통해 효율적인 경영 기반을 마련하려는 노력이 인건비 절감에 앞서 필요하며, 경영위기는 사용자의 세력범위 내에 속한 것으로 보는 것이 일반적이므로 고통분담과 솔선수범 차원에서 임원수당의 축소 등을 우선적으로 행하는 것이 바람직하다.

경비절감과 관련하여 복리후생의 일환으로 시행되고 있는 의료비, 교육비, 주택관련 비용, 레저비용 등의 지원을 축소 또는 폐지할 수 있을 것이다. 다만, 이와 같은 복지성 경비가 단체협약, 취업규칙 또는 근로계약의 약정 등으로 이미 근로조건으로 되어 있다면, 사용자측의 일방적인 폐지는 곤란하다. 아울러 모든 임직원이 의식변화를 통한 경비절감운동을 벌이는 것도 여기에 해당된다(회사 소유 승용차 같이 타기, 각종 행사 간소화 등).

> **판례 및 중앙노동위원회 재결**
>
> - 상당액에 달하는 '접대비'를 절약하거나 다른 적절한 해고회피노력을 하였으면 상위직을 하위직으로 변경하는 인력교체를 하지 않을 수도 있었을 것이라고 판시함(주은투자자문 사건. 대법원 1995. 11. 24. 94누10931).
>
> - 법정관리업체에서 실시한 불급한 전화·텔렉스의 반납, 임원차량 2대 반납, 통근버스 운행축소 등의 조치는 해고회피노력의 하나로 인정(중앙노동위원회 재결 1994. 4. 6. 93부해310).

● 외부 노동력을 자체 인력으로 대체

임시직·하도급 등의 축소를 통해 외부 노동력의 의존도를 줄이고 자체 노동력의 활용도를 높이려는 노력이 필요하며 비정규 근로자들에 대한 계약갱신 거부 및 파견근로자의 파견업체로의 복귀 등은 정규근로자에 대한 해고회피노력의 일환으로 인정된다.

> **중앙노동위원회 재결**
>
> - 직제상 상당수 결원에도 불구하고 기간 만료된 촉탁·일용직 8명에 대해 재임용을 중단하는 등 지속적으로 최소한의 인력을 보유코자 노력하는 것은 해고회피노력에 포함된다(중앙노동위원회 1996. 12. 17. 96부해174).

● 신규채용의 중단

긴박한 경영상의 필요에 의해 해고를 계획하고 있으면서 한편으로는 근로자의 신규채용을 고려한다는 것은 그 자체가 모순이다. 따라서 결원을 보충하지 않고 기존 인력의 배치전환을 도모하는 것은 해고회피노력의 기본일 뿐만 아니라, 근로자측의 저항을 받지 않고 할 수 있는 해고회피방안의 하나이다. 만일 인원삭감 조치 결정 후 근로자를 신규채용하면 당해 해고의 정당성을 인정받을 수 없을 것이다. 다만, 대체가능성이 없는 분야라면 예외가 인정될 수도 있겠다.

판례 및 중앙노동위원회 재결

- 조합운영상 어려움을 예상하여 직제를 개편하고 일부 근로자를 해고하였으나 얼마 후 폐지하였던 직제를 부활시키고 직원도 증원한 경우 해고회피노력을 부정 (청원군 산림조합 사건. 대법원 1993. 12. 28. 92다34858).

- 직제 개편후 해고하였는데 해고후 해고근로자와 동일한 자격을 지니고 있는 근로자를 채용하였다면 이는 부당한 해고라고 봄(현대아파트 입주자대표회의 사건. 대법원 1987. 4. 28. 86다카1873)

- 경영위기에 따른 적정시기 동안의 신규채용 중단, 현장 근무인원 이외의 잉여인원을 사업소 또는 자택대기로 돌리면서 임금은 계속 지급한 것 등은 충분한 해고회피노력의 하나로 인정(동아건설산업 사건. 서울고법 1996. 5. 6. 95구19784)

- 신규채용 중지 및 촉탁일용직의 기간만료시 재임용치 않은 조치를 해고회피노력으로 인정(중앙노동위원회 재결 1996. 96부해174, 96부해217).

- 만성적자로 정리해고 후 경영난 타개를 위한 사업규모 확대를 위해 신규직원 모집공고를 낸 경우는 부당해고에 해당(중앙노동위원회 재결 1997. 6. 12. 97부해21)

● 근로시간의 단축

근로시간의 단축은 노사합의를 통해 실시가 가능하고 이때 경영상 위기에 따른 조치임을 고려하여 조업단축 비율에 따라 임금액의 조정도 포함하여 실시할 수 있다. 다만, 임금조정을 수반한 조업단축은 구체적인 실시형태에 따라 근로조건의 저하(불이익 변경)가 될 수 있으므로 이때는 반드시 근로자측의 동의를 얻어야 한다.

근로시간 단축을 통한 고용유지의 경우에는 고용보험에서 지원금을 지급하고 있으므로 이를 활용해야 할 것이며, 소정 근로시간을 넘는 시간 외 근로는 그것이 비록 관행화되어 있더라도 이를 폐지함은 불이익 변경으로 보지 아니한다. 다만, 사무직에서의 정액 연장근로수당은 단체협약이나 취업규칙에 규정된 경우가 많아 이들의 개정문제가 발생하고, 경우에 따라서는 불이익 변경에 해당될 수 있다.

근로시간 단축을 통한 고용유지 사례

독일 폭스바겐사의 경우

① 배 경

유럽자동차산업의 침체로 생산량이 대폭 감소한 반면, 생산성은 지속적으로 향상되어 30% 이상의 잉여인력 발생

- 감원 예상인원 : 31,400명

    [103,200명(1993년 말) → 71,800명(1995년 말)]

독일을 대표하는 기업의 대량해고는 사회적 영향이 크다는 점을 고려, 근로시간 단축을 노조측에 요구, 노조측에서도 고용유지를 위해 근로시간 단축을 받아들이고 1993년과 1995년 두 번에 걸쳐 협약 체결

② 실시내용

주 4일 근로제도를 도입하여 주당 근로시간을 일일 7.2시간, 주당 28.8

시간으로 조정하고, 임금을 10% 삭감하되 여러 가지 수당을 12등분하여 매월 지급함으로써 월 수령액은 변화가 없도록 조치한다.
 또, 2주간의 특별유급휴가와 휴가수당 지급은 폐지하며, 협약유효기간 중에는 경제적 이유에 의한 고용조정을 실시하지 않는다.
 ③ 실시효과
 - 근로시간 단축을 통하여 고용유지 달성
 - 다른 자동차회사 및 사업부문에 영향을 미침

● 탄력적 근로시간제의 활용

탄력적 근로시간제의 도입도 근로의 합리적인 분산을 통한 경비절감에 유용할 수 있다.

도입이 적합한 업종 및 직종

토요일 격주휴무제와 같이 단순한 형태는 업종에 관계 없이 두루 도입할 수 있을 것이다.
 그러나 일반적으로 탄력적 근로시간제는 업무의 번한(煩閑)에 따라 근로시간을 배정할 수 있음을 감안할 때 다음과 같은 업종에서 도입하는 것이 적합할 것이다.

 * 근로시간의 단절 없이 연속하여 근로하는 것이 효율적인 업종 – 운수업, 통신업 등
 * 소비자 및 이용자의 서비스 향상을 위하여 오랜 시간 가동할 필요가 있는 업종 – 병원, 사회복지시설 등
 * 1주, 1개월 등 일정한 사이클로 업무의 번한이 있는 업종 또는 직종 – 음식서비스업, 접객업, 경리직 등

'2주 단위 탄력적 근로시간제'는 취업규칙 변경을 통해서 가능하고, '1개월 단위 탄력적 근로시간제'는 근로자대표와의 서면합의를 거쳐 도입할 수 있다. 2주 단위 탄력적 근로시간제를 도입하려면 다음의 요건을 충족하여야 한다(법 제50조 제1항).

- 취업규칙에 정하여야 한다.
- 단위기간은 2주 이내의 기간으로 하여야 한다.
- 단위기간을 평균하여 1주간 근로시간이 44시간을 초과하지 않아야 한다.
- 주 48시간을 한도로 매일·매주의 소정근로시간을 특정하여야 한다.
- 15세 이상 18세 미만의 근로자와 임신중인 여자근로자는 적용대상에서 제외한다(법 제50조 제3항).

또한, 1월 단위 탄력적 근로시간제를 도입하려면 다음과 같은 요건을 충족하여야 한다(법 제50조 제2항).

- 근로자대표와의 서면합의에 의하여 일정한 사항을 정하여야 한다.
- 단위기간을 1월 이내의 기간으로 하여야 한다.
- 단위기간을 평균하여 1주간 근로시간이 44시간을 초과하지 않아야 한다.
- 주 56시간 및 일 12시간을 한도로, 매일·매주의 소정근로시간을 특정하여야 한다.
- 15세 이상 18세 미만의 근로자와 임신중인 여자근로자는 적용대상에서 제외하여야 한다(법 제50조 제3항).

◉ 연·월차 휴가 등의 활용

　긴박한 경영상의 어려움이 있을 때 해고회피노력의 일환으로 노사간에 원만한 협의를 통해 휴가 활용계획을 수립하여 실시하는 것이 바람직하며, 인력과잉이 되어 근로시간을 단축하고 임금의 하향조정과 인력의 감축까지 고려해야 하는 상황에서 각종 휴가를 사용하지 않고 이를 수당으로 대체 지급하려는(받으려고 하는) 것은 결코 바람직하지 못하다. 이와 관련하여 특별히 불경기 때뿐만 아니라 평소에도 법에 규정된 휴가를 최대한 사용하는 것이 근로기준법의 취지에 부합할 것인 바, 이점 우리 산업사회의 관행의 개선이 요구된다고 할 것이다.

　또한, 근로기준법 제60조(유급휴일의 대체)에 의하여 연·월차 휴가를 근로자대표와의 서면합의로써 특정 근로일에 집단적으로 대체 휴무케 하는 것이 가능하고 사업장 전체는 물론 일부 부서별로도 시행할 수 있다.

┃ 관련 법규정 ┃

> **근로기준법 제60조【유급휴가의 대체】** 사용자는 근로자대표와의 서면합의에 의하여 제57조의 규정에 의한 월차유급휴가일 또는 제59조의 규정에 의한 연차유급휴가일에 갈음하여 특정 근로일에 근로자를 휴무시킬 수 있다.

◉ 배치전환(전보·전직)

　배치전환이란 인력의 적재적소 배치를 통하여 경영능률을 증진시키기 위해 근로자의 직무·근로장소 등을 전환시키는 조치를 말한다. 다만, 배치전환시 업무상 필요성을 고려하되 근로자에게 현저한 생활상의 불이익을 주지 않도록 하여야 한다.

　전직이란 직무내용의 변경을 일컫는데, 대개 직종은 입사시 근로계약을 통하여 포괄적으로 정해지므로 전직명령의 정당성은 근로계약의 해석을 통해 종합적으로 근로기준법 제30조 제1항의 '정당한 이유'의 충족 여하에 따라 결정된다.

전보란 근무장소의 변경을 말하는데, 사용자의 노무지휘권으로 가능하지만 권리남용의 법리에 의해 제한을 받는다.

관련 판례 전직이나 전보는 원칙적으로 '사용자의 권한'에 속하여 업무상 필요한 범위 안에서는 상당한 재량을 인정하여야 하고, 이것이 근로기준법 제30조 제1항 또는 제107조에 위반하거나 권리남용에 해당하는 등 특별한 사정이 없는 한 무효라고 할 수 없고, 업무상의 필요성이 있는 이상 전보명령에 근로자의 동의를 필요로 한다고 할 수 없으며, 전보명령의 업무상 필요성과 그로 인해 근로자가 입게 되는 생활상의 불이익이 사회통념상 통상의 전보에 따르는 정도를 현저히 넘어서지 않는 한 권리남용이 되지 않는다(대법원 1995. 10. 13. 94다52928).

해고회피노력으로서의 배치전환은 일부 사업부의 폐지 등으로 인해 발생한 잉여인력을 가능한 한 재배치함으로써 감원을 최소화할 목적으로 행해져야 한다. 배치전환은 원칙적으로 사용자의 인사권에 속하는 사항이며, 근로계약서상에 포괄적으로 규정된 경우가 많지만 일부 사업장의 경우 노조간부 또는 조합원에 대해서는 노조와 '협의' 또는 '합의'하도록 단체협약에 명문화한 경우도 있다.

다만, 노조간부에 대한 배치전환시 합의가 규정되어 있더라도 노조측이 합의권을 남용하는 경우라면, 성실한 협의만으로도 정당성을 인정받을 수 있는 경우도 있다(대법원 1992. 12. 8. 92다32074).

● 기업간 인사이동(사외파견·전적)

그룹사의 경우, 다른 계열사 또는 협력·하청회사에 자사 근로자를 파견 또는 전적시킴으로써 해고를 회피할 수 있다.

사외파견(출향)이란 소속기업의 근로자 신분을 유지하면서 다른 기업의 지휘감독하에서 근로하는 기업간 인사이동 형태를 말한다.

전적이란 근로자를 퇴직시키고 자회사, 관계회사, 거래처 등에 재취업시키는 것을 말한다.

해고회피의 일환으로 근로자를 사외파견하는 경우에는 고용보험에서 지원금을 지급하고 있다.

이른바 '소사장제'를 도입하는 것도 개별 기업의 사정에 따라서는 해

소사장제 시행시 유의사항

사용자 책임

모기업이 분사(소사장제)를 실시하면 원칙적으로 모기업과 소속근로자간의 근로관계는 종료되고 근로자는 소사장 소속 근로자로 변경되고 분사 사장(소사장)이 근로자의 인사·노무관리·근로조건 결정권 등을 관장하게 된다. 그러나 모기업이 소사장 소속 근로자의 인사·노무관리 전반에 대해 지휘·감독권을 행사하고 모기업과 소사장간에도 사실상의 근로관계가 존속할 경우에는 모기업의 대표자가 사용자 책임을 지게 된다. 따라서 소사장이 자기의 책임하에 사업자등록·산재보험·의료보험 등에 가입하여 소속 근로자의 채용·임금결정·업무수행·지도감독·징계 등 독자적인 인사·노무관리를 행하는 경우에는 당해 소사장을 노동관계법상의 사용자로 보게 된다.

근로관계의 승계

모기업과 분사기업은 별개의 사업으로서 분사화에 따라 근로자의 고용관계가 당연히 분사기업에 승계되는 것은 아니다. 따라서 분사기업은 모기업과 임금 등에 있어서 별개의 근로조건을 정할 수 있고, 독자적인 노동조합의 설립도 가능하다. 다만, 이 과정에서 모기업이 소속근로자의 동의나 협의 없이 일방적으로 분사 소속 근로자로 전환하였을 경우 부당해고의 문제가 발생할 수 있다.

고회피 방안으로 유용할 수 있다.

　소사장제란 생산성 향상 등 기업의 경쟁력 회복을 위해 동일 사업 내에서 생산라인 또는 공정의 일부에 대해 독립경영체제를 형성케 하는 소규모 경영방식을 말하며, 소사장제의 실시를 통해 경영실적에 따른 예산·임금배분이 실시되므로 회사 전체로 보면 경비절감 등 효율성을 제고시킬 수 있고 더불어 소사장을 중심으로 근로자 스스로 소사업장 단위의 경영합리화를 이룰 수 있는 장점이 있어 이를 실시할 여건이 마련되어 있는 기업의 경우, 고용조정의 한 방편으로 이용되기도 한다.

판례 및 중앙노동위원회 재결

　- 업무의 연관성이 전혀 없는 등 재배치에 대해 고려 가능성이 애초부터 없을 때 부득이 해고한 행위는 정당하다(삼한합섬 사건, 대법원 1992. 12. 22. 92다14779).

　- 빌딩을 매입하여 관리해오던 종친회가 빌딩 관리업무에 종사하는 근로자들이 노동조합에 가입한 사실을 통보받기 이전에 관리업무를 용역전문업체에 위탁하기로 결의하고, 이에 따라 빌딩의 관리업무를 위탁함으로써 직제가 폐지된 근로자들에게 위 용역전문업체에로의 전직 희망을 물었으나, 일부 근로자들이 전직을 거부하여 그들을 해고한 경우 정당하다(문화류씨 전사령공파 종친회 사건, 대법원 1992. 3. 10. 91다19796).

　- 장기적인 경비절감과 인력의 탄력적·효율적 운영을 위해 외부용역화를 추진하는 과정에서 경비원들을 일괄 해고하기에 앞서 면담을 통해 해고의 불가피성과 취업알선에 대해 성실히 설명하고 외부용역업체에 취업을 알선한 후 일괄 해고한 경우 정당하다(한국과학기술원 사건, 대법원 1996. 8. 23. 96다19796).

　- 다른 회사와 공동사업수행을 위해 동 업체를 설립하고 그 업무수행을 위하여 근로자를 채용하였는데, 동 업체가 소멸하게 되어 그 근로자에게 다른 합작기업으로의 전적을 권유하였으나 이에 불응함으로써 이루어진 해고는 정당성이 있다(SHL시스템하우

> 서 Inc., 사건, 대법원 1996. 10. 29. 96다22198).
>
> － 기구를 통폐합한 후에 다른 사업장으로의 전직, 취업알선, 일정기간 전직할 기회를 제공한 경우에는 정당성을 인정(중앙노동위원회 재결 1990. 12. 3. 90부해113)
>
> － 감원계획을 일방적으로 마련한 후 개별 면담을 통하여 근무희망자를 파악하고 일부만을 선별하여 배치전환·계열사 재취업 등을 실시한 경우에는 해고의 정당성을 부인(대법원 1993. 11. 23. 92다12285)

● 임금의 반납 또는 삭감

경영상 위기에 당면하면 밀린 상여금 등의 수령을 포기하거나 앞으로의 임금을 하향조정하는 사례가 많이 발생하고 있으나, 기존 근로조건의 불이행 또는 하향변경은 아무리 그것이 해고를 피하기 위한 것이라 하더라도 사용자 일방의 의사로는 할 수가 없고 엄격한 법적 요건과 절차에 따라야만 유효하게 될 것이다.

이미 발생된 임금채권의 일부 포기(반납)

이전의 근로에 대하여 이미 발생된 임금채권(임금, 상여금 등 단체협약·취업규칙 등에 정한 임금채권)의 반납은 개별 근로자의 자유의사에 기초한 동의가 있을 때에만 유효하다.

노조의 결의나 선언, 사용자와 노조간의 합의, 노사협의회 의결 등 집단적 의사결정만으로는 완전한 법적 효력을 인정받을 수 없을 것이며 개별 근로자의 동의가 있어야 할 것이다. 동의는 명시적이든 묵시적이든 상관없으나 동의 여부에 대한 분쟁을 방지하기 위해서는 가급적 서면으로 하는 것이 바람직하다. 예를 들면, 반납동의서 또는 각서에 연명으로 서명하는 것도 하나의 방법이다. 또한 반납 의사가 사용자에게 수용된 뒤에는 철회하더라도 그 법적 효력이 인정되지 않는다.

실제 산업현장에서 임금의 포기 또는 반납과 관련하여 다양한 형태가 있을 수 있으며, 원래 '포기'와 '반납'은 그 법적 의미가 약간 다른 것이기는 하나, 실제 그 의도로 비추어 볼 때, 다음과 같은 경우는 그 표현에 관계 없이 모두 발생된 임금을 사용자에게 반납하는 것으로 해석해야 할 것이다. 예를 들면, 임금을 전액 수령한 후 그 중 일부를 다시 사용자에게 납부하는 경우와 임금 지급기일 전 또는 후에 임금(단체협약·취업규칙·근로계약 등으로 정해진 임금) 중 일부를 반납(또는 포기, 감액, 삭감 등)한다는 의사표시를 하고, 실제 그 금액을 공제하고 수령하는 경우이다.

또한 임금 반납시 평균임금 계산문제가 대두될 수 있으나, 임금의 반납이란 지급조건이 충족된, 따라서 임금채권이 이미 발생되어 있음을 전제로 한 것이므로 반납된 금액도 평균임금에 포함되어야 한다(임금채권 발생과 동시에 평균임금 산정기초가 되기 때문임). 따라서 사용자는 평균임금 확인 등에 있어서 반납된 임금을 포함함으로써 근로자가 퇴직금 등 다른 불이익을 받지 않도록 해야 할 것이다.

장래의 근로조건으로서 임금 삭감

이미 발생된 임금의 반납이 아니라 앞으로의 근로조건으로서 임금 또는 상여금의 수준을 낮추거나 변경하는 것은 단체협약·취업규칙 또는 근로계약의 변경을 통해서 실현되어야 한다. 만일, 노조의 결의나 선언 또는 노사협의회의 결의만 있고 후속조치로서 단체협약, 취업규칙 또는 근로계약 등이 변경되지 않았다면 그 효력은 인정할 수 없을 것이다.

노사합의에 의한 단체협약의 변경시 취업규칙·개별 근로계약에 임금규정이 있는 경우, 이를 변경하지 않는다면 '유리한 조건 우선의 원칙'에 의해 합의된 사항이 적용되지 않을 수 있기 때문이다.

또한 근로계약에 정하여진 근로조건의 하향조정은 개별 근로자와의

'합의'가 필요하며 다만, 근로계약에 "단체협약 또는 취업규칙에서 정한 바에 따른다"라고 되어 있거나 노동관행으로 그렇게 해왔다면 단체협약이나 취업규칙의 변경만으로도 가능할 것이다.

주의할 것은 근로기준법상 최저 수준으로 정한 법정수당 지급률에 의한 시간 외 근로수당, 야간근로수당, 휴일근로수당, 주휴수당, 연·월차 휴가수당, 생리수당 등은 감액할 수 없다. 또한 최저임금법에 의한 최저임금수준 이하로도 임금을 삭감할 수 없다. 임금을 삭감하는 경우 평균임금의 저하로 퇴직금이 감액될 수 있으므로 퇴직금에 불이익을 받지 않으려면 중간정산을 하거나 퇴직금 지급기준에 관한 '특약'을 체결하는 방안이 있을 수도 있다.

예를 들면, 퇴직 당시 평균임금이 1997. 12. 31. 기준으로 산정한 평균임금보다 적을 경우에는 1997년 이전에 근무한 기간에 대한 퇴직금은 1997. 12. 31. 기준으로 산정한 평균임금을 적용하는 방법이다. 임금의 삭감조치는 특별한 경우가 아니라면 한시적으로 실시하는 것이 바람직하다.

● 휴업·휴직의 실시

휴 업

근로자가 사용자의 귀책사유로 인해 근로를 제공하지 못할 경우 임금에 의존하여 생활하는 근로자는 불안정한 지위에 놓일 수밖에 없다는 현실을 고려하여, 임금상실의 위험으로부터 근로자를 보호하기 위한 취지에서 근로기준법 제45조 제1항은 휴업시 일정한 휴업수당을 지급토록 하고 있다.

따라서 사업 전체의 휴업 등 집단적인 휴업뿐만 아니라 공장의 일부 라인의 가동을 잠정 정지하거나 근로자 개개인이 사용자의 귀책사유로 인하여 근로를 제공하지 못하는 경우도 휴업의 개념에 포함된다고 할 수 있다.

◀ 관련 법규정 ▶

> **근로기준법 제45조【휴업수당】** ① 사용자의 귀책사유로 인하여 휴업하는 경우에는 사용자는 휴업기간 중 당해 근로자에 대하여 평균임금의 100분의 70 이상의 수당을 지급하여야 한다. 다만, 평균임금의 100분의 70에 상당하는 금액이 통상임금을 초과하는 경우에는 통상임금을 휴업수당으로 지급할 수 있다.
> ② 제1항의 규정에 불구하고 부득이한 사유로 사업계속이 불가능하여 노동위원회의 승인을 얻은 경우에는 제1항의 기준에 미달하는 휴업수당을 지급할 수 있다.

판매부진 등 경영상의 장애가 발생했을 때 곧바로 감원을 검토하기보다는 이와 같은 일시휴업의 방안을 강구하는 것도 해고회피노력에 해당한다.

휴업의 경우 평균임금의 70%를 휴업수당으로 지급해야 하나, '부득이한 사유로 사업계속이 불가능하여 노동위원회의 승인을 얻은 경우에는' 그 이하로 지급할 수 있다.

부득이한 사유로 사업계속이 불가능한 사정이 인정되는 경우까지 사용자에게 법정 휴업수당의 지급을 강제한다면 기업의 계속적인 운영가능성이 저해될 수 있고, 자칫 파산을 촉진할 수도 있기 때문이다.

노동위원회는 '부득이한 사유로 사업계속이 불가능' 한 것인지 여부에 대하여 동 제도의 취지에 비추어 탄력적으로 해석하고 있으며 기업의 외부적 측면과 내부적 측면을 종합적으로 고려하여 판단한다.

기업 외부적 측면이란 사회·경제적 상황, 당해 업종의 평균가동률, 시장상황, 금융시장상황 등을 말하며, 기업 내부적 측면이란 사용자 입장에서 볼 때 사업계속을 위해 실행가능한 조치가 있는지 여부, 사업을 계속하려는 기업의 노력 정도 등을 말한다.

휴직

휴직이란 근로자가 질병·가사 등 개인적인 사정이 있어 일정기간 근로를 제공치 않으면서 회사와의 고용관계는 계속 유지하는 것을 말한다. 따라서 원칙적으로 경영상 이유에 의한 휴직이란 성립치 않는 것이며, 이는 곧 휴업으로 간주된다.

특히 경영상의 이유가 있어 해고회피노력의 일환으로 실시되는 사용자에 의한 '직권휴직' 조치는 근로기준법 제45조의 일부 휴업에 해당된다.

> **관련 판례** 휴업이란 개개의 근로자가 근로계약에 따라 근로를 제공할 의사가 있음에도 불구하고 그 의사에 반하여 취업이 거부되거나 또는 불가능하게 된 경우도 포함된다(대법원 1993. 11. 9. 93다37915 : 1996. 4. 23. 94다446).

따라서 이 경우에는 사용자가 휴업수당(평균임금의 70% 이상 또는 통상임금) 지급의무를 부담하게 되며, 이를 이행치 않은 경우 근로기준법 위반이 된다.

휴직이 휴업으로 간주되지 않기 위해서는 반드시 '근로자의 신청'에 의해서 이루어져야 하며 완전 무급으로 하느냐, 일부 유급으로 하느냐는 신청을 받기 전에 근로자대표와의 합의를 거쳐 확정되어야 할 것이다.

해고회피 차원에서 근로자대표와 무급휴직 실시에 합의했다 하더라도 개별 근로자의 신청 없이 특정 근로자에게 휴직을 강제할 수는 없으며, 경영상의 이유로 휴업이나 휴직을 실시한 경우 고용보험에서 지원금을 수령할 수 있다.

● 희망퇴직 또는 명예퇴직의 실시

　명예퇴직은 퇴직시기를 앞당겨 퇴사하는 조기퇴직의 의미이고, 희망퇴직은 모든 직급에 걸쳐서 자발적인 퇴직자를 모집한다는 의미이다. 고용조정의 효과면에서 본다면 근로자측의 반발이 예상되는 경영상 해고보다는 퇴직희망자를 모집하여 본인에게 선택권을 주는 것이 현실적으로 적정한 방법이 될 수 있다. 이러한 자발적인 퇴직에는 추가적인 금원지급이 따르는 것이 상례이며, 그 금액은 회사 사정을 감안하여 노사간에 협의하여 결정하게 된다.

　회사는 퇴직예정 종업원들을 대상으로 '전직훈련', '창업지원교육' 등의 기회를 마련하고, '인력은행' 등을 설치하여 재취업할 곳을 알선하는 노력을 기울이는 것이 바람직하며 소위 일괄사표·선별수리의 경우에 원칙적으로 사용자가 근로자의 사직 의사표시가 진정한 의사가 아님을 알지 못했고, 알 수도 없었다면 근로자의 사표제출은 유효하다. 예를 들면, 근로자들이 스스로 사직 의사를 표명하는 경우, 퇴직희망자(명예퇴직자) 모집시 퇴직위로금을 기대하고 사직서를 제출한 경우 등이다. 그러나 사용자가 근로자의 사직 의사표시가 진정한 의사에 의한 것이 아님을 알았거나 알 수 있었을 경우에는 그 의사표시는 무효이며(민법 제107조 제1항 단서), 이에 터잡은 면직처분은 해고에 해당한다(대법원 1996. 7. 30. 95누7765 : 1993. 5. 25. 91다41750 : 1992. 9. 1. 92다26260).

　일정 수의 근로자를 감원하기로 하고 모든 근로자 또는 특정 부서의 모든 근로자에게 일괄하여 사표를 제출케 하여 그 중 일부의 사표를 수리할 경우에는 근로자가 사직 의사표시를 하게 된 과정 및 동기 등의 정황증거에 따라 법적 판단을 하게 될 것이지만 사용자가 사직서를 쓰도록 종용하고, 근로자는 사표를 제출하지 않으면 유·무형의 불이익 처분을 당할 것으로 알고 본인이 쓴 사표가 수리될 것인지에 대한 확신도 할 수 없는 상황에서 사표를 제출한 경우라면, 사용자는 근로자들의 사표제출이 진의가 아님을 알고 있거나, 알 수 있었을 것이므로 그 사직의 의사표시는 무효이며, 이를 기초로 사용자가 행한 면직처분은 '해고'에 해당될 수 있을 것이다.

따라서 그 해고가 부당해고에 해당하는지 여부는 경영상 해고의 경우에는 위와 같은 사표수리가 있기 전에 근로기준법 제31조의 규정에 의한 요건과 절차를 갖추었는지에 따라 판단하게 된다.

또한 경영상 해고 대상자에게 자진사직을 권유하여 사직케(의원면직)한 경우 이것이 정당한가에 대하여는 경영상 해고 대상자 선정기준 및 그 과정에 잘못이 없다면 결과적으로 본인에게 '해고'와 '자진사직'의 선택을 맡긴 것으로 해석되고, 따라서 근로자가 자진사직을 선택한 이상 이는 '해고'라 할 수 없을 것이다.

관련 중앙노동위원회 재결

● 관련 사실 인정

신청인은 피신청인 회사에 1996. 5. 18. 입사하여 차량 배차업무를 수행하던중 피신청인 회사의 경영상 사정으로 부서의 통폐합과 고용조정에 따라 관리직 남자사원 중 입사순위가 가장 낮으며, 그 동안 업무수행에 있어 근로자와의 마찰 및 운전기사로부터 금품을 수수한 사실이 있었다는 이유로 관리직에서 정리해고 대상자로 선정되었음을 알고 사직권유를 받자, 1998. 3. 31.자로 사직원을 자필로 작성, 피신청인에게 제출함으로써 사직처리되었음.

● 의원면직 처분의 정당성 여부 판단

비진의 의사표시에 있어서의 진의란 특정한 내용의 의사표시를 하고자 하는 표의자의 생각을 말하는 것이지 표의자가 진정으로 마음속에서 바라는 사항을 뜻하는 것은 아니므로, 표의자가 의사표시의 내용을 진정으로 마음속에서 바라지는 아니하였다고 하더라도 당시의 상황에서는 그것이 최선이라고 판단하여 그 의사표시를 하였을 경우에는 이를 내심의 효과의사가 결여된 비진의 의사표시라고 할 수 없다(대법원 1996. 12. 20. 95누16059 참조)할 것

> 인 바, 위에서 인정한 바와 같이 위와 같은 사정으로 신청인은 피신청인으로부터 정리해고 대상자로 선정되었음을 통보받고 사직을 권고하자 1998. 3. 31. 자필로 사직원을 작성하여 피신청인 회사에 제출하였음이 인정되고, 이는 해고보다는 의원면직이 더 나은 선택이라고 판단하여 사직 의사표시를 하였으므로 이를 내심의 효과의사가 결여된 비진의 의사표시라고 볼 수 없으며, 이는 신청인이 사직원을 제출하였으므로 자진퇴직에 해당한다고 판단된다 (중앙노동위원회 1998. 9. 26. 98부해275).

기업의 해고회피노력 지원제도

 고용유지 지원금제도

근로시간 단축의 경우의 수급요건

- 근로시간을 1개월 이상 계속하여 일 단위로 10분의 1 이상, 주 단위로 8시간 이상 단축한 경우
- 단축 후의 주 단위 근로시간이 근로기준법(제49조 및 제67조) 등에 규정된 법정근로시간 미만일 것

주의할 것은 단축 후의 근로시간이 법정근로시간 이상일 경우에는 근로시간을 단축하였더라도 지원대상이 되지 않으며, 근로시간을 단축했는지의 여부를 판단하는 기준이 되는 단축 전후의 근로시간은 다음 순서에 따라 산정한다.

- 노사간의 합의에 의하여 연간 단위로 정기적·일률적으로 행해지는 실근로시간
- 단체협약·취업규칙에서 일률적·정기적으로 규정된 근로시간

- 단체협약 또는 취업규칙에 근로시간의 규정이 없는 경우에는 연 단위 이상 생산계획에 의하여 산정대상 모든 근로자에게 일률적으로 규정되는 근로시간
- 위의 경우가 모두 해당되지 않을 때는 법정근로시간

또한 일률적·정기적으로 행하여지는 근로시간과 별도로 개별 근로자에게 불규칙하게 연장 또는 축소되는 근로시간은 산정대상 근로시간에서 제외한다. 근로시간 단축대상은 사업장의 모든 근로자를 대상으로 하는 것을 원칙으로 하되, 직종 및 업종별로 구분하여 실시할 수 있다.

물품 관리 등을 위해 근로시간 단축이 불가능한 근로자는 제외할 수 있으며, 같은 생산현장이라도 최종 생산물 종류가 다른 경우에는 다른 업종으로 인정된다. 또한 고용유지조치(근로시간 단축) 계획을 수립하여 실시 전날까지 지방노동관서에 신고하고 그 계획에 따라 시행하며 고용유지조치 계획수립시 근로자대표와 협의를 거쳐야 한다.

지급수준

근로시간 단축 전 평균임금의 10분의 1(대규모기업 15분의 1)을 6개월간 지급한다.

> **예 · 시**
>
> - 근로자수 100명, 1인당 월 평균임금 100만 원을 지급하는 업체
> - 6개월간 일일 1시간씩 근로시간 단축
> - 지원금액은 근로시간 단축 전 지급임금의 10분의 1인 6,000만 원 지원
> ※ 이는 1998년 보험료 납부액의 약 8.5배에 해당
> ※ 근로시간 단축 전 사업주 지급임금 : 6억 원(=100명×100만 원×6월)
> ※ 1998년 보험료 : 약 700만 원(= 100명×100만 원×12월×0.6%)

지급절차

지원금을 지급받고자 하는 사업주는 근로시간 단축을 행한 다음 달부터 매월 단위로 지원금을 신청해야 한다.

● 휴업의 경우

수급요건

역월 단위로 휴업규모율이 15분의 1을 초과하여 휴업을 행하고 휴업수당을 지급한 경우로 '휴업규모율'이란 단위기간 동안 당해 사업 피보험자의 소정근로연일수에 대한 휴업연일수의 비율을 말한다. 1월이 30일인 경우 월 2일을 초과하여 휴업을 실시한 경우 해당되며, 1일 4시간 이상 휴업했을 경우(소정근로시간 이내 4시간 이상 실시시 0.5일로 산정) 휴업일수에 포함된다.

사용자는 고용유지조치(휴업) 계획을 수립하여 실시 전날까지 지방노동관서에 신고하고 그 계획에 따라 시행해야 하며, 고용유지조치 계획 수립시 근로자대표와 협의를 거쳐야 한다.

> **예·시**
>
> - 근로자수 100명, 1인당 월 평균임금 100만 원을 지급하는 업체
> - 6개월간 전면 휴업을 실시하고 휴업수당을 1인당 월 70만 원 지급 (임금의 70%)
> - 지원금액은 휴업수당지급액의 3분의 2인 2억 8,000만 원 지원
> ※ 이는 1998년 보험료 납부액의 약 40배에 해당
> ※ 사업주지급 휴업수당액 : 4억 2,000만 원(=100명×100만 원×70%×6월)
> ※ 1998년 보험료 : 약 700만 원(=100명×100만 원×12월×0.6%)

지원수준
휴업기간 동안에 근로자에게 지급한 휴업수당의 3분의 2(대규모기업 2분의 1)를 6개월간 지급한다.

지급절차
지원금을 지원받고자 하는 사업주는 휴업을 행한 다음 달부터 매월 단위로 지원금을 신청한다.

● 훈련의 경우

수급요건
고용유지에 '적합한 훈련'이어야 하며, 훈련과정은 사업장 내 직무전환, 직무수행능력 향상, 새로운 직무적응 등을 목적으로 편성한다. 그러나 학위를 부여하는 교육과정, 양성훈련, 법령에 의무가 부여된 보수교육·훈련, 취업규칙 등에 의한 통상의 직무능력개발훈련은 제외된다.

훈련방법은 훈련장소 등이 생산현장과 구분되어야 하고, 통상의 근무시간(소정근로시간) 안에 행해져야 하며, 훈련기간중에 업무에 종사하게 하면서 실시되는 것이 아니어야 한다. 훈련기간은 1일 4시간 이상, 총 30시간 이상으로 연속하여 1주일 이상 실시되어야 하며, 자체적으로 훈련시설·장비를 갖추어 실시할 수 있다. 노동부장관이 지정한 직업훈련·교육훈련기관에의 위탁실시도 가능하다.

고용유지조치(훈련) 계획을 수립하여 실시 전날까지 지방노동관서에 신고하고 그 계획에 따라 시행하고 고용유지조치 계획수립시 근로자대표와 협의를 거쳐야 한다.

지원수준
훈련기간중에 지급한 임금의 3분의 2(대규모기업 2분의 1)와 훈련비가 6개월간 지급되며 자체 훈련시에는 인건비, 실습재료비, 교재비, 훈련장비, 시설임차비, 훈련생 피복비, 기숙사비, 일반운영비가 지원되고, 위탁훈련시에는 위탁계획서상 훈련비용이 지원된다.

> **예 · 시**
>
> - 근로자수 100명, 1인당 월 평균임금 100만 원을 지급하는 업체
> - 6개월간 30명에 대하여 고용유지훈련 실시
> - 지원금액은 훈련비 전액 및 훈련기간중 임금의 3분의 2인 1억 9,600만 원 지원
>
> ※ 이는 1998년 보험료 납부액의 약 28배에 해당
> ※ 훈련비 : 7,600만 원(= 30명×42만 4,000원×6월)
>   임 금 : 1억 8,000만 원(= 30명×100만 원×6월)
> ※ 1998년 보험료 : 약 700만 원(= 100명×100만 원×12월×0.6%)

지급절차

지원을 받고자 하는 사업주는 훈련실시 후 다음 달부터 매월 단위로 지원금을 신청해야 한다.

> **지원항목의 상호조정**
>
> 근로시간 단축, 휴업, 훈련을 동시에 실시하는 사업주는 사업주의 신청에 따라 하나의 고용유지조치에 대한 고용유지지원금만을 지급
> - 동 고용유지조치를 기간을 달리하여 실시하는 경우에는 각각의 지급기간을 합하여 6개월을 초과할 수 없음.
> - 또한 지급기간의 합계가 6개월을 초과하는 경우에는 그 후 6개월이 경과하지 아니하면 동 조치에 의한 고용유지지원금을 지급하지 않음.

● 사외파견의 경우

수급요건

당해 피보험자와 고용관계를 유지하면서 1개월 이상 협력회사·계열회사 등 다른 회사에 파견한 경우를 말하며, 파견이 해제되면 기존사업장으로 복귀하여 고용이 유지되어야 한다. 또한 파견사업주가 파견근로자에게 임금을 지급해야 되며 두 회사 사이에 상호 교환하여 파견하거나 파견한 근로자를 6개월 이내에 재파견하는 경우는 해당되지 않는다.

사용자는 근로자대표와 협의, 계획을 수립하여 실시 전날까지 지방노동관서에 신고(1999. 1.부터 시행)해야 한다.

지원수준

사외파견 기간 동안 사업주가 근로자에게 지급한 임금의 3분의 2(대규모기업 2분의 1)를 6개월간 지급한다.

예 · 시

- 근로자수 100명, 1인당 월 평균임금 100만 원을 지급하는 제조업체
- 6개월간 잉여인력 30명을 협력회사에 파견하면서 파견근로자에게 1인당 월 100만 원 임금지급
- 지원금액은 파견근로자 임금의 3분의 2인 1억 2,000만 원 지원
※ 이는 1998년 보험료납부액의 약 17배에 해당
※ 파견근로자에게 파견사업주가 지급한 임금 : 1억 8,000만 원(=30명×100만 원×6월)
※ 1998년 보험료 : 약 700만 원(=100명×100만 원×12월×0.6%)

지급절차

지원금 신청시는 근로자에게 지급한 임금대장사본 1부와 근로자동의

서 1부를 첨부하여 소재지 관할 지방노동관서에 제출한다.

● 휴직의 경우

수급요건

근로자에게 1개월 이상 유·무급휴직을 부여한 경우에 휴직종료 후 당해 사업장에 복직이 전제되어야 한다.

사용자는 근로자대표와 협의, 계획을 수립하여 실시 전날까지 지방노동관서에 신고하여야 한다(1999. 1.부터 시행).

지원수준

유급휴직의 경우 휴직기간 동안 지급한 수당액의 3분의 2(대규모기업 2분의 1)를 6개월간 지원하며, 무급휴직의 경우에는 노무비용을 고려하여 노동부장관이 고시하는 금액을 6개월간 지원하고 지원금액은 1인당 14만 원(대규모기업은 11만 원)이다. 또한 무급휴직으로 훈련을 실시하는 경우 훈련비와 훈련수당이 지급된다.

예·시

- 근로자수 100명, 1인당 월 평균임금 100만 원을 지급하는 업체
- 6개월간 근로자 30명에게 유급휴직을 부여
- 지원금액은 근로자에게 지급한 휴직수당의 3분의 2인 6,000만 원 지원

※ 이는 1998년 보험료납부액의 8.5배에 해당
※ 사업주지급 휴직수당 : 9,000만 원(= 30명×50만 원×6월)
※ 1998년 보험료 : 약 700만 원(=100명×100만 원×12월×0.6%)

지급절차

휴직실시 후 다음 달부터 매월 단위로 휴직임을 증명하는 서류 1부와 소정의 지원금 신청서를 지방노동관서에 제출한다.

● 인력재배치의 경우

수급요건

시설·장비를 설치하거나 정비하고 새로운 업종으로 사업을 전환하여 기존사업에 종사하던 근로자의 60% 이상을 전환업종에 재배치하여야 한다. 업종전환이란 한국표준산업분류상의 산업세세분류간 업종 이동을 의미한다.

사용자는 인력재배치 계획을 수립하여 실시 전날까지 지방노동관서에 신고하며 실시사유, 방법, 기간, 대상자의 임금지급방법 및 고용유지조치 후 인력활용방법에 대해 기재한 계획서도 제출한다.

지원수준

인력재배치 이후 1년간 지급한 임금의 3분의 2(대규모기업 2분의 1)를 지급한다.

예·시

- 근로자수 100명, 1인당 월 평균임금 100만 원을 지급하는 업체
- 1997. 12. 말 업종전환을 완료하고 기존근로자 100명을 인력재배치하여 1998. 1. 1.부터 업무개시
- 지원금액은 재배치 근로자 임금의 3분의 2인 8억 원 지원

※ 이는 1998년 보험료납부액의 약 114배에 해당
※ 사업주 지급임금: 12억 원(=100명×100만 원×12월)
※ 1998년 보험료 : 약 700만 원(=100명×100만 원×12월×0.6%)

지급절차

인력재배치 이후 매월 단위로 지원금을 신청하며 임금대장 사본 1부와 소정의 지원금 신청서를 제출한다.

'업종전환'으로 인정받기 위해서는 비용상 최저한도는 없으나 객관적으로 업종전환을 위한 유형적·물적 비용투자가 있어야 한다. 시설·장비라고 보기 어려운 단순한 사무집기나 소모성 비품의 구입은 시설의 설치 또는 장비가 있었던 것으로 보지 않는다.

● 채용장려금제도

고용조정으로 이직한 자를 채용했을 때 채용장려금을 지급함으로써 구조조정으로 불가피하게 이직한 자의 신속한 재취업을 도모하기 위한 지원제도이다.

수급요건

직업안정기관의 알선에 따라 고용조정으로 이직한 자를 분기당 5인 이상 또는 당해 사업장 월평균 근로자 수의 5% 이상을 신규채용한 경우와 고용조정이 불가피한 사업주의 재취업 알선에 따라 실직자를 30일 이내에 채용한 경우에 해당된다. 사용자는 재취업 알선계획을 수립하여 근로자의 이직 예정일의 실시일 전날까지 지방노동관서에 신고한다.

지원수준

새로 채용한 근로자에게 지급한 임금의 2분의 1(대규모기업 3분의 1)을 6개월간 지원하며 지원금액은 실업기간이 1년 이상 또는 6개월이 초과된 55세 이상의 실직자를 채용한 경우 3분의 2(대규모기업 2분의 1)까지 지원된다. 예를 들어 근로자 수 4명, 1인당 월 100만 원 임금이 지급되는 사업장에서 1명을 채용한 경우 300만 원이 지급된다. 이는 당해 기업의 연간 보험료 납부액(28만 8,000원)의 10배에 해당된다.

지급절차

매분기 단위로 지원금이 지급되며, 사용자는 채용장려금 신청서에 채용근로자에게 지급한 임금대장을 첨부하여 채용한 날 이후 매분기 다음 달 말일까지 지원금을 신청한다.

> **기업의 구조조정 유형에 따른 채용장려금의 지급**
>
> 법인의 합병 · 영업의 양도 · 양수의 경우
> - 법적 고용승계의무가 있으므로 양수회사에서 전원 승계토록 하고 미승계시는 부당해고로 의법조치(단, 특약이 있는 경우는 예외)
> - 채용장려금의 지급 불가
>
> 사업운영에 필요한 물적 자산 매각의 경우
> - 법적 승계의무가 없으므로 자산매입 사업주가 관련 근로자를 고용하는 경우 채용장려금 지급가능
> - 직업안정기관의 알선, 자산매각자의 재취업 알선이 필수
>
> 청산의 경우
> - 실직이 불가피하므로 이직근로자를 계열회사 · 협력회사 및 기타 회사에서 채용하는 경우 채용장려금의 지급대상
> - 직업안정기관의 알선 또는 기업의 재취업 알선이 필수
>
> 기타 장려금이 지급되지 않는 경우
> - 채용 사업주가 이직 전 사업장의 사업주와 동일인인 경우, 당해 사업주간 발행주식 또는 출자지분이 30% 이상인 경우, 이직 전 사업의 시설 · 설비 또는 그 임차권을 유상 또는 무상으로 양도받은 사업주에 채용되는 경우
> - 이직 전 사업과 채용사업간 자본 · 자금 · 인사 등이 밀접한 관계가 있는 등 양 사업간에 실질적인 동일성이 인정되는 경우

● 고령자 및 여성고용에 관한 지원제도

통상적인 조건하에서 취업이 곤란한 고령자나 여성의 고용기회를 확대하고 안정적인 경제생활을 도모하고자 고령자 및 여성고용촉진장려금을 지원한다.

〈고령자 고용촉진장려금〉

구 분	지원 요건	지원 수준
다수고용	매분기 고령자(55세 이상)를 당해 사업 근로자수의 6% 이상 고용	고령자를 다수 고용하는 경우는 노동부장관이 매년 고시하는 금액(분기당 9만 원)에 6% 이상 초과하여 고용한 고령자 수를 곱하여 산정
신규고용	1분기 동안 고령자를 5인 이상 또는 월평균 근로자수의 5% 이상 새로 고용	신규고용한 고령자에게는 사업주가 지급한 임금의 4분의 1(대규모기업 5분의 1)을 고용 6개월간 지급
재고용	경영상 이유, 정년퇴직, 질병, 부상, 통근 곤란 등으로 퇴직한 45세 이상 55세 미만인 자를 퇴직 후 2년 이내에 재고용	재고용한 고령자에 대해서는 노동부장관이 매년 고시하는 금액을 재고용자 1인당 1회 지원 - 1998년도에는 1인당 40만~80만 원

〈여성고용촉진장려금〉

구 분	지원 요건	지원 수준
육아휴직	피보험자인 근로자에게 육아휴직을 30일 이상 부여하고 육아휴직 종료 후 30일 이상 계속 고용한 사업주	육아휴직을 부여하는 사업주에게는 육아휴직 근로자 1인당 월 14만 원(대규모기업 11만 원)을 지급
여성 재고용	임신·출산·육아를 이유로 퇴직한 여성을 5년 이내에 당해 사업장에 재고용한 사업주(단체협약 또는 취업규칙에 재고용관련 내용을 명시)	재고용한 여성에 대해서 1인당 제조업의 경우 100만 원(대규모기업 80만 원), 제조업이 아닌 경우에는 80만 원(대규모기업 60만 원)을 지급
부양가족이 있는 여성실업자 고용	직업안정기관에 구직을 신청한 여성실업자 중 부양가족이 있는 세대주, 기타 가족부양의 책임이 있는 자를 새로 고용한 사업주	신규고용한 근로자에게 지급한 임금의 2분의 1(대규모기업 3분의 1)을 6개월간 지급

4. 해고대상자의 선정기준

〖관련 법규정〗

> **근로기준법 제31조**【경영상 이유에 의한 해고의 제한】② 제1항의 경우에 사용자는 해고를 피하기 위한 노력을 다하여야 하며 합리적이고 공정한 해고의 기준을 정하고 이에 따라 그 대상자를 선정하여야 한다. 이 경우 남녀의 성을 이유로 차별하여서는 아니된다.

◆ 공정한 선정기준

해고대상자는 합리적이고 공정한 기준에 의해 선정되어야만 근로자의 희생을 최소한도로 줄일 수 있으며, 만약 이러한 합리성과 공정성을 결여한다면 설령 긴박한 경영상의 필요성과 해고회피노력이 인정된다 하더라도 해고자체가 무효가 될 수 있다.

해고대상자의 선정기준은 단체협약이나 취업규칙에 정하여 놓는 것이 바람직할 것이다. 그러나 만일 그렇지 못했다면 해고 시점에서 사용자가 근로자대표와의 협의를 거쳐 합리적이고 공정한 원칙을 정해야 할 것이다.

'합리적이고 공정한 해고대상자 선정기준'은 개별 사업장의 사정과 여건에 따라 다르므로 일률적·확정적 기준을 제시하는 것은 불가능하나, 개별 사업장별로 노사간에 자율적으로 협의하여 다음 표와 같은 '근로자생활 보호측면'과 '기업이익 측면'이 적절히 조화되도록 정하는 것이 타당할 것이다.

〈해고대상자 선정기준 제요인〉

근로자생활 보호측면(재고용가능성)	기업이익 측면(기업에의 공헌도)
1) 근로자의 연령 2) 근속연한 3) 가족에 대한 부양의무 4) 재산소유 상태 5) 다른 가족의 소득 6) 근로자의 건강 상태 - 건강악화 원인 7) 산업재해 · 업무로 인한 직업성 질병 등	1) 평소의 근무실적(결근일수, 지각횟수, 명령위반, 상벌관계 등) 2) 기능의 숙련도 3) 근로능력, 경험기능 - 직업적 자격, 자질 4) 전직의 가능성 5) 기업에의 불이익 유무 6) 고용형태에 있어 기업에 대한 귀속성 정도 · 비정규근로자[단시간 근로자, 임시직, 계약사원, 파견근로자, 정년 후 재고용자(촉탁사원, 특별사원)]와 정규 근로자(상용근로자, 정사원) 등

　해고기준과 관련해서는 하급심 판례이기는 하나 원칙적으로 근로자 각자의 주관적 사정을 위주로 하여 상대적으로 사회적 · 경제적 약자순으로 해고대상에서 제외하고, 사용자측의 이해관계는 부차적으로 고려하여야 한다는 판례가 있다.

　해고대상은 사업의 폐지나 경영합리화로 없어지게 되는 직무 · 직종 등을 중심으로 하고, 이와 전혀 관계가 없는 근로자를 대상으로 하는 것은 정당성이 없다.

관련 판례
　첫째, 해고대상자를 선별함에 있어서는 감원의 원인이 된 경영합리화 조치로 폐지되는 직무기능과 그 직급이나 직책의 성질 및 임금수준상 상호대체가 가능할 정도로 동일하거나 유사한 직무에 종사하고 있는 근로자들만을 선별의 대상으로 삼아야 할 것이다.
　둘째, 정리해고의 경우 근로자의 일신상 · 형태상의 사유가 아닌 사용자측의 경영상 필요로 해고가 이루어지는 것이므로 연령,

> 근속기간, 부양의무의 유무, 재산, 건강상태 등 근로자 각자의 주관적 사정을 기초로 그 사회적 위치를 살펴 상대적으로 사회적 보호를 덜 필요로 하는 근로자들부터 해고를 하여야 하고, 근무성적, 업무능력 등 사용자측의 이해관계와 관련된 사정들을 부차적으로 고려하여야 할 것임에도, 피고는 해고대상 근로자 선별기준을 마련함에 있어서 피고법인의 이해관계와 밀접한 사항들만을 반영하였을 뿐, 근로자 각자의 주관적 사정을 전혀 고려하지 아니하였으므로, 이러한 점으로 보아도 피고의 초과인원 정리기준은 정당하다고 볼 수 없다. 피고가 이러한 기준을 마련함에 있어 피고법인 노동조합과 협의나 합의를 하였다 하여도 이러한 사정은 해고대상자 선별기준의 정당성에 아무런 영향을 미치지 않는다(서울지법 1995. 12. 15. 94가합10586).

근속연수가 짧은 근로자를 먼저 해고대상자로 삼아야 하는지 여부

외국의 경우 근속연수가 짧은 근로자를 먼저 해고대상자로 선정하는 것이 대부분이고, 장기근속자일수록 해당 업무에 전문적인 기술과 경험이 있다고 보아 장기근속자부터 해고대상자로 선정하는 것은 합리성이 없다고 본다.

관련판례
> 정리해고시 전직의 가능성이 비교적 어렵고 회사에의 공헌도가 높은 장기근속자를 보호하고자 단기근속자순으로 대상자 선정기준을 정하였고, 단기근속자를 선정함에 있어서도 해외취업 후 재입사한 사람의 입사일을 모두 최초 입사일을 기준으로 환원하여 이에 따라 단기근속자를 선정한 경우 해고대상자 선정기준이 불합리하거나 불공정하다고 할 수 없다(서울고법 1996. 5. 9. 95구19784).

많은 기업에서 장기근속자일수록 고임금인 점을 고려하여 우선 감원대상으로 삼고 있으나, 고임금자는 '우선 퇴직권유'의 대상은 될 수 있지만 '우선해고'의 대상으로 하는 것은 부당하다(업무에 비해 고임금을 받으면 임금체계의 개편을 통하여 임금을 조정해야 할 것이다).

근로자대표가 동의한 해고대상자 선정기준

예를 들어 경영상 해고대상자의 선정기준이 명백하게 불합리하거나 불공정함에도 불구하고 근로자대표인 노조집행부가 반집행부소속 근로자의 배제 등을 이유로 이에 동의한 경우 유효 여부는 해고기준의 합리성과 공정성은 실질적으로 요구되는 요건이기에, 신의성실의 원칙에 비추어 명백히 이에 반하는 노조의 동의는 그 효력을 인정할 수 없을 것이다.

해고기준에 있어서 남녀차별 금지

특히 개정 근로기준법은 여성근로자의 차별적 경영상 해고를 막기 위해 '남녀의 성을 이유'로 하는 차별을 명문으로 금지하였다. 이는 합리성이 없는 성차별을 금지한 것으로서 예컨대, '사내 맞벌이 부부 중 여자', '생계책임이 적은 여성근로자', '일정한 연령 이상의 여자', '남편 있는 여자', '27세 이상의 여자', '산전후 휴가 또는 육아휴직중인 자', '부양가족이 없는 미혼여성' 등의 해고기준은 무효라고 본다.

불공정하고 불합리한 해고기준의 예

* 사용자가 임의로 해고자를 선정하여 해고한 경우
* 단체협약·취업규칙에서 정한 기준을 따르지 않은 경우
* 합리적인 이유없이 여성 또는 기혼여성을 우선하여 해고한 경우
* 조직개편 또는 사업폐지와 전혀 관계 없는 직종의 근로자를 해고한 경우
* 직무와 관계 없이 임금수준이 높은 근로자순으로 해고한 경우
* 근속기간이 긴 근로자 또는 고령자순으로 대상자를 선정한 경우
* 정년이 가깝다는 이유로 해고한 경우
* 노동조합 활동을 하였다고 해고한 경우
* 퇴직권유에 응하지 않았다고 해고한 경우

관련 판례 및 중앙노동위원회 재결 예

● 대상자 선정이 합리적이고 공정하다고 본 사례

일용근로자를 경영상 해고한 사례

관련 판례 운송업을 목적으로 하는 회사의 지점장이 동 회사 본사가 다년간의 적자운영을 탈피하기 위하여 그 적자요인의 하나로 되어 있는 사무량에 비하여 과다한 일용근로자를 정리한다는 방침을 정하고 그러한 지시를 지점장 등에게 내림에 따라 지점에서 그때 그때의 업무형편에 따라 일용의 형식으로 고용해오던 용원들을 해고한 조치는 정당하다(대법원 1966. 4. 6. 66도204).

평소 근무성적, 상벌관계, 경력, 기능의 숙련도 등을 고려한 사례

> **관련 판례**
>
> 경영합리화를 위하여 사내 폭행, 근무불성실 등의 이유로 징계처분을 받은 바 있는 전(前) 노조위원장을 해고한 경우에 1983. 8. 이후에는 생산물량의 미확보로 생산부 기능공의 70% 가량의 환경정비…… 등의 비생산 분야에 종사하는 중 경영합리화를 위한 인사정책으로 같은 해 11. 30. 서울사무소의 부장, 과장, 대리 각 1명을 감원한 데 이어 같은 해 12. 30. 여자공원 19명, 남자공원 1명, 사환 3명 등 23명을 감원조치하였고, 위 감원조치를 함에 있어 종업원들의 평소 근무성적, 상벌관계, 경력, 기능의 숙련도 등의 기준에 의하여 감원대상자를 선정하였던 사실을 인정할 수 있으므로 위 해고는 정당하다(대법원 1987. 5. 12. 86누690).

소속부서 근로자만을 대상으로 한 사례

> **관련 판례**
>
> 사업부별로 별도의 노동조합이 결성되어 실질적인 경영자와 각기 독자적으로 단체교섭 등의 노조활동을 하여 왔고 그에 따라 근로자들도 제1사업부와 제2사업부를 전혀 독립한 별개의 사업장으로 인식하고 있었다는 것인 바, 이러한 사정이라면 적자를 내고 있고 경영상 심히 곤란을 겪고 있는 제1사업부를 폐지하여 인원감축을 하는 것이 불합리하다 할 수 없어 피고 회사는 제1사업부를 폐지하여 인원감축을 하여야 할 긴박한 경영상의 필요에 의하여 제1사업부를 폐지함에 있어 제1사업부 소속 전체 근로자들을 해고대상자로 선정한 것이 형평성에 어긋나다고 할 수 없다(대법원 1994. 5. 10. 93다4892).

영어구사 능력이 없는 자를 대상으로 한 사례

> **관련 판례** 참가인회의 직원의 조직구성이나 업무성격상 대외적으로 미군 등과의 접촉을 하여야 하는 직원인 경우 능숙한 영어구사 능력이 요청되는 점 등을 고려하여 볼 때 영어구사 능력이 부족한 것으로 판단한 원고를 해고대상으로 선정한 것은 합리적이라 할 것이다(대법원 1996. 12. 5. 94누15783).

단기근속자를 우선하여 경영상 해고한 사례

> **관련 판례** 1993. 1. 18. 인원감축은 정리해고가 아니라 퇴직희망자를 모집한 것이어서 가능한 한 고령의 근로자를 우선으로 하기 위하여 50세라는 기준을 정한 것이라 할 것이고, 한편, 이 사건 정리해고시에는 전직의 가능성이 비교적 어렵고 회사에의 공헌도가 높은 장기근속자를 보호하고자 단기근속자순으로 대상자 선정기준을 정하였고 단기근속자를 선정함에 있어서도 해외취업 후 재입사한 사람의 입사일을 모두 최초 입사일을 기준으로 환원하여 이에 따라 단기근속자를 선정하였으며, 다만, 원고 ○○○은 최종 귀국 후 6개월이 경과된 자로서 위 노사합의된 내용에 따라 1986. 11. 21.을 위 원고의 입사일로 본 것이므로 이 사건 정리해고에 있어서 해고대상자 선정기준이 불합리하다고 할 수 없다(서울고법 1996. 5. 9. 95구19784).

입사경력이 적은 순으로 감원대상자를 선정한 사례

중앙노동위원회 재결

원청업체의 화재로 인한 수주물량의 감소로 감원이 불가피한 입장에 처해 노동조합간의 협의 결과 입사경력이 적은 순으로 ○○명을 감원키로 대상자를 선정하였으며……피신청인보다 늦게 입사한 사무직 남자사원과 생산직 ○○○이 제외되었으나, 이들이 가진 사무능력 및 보유기술(포장기능보유자)을 감안할 때 불가피한 조치이다(중앙노동위원회 재결 1991. 5. 14. 91부해23).

인사고과상 직급별 순위 최하위자들을 경영상 해고한 사례

중앙노동위원회 재결

신청인 회사에서 정리해고를 하기에 앞서 인원감축의 한 방법으로 명예퇴직제를 실시하고, 이를 수용하지 않은 직원에 대하여 고과성적이 직급별 순위 최하위자들을 해고대상자로 선정하였는 바, 인사고과의 채점과정에서 회사측의 자의가 개재되어 선정의 형평성이나 공정성이 결여되었다고 볼 이유나 근거가 없는 상황이라면 피신청인에 대한 정리해고는 정당하다(중앙노동위원회 1994. 4. 6. 93부해310).

대상자 선정이 비합리적이고 공정하지 못하다고 본 사례

장기근속자를 우선 해고대상자로 한 사례

관련판례 해고대상자로 선정함에 있어서도 해고로부터 보다 많은 보호를 받아야 할 장기근속자를 우선적으로 해고대상자로 정한 것은 합리성과 공정성을 결여한 것으로 결국 해고처분은 정당한 이유가 없는 부당해고로서 무효라고 본 원심을 확정(대법원 1993. 12. 28. 92다34858).

단체협약에 정하여진 선정기준에 따르지 아니한 사례

관련판례 해고대상자를 선정함에 있어서는 단체협약에 정하여진 선정기준에 따르지 아니하여 그 공정성과 합리성을 결하는 등 정리해고의 정당성의 요건을 충족하지 않아 해고처분이 무효라고 본 원심을 확정(대법원 1993. 11. 23. 92다12285).

정년에 가깝다는 이유로 경영상 해고한 사례

중앙노동위원회 재결 ○○시 ○○○사업소가 정리해고 대상자를 선발할 때, "신체허약자, 근무성적 불량자, 작업환경 저해자, 기타 사유로 사역이 부적당하다고 인정되는 자"를 선발토록 지시하면서 구체적인 선발기준 없이 각 지구현원의 30% 이상 대상자 명단을 보고토록 하고, 이 가운데 정리해고 대상자를 선발한 것은 합리적이고 객관적인 대상자 선발이라 할 수 없다. 또한 신청인의 경우 정년을 2개월 앞당겨 해고를 결정한 것은 부당하다(중앙노동위원회 재결 1995. 1. 11. 94부해317).

조직개편과 관계 없는 직종·직급을 해고대상에 포함한 사례

관련 판례

1) 조직 및 직제개편에 따라 조정된 직종 및 직급별 정원과 현원을 비교하여 정원을 초과하는 직종 및 직급에 소속된 근로자들만을 해고대상으로 하여 각 직종·직급별로 대상근로자를 선별하였어야 함에도 불구하고 직군·직렬에 관계 없이 소속근로자 전체를 대상으로 삼아 해고대상자를 선발하도록 정한 피고의 초과인원 정리기준은 결코 정당하다고 볼 수 없다.

2) 해고대상 근로자 선발기준을 마련함에 있어서 피고 법인의 이해관계와 밀접한 사항들만을 반영하였을 뿐 근로자 각자의 주관적 사정을 전혀 고려하지 아니하였으므로, 이러한 점으로 보아도 피고의 초과인원 정리기준은 정당하다고 볼 수 없다(서울지법 1995. 12. 15. 94가합10586).

관외 거주자를 대상으로 경영상 해고한 사례

중앙노동위원회 재결

○○구청에서 하수도 준설업무를 담당하던 상용인부를 감원하면서 협소한 지역 단위인 구 행정구역을 벗어난 관외 거주자로 하여 해고대상자로 선정한 것은 합리적이라 할 수 없다(중앙노동위원회 재결 1996. 8. 24. 96부해117).

해고대상자를 선정함에 있어 근로자의 주관적인 사정을 고려하지 않은 사례

중앙노동위원회 재결

해고대상자를 선정함에 있어 근로자의 연령, 가족상황, 근속연한, 가족의 수입 및 재산상황, 건강상태, 유책성 등을 고려하지 않은 것은 부당하다(중앙노동위원회 재결 1997. 6. 12. 97부해21).

대상자의 선정에 대한 일본판례

① '고령자'는 연공서열형 임금체계에 의한 비교적 높은 봉급을 받고 있음에도 노동능률이 높지 않다는 이유로 정리기준으로 들 수 있지만 능률에는 개인차가 있고 또 고령자는 재취업이 곤란하며 실업에 따른 생활상의 타격은 심각할 수밖에 없으며 정년제를 설정한 의미를 상실시키는 것이기 때문에 사용자측의 사정만에 의하여 정리기준으로 설정된 것이어서 합리적이라고 할 수 없다.

② '일정연령 이상의 여자', '남편이 있는 여자'라고 하는 기준은 그러한 여자라고 해서 경영효율에 기여하는 정도가 낮은 자라고 할 수 없고 더욱이 이는 성별에 의한 차별이기 때문에 헌법 및 근로기준법상의 정신에 위배되므로 그러한 기준에서 한 정리해고는 원칙적으로 무효다 (일본 동경지재 소47.10.18. 결정도 '남편이 있는 여자, 27세 이상의 여자'라고 하는 정리기준은 공서양속 위반으로 무효라고 판시했다).

③ '장기결근자', '병약자', '신체장애인'이라고 하는 기준에 있어서는 업무상 부상 또는 질병에 의하여 장기간 결근하고 있는 자라든가 혹은 그와 같은 원인에 의하여 장기간 결근하고 있는 자라든가 혹은 그와 같은 원인에 의하여 초래된 신체장애인 등은 원칙적으로 여기에 포함되어서는 아니된다고 해석된다.

④ '집단생활의 질서문란한 자', '회사업무에 협력하지 않는 자', '업무명령에 복종하지 않는 자', '사회와 신용을 해하는 자', '협조성이 결여된 자' 등과 같은 기준은 그것 자체로서는 부당한 것이라고 할 수 없지만 그 기준이 애매하여 그 실제의 적용이 문제되므로 구체적인 근거가 제시될 것을 요구한다.

⑤ '기업 공헌도가 낮은 자', '작업성적이 낮은 자' 등과 같이 근로자의 평가와 관련한 기준을 채택하는 경우도 많은 것인데 그 기준의 적용방법에 있어서 그 기준이 사용자에 의하여 주관적·자의적으로 왜곡되

거나 그 평가항목 및 요소가 협조·조화·성실 등과 같이 추상적·주관적으로 되는 경우에는 객관적 합리성을 결하게 되어 무효로 보아야 할 것이라고 한다.

⑥ '생산축소에 의하여 잉여인원으로 된 자', '배치전환이 곤란한 자' 등의 기준에 있어서 어떠한 직장이 폐지되면 그 직장에서 근무하던 근로자들은 모두 과잉인원이 되지만 이 경우에 폐지된 직장의 근로자만이 해고되는 불공평이 일어나지 않도록 하기 위한 노력이 필요한 바, 종국적으로 폐지된 직장의 근로자를 배치전환 등에 의하여 다른 직장으로 전근시키는 것을 검토하여야 하며, 그리하여 전제로 보아서도 과잉인원이 생긴 경우에 한하여 정리해고가 인정되어야 할 것이라고 한다('통상해고, 정리해고, 징계해고', 김재진, 재판자료 제39집 근로관계 소송상의 제문제 참조).

5. 근로자대표와 성실한 협의

◀ 관련 법규정 ▶

> **근로기준법 제31조【경영상 이유에 의한 해고의 제한】** ③ 사용자는 제2항의 규정에 의한 해고를 피하기 위한 방법 및 해고의 기준 등에 관하여 당해 사업 또는 사업장에 근로자의 과반수로 조직된 노동조합이 있는 경우에는 그 노동조합, 근로자의 과반수로 조직된 노동조합이 없는 경우에는 근로자 과반수를 대표하는 자(이하, '근로자대표'라 한다)에게 해고를 하고자 하는 날의 60일 전까지 통보하고 성실하게 협의하여야 한다.

성실한 협의

정리해고가 정당성을 확보하려면 위에서 언급한 세 가지의 요건은 물론 이에 관한 근로자대표와의 성실한 협의라는 절차적 요건도 충족하여야 한다. 협의는 해고하고자 하는 날의 60일 전까지 근로자대표에게 해고회피방법 및 해고대상자 선정기준 등을 통보하고 시작해야 한다.

근로자대표와의 성실한 협의는 단체협약이나 취업규칙에 근거규정이 있는 경우는 물론 그렇지 않은 경우에도 당연히 이루어져야 하며, '협의'라 함은 필요한 사항을 상대방에게 설명하여 상대방의 의견을 듣고 또 질문에 성의껏 답변하는 것을 말한다. 따라서 수용가능한 것은 최대한 수용하고 그렇지 못한 경우에는 합리적인 이유를 제시하여야 한다. 예컨대, 사용자가 "기업경영상 부득이 하다", "경영이 어렵다" 등의 추상적인 설명만 일관할 경우에는 협의의무를 다했다고 보기 어렵다.

성실한 협의로 보기 어려운 사례

* 근로자대표와 협의 없이 해고하는 경우
* 근로자대표에게 일방적으로 해고계획을 통보만 하고 해고하는 경우
* 노동조합이 없다는 이유로 협의하지 아니한 경우
* 사용자가 해고회피방법 및 해고기준을 제시하지 않고 협의를 하는 경우
* 근로자대표에게 해고회피방법 및 해고기준을 통보한 후 60일이 경과하지 않은 상태에서 일방적으로 해고하는 경우 등

또한 단체협약에 고용조정시 노동조합의 '동의' 또는 '합의' 규정이 있는 경우에 단체협약 규정에 따라 동의 또는 합의를 얻어야 하지만, 근로기준법상 경영상 해고의 요건을 모두 충족하고 노동조합과 '성실한 협의의무'를 다하였다면 노동조합의 동의 또는 합의까지는 이르지 못했다 하더라도 경우에 따라서는 정당한 경영상 해고로 인정될 수도 있다.

관련 판례

일반적으로 인사처분에는 인사이동, 상벌, 해고 등 근로관계의 변동, 소멸을 가져오는 모든 처분을 포함하는 것이고, 단체협약에 노조간부 등에 대한 인사는 조합과 합의하여 결정한다고 규정하고 있는 경우, 이러한 합의절차를 거치지 아니한 인사처분은 원칙적으로 무효이다(대법원 1997. 4. 25. 97다6926).

단체협약의 전체적인 체계 및 내용 등에 비추어 보면, 조합원의 해고의 문제는 노동조합과 합의해야 한다는 단체협약 소정의 '합의'라는 용어는 회사와 노동조합의 합치된 의사에 따르게 함으로써 회사의 인사권이나 징계권을 전반적으로 제한하려는 취지에서 인사나 징계의 공정을 기하기 위해 노동조합에서 필요한 의견을 제시할 기회를 주고 제시된 노동조합의 의견을 참고로 하게 하는 취지라고 해석함이 상당하다(대법원 1994. 3. 22. 93다28533).

> 인사합의 조항이 노동조합 간부의 인사 및 징계 전반에 관하여 사전합의를 거치게 하고 있다고 하더라도 이는 어디까지나 사용자에게 있는 인사권을 노동조합과의 합의를 거쳐 행사하도록 제한한 것일 뿐 사용자의 인사권을 근본적으로 부정하는 것은 아닌 이상, 단체협약에 노동조합 간부에 대한 징계는 노동조합과의 사전 합의가 있어야 하도록 규정되어 있는 경우에도…… 회사가 노동조합측과 사전합의를 위하여 성실하고 진지한 노력을 다하였음에 불구하고 노동조합측이 합리적 근거나 이유제시도 없이 무작정 징계에 반대함으로써 사전합의에 이르지 못하였다고 인정되는 경우에는 노동조합측이 합의 거부권을 남용한 것이 되어 사용자가 이러한 합의 없이 한 해고도 유효하다고 보아야 할 것이다(대법원 1993. 7. 13. 92다50263).

사용자의 협의주체

　근로자 과반수를 대표하는 노동조합이 있는 경우에는 그 노동조합이며, 그렇지 않은 경우에는 근로자의 과반수를 대표하는 자이다.

　협의의 '대표자'를 선정하는 방법은 특별한 제한이 없으며, '노사협의회'가 설치되어 있는 경우 근로자위원들이 근로자의 과반수를 대표하는 경우라면 근로자위원인 근로자대표와 협의하면 될 것이다. 다만, 다수근로자가 노사협의회 근로자위원 대신 다른 대표의 선출을 원할 경우에는 별도의 선출절차를 거쳐야 할 것이다.

　근로자대표가 없는 경우 사용자는 근로자대표를 선임하도록 하고, 근로자들이 계속해서 대표선임을 기피하는 경우에는 모든 근로자를 대상으로 회람 등의 방법으로 협의하는 것(의견수렴)도 가능하다고 할 것이다. 또한 노동조합대표 또는 선임된 근로자대표가 계속되는 사용자측의 협의요청에도 불구하고 협의를 기피할 경우에는 근로자 스스로 권리를 포기한 것이므로 사용자에 대하여 협의의무 불이행의 책임을 물을 수 없으며 협의의 대상은 경영상 해고에 관하여 중요한 사항을 포괄하면 될 것이다. 예를 들면, ⅰ) 경영상 해고에 이르게 된 경우, ⅱ) 기업의 경영상황, ⅲ) 해고회피노력의 방법, ⅳ) 해고대상자 선정기준, ⅴ) 해고의 사유 또는 그 필요성, ⅵ) 해고 예정인원, ⅶ) 해고 후 2년 이내 해고자의 우선 재고용노력의무에 대한 사항, ⅷ) 해고의 일정, ⅸ) 이직·퇴직·해고의 조건(해고예고제, 해고에 대한 보상, 재고용의 특권) 등이다.

즉 근로기준법 제31조 제3항에 해고회피노력의 방법, 해고대상자의 선정기준만 예시되어 있다고 하여 다른 사항들을 협의의 대상에서 배제하는 것은 바람직하지 못하다.

> **유의사항**
>
> 근로기준법 제31조가 규정되기 전에는 근로자대표와의 협의요건과 관련해 대법원은 원칙적으로 근로자대표와 성실한 협의를 하여야 하나, 경영상 해고의 다른 3요건을 충족하여 전체적으로 정당하다고 보이면, 근로자대표와의 성실한 협의가 없다는 이유만으로 부당해고라고는 할 수 없다는 입장을 보였었음(대법원 1994. 6. 14. 93다48823 : 1996. 12. 5. 94누157833 등).
>
> 그러나 신법에서는 명문으로 근로자대표와의 협의가 경영상 해고의 요건의 하나로 규정된 이상 앞으로는 이러한 판례의 입장은 유지될 수 없을 것으로 본다.

● **법개정 이후의 판례의 경향**

앞에서 설명한 것과 같이 근로기준법 제31조 제3항은 정리해고의 협의주체로서 '근로자대표'를 명시하였고 근로자대표와의 협의를 정리해고의 명백한 요건으로 규정하고 있으면 그 절차를 이행하지 아니한 경우에는 정리해고의 효력이 부정될 수밖에 없겠지만 사법부의 태도는 위 법개정 이전의 판례의 입장을 다소 유지하는 듯한 경향을 띠고 있다고 생각된다.

다시 말하면 실체적 요건이 결여된 경우에 비하여 실체적 요건은 모두 충족되었지만 절차적 요건만이 다소 결여된 경우에는 근로자대표라는 개념을 폭넓게 인정함으로써 절차적 요건에 관한 판단에 있어서 유연한 태도를 보이고 있다.

● 법개정 이후의 구체적인 판례

> **관련판례**
> 근로기준법 제31조 제3항에 의하면, 사용자가 해고회피노력과 해고대상자 선정기준을 통보하고 협의하여야 할 상대방은 "근로자의 과반수로 조직된 노동조합이 있는 경우에는 그 노동조합, 그러한 노동조합이 없는 경우에는 근로자의 과반수를 대표하는 자"로 규정하고 있는 바, 위 규정취지에 비추어 감원대상이 특정한 직종 또는 직급으로 한정되는 경우에는 그 대상자의 과반수가 노동조합의 조합원이면 노동조합, 그렇지 않으면 그 근로자의 과반수를 대표하는 자와 협의를 해야 할 것이다.
> 이 사건의 경우 감축대상이 당초부터 피고회사 노동조합의 노조원 자격이 없는 1, 2, 3급 직원 전체 또는 각 급수에 해당하는 직원의 과반수를 대표하는 자와 성실한 협의를 거쳐야 하는데 단순히 노동조합과의 협의절차만을 거쳤으므로 이 사건 인원감축에 있어 성실한 협의의무를 다하였다고 보기도 어렵다(서울지법 2000. 2. 11. 99가합55101).

근로자 과반수로 조직된 노동조합이 있는 경우

조합원에 관한 정리해고

이에 관해서는 노동조합이 당연히 근로자대표가 됨에 관하여 논란의 여지가 있을 수 없을 것이다.

비조합원에 관한 정리해고

- 비조합원만이 정리해고의 대상일 경우

이러한 경우에는 논란의 여지가 있을 수 있지만 판례의 취지에 의하면 이러한 경우에는 근로자 과반수로 조직된 노동조합이라도 근로자대표가 될 수 없으며 근로자대표는 정리해고의 대상이 되는 비조합원 전체 또는 각 급수에 해당하는 직원의 과반수를 대표하는 자가 될 것이다.

- 조합원과 비조합원이 모두 정리해고의 대상일 경우

이에 관한 명확한 판례는 눈에 띄지 않지만, 판례의 기초사실을 살펴볼 때 "모든 직원의 절반 가량이 조합원으로 가입되어 있으며 유일한 근로자단체인 노동조합"인 경우에는 "정리해고 대상자를 선정함에 있어서는 조합원이냐 비조합원이냐 여부를 불문하는 것"이라는 판례(서울행정법원 1999. 9. 8. 98구27636)에 의하면 이러한 경우의 정리해고에 있어서의 협의주체는 노동조합이며 그 노동조합은 비조합원에 관한 정리해고의 협의주체가 될 수 있을 것이다.

근로자 과반수로 조직된 노동조합이 없는 경우

일반적인 경우

근로기준법 제31조 제3항의 규정에 의하면 근로자 과반수로 조직된 노동조합의 경우에는 노동조합이 근로자대표가 될 수 있을 것이며, 그렇지 아니한 경우에는 다른 방법으로 근로자대표를 구성하여야 한다고 해석하여야 할 것이다. 그러나 판례는 "노동조합이 근로자들의 과반수로 조직되지 아니하였다고 하더라도 달리 위 노동조합 외에 그 당시 원고회사 근로자의 과반수에 의하여 근로자를 대표하는 자가 선정되어 있었다거나 위 노동조합이 근로자들의 의사를 충분히 반영하지 못할 만한 특별한 사정"이 없었다면 위 노동조합은 근로자대표로서 인정될 수 있다고 판시하고 있다(서울행정법원 1999. 10. 15. 99구6230).

이와 같은 판결이 위 법규정과 어떻게 조화될 수 있을지에 대해서는 논란이 있을 수 있지만 위 판결에서 나타난 바와 같이 정리해고 당시 근로자를 대표하는 자가 별도로 구성되어 있지 아니하고 근로자 과반수로 조직된 노동조합이 아니더라도 근로자들의 의사를 충분히 반영할 수 있는 경우에는 예외적으로 그 노동조합에게도 근로자대표성을 인정하는 것이라고 볼 수 있다.

노사협의회

노사협의회는 기본적으로 근로조건에 관한 의사결정 기관이 될 수는 없는 것이지만 근로자참여 및 증진에 관한 법률에 의하면 일부 근로조건에 관하여도 협의 및 의결사항으로서 정하고 있는 것도 사실이다. 이와 관련하여 정리해고에 관한 협의주체로서 노사협의회가 인정될 수 있느냐에 관하여는 논란의 여지가 있을 수 있는 바, 판례는 "정리해고에 관한 사항은 노사협의회의 협의사항이 될 수 있다"는 입장을 취하였으며(대법원 1997. 9. 5. 96누8031), 나아가 하급심 판결은 이와 같은 판결의 기본적인 입장에서 "회사가 원고들과의 개별적인 사전협의를 거치지 아니하였고 원고들이 사전에 그러한 노사협의회의 개최사실을 알지 못하였다고 하더라도" 노사협의회에서 정리해고에 관한 협의를 하여 근로자측이 찬성하였다면 근로자측과 성실한 사전협의를 거쳤다는 요건은 충족된다고 판시한 바도 있다(서울고법 2000. 3. 29. 95누5216).

일부 학설도 노사협의회의 권한에 있어서 직접적인 근로조건의 결정과도 관련성을 갖는 부분이 많다는 점 등을 근거로 노사협의회의 근로자대표 위원은 사업을 구성하는 전체 근로자를 대표하는 지위를 갖는다는 입장을 제한적으로 취하고 있다.

그러므로 이와 같은 판례의 기본적인 입장 및 일부 학설의 내용으로 볼 때 노사협의회도 정리해고시의 근로자대표로 인정될 수 있을 것이지만 노사협의회를 협의주체로 인정하고자 하는 의도가 사용자의 편의를 위한 것이거나 정리해고를 용이하게 하기 위한 것이어서는 안 될 것이고 노사협의회의 과거 운용에 있어서 근로자대표로서 근로자들의 의사를 충분히 반영해 온 관행이 존재하여야 할 것이다.

개별협의의 문제

근로기준법 제31조 제3항은 정리해고시 '근로자대표'와의 협의를 규정하고 있으므로 정리해고 대상자와의 협의만으로는 위와 같은 법규정상의 요건을 충족할 수 없다고 보아야 할 것이다.

하지만 구조조정 대상자의 대다수가 임의사직 등으로 퇴직한 후 정리해고 대상자가 2~3명 등 극소수만이 존재하는 경우에 과연 이러한 극소수의 정리해고에 관하여 근로자대표를 구성하여 협의를 하여야 하는지에 관하여 문제가 제기될 수 있다.

필자의 개인적인 견해로는, 근로자의 과반수로 조직된 노동조합이 있는 경우에는 그 노동조합, 근로자의 과반수 이하로 조직된 노동조합이 있고 정리해고 대상자가 조합원인 경우에는 그 노동조합 혹은 개별 정리해고 대상자(이 경우에는 양자 모두와의 협의가 바람직할 것임), 노동조합이 없는 경우에는 극소수의 정리해고 대상자와의 협의가 있으면 위 법규정의 요건을 충족한다고 보아야 할 것이다.

소 론

생각컨대 현행법이 정리해고에 관하여 네 가지 요건설을 명문화한 이상 동 네 가지 요건은 독립적으로 정리해고에 있어서의 효력을 좌우할 수 있는 사항일 것이다.

그러나 근로자대표와의 협의는 나머지 세 가지의 실체적 요건과는 달리 절차적 요건으로서 과연 독립된 효력 요건인가에 관하여 논란이 제기될 수도 있을 것이다. 또한 앞에서 설명한 바와 같이 법개정 이전의 판례도 이러한 관점에서 근로자측과의 협의를 다소 완화하여 해석하였던 것도 사실이다. 하지만 위와 같은 명문의 법규정이 존재하는 이상 근로자대표와의 협의는 정리해고의 효력자체를 좌우할 수 있는 독립된 요건임을 부정할 수는 없다고 사료된다.

앞의 서울지법 판례는 정리해고의 협의주체에 관한 전반적인 해석을 제시하는 내용은 아니지만 결론적으로 정리해고시의 근로자대표는 정리해고 대상자 자체의 이해관계를 대표할 수 있는 자로 구성되어야 할 것이라는 내용의 기준을 제시하고 있다.

다만, 일부 인용 판례에 의하면 근로자의 과반수로 조직된 노동조합이 조합원과 비조합원을 대상으로 하는 정리해고에 있어서 근로자대표가 될 수 있다는 판결을 하고 있는 것은 직접적인 적용규정은 아니지만 노동조합 및 노동관계조정법 제35조의 '일반적 구속력'에도 근거를 둘 수 있다고 사료되는 바, 따라서 이러한 경우에도 그 노동조합은 비조합원에 관한 근로조건을 결정하는 역할을 함으로써 적어도 일반적 구속력이 적용되는 경우로 국한하는 것이 바람직할 것이다.

이와 관련하여 판례의 경향은 취업규칙의 불이익변경에 있어서도 근로조건의 변경에 있어서는 그 이해관계가 있는 근로자로 구성된 근로자대표를 요구하는 추세이다.

특히 사업장 내에 근로자가 여러 집단으로 분류되어 그 근로자 집단별로 근로조건을 달리 정하고 있거나 별도의 취업규칙이 작성되어 있는 경우에는 각각의 근로자 집단에 대하여 따로 해당 취업규칙에 대한 과반수 동의를 얻어야 할 것이다.

결국 서울지법 판례는 정리해고시 근로자대표와의 협의에 관한 근로기준법 제31조 제3항에 규정된 근로자 과반수로 조직된 노동조합의 근로자대표성에 관하여 예외적인 경우에는 이를 부인하고 실질적인 근로자대표성을 요구함으로써 그 규정상의 추상적인 내용을 일부 보완하고 정리해고 대상자의 실질적 이해관계를 최대한 보장하기 위한 노력이 엿보이는 바 그만큼 정리해고시 절차적 요건을 실질적으로 중시하는 기준을 제시한 의미를 인정할 수 있을 것이다.

관련 판례 및 중앙노동위원회 재결 예

● 성실한 협의사례

경영상 해고 대상자가 조합원이 아니더라도 노동조합과의 협의만으로 충분하다는 사례

> **관련 판례**
> 비록 회사가 조합원이 아닌 정리해고 대상자들과 해고에 앞서 성실한 협의를 거치지 않았다고 하더라도 조합원들을 대표한 노동조합과 협의를 거쳤으며, 나머지 정리해고의 유효요건이 인원삭감을 하여야 할 긴박한 경영상의 필요성이 있어야 하고, 해고회피를 위한 노력을 하였어야 하며, 합리적이고 공정한 정리기준에 의하여 해고대상자를 선정하여야 한다는 요건을 충족시키는 경우에는 회사가 사전협의를 거치지 아니하였다고 하더라도 전체적으로 고려하여 보면 이 사건의 정리해고는 유효하다(대법원 1992. 8. 14. 92다16973).

노동조합 본조의 지시와 다르더라도 지부와의 협의만으로 충분하다는 사례

관련 판례

위 장비사업소 예는 참가인 회사 노동조합 운영규정에 따라 지부가 설치되어 위 장비사업소의 특수한 근로관계에 관한 사항은 노사협의에 의하여 처리하여 왔고, 노사협의회의 합의사항은 단체협약과 동일한 효력을 가지므로 이 사건 정리해고도 노사협의회의 협의사항이 될 수 있다 할 것이고, 따라서 설사 위 노조지부가 노동조합 본조 위원장의 지시를 어겼다 하더라도 위 1995. 2. 16.자 노사합의를 무효라고는 볼 수 없다.

특히 이 사건 정리해고는 위 노조지부가 근로자들의 의견을 수렴하여 참가인 회사가 계획한 전직훈련 교육에 대한 대안으로 제시하여 1995. 1. 26.부터 같은 해 2. 16.까지 사이에 6차에 걸친 노사협의 끝에 이루어진 것이니 노동조합측과 성실한 협의를 거쳤다고 볼 것이다(서울고법 1996. 5. 6. 95구19784).

노사협의회에서 수차례 협의한 사례

중앙노동위원회 재결

사업의 일부 조직을 폐쇄하면서 노사협의회에서 수차례의 협의과정을 통하여 부서폐쇄의 불가피성과 해고 대상자의 처우 문제에 대한 설명 및 회합을 가진 바 있으며, 동 협의회에서 부서폐쇄에 동의한다는 발표에 이르렀던 점에 비추어 근로자측과 성실한 협의를 거친 것으로 인정(중앙노동위원회 재결 1990. 9. 20. 90부해74)

노동조합이 회사에 조직축소를 건의하였던 사례

중앙노동위원회 재결

노동조합장이 경영적자를 예상하고 회사에 조직축소를 건의한 바 있고, 직위해제 대상자에 대하여 협의한 바 있으며 노동조합이 긴급운영위원회에서 회사의 직위해제조치에 더 이상 거론치 않기로 결정한 사실에 비추어 볼 때 노동조합과 성실한 협의를 거쳤다고 봄이 상당하다(중앙노동위원회 재결 1996. 12. 17. 96부해174, 96부해217 병합).

● 불성실한 협의사례

노동조합이 없다는 이유로 협의하지 않은 사례

중앙노동위원회 재결

동절기 인원감축을 이유로 정리해고하면서 비록 노동조합이 없다고 하나 해고에 앞서 근로자측과 성실한 협의를 거쳐야 함에도 불구하고 이러한 협의없이 피신청인의 해고를 결정한 것을 두고 정당하다고 할 수 없다(중앙노동위원회 재결 1995. 1. 11. 94부해317).

경영상 해고 며칠 전에 정리해고 사실을 통보만 한 사례

중앙노동위원회 재결

회사 단체협약에 "정리해고를 하고자 할 때에는 적어도 30일 이전에 노동조합에 통보하고 상호협의를 하여야" 함에도 불구하고, 1994. 10. 4. 정리해고를 하면서 1994. 9. 30. 노동조합측에 통보를 한 것은 해고에 앞서 노동조합이나 근로자측과 성실한 협의를 거칠 것을 요구하고 있는 정리해고의 요건에 부합되지 않는다(중앙노동위원회 재결 1995. 2. 13. 94부해312).

해고대상자들과 단 한 차례 면담만 가진 사례

> **중앙노동위원회 재결**
>
> 정리해고 진행과정에서 노동조합과의 '합의서'만 있을 뿐 구체적인 협의과정이 전무하고 피신청인과도 단 한 차례의 면담만이 있었을 뿐이어서 성실한 교섭을 하였다고 할 수 없다(중앙노동위원회 1997. 2. 26. 96부해281).
>
> 정리해고를 하기 위해서는 해고에 앞서 근로자측과 성실한 협의를 거쳐야 할 것인데, 신청인의 요청에 의하여 단 1회의 면담이 있었을 뿐이고 보면 정리해고를 함에 있어 근로자측과 성실한 협의를 거쳤다고 볼 수 없다(중앙노동위원회 1997. 7. 23. 97부해116).

해고예정일 60일 전에 통보하고 협의개시

사용자는 해고를 하고자 하는 날의 60일 전까지 근로자대표에게 협의할 내용을 사전에 통보하고 의견을 요청해야 하며 이는 경영상 해고에 관한 노사협의의 성실성을 담보하기 위한 것이다.

통보방법은 특별한 제한이 없으나 가급적 '서면'으로 하는 것이 바람직하며 60일 이전이라 함은 최초로 해고하고자 하는 날을 포함하지 아니하고 역으로 계산하여 60일째 되는 날의 전날까지를 말한다.

'60일 이전 통보기간'은 반드시 준수해야 하며, 이를 단 1일이라도 어긴 경우에는 경영상 해고의 효력이 부인될 수도 있겠다. 다만, 근로자대표와 경영상 해고에 대하여 협의한 결과 합의(동의)에 도달한 경우에는 그 합의의 범위 내에서는 60일이 경과하지 않아도 경영상 해고가 가능하다고 보여진다.

협의요청을 받은 근로자대표는 전체 근로자의 의견을 수렴하여 사용자의 해고계획에 대한 의견 또는 대안 등을 제시해야 한다. 근로자대표가 협의를 기피하는 경우에는 근로자 스스로 권리를 포기한 것으로 되어 사용자에 대해 협의 불이행에 대한 책임을 물을 수 없게 되는 바, 근로자대표가 근로자측의 권익을 지키지 못하는 결과를 초래하게 된다.

 사용자는 근로자의 의견 또는 대안 등에 대해 수용할 수 있는 것은 받아들이고, 그렇지 못한 것은 그 이유를 밝히는 등 가급적이면 근로자와의 원만한 '합의'를 도모하도록 노력하는 것이 바람직하며 근로자대표에 대한 60일 이전 통보조항과 개별 근로자에 대한 30일 전 해고예고는 별개의 사안이므로 경영상 해고시 해당 피해고자인 근로자에게는 적어도 해고일 30일 전까지 해고예고를 하거나 해고예고수당(30일분의 통상임금)을 지급해야 한다. 다만, 취업규칙·단체협약에 30일분 이상의 규정을 둔 경우에는 당연히 관련규정에 따라야 한다.

【 관련 법규정 】

> **근로기준법 제32조【해고의 예고】** ① 사용자는 근로자를 해고(경영상 이유에 의한 해고를 포함한다)하고자 할 때에는 30일 전에 그 예고를 하여야 하며 30일 전에 예고를 하지 아니한 때에는 30일분 이상의 통상임금을 지급하여야 한다.

 해고예고는 해고 전 60일간의 노사협의 기간중에도 할 수 있으나 가급적 노사간 협의를 종료한 후 해고예고를 하는 것이 바람직하다. 해고 60일 전에 근로자대표에게 해고계획을 통보한 후 곧바로 해고수당으로 60일분 통상임금을 주고 곧바로 해고할 수 있는가가 문제될 수 있으나, 60일 전 사전통보의 취지는 해고회피방법·해고대상자 선정기준 등에 대하여 노사간에 충분한 협의를 하도록 하기 위한 것이므로 해고예고수당을 지급하고 통보기간을 단축할 수는 없다.

6. 경영상 해고시 신고

❰ 관련 법규정 ❱

근로기준법 제31조【경영상 이유에 의한 해고의 제한】
④ 사용자는 제1항의 규정에 의하여 대통령령이 정하는 일정규모 이상의 인원을 해고하고자 할 때에는 대통령령이 정하는 바에 따라 노동부장관에게 신고하여야 한다.

근로기준법시행령 제9조의 2【경영상의 이유에 의한 해고계획의 신고】
① 근로기준법 제31조 제4항의 규정에 의하여 사용자는 1월 동안에 다음 각호의 1에 해당하는 인원을 해고하고자 할 경우에는 최초로 해고하고자 하는 날의 30일 전까지 노동부장관에게 신고하여야 한다.
 1. 상시 근로자수가 99인 이하인 사업 또는 사업장 : 10인 이상
 2. 상시 근로자수가 100인 이상 999인 이하인 사업 또는 사업장 : 상시근로자수의 10% 이상
 3. 상시 근로자수가 1,000인 이상 사업 또는 사업장 : 100인 이상
② 제1항의 규정에 의한 신고에는 다음 각 호의 사항이 포함되어야 한다.
 1. 해고의 사유
 2. 해고예정인원
 3. 근로자대표와의 협의내용
 4. 해고의 일정

근로기준법시행규칙 제4조의 2【경영상 이유에 의한 해고계획의 신고】
사용자는 근로기준법시행령 제9조의 2의 규정에 의하여 해고계획을 신고할 때에는 별지 제5호의 2 서식에 의한 경영상 해고 계획신고서를 관할지방노동관서의 장에게 제출하여야 한다.
 ※ 고용정책기본법 제27조에 의한 '대량고용변동신고'와 고용보험법 제13조에 의한 '피보험자격상실신고'는 별개의 문제이다.

해고계획의 신고

 개정 근로기준법에서는 사용자가 일정규모 이상의 인원을 해고하고자 할 때는 노동부장관(지방노동관서의 장)에게 신고하도록 하고 있으며 (동 법 시행령 제9조의 2 제1항), 신고조항의 도입취지는 사용자가 일정규모 이상의 근로자를 해고할 경우 사전에 노동부에 신고토록 하여 원만한 노사간의 협의를 지원하고 법위반 사례를 예방하는 한편, 경영상 해고인원 등을 미리 파악하여 취업알선 등 고용안정사업에 참고할 수 있도록 하기 위함이다.

 해고계획을 신고해야 할 대상은 1개월간 해고자 수가 다음과 같은 기준에 해당하는 경우이다(시행령 제9조의 2).

- 상시 근로자수가 99인 이하인 사업 또는 사업장 : 10인 이상
- 상시 근로자수가 100인 이상 999인 이하인 사업 또는 사업장 : 상시 근로자수의 10% 이상
- 상시 근로자수가 1,000인 이상 사업 또는 사업장 : 100인 이상

 상시 근로자수는 해고 전 상시 근로자수를 기준으로 하며 고용정책기본법 제27조 제1항은 다음 기준에 해당하는 대량 고용 변동시 그 내용을 직업안정기관에 신고토록 하고 있으나(동 법 시행령 제20조), 이는 근로기준법상의 경영상 해고 계획신고규정과는 별개 사항이다.

- 상시 근로자 300인 미만 고용업체 : 30인 이상 이직시
- 상시 근로자 300인 이상 고용업체 : 10% 이상 이직시

 경영상 해고 계획의 신고는 최초로 근로자를 해고하고자 하는 날의 30일 전에 제출해야 하며, 만일 일정기간을 정하여 인원을 점차적으로 감

원하는 경우 최초로 해고가 개시되는 날을 기준으로 30일이 확보되도록 기간을 두고 신고해야 한다. 신고내용은 소정 양식에 의거하여 작성 제출하여야 한다(근로기준법 시행규칙 제4조의 2, 별지 제5호의 2 서식).

- 해고의 사유
- 해고예정인원
  [(여:) 상시근로자의   %]
- 근로자대표와의 협의내용[해고계획 통보일, 해고계획 통보방법, 해고계획 통보내용(해고를 피하기 위한 방법, 해고의 기준), 기타]
  해고계획 통보방법에는 서면제출, 공고문 게시 등 구체적인 통보방법을 기재하며, 해고의 사유, 해고계획 통보내용은 가급적 별지로 자세히 작성하여 첨부하는 것이 바람직하다.
- 해고의 일정
  해고의 일정에는 해고예고일, 해고예정일 등을 기재한다.
- 구비서류
  근로자대표에게 통보한 해고관련 사항 사본 1부.

신고서 접수효력

지방노동관서는 신고서가 접수되면 신고사항의 누락 여부 및 그 내용을 검토하고 경영상 해고 계획신고대장에 등재하여 관리하며 신고서의 기재사항 중 착오가 있거나 누락되어 있을 경우 신고서의 보완을 요구한다.

신고사항에 법위반의 소지가 있을 경우에는 사용자에게 그 내용을 통보하고 법을 준수토록 지도하며 해고계획 신고내용을 지체없이 '고용안정과'에 통보하고, 고용보험법상의 고용유지지원사업의 활용을 적극 안

내·권장한다.

　신고는 사용자가 단지 노동부에 해고계획을 통지토록 하는 것으로서 해고의 효력과는 관계가 없고 해고계획을 신고하지 않았다거나 신고기간을 지키지 않았다는 사실만으로는 당해 해고자체를 무효라고 할 수는 없으며, 신고위반시 벌칙규정은 없다. 다만, 신고의무를 이행하지 않았을 때에 근로감독관은 근로기준법 제12조의 보고요구 규정 및 제31조 제4항의 규정에 의하여 해고계획신고를 요구할 수 있다. 또 이에 불응시는 보고 요구 불응에 따른 벌칙이 부과될 수 있다.

7. 해고자 우선 재고용 노력

▌관련 법규정▐

> **근로기준법 제31조의 2【우선재고용】** ① 제31조의 규정에 의하여 근로자를 해고한 사용자는 근로자를 해고한 날부터 2년 이내에 근로자를 채용하고자 할 때에는 제31조의 규정에 의하여 해고된 근로자가 원하는 경우 해고 전의 직책 등을 감안하여 그 근로자를 우선적으로 고용하도록 노력하여야 한다.

 개정된 근로기준법에서는 경영상 해고를 행한 기업이 2년 이내에 근로자를 채용을 할 경우에는 해고자를 우선적으로 고용하도록 하는 '우선재고용 노력규정'을 두고 있다(법 제31조의 2 제1항).
 이는 사업주에 대해 해고자의 재고용을 위해 노력하라는 선언적 또는 훈시적 규정으로서 경영상 해고자를 반드시 재고용해야 할 의무를 부과한 것은 아니다. 다만, 노동조합과 '재고용협약' 등을 체결한 때는 반드시 이행하여야 할 것이므로 불이행시는 계약 불이행에 따른 민사상책임을 물을 수도 있다.

제 3 장 부당한 해고에 대한 구제 285

제 3 장
부당한 해고에 대한 구제

❮ 관련 법규정 ❯

　근로기준법 제33조【정당한 이유없는 해고 등의 구제신청】① 사용자가 근로자에 대하여 정당한 이유없이 해고·휴직·정직·전직·감봉, 기타 징벌을 한 때에는 당해 근로자는 노동위원회에 그 구제를 신청할 수 있다.
　② 제1항의 규정에 의한 구제신청과 심사절차 등에 관하여는 노동조합및노동관계조정법 제82조 내지 제86조의 규정을 준용한다. 다만, 제85조 제5항을 제외한다.
　근로기준법 제107조【감독기관에 대한 신고】① 사업 또는 사업장에서 이 법 또는 이 법에 의하여 발하는 대통령령에 위반한 사실이 있는 경우에는 근로자는 그 사실을 노동부장관 또는 근로감독관에게 통고할 수 있다.
　② 사용자는 제1항의 통고를 이유로 근로자에 대하여 해고, 기타 불리한 처우를 하지 못한다.

　부당하게 경영상 해고를 당했다고 생각하는 근로자는 다음 세 가지 방법으로 권리를 보호받을 수 있다.

I. 부당해고 구제신청

사용자가 근로자에 대하여 정당한 이유없이 해고(경영상 해고를 포함) 등을 한 때는 당해 근로자는 관할 지방노동위원회에 부당해고가 있은 날부터 3개월 이내에 부당해고 구제신청을 할 수 있으며, 구제신청은 변호사 또는 공인노무사가 대리 신청할 수도 있다(물론 본인이 직접하는 것도 가능하다).

노동위원회는 신청서를 접수하면 그 뜻을 당사자에게 통지하고 신청인에게 신청 이유를 소명하기 위한 증거제출을 요구하며, 피신청인에게는 신청서의 사본을 송부하고 그에 대한 답변서 및 소명자료의 제출을 요구할 수 있다.

피신청인은 신청서 사본이 송달된 날로부터 7일 이내에 답변서를 제출하여야 하며, 심판위원회의 위원장은 필요하다고 인정된 때에는 당사자 또는 증인의 출석을 요구하여 그의 진술을 듣고 적당한 방법으로 사실조사를 하게 된다.

지방노동위원회의 판정('기각'이든 '구제명령'이든)에 대하여 당사자가 불복하는 경우 그 명령서 또는 결정서를 송달받은 날부터 10일이내에 중앙노동위원회에 재심을 신청할 수 있다. 만약 10일 이내에 재심을 신청하지 않으면 판정은 그대로 확정된다.

또한 중앙노동위원회의 재심판정에 대하여 당사자가 불복하는 경우 재심판정서의 송달을 받은 날부터 15일 이내에 행정법원에 행정소송을 제기할 수 있으며, 행정법원에서 판결문을 송달받은 해고자는 고등법원에 상소를 제기할 수 있다.

노동위원회의 구제명령은 그 자체로는 사법상의 효력은 발생하지 아니하나 지방노동위원회에서 부당해고로 판정하게 되면 이 사실이 지방노동관서로 즉시 통지되며, 지방관서는 7일간의 이행기간을 부여하여 원직에 복직시키도록 지시하게 된다.

　이 기한 내에 복직시키지 않을 경우 형사입건하여 수사 후 검찰에 송치한다(사용자가 지방노동위원회 판정에 불복하여 중앙노동위원회에 재심을 청구하였다고 하더라도 마찬가지이다).

2. 관할 지방노동관서에 고소·고발·진정(부당해고 민원제기)

부당한 경영상 해고는 그 자체로 처벌대상이므로 근로감독관에게 고소·고발 등 민원을 제기할 수 있다.

고소·고발·진정 등 민원이 제기되면 관할 지방노동관서의 근로감독관이 그 사실을 수사하게 된다. 즉 서류의 제출을 요구하거나 당사자를 심문하는 등 사건조사 후 종결하거나 입건송치한다(근로기준법 제108조).

진정사건의 경우 대체로 부당해고로 인정되면 일단 복직을 지시하여 시정의 기회를 주고, 기한 내에 복직시키지 않을 때에는 형사처벌 절차를 밟는다.

경영상 해고 관련 사건조사시에는 해고의 법적 요건 중 특히 절차적 요건을 중점적으로 조사한다.

3. 해고무효확인소송

노동위원회에 부당해고 구제신청을 하지 않고 곧바로 법원에 해고무효확인의 소를 제기할 수도 있다. '종업원지위 확인청구' 및 '지위보전의 가처분 신청'도 할 수 있다.

법원에 의한 구제신청은 '임금지급명령'과 '손해배상청구'도 함께 할 수 있으나, 노동위원회에 의한 판정은 '원직복귀명령'을 기초로 하고 있다.

제 4 장
해고관련 노동부 업무처리지침

I. 경영상 해고관련 업무처리요령
(노동부 근기 68201-586, 1998. 3. 28.)

> 경영상 이유에 의한 해고와 관련하여 민원이 제기되거나 해고계획이 신고되었을 때 또는 부당해고 방지 지도를 하여야 할 필요가 있다고 판단되는 경우 등에는 다음 요령에 따라 조사, 지도 처리하여야 한다.

 경영상 해고 관련 사실조사

※ 근로자대표와의 협의 여부, 해고대상자 선정기준의 공정성, 해고회피노력 유무 등을 중심으로 객관적인 판단을 우선적으로 하고, 긴박한 경영상의 필요성을 규명하는 것이 효과적일 것임

● 해고사실의 확인
① 권고사직의 경우 사직서를 제출하고 명예퇴직수당 등을 받았다면 근로기준법 제31조의 규정에 의한 경영상 해고로 보지 아니함
② 근로자에 대하여 일괄적으로 사표를 제출토록 하고 그 중 일부만

선별적으로 수리하여 면직처리하였다면, 사용자가 근로자의 사표제출이 진정한 사직의사가 아님을 알았거나 알 수 있었을 경우로서 이른바 비진의에 의한 의사표시에 해당하므로 사표제출의 법률행위는 무효이고, 면직조치는 해고에 해당함

● 해고 30일 전에 해고예고를 하였는지

① 해고당사자에 대한 해고예고는 근로자대표에 대한 해고 60일 전 통보의무와 별도로 준수해야 함

② 해고의 정당성 여부에 관계 없이 해고예고를 하지 아니하였으면 근로감독관집무규정 제30조 제1항 및 별표 4 조치기준에 따라 25일 내에 해고예고수당을 지급토록 시정지시하고, 이행하지 않을 경우 근로기준법 제32조 위반으로 입건조치함

(※ 해고예고는 근로기준법 제31조 제3항의 규정에 의한 노사간 협의기간중에도 할 수 있음)

● 경영상 해고에 관하여 사용자가 근로자대표와 성실하게 사전에 협의하였는지

① 해고일 60일 전에 사용자가 해고회피방법 및 해고기준을 근로자대표에게 통보하였는지 여부

(※ 협의할 내용의 통보방법은 제한이 없으나 가급적 서면으로 하는 것이 바람직함)

② 근로자의 과반수로 조직된 노동조합 또는 근로자의 과반수를 대표하는 근로자대표가 있는지 여부

(※ 근로자대표를 선정하는 방법은 특별한 제한이 없으며, 노사협의회가 설치되어 있고 그 근로자위원들이 근로자의 과반수를 대표한다면 그들이 근로자대표가 될 수 있음. 다만, 다수 근로자가 노사협의회 근로자위원 대신 다른 대표의 선출을 원할 경우 별도의 선출절차를

거쳐야 함.

※ 근로자대표가 없을 경우 사용자는 근로자대표를 선임하도록 하고, 근로자들이 대표 선임을 기피할 경우에는 모든 근로자를 대상으로 공고문 등을 통하여 협의하는 것도 가능

③ 근로자대표와 '성실히' 협의하였는지 여부

성실한 협의로 볼 수 있는 경우 : 사용자는 근로자대표에게 60일 전에 해고회피방법 및 해고기준 등을 통보하고, 근로자대표는 전체 근로자의 의견을 모아 사용자의 해고계획에 대한 의견 또는 대안 등을 제시. 사용자는 근로자의 의견 또는 대안 등에 대해 받아들일 수 있는 것은 수용하고 그렇지 못한 것은 그 이유를 밝히는 등 근로자의 이해를 구함

성실한 협의로 볼 수 없는 경우 : 근로자대표와 협의 없이 해고하는 경우, 근로자대표에게 일방적으로 해고계획을 통보만 하고 해고하는 경우, 노동조합이 없다는 이유로 협의하지 아니한 경우, 근로자대표에게 해고회피방법 및 해고기준을 통보한 후 60일이 경과하지 않은 상태에서 일방적으로 해고하는 경우 등

④ 근로자대표가 협의를 기피한 경우에는 근로자 스스로 권리를 포기한 것이므로 해고계획 통지 후 60일이 경과하면 사용자에 대해 협의 불이행에 대한 책임을 물을 수 없음

● **합리적이고 공정한 기준에 의하여 해고자를 선정하였는지**

① 사용자가 근로자대표와 협의과정에서 해고자 선정기준에 대하여 충분히 논의하여 정하였는지(단체협약 또는 취업규칙에 이미 정해져 있는 경우는 그 준수 여부)

② 사업체의 여건에 따라 근로자와 사용자의 입장을 충분히 고려하여 정했는지

근로자 측면 : 근속연수가 짧은 자, 부양가족이 적은 자 등
사용자 측면 : 근무성적, 능력이 낮은 자 등

(※ 불공정하고 불합리한 해고기준의 예

사용자가 임의로 해고자를 선정하여 해고, 단체협약·취업규칙에서 정한 기준을 따르지 않은 경우, 노동조합 활동을 활발히 하거나 사업주의 법령 위반 사실에 대하여 고소·고발한 것을 이유로 선정, 여성 또는 임신중인 여성을 우선하여 해고, 조직개편 또는 사업폐지와 전혀 관계 없는 직종의 근로자를 해고, 직무와 관계 없이 임금수준이 높은 근로자순으로 해고, 근속기간이 긴 근로자순으로 대상자 선정 등)

● 해고를 피하기 위한 노력을 다하였는지

- 근로자대표와 해고회피방법에 대하여 협의하였는지
- 근로자대표가 제시한 해고회피방법과 이를 사용자가 수용하였는지 여부 및 그 이유

    (※ 근로자대표 등이 제시한 해고회피노력을 할 수 있었음에도 불구하고 전혀 하지 않은 경우에는 해고의 정당성을 인정할 수 없음)

- 해고회피방법 예시 : 경영합리화를 통한 비용절감, 연장근로 등의 축소, 근로시간 또는 임금의 감축, 해고예정직종에 대한 신규채용의 중지, 단시간근로자·임시직 등의 재계약 정지, 배치전환, 사외파견, 재교육·훈련의 실시, 조업단축 또는 일시휴업(휴직), 퇴직희망자의 모집 등

사용자는 위에서 예시한 해고회피노력을 반드시 모두 이행해야 하는 것은 아니나, 각 사업체의 사정에 따라 가능한 한 다양한 방안을 모색하고 최선을 다하여 시행해야 할 것임

(※ 해고회피방법에 있어서 남녀차별을 하여서는 아니됨)

● 해고계획 신고대상 사업장의 경우 신고를 하였는지 조사

신고의무를 이행하지 않을 때에는 근로기준법 제12조의 보고요구 규정에 의하여 신고토록 조치

● 해고에 있어 긴박한 경영상의 필요성이 있었는지

- 감원을 하지 않으면 사업체가 도산할 위기에 있거나, 경영악화로 사업을 계속할 수 없는 경우에 해당하는지
- 업종의 전환, 사업의 일부 또는 전부의 폐지 등으로 인원삭감이 객관적으로 보아 불가피하다고 할 만한 사유가 있는지
- 경영악화를 방지하기 위한 사업의 양도·인수·합병이 있었는지
- 생산성 향상, 경쟁력의 회복 내지 증강에 대처하기 위한 작업형태의 변경, 신기술의 도입과 그러한 기술혁신에 따라 생기는 산업의 구조적 변화 등을 이유로 인원삭감이 객관적으로 보아 합리성이 있다고 인정되는 경우에 해당하는지

(※ 판례상 긴박한 경영상의 필요성에 대해서는 감원이 객관적으로 보아 합리성이 있는 경우까지 넓게 인정하고 있음을 유의)

◤ 부당해고의 판단

근로기준법 제31조 제1항 내지 제3항의 규정에 의한 해고의 요건과 절차를 준수한 경우에는 동 법 제30조 규정의 적용에 있어서 정당한 해고로 인정됨

이를 반대해석하면 해고의 법적 요건과 절차(동 법 제31조 제1항 내지 제3항)를 위반한 경우에는 부당한 해고가 됨

즉 긴박한 경영상의 필요성, 해고회피노력, 합리적이고 공정한 해고기준, 근로자대표와의 성실한 협의요건(60일 전 통보 포함) 중 어느 하나라도 위반한 경우 부당한 해고가 되어 당해 해고는 무효가 되고, 사용자에 대해 벌칙을 부과할 수 있음

(※ 해고계획의 신고의무를 위반한 경우 해고의 효력에는 영향이 없음)

부당해고 민원사건 처리

- 부당해고 관련 민원은 '부당해고 등 관련 민원사건 처리지침'(근기 68201-663, 1997. 5. 20.)에 따라 처리
  - 1차적으로 노동위원회의 구제신청을 활용토록 권고
  - 노동위원회의 판정결과를 존중하여 처리
- 경영상 해고 관련사건 조사시는 해고의 법적 요건 중 절차적 요건을 중점적으로 조사
- 부당해고사건 송치서류 작성에 있어서 적용 법조는 동 법 제30조(해고 등의 제한) 위반 및 그 처벌규정인 동 법 제110조를 적용하고, 동 법 제31조 위반조항은 괄호 안에 기재(동 법 제31조 제1항 내지 제3항의 위반사실은 수사결과 보고서에 구체적으로 서술)

해고계획 신고서 처리요령

● 해고계획 신고의 취지

- 사용자가 근로자를 해고할 경우 사전에 노동부에 신고토록 하여 원만한 노사간 협의를 지원하고, 해고자에 대한 고용안정사업 등과 연계할 수 있도록 하는 데 있음
- 신고의 성격은 사용자가 해고계획을 사전에 노동부에 통지하는 것으로 봄
  따라서 해고의 효력과는 관계 없는 규정이므로 신고를 하지 않았다는 사실만으로 당해 해고를 무효로 볼 수는 없음

해고계획 신고서 처리

신고대상
* 해고계획을 신고해야 할 대상은 1개월간 해고자의 수가 상시 99인 이하 사업장은 10인 이상, 100~999인 사업장은 10% 이상, 1,000인 이상 사업장은 100인 이상인 경우
* 상시 근로자수는 해고 전 상시 근로자수를 기준으로 함
(※ 2,000인 고용사업장에서 5월 초 5명, 5월 말 90명, 6월 초 90명, 6월 말 5명을 해고하는 경우 5월 말 90명과 6월 초 90명을 합산하여 신고의무를 적용)

신고시기
* 해고계획의 신고는 최초로 근로자를 해고하고자 하는 날의 30일 전에 제출해야 함
* 장기간에 걸쳐 해고하는 경우에는 신고서를 매월별로 제출하지 않고 일괄하여 제출하는 것도 가능함

신고서 접수 및 조치사항
* 신고서가 접수되면 신고사항의 누락 여부 및 그 내용을 검토하고 '경영상 해고계획신고대장'에 등재

<경영상 해고계획 신고대장 서식>

연번	신고서 접수일	사업체명	업종	상시 근로자수	해고 예정인원	해고 예정일	비고

(※ 서식크기 : A4종)
- 신고서의 기재사항 중 착오가 있거나 누락되어 있다면 신고서의 보완을 요구
- 신고사항에 법 위반의 소지가 있을 경우에는 사용자에게 그 내용을 통보하고 법을 준수토록 지도
※ 검토사항 중 해고회피노력 및 해고기준에 대해서는 사용자에게 다양한 방안이 있음을 알려주는 정도로 지도하고, 특정한 방안을 채택하여 시행할 것을 요구하지는 않도록 함
- 해고계획 신고내용을 지체없이 고용보험과 및 고용안정과에 통보)

● 신고의무 위반에 대한 조치

특정 사업체에서 해고계획 신고 없이 해고가 예상되는 경우에는 신고의무를 안내하고 해고계획 신고의무를 태만히 한 경우에는 이미 해고를 하였더라도 사용자에 대하여 근로기준법 제12조 및 제31조 제4항의 규정에 의거 해고계획을 신고토록 조치

◀ 해고자 재고용 노력 지도

① 경영상 해고자의 우선 재고용 노력규정은 사용자로 하여금 자율적으로 해고 근로자를 재고용토록 유도하기 위한 것임
② 사용자가 경영상 해고자를 반드시 재고용해야 하는 의무적 규정은 아니라 하더라도 고용안정과 노사관계 안정을 위하여 자율적으로 재고용 노력을 하도록 지도

2. 부당해고 등 관련 민원사건 처리지침
(노동부 근기 68201-663, 1997. 5. 20.)

제정 취지

근로기준법 제30조는 사용자는 근로자에 대하여 정당한 이유없이 해고 등 징벌을 하지 못한다고 규정하고 있고, 동 법 제110조는 이를 위반할 경우 5년 이하의 징역 또는 3,000만 원 이하의 벌금에 처하도록 규정하고 있음
 * 또한 동 법 제33조는 정당한 이유없는 해고 등에 대한 구제절차로서 노동조합및노동관계조정법 제82조 내지 제86조의 규정을 준용하는 이른바 노동위원회에 의한 부당해고구제제도를 규정하고 있음

따라서 해고 등의 부당함을 주장하는 근로자는 법위반을 이유로 지방노동관서에 민원을 제기하는 외에 지방노동위원회에 부당해고 등의 구제신청을 하는 방법을 선택적으로 또는 병행하여 할 수 있게 되는 바,
 * 지방노동관서의 신고사건 처리와 지방노동위원회의 판정업무간에 상호연계 처리되지 않을 경우 업무처리의 혼선은 물론 처리결과의 상반 등으로 노동행정에 대한 불신과 원성을 초래할 소지가 있음

이에 근로기준법 제30조에 정한 부당해고 등 관련 신고사건을 처리함에 있어 업무처리의 혼선을 방지하고 피해근로자의 신속한 권리구제를 하여 노사로부터 신뢰받는 노동행정을 구현하기 위하여 그 지침을 정하는 것임

제 4 장 해고관련 노동부 업무처리지침 299

● 선(先) 구제신청제도 활용권고
* 부당해고 등에 관한 상담이나 진정 또는 고소·고발이 있을 때는 노사관계의 특수성을 설명하여 가능한 한 먼저 근로기준법 제33조의 규정에 의한 노동위원회의 구제신청제도를 활용토록 권고하여야 함
* 각종 교육 및 상담시에는 부당해고 관련민원은 형사처벌보다 행정절차에 의한 복직 등 원상회복이 노사 쌍방에 유익함을 지도하여야 함

● 지방노동위원회의 판정 결과에 따른 사건처리원칙
부당해고 등과 관련되는 진정·고소·고발 등 신고사건은 최대한 준사법기관인 노동위원회의 판정 결과를 존중하여 처리하되 중앙노동위원회의 재심청구 여부에 관계 없이 일응 지방노동위원회 판정 결과에 따라 신속히 처리함을 원칙으로 함
이를 위하여 근로감독관은 사건의 제기에서부터 종결시까지 관할 노동위원회와 긴밀히 협조하여야 함

● 부당해고 등 사용자 의법조치
노동위원회의 구제판정된 사용자에 대해서는 1차에 한하여 최단시일 내 원상회복토록 지시하고 기한 내 불이행시는 지체 없이 근로기준법 위법으로 입건함

부당해고 등 신고사건 처리지침

● 지방노동관서에 고소·고발이 접수된 경우
① 접수 즉시 고소·고발인 조사를 통하여 노동위원회에 구제신청하

였는지 또는 할 의사가 있는지를 확인
　＊ 구제신청을 하지 않은 경우에는 구제신청제도를 안내하고 권유
　② 이미 구제신청하였거나, 권유에 따라 구제신청을 한 경우에는 기관장의 결재를 득하여(처리기한 경과 우려시는 검사의 지휘를 받아) 지방노동위원회의 판정시까지 수사를 보류하고 그 뜻을 통지
　③ 지방노동위원회 조사·심문과정에서 구제신청이 취하되거나 신청이 각하된 경우에는 독자적으로 법위반 여부에 관한 수사를 재개하여 검찰에 송치
　④ 지방노동위원회에서 구제신청이 기각된 경우에는 노동위원회 판정 결과와 그 이유를 참고하여 불기소의견으로 검찰에 송치
　⑤ 지방노동위원회의 구제명령이 있는 때에는 노동위원회 판정 결과와 그 이유를 참고하여 기소의견으로 검찰에 송치
　⑥ 지방노동위원회 판정에 불복하여 당사자 쌍방 또는 어느 일방이 중앙노동위원회에 재심청구하는 경우에 관계 없이 위의 ④, ⑤ 예에 따라 처리
　⑦ 노동위원회에 구제신청토록 권유하였음에도 이를 거부하는 경우에는 독자적으로 법위반 여부를 수사하여 그에 따라 검찰에 송치

● 지방노동관서에 고소·고발 외 신고사건이 접수된 경우
　① 신고인 조사를 통하여 노동위원회에 구제신청하였는지 또는 할 의사가 있는지를 확인
　＊ 구제신청을 하지 않은 경우에는 구제신청제도를 안내하고 권유
　② 이미 구제신청하였거나 권유에 따라 구제신청을 한 경우에는 지방노동위원회의 판정시까지 수사를 보류하고 그 뜻을 통지. 다만, 신고인 스스로 신고를 취하하는 경우에는 종결처리
　③ 지방노동위원회 조사·심문과정에서 구제신청이 취하되었거나 기각판정이 난 경우에는 그 취지에 따라 종결처리하고 이를 신고인에게

통지
* 지방노동위원회의 기각판정에 불복하여 신고인이 중앙노동위원회에 재심청구 기한 내에 재심을 청구한 경우에도 당해 사건을 일단 종결처리. 다만, 신고인이 종결처리에 불만을 표시할 경우에는 고소·고발하도록 안내하고 고소·고발을 제기한 경우는 지방노동관서에 고소·고발이 접수된 경우 항의 ③ 경우에 준하여 처리

④ 노동위원회(지방노동위원회, 중앙노동위원회를 포함)에서 구제판정이 있는 때에는 지체없이 7일 이내의 기간을 정하여 시정지시(노동위원회 구제명령 이행)하고, 기한 내 미시정시는 즉시 입건

* 노동위원회 조사·심문 내용을 참고하여 수사한 후 기소의견으로 검찰에 송치(사용자가 중앙노동위원회 재심청구 기한 내에 재심을 청구했는지 여부에 관계 없음)

⑤ 신고인이 노동위원회에 대한 구제신청을 거부하거나 구제신청 기한이 경과하였거나, 구제신청이 각하된 경우에는 독자적으로 법위반 여부를 조사

* 법위반 사실이 인정될 경우에는 7일 이내에 시정토록 지시하고 기한 내 미이행시는 즉시 입건. 다만, 시정기한 내 당사자간 합의가 이루어지고(예컨대, 근로자가 일정한 금전보상을 수령하고 진정서 등을 취하하는 경우) 신고인이 피신고인의 처벌을 원치 아니하는 경우에는 종결처리

* 법위반 사실이 인정되지 않거나, 조사과정에서 당사자간의 합의 등으로 신고를 철회 또는 취소하는 경우에는 종결처리

302 제 2 편 경영상 해고

노동위원회에서 구제명령서가 송부된 경우

> 지방노동관서에는 관련신고가 없고 노동위원회에만 구제신청이 제기되어 구제명령이 내려진 경우 또는 지방노동관서에서 지방노동위원회 판정결과에 따라 불기소 송치 또는 종결처리했으나 그후 중앙노동위원회에서 부당해고 등 구제명령이 내려진 경우에 해당한다.

* 구제명령서가 접수된 즉시 7일 이내의 기간을 정하여 시정지시(구제명령 이행지시)
* 기한 내 시정한 경우는 종결처리
* 기한 내 시정하지 않은 경우에는 즉시 입건하여 노동위원회 심문결과·판정 이유 등을 참고하여 수사 후 기소의견으로 검찰에 송치

 예외

① 조사 결과 부당해고 등이 명백한 경우로서 당해 사업장 또는 지역 노사관계에 미치는 영향 등을 고려하여 기관장이 필요하다고 판단되는 경우에는 노동위원회의 구제신청을 안내하거나 구제신청 심리 결과를 기다릴 필요 없이 독자적으로 적절한 처리를 할 수 있음

② 고소·고발 외의 신고사건이라고 하더라도 과거 유사한 형태의 부당해고 등의 사건으로 노동위원회의 구제명령을 받았거나 처벌된 전력이 있는 사용자에 대해서는 기관장의 판단에 따라 시정지시 기간을 부여하거나 시정 여부와 관계 없이 입건송치할 수 있음

제3편
징계 해고

제1장 징계(권)의 개념과 법적 근거
제2장 징계권의 일반적 한계
제3장 징계사유의 정당성
제4장 유형별 징계사유 관련 판례
제5장 징계절차의 정당성

제 1 장 징계(권)의 개념과 법적 근거

1. 징계(권)의 개념

　기업은 분업과 협업의 원리에 의하여 다수의 근로자를 기업의 목적에 적합하게 활동하도록 하는 유기적 조직체로서 하나의 부분사회이므로 고유의 질서가 요청된다.
　징계는 이러한 기업 질서에 위반된 행위를 한 근로자에 대하여 가하여지는 불이익처분을 말하며, 이러한 징계처분을 행할 수 있는 법률상의 지위를 징계권이라고 한다.
　사용자의 징계처분은 기본적으로 다음과 같은 본질적 속성을 지니고 있다.
　첫째, 사용자의 징계권 또는 징계처분의 개념은 적어도 사적 노사관계에 관한 법률상의 용어로서 적절한 것이 못 된다. 근로관계는 사용자와 근로자간의 근로계약을 기초로 한 대등관계를 전제로 하므로, 사용자의 징계처분은 징계권이라고 하는 하나의 권리 또는 권한의 개념으로 파악되기보다 사용자가 사실상 징계처분을 행하는 일반적인 권능으로서 사용자가 채권법상 당연히 차지하게 되는 것이 아닌 특수한 제재권 능의 상위개념이라고 이해할 수 있을 뿐이다.

그러나 실제 노사관계에 있어서는 현실적으로 징계제도가 존재하고 있으며, 그것이 사용자의 전속적 권능으로서 뿐만 아니라 법적 권능으로서 이해되고 있는 것은 부정할 수 없는 사실이다.

둘째, 징계처분은 기업질서의 유지·확립 및 노무의 원활한 제공의 확보 등을 목적으로 근로자의 이익을 강제적으로 박탈하는 것이다. 따라서 징계처분은 그 본질적 속성인 강제성에 비추어 일종의 권력적 작용이라고 할 수 있다.

셋째, 징계는 기업질서의 유지를 목적으로 질서 위반자에 대하여 가하여지는 질서벌이다. 따라서 계약위반에 대한 제재로서 손해배상, 위약금, 계약의 해제 또는 해지 등과 같은 손실의 전보를 직접적인 목적으로 하는 계약벌과는 구별된다.

이와 같이 징계가 기업의 질서유지를 위한 질서벌의 성격을 지니고 있다고 하더라도 그 목적 및 수단, 절차 등에 있어서 같은 질서벌의 하나인 형벌과는 엄격히 구별하지 않으면 안 된다.

넓은 의미에서 징계에는 특별권력관계에서의 징계, 친권자의 징계, 교육자의 징계도 포함된다. 그러나 이러한 징계에 관하여는 그 근거와 한계가 법으로 규정되어 있고, 상하관계성도 일반적으로 긍정된다. 또한 근로자에 대한 징계 중에서도 노동조합의 규약에 의거한 징계는 단체의 성격상 용인되며, 선원에 대하여는 특수한 선박공동체의 성질상 규율을 준수할 의무와 그 위반에 대한 징계가 선원법에 명시되어 있다.

이러한 특수한 예외를 제외한 사용자의 징계권 일반에 대하여는 법적으로 수권규정이 불충분하거나 결여되어 있기 때문에, 원칙적으로 대등한 사인간에 허용될 수 없는 징계권 행사가 어떻게 당사자 일방에게 허용될 수 있는지가 문제된다.

2. 징계권의 법적 근거

◀ 법적 근거에 관한 학설

　대등한 노사관계의 당사자인 사용자에게 징계권이 주어질 수 있는 근거가 어디에 있는 것인가? 적어도 일반해고와 징계해고는 구별되는 것이며, 일반해고가 근로기준법 제27조에 의하여 제한을 받는 것과 마찬가지로 징계해고도 제한을 받는 것이라면 징계해고는 일반해고와 어떻게 구별되는 것이고, 그 근거를 어디서 구할 것인가가 문제된다.
　징계해고사유가 취업규칙 안에 규정되어 있다고 하여 곧 사용자에게 징계해고권이 있다는 결론을 이끌어낼 수는 없다. 왜냐하면 사용자가 징계를 할 수 있기 위해서는 법률 규정에 의하여 사용자에게 징계권이 주어지거나 사용자의 징계권을 정당화할 만한 사용자와 근로자 사이의 특별한 관계가 전제되어야 하기 때문이다.
　징계권의 법적 근거에 관해서는 여러 가지 견해가 있다. 즉 사용자 고유권설·계약설·집단적 합의설·법규범설·부정설 등이 그것이다.

● 징계권 부정설
　이 설은 사용자의 징계는 대등한 인격자를 전제로 하는 근대 시민법 원리상 용인될 수 없는 것이고, 더구나 종속노동관계를 규율하는 노동법의 이념과도 합치하지 않으므로 징계권이 인정되려면 적어도 국가법의 적극적인 수권이 필요하다고 한다.

● 사용자의 고유권설 내지 지시권설
　경영질서의 형성 및 유지와 이의 위반에 대한 제재는 본래 사용자의 고유 권한에 속한다고 하는 고유권설에 의하면, 사용자의 징계권은 취업규칙이나 단체협약에 아무 규정이 없는 경우라도 인정될 수 있다.

예컨대, 기업목적 수행을 해치는 근로자의 행위에 대하여 사용자는 준거할 명시적 규범이 없는 경우라도 필요한 때에는 그와 같은 행위에 대하여 적당한 제재를 가하는 것이 기업 및 근로계약의 본질상 당연하다는 것이다.

그러나 징계권을 사용자의 지시권의 내용으로 파악하는 견해는 근로자의 종속성을 기초로 하여 사용자가 관계적으로 가지고 있는 권한이라고 이해하고 있다.

● 계약설

이 설에 의하면 취업규칙의 징계에 대하여 근로자가 동의를 하면 이를 매개로 취업규칙이 근로관계의 내용이 되므로, 이 때에는 사용자의 징계권을 인정할 수 있다고 한다.

계약설은 사용자에게는 노동관계에 관하여 법규를 제정할 수 있는 권한이 없다고 전제하므로 취업규칙을 법규라고 할 수 없으며, 사용자에게는 본래 징계권을 인정할 수 있는 근거가 없다. 그러나 취업규칙이 근로자의 동의를 매개로 하여 근로계약의 내용의 근거로 될 수 있으므로 취업규칙에 징계에 관하여 규정되어 있으면 곧 그것을 근거로 징계처분을 할 수 있다는 결과가 된다.

계약설은 취업규칙의 법적 성질에 관한 계약설과 맥락을 같이 하는 견해로서 취업규칙상의 징계규정에 대하여 현실적으로 동의하지 않은 근로자의 경우에 그 근로자의 의미를 어떻게 의제하느냐에 문제점이 있다.

● 집단적 합의설 내지 공동규범설

집단적 합의설은 계약설에서 나온 것이지만, 허구적인 개별적 동의를 징계권의 근거로 하는 계약설과는 달리 근로자의 자각에 따른 집단적 의사를 중시하는 점에서 계약설과 구별된다.

이 설에 의하면 사용자에 의하여 일방적으로 작성된 취업규칙에 법규범성을 인정할 수 없으며, 실질적으로 대등한 지위에 서게 되는 근로자 집단의 동의가 있어야만 취업규칙 등의 징계규정이 유효하게 된다고 한다.

징계규정을 포함하는 경영질서는 노사간의 합의에 의하여 설정되지 않으면 안 되겠지만 노사간의 개개의 합의에 의한 질서의 설정은 기대할 수 없다.

따라서 근로자측의 집단적·통일적·자각적 의사가 근로자 개개의 의사에 대치되어짐으로써 노사간의 합의에 도달하게 된다. 그러므로 집단적·자각적 의사는 단체협약에 의할 경우에는 노동조합과의 합의에 의하여 성립하고, 취업규칙에 의한 경우에는 근로자와의 집단적 합의에 의하여 사용자가 설정한 징계규정에 의해서만 징계권을 발동시킬 수 있는 근원이 될 수 있는 것이다.

이와 유사한 이론으로서 징계는 공동의 기업질서의 위반행위에 대한 제재를 규정한 노사의 공동규범에 그 근거를 가지고 있다는 공동규범설이 있다.

이 설은 독일의 지배적 견해로서 징계를 노사공동으로 정립할 수 있는 단체법적 차원의 제도로 이해한다.

다수의 근로자가 동일한 기업 내지 경영에서 공동으로 작업한다는 것이 필요불가결한 이상 여기에 '기업의 공동질서'가 필요하다는 것은 한 사람의 사용자의 기업목적을 달성하기 위한 차원을 넘는 것이다. 그러므로 공동질서를 교란하는 자에 대하여는 근대계약법이 예정하는 손해배상이나 계약해지라는 수단 이외에 계속적·집단적 근로관계의 특수성에 합치하는 징계의 적용을 긍정하게 된 것이다.

이와 같이 징계제도가 기업의 공동질서를 유지하기 위한 것이라면 이는 사용자에 의해서 전단적으로 제정·유지되는 것이라고 볼 수 없다. 그런 의미에서 징계권이 사용자의 기업지배 고유권 또는 지시권에서 나온다는 것은 받아들여질 수 없다. 기업의 공동질서는 노사가 공동으로 참여하는 제도에 의하여 정립되지 않으면 안 된다. 즉 징계사유와 징계의 종류에 관해서는 노사의 공동규범인 단체협약이나 노사협정에 명시적 규정을 두지 않으면 안 된다고 한다.

● 법규범설

법규범설은 징계권을 사용자의 고유권이라고 하는 견해에는 반대하면서도 취업규칙의 법적 성질을 법규범이라고 보는 관점으로부터 취업규칙에 명기되어 있는 징계규정은 법규범이라고 보아야 한다는 견해이다.

이 설은 유기적 조직체인 기업이 가는 기업질서 중에는 종업원의 이익도 존재하므로, 원활한 공동작업의 질서는 유지되어야 한다는 규범의식이 기업사회에 존재하며, 이것이 근로기준법의 원리에 모순되지 않는 한 법적으로 승인되어 있다고 한다.

법규범설은 다시 규범성의 근거에 따라 규범의식설과 보호법수권설로 나뉘어진다.

규범의식설

원래 평등한 인격자간의 관계에 있어서 한쪽이 다른 한쪽을 제재한다고 하는 사실은 불합리한 것이며, 사적 제재를 부정하는 근대 국가의 이념에 비추어 볼 때에도 바람직하지 못하다는 것은 당연하다고 전제한다. 시민법적 논리만을 관철한다면 근로계약(노사합의)에서 징계권의 근거를 구할 수도 있지만, 소유권이 법적으로는 사람에 대한 지배권이 아닐 뿐 아니라 사람은 소유권의 객체가 아니며 개인간의 합의인 근로계약도 사실상 자유의사에 의한 것이 아니라는 것이 오늘날의 법의식이라고 한다.

다만, 취업규칙이 사회규범의 일부로서 역할을 하고 있다고 하는 구체적인 사실을 직시할 때, 그 회사규범이 규율하는 개별적 인간관계에 의한 합의라는 일반적 규범으로 파악함으로써 징계에 관한 취업규칙의 규정도 보호법적 목적에 비추어 적용된다면 충분히 규범으로서의 존재가치를 발견할 수 있을 것이며, 이러한 이론에 의하여 고려할 때 경영이라는 일정한 질서가 요구되는 사회에 있어서 그 규범에 위반하는 자에 대하여 사회적 반작용이 가해진다는 것은 보호법과는 모순되는 일은 아니라고 할 수 있다. 그러나 그 적용에 있어서는 그 사회의 목적에 의한 스스로의 한계가 있을 것이며, 그 한계는 경영이라는 소사회의 규범의식의 범위를 벗어나서는 안 된다고 설명한다.

결국 규범의식설은 징계권의 규범적 근거를 공동작업의 원활한 수행과 같은 경영질서의 유지가 경영이라는 소사회의 규범의식에 의하여 지지되는 데에서 구한다.

보호법 수권설

이 설은 징계의 본질이 기업질서의 유지·확립을 위한 일종의 권력적 가용이므로 계약설은 취할 수 없고, 결국 근로기준법 제94조, 제96조 소정의 요건을 구비하는 한 취업규칙에 의한 사용자의 징계권이 인정된다고 한다. 즉 노동보호법의 원리에 모순되지 않는 한, 취업규칙의 징계규정도 법규범적 성격에 의거하여 그 징계규정이 직접 근로자를 구속한다고 한다.

이 학설은 보호법원리 그 자체에서 징계근거를 찾으려는 것은 아니며, 취업규칙 내에 징계규정이 포함되어 이에 근거하여 징계처분이 과해지는 현실앞에서 종업원 집단의 규범의식이 징계를 승인한다는 조건 하에서 징계제도를 법적 규제의 테두리에 끌어들이려는 견해이다.

학설의 검토

① 징계가 정당화되는 근거를 어디에서 구할 것인가에 관한 다양한 설명과 주장의 논거를 위에서 살펴 본 바에 따르면, 징계권 부정설은 징계가 시민법상으로나 노동법상으로나 원칙적으로 용인될 수 없다는 것을 주장한 점에서 주목받을 만하다. 그러나 그것은 어디까지나 상하관계에서 인정되는 징계가 평등한 당사자간에 적용되는 것을 과연 합리적으로 설명할 수 있는가라는 문제의식을 강조한다는 의미에서이지, 직장질서의 유지를 위한 징계 그 자체를 법률 규정이 없다하여 부정할 수 있다는 의미에서는 아니다.

예컨대, 근로자의 징계에 관하여 법률상의 규정이 없다 하더라도 단체협약이나 취업규칙에 징계에 관한 규정이 있는 경우에 징계를 부정할 수 없기 때문이다. 또한, 징계권 부정설의 기본이론을 우리나라에 그대로 적용한다면, 정당한 이유가 있는 경우에는 감봉뿐만 아니라 견책, 정지, 해고 등의 각종 징계가 허용된다는 결론에 도달하며 이는 법률이 수권한 경우 외에는 징계가 인정되지 않는다는 입증의 출발점과 정면으로 배치된다.

② 유기적 조직체로서의 기업의 본질과 경영권을 징계의 근거로 보는 고유권설은 첫째, 기업이 이 유기적 조직체라는 것은 확실하나 기업은 다수 근로자의 분업과 협업을 수행한다는 기술적인 측면에서의 유기적 조직체일 뿐, 법적인 측면에서는 기업 재산권과 근로계약에 근거한 여러 권능의 결합에 불과하다. 따라서 징계의 법적 근거를 기술적인 개념에서 끌어낼 수는 없다.

둘째, 경영권을 징계의 근거로 보는 견해는 소유권의 기능적 개념으로서 생산시설과 자본의 소유권, 무채재산권, 노동력의 처분이 포함하는 각종 채권 및 이들을 통하여 행사하는 권능 등을 포괄하는 개념이 경영권이라고 설명하지만, 과연 법적 개념으로 성립할 만한 근거가 있는지 의문스럽다. 또 지시권은 근로자가 제공하는 노동력을 구체적으로 활용하는 권한을 의미할 뿐이지 근로자에 대한 인격적 지배권까지 의미하는 것은 아니다. 따라서 경영권이나 지시권에서 징계의 정당화 근거를 찾을 수는 없다고 생각한다.

③ 계약설은 취업규칙에 징계의 대상이나 수단 또는 절차에 관한 규정이 있어야 근로자를 징계할 수 있게 되는 점에서 법규범설과 결론을 같이 하나 취업규칙상의 징계규정이 없더라도 징계가 허용된다고 보는 고유권설과 명백히 구별된다.

이 견해는 취업규칙의 징계규정에 대하여 근로자가 현실적으로 동의하지 않았는데도 취업하고 있는 사실을 놓고 마치 취업규칙에 따른다는 '사실은 관습'이 근로계약 당사자간에 존재한다고 볼 수 있는지도 의문스럽고, 이를 인정하는 경우에도 취업규칙상의 징계규정에 명백히 반대하는 근로자에 대하여는 징계를 할 수 없다는 문제를 해명하기 어렵게 된다. 뿐만 아니라, 징계는 직장질서의 유지를 목적으로 하는 것으로서 손실의 전보를 목적으로 하는 계약벌과 구별되어야 하는데도, 이 견해는 징계의 문제로 근로계약의 내용으로 포섭함으로써 계약벌과의 구별을 간과한다는 점도 비판의 대상이 되고 있다. 따라서 계약설은 오늘날 지지받기 어려운 주장이라 하겠다.

④ 집단적 합의설(공동규범설)은 다른 모든 견해들이 근로자 집단의 통일적 의사여하에 관계 없이 사용자의 징계를 정당화한다는 점과 비교하면 이 견해는 매우 진취적이고 근로자 보호의 견지에서도 주목할 만하다. 그러나 현행법은 근로자의 징계에 관한 사항을 독일의 경우와 달리 공동규범으로 정하도록 요구하는 것이 아니라 취업규칙으로 정하도록 요구하고 있고, 취업규칙의 작성, 변경에 있어서도 근로자 집단의 동의를 요구하는 것이 아니다. 그 의견을 청취하도록 요구할 뿐이다. 이 견해는 이러한 현행법의 구조를 무시한 것으로서, 입법론으로서는 지지, 환영할 견해지만 해석론으로서는 근거 없는 주장이라고 말하지 않

을 수 없다.
  ⑤ 법규범설(보호법 수권설)은 취업규칙에 징계에 관한 규정이 있어야 근로자에 대한 사용자의 징계가 인정된다. 이 점에서는 계약설과 결론을 같이 하지만, 근로자의 동의를 매개로 하지 않는다는 점에서 차이가 있다. 또 이 견해는 취업규칙상의 징계규정이 근로기준법의 수권을 매체로 하여 법규범으로서의 구속력을 가진다고 설명한다. 이 점에서는 법률의 수권이 있어야 징계가 인정된다는 징계권 부정설과 일맥상통하지만, 취업규칙상의 징계규정이 있어야 징계가 허용된다는 점에서 징계권 부정설과 결론을 달리한다.
  확실히 근로자에 대한 사용자의 징계는 평등한 당사자간에 인정하기 곤란한 권력적 작용이다. 이러한 일방의 권력적 작용으로서의 징계권이 허용되기 위해서는 시민법적 사고에 터잡은 근로자의 동의에서 구할 것이 아니라, 어떠한 형태로든 국가 입법의 용매를 매개로 하여야 하며, 국가 용인에 있어서 노동법의 지도이념인 종속노동의 극복이라는 노동보호법적 사고가 고려되지 않으면 안 된다. 왜냐하면 사용자의 징계권을 국가 입법이 용인함에 있어서는 노동보호의 목적을 달성하기 위한 수단으로서의 용인에 그쳐야 하기 때문이다.
  현행 근로기준법을 보더라도 징계권을 적극적으로 부정하거나 긍정하는 규정은 없고 근로자의 보호를 위하여 일정한 제한을 부과하면서 취업규칙으로 정하도록 요구하고 있다. 이는 노동보호의 목적을 달성하기 위한 소극적 징계권 용인을 의미한다. 따라서 징계권은 원활한 공동작업질서유지의 필요성을 승인하는 규범의식의 존재를 전제로 하고, 노동보호의 목적에서 국가입법이 이에 대하여 법규범성을 인정하는 데에서 그 근거를 구해야 할 것이며, 이러한 견지에서 법규범설(보호법 수권설)이 타당하다고 생각한다.

제 2 장 징계권의 일반적 한계

징계권 내지 징계행위의 일반적 한계로서 ① 징계의 대상과 수단에 관하여 미리 취업규칙에 근거규정이 있어야 한다는 것, ② 근로자의 행위가 단순한 계약위반이 아니라 직장질서 위반이어야 한다는 것, ③ 징계권의 행사는 사법적 원칙에 준하여 이루어져야 한다는 것, ④ 징계권의 행사는 법규범적 통제를 받는다는 것을 들 수 있다.

취업규칙상의 근거규정

앞에서 살펴 본 바와 같이 사용자의 징계권은 노동보호의 목적에서 국가입법이 이에 대해 법규범성을 인정하는 데 근거를 둔 것이다. 따라서 적어도 취업규칙에 징계의 대상과 수단에 관하여 미리 규정되어 있지 않은 상태에서 행한 징계처분은 적법하지 않은 것으로 보아야 한다.

더구나 근로기준법 제96조는 징계에 관한 사항을 취업규칙의 필요적 기재사항으로 규정하고 있다. 즉 징계의 대상이나 수단, 절차 등을 취업규칙으로 규정하지 않고서는 징계행위를 할 수 없다는 것이다.

직장질서 위반행위(징계사유)

사용자의 징계행위는 기업의 공동작업질서(직장질서)를 침해하는 근로자의 행위에 대하여 가능한 것이며, 그렇지 않은 단순한 개별 근로자의 근로계약 위반이나 직무 외의 사적 행위에 대하여는 징계권을 행사할 수 없는 본질적 한계를 갖는다.

이와 같이 징계를 기업의 공동질서의 위반에 대한 제재로 이해할 때 징계사유는 일반적인 계약위반과는 구별된다. 그러나 노사관계의 실제에 있어서 사용자는 취업규칙 안에 여러 가지 징계사유와 징계처분을 규정하고 있는데, 이러한 규정들은 일반적인 계약위반의 경우와 징계사유를 구별하고 있지 않다. 더욱이 취업규칙에 규정된 것이면, 어떠한 사유이든 징계처분의 사유가 될 수 있는 것처럼 생각하는 것이 노사의 일반적 현실인 것 같다.

이와 같은 사고는 징계권이 사용자의 전단적(專斷的) 고유권 또는 지시권의 내용이라고 생각하는 데서 유래하는 것으로 보인다. 그러므로 다음에서는 먼저 계약위반사유와 구별되는 징계사유에 관해서 살펴보기로 한다.

● 노동력의 정당적 제공의 확보와 노무관리상의 요청에 관한 사유

여기에는 근무성적 불량과 업무명령 위반 등이 속한다. 근무성적 불량은 근로자가 자주 지각을 한다거나 무단결근을 함으로써 노동제공의무를 게을리하는 것을 말한다.

이것은 직장질서를 어지럽히는 일이라고 하기보다는 채무불이행에 해당하는 것이므로 노동계약상의 의무를 위반한 것에 대한 책임을 물을 것이고 징계처분의 대상으로 볼 것은 아니다. 그러므로 근무성적 불량이 도저히 근로관계를 유지할 수 없을 정도이면 일반해고의 정당사유가 될 것이다.

업무지시는 근로자의 노동력의 제공과 관련하여 이를 구체적으로 지시·확정하기 위하여 행하여지는 지시권의 행사가 있을 수 있고, 다른 한편으로는 출장명령, 안전교육에의 참석지시, 전근명령과 같은 제도화된 복무규칙상의 지시가 있을 수 있다.

전자의 지시권행사는 계약상의 권한을 행사하는 것이므로, 이에 대한 위반은 계약위반이 된다. 하지만 후자의 복무규칙상의 지시에 대한 위반은 단체적 직장질서에 관한 것인 한 징계사유가 될 수 있다. 그러나 직무질서에 복종해야 할 근로자의 의무가 부당하게 확대되어서는 안 될 것이다.

● 기업재산 및 물적 시설의 보존 및 안전규칙에 위반한 사유

기업시설을 파괴 또는 손상하거나, 제품이나 자재를 절취하는 것, 안전수칙을 준수하지 않는 것(화재위험이 있는 장소에서 흡연을 한다거나, 안전헬멧을 착용하지 않는 것 등)은 징계사유가 될 수 있다.

이와 관련하여 소지품 검사에 불응하는 것이 징계 사유가 되는지가 문제점이 된다. 소지품검사는 인권침해의 소지가 있기 때문에 현금, 기타 물건을 다루는 직업이나 도난의 위험이 상존하는 사업장에 한하여 기업재산의 보전을 목적으로 사회통념상 타당한 방법과 정도로 행하는 경우에만 허용된다. 따라서 이러한 요건을 갖추지 못한 소지품 검사에 대하여 불응하는 것은 징계 대상이 될 수 없다고 보아야 할 것이다.

● 사업장 안팎에서의 비행으로 인한 사유

사업장 안에서 동료의 물건이나 금품을 절취하거나, 도박을 하거나, 상급자 또는 동료에 대하여 폭행을 가하는 것은 민·형사상 책임을 발생시키는 것과는 별도로 기업의 공동질서를 위반하는 것으로서 징계사유가 될 수 있다. 사업장 밖에서의 근로자의 행위는 기업의 위신을 실추시킨다는 이유로 징계 대상이 될 수는 없다는 것이 오늘날의 지배적인 견해이다.

우리나라의 현실에 비추어 보면 취업규칙의 징계해고사유 가운데는 '회사의 내외를 불문하고 부정 또는 불법한 행위를 하여 종업원으로서의 체면을 훼손한 때' 등과 같이 규정하여 직무 외 또는 사생활에 의한 범죄행위로도 징계할 수 있다는 규정을 두고 있는 예가 많은데, 이 규정의 해석에 있어서는 그 범죄행위가 파괴와 밀접한 관련성이 있는 경우로 국한하여 해석하지 않으면 안 된다.

● 종업원의 지위에 관한 사유

종업원으로서의 지위를 가진 자로서 일반적으로 하지 말아야 할 비행을 한 경우에 징계사유로 인정될 것이냐 하는 문제가 있다. 먼저 회사의 기밀이나 영업상의 비밀을 누설하는 경우를 예로 들 수 있다. 이것은 사업주의 영업권을 침해하는 불법행위가 될 수 있을 뿐만 아니라 계약상의 성실의무에 반하는 행위라고 생각할 수 있다. 그러나 기업의 공동질서를 위반하는 행위로서 징벌의 대상이 되는 것이냐에 대해서는 의문의 여지가 있다.

다만, 병원의 의사·간호사 등이 직무상 알게 된 환자의 비밀을 타인에게 누설하거나 교환수가 그의 직무상 알게 된 비밀을 타인에게 누설하는 행위 등은 종업원의 지위에서 마땅히 준수해야 할 공동질서를 위반하는 행위로 평가될 수 있다.

특히 문제가 되는 것은 겸직금지에 관한 취업규칙상의 규정이다. 일반적으로 겸직금지를 정당시하려는 견해에 의하면 근로자가 겸직으로 인하여 피로가 축적되고 작업능률이 저하되며, 경우에 따라서는 노동재해가 발생될 가능성이 있을 뿐만 아니라 회사의 대외적 평가에도 영향이 미친다는 점을 중요시하고 있다.

그러나 겸직의 문제는 본질적으로 노동자와 사용자 사이의 개별적 문제이며 집단적 공동질서의 문제는 아니다. 따라서 근로계약의 취지에 비추어 근로자가 스스로 판단해야 할 것이다.

예컨대, 사용자에게 부업이나 겸직에 관하여 고지해야 할 의무가 있는 것은 아니다. 그러나 사용자가 근로자의 부업이나 겸직에 대하여 정당한 이해관계를 가지고 있는 경우에는 겸직금지는 유효하다고 할 수 있다. 이 때 겸직금지위반은 근로계약상의 성실의무(Treupflicht)위반으로서 계약위반이 되며, 공동질서위반으로 인한 징계사유가 되지는 않는다.

독일의 학설은 겸직금지에 관하여 단체협약상의 규정이 있는 경우라도 이에 대해서는 단체법적 규율이 불가능하다고 한다. 왜냐하면 부업과 겸직에 관한 것은 집단적 규율 밖에 있는 개인생활의 영역에 속하기 때문이다.

● 근로자의 정치적, 집단적 활동

취업시간중에 정치적 활동으로서 선전물·신문 등을 배포하거나 서명운동을 하는 것은 징계사유가 될 것이다. 휴식시간중에 정치활동·집회·데모 등을 하는 것은 원칙적으로 자유라고 생각할지 모르지만, 그것이 기업 안에서 행하여질 때는 기업시설의 물적 관리라는 점에서, 그리고 휴식시간의 자유로운 이용을 방해함으로써 전체 근로자들의 작업능률을 저하시킬 수 있다는 점에서 징계사유가 될 수 있다.

● 경력사칭

사용자가 근로자의 채용 여부를 결정할 때에 근로자의 일신상의 제반사항과 학력·경력 등을 알려고 하는 것은 근로자의 학력·기능·건강상태 등과 관련하여 노동력의 평가자료를 얻기 위해서 뿐만 아니라 근로자의 경력, 성격, 기업에서의 적응성 등 기업조직에의 편입에 필요한 사항을 판단하기 위해서이다.

그러나 엄격한 의미에서 경력사칭은 근로계약 체결 전에 문제되는 것이므로 계약위반이라고 할 수 없으며, 또한 근로계약의 존재를 전제로 하는 직장질서의 위반이라고 볼 수도 없다. 근로계약을 체결한 후에 그 사업장의 종업원이 된 근로자만이 직장질서를 위반할 수 있는 것이라고 하면, 근로계약 체결중에 있는 근로자는 직장질서를 위반함으로써 징계처분을 받을 수 있는 대상자일 수 없다.

그러나 근로자가 사용자에게 이력서를 제출함으로써 근로관계를 체결하려는 것인 이상 근로계약 체결중이라 하더라도 진실을 고지해야 할 신의칙상의 의무가 있다고 생각할 수는 있다.

최근의 일본판례는 이러한 법적 측면을 강조하고 있다. 그런데 문제는 경력사칭이 신의칙위반이 된다고 하여 당연히 징계(특히 징계해고)의 대상사유가 될 수 있는가의 여부이다. 이에 관하여는 긍정설과 부정설의 대립이 있다.

긍정설

이 견해는 경력사칭이 그 자체로서 징계 대상이 된다고 본다. 근로자의 경력을 제대로 안다는 것은 채용 여부 및 근로조건의 결정이나 직장질서의 유지, 나아가 업무의 완전한 수행에 필수불가결한 요소이므로, 현실적인 손해의 발생을 기다릴 것도 없이 경력사칭으로 인하여 근로자의 불성실이 나타나거나 근로자에 대한 신뢰관계와 직장질서가 침해될 위험이 있는 정도라면 징계해고할 수 있다는 것이다.

이 견해에 따르면, 경력사칭 행위는 거의 언제나 불성실성을 나타내는 것이며, 직장질서를 침해할 위험을 내포하고 있는 것이므로 그 자체로서 징계해고 대상이 될 수 있다.

부정설

이 견해는 경력사칭행위가 그 자체로서는 징계해고의 대상이 되지 않지만, 이로 인하여 현실적으로 직장질서를 침해한 경우에는 징계해고의 대상이 된다고 해석한다.

경력사칭은 신의칙 위반이고, 신의칙은 근로자와 사용자 사이의 개별적 관계에서 문제되는 것이므로, 경력사칭에 대하여는 근로계약의 해제(일반해고)를 할 수는 있으나, 직장질서 위반에 대한 제재로서 징계해고할 수는 없다. 그러나 경력사칭으로 인하여 기업의 임금 및 근로시간의 체계를 문란하게 한다든지, 적정한 노무배치나 생산과정을 저해하는 등 구체적으로 직장질서 침해의 결과가 발생한 경우에 한하여 징계해고의 대상으로 인정할 수 있다고 보는 것이다.

근로자에 대한 사용자의 징계행위는 본질적으로 단순한 근로계약 위반만을 징계 대상으로 할 수는 없고, 그것이 직장질서를 문란케 한 행위로 나아간 경우에 한하여 징계의 정당사유가 될 수 있다는 한계를 지니므로, 구체적인 직장질서위반으로까지 이행되지 않은 단순한 신의칙 위반행위로서의 경력사칭은 징계 대상이 될 수 없다고 본다.

이러한 점에서 단순한 신의칙 위반과 직장질서의 구체적 위반을 명백히 구별하고 있다는 점에서, 그리고 사용자의 징계를 적절하게 제한하려는 근로기준법 제30조 제1항의 취지에 적합하다는 점에서 부정설이 타당하다고 본다. 따라서 경력사칭에 대한 징계문제에 관하여는 첫째, 중요하지도 않은 경미한 경력사칭에 대하여는 징계해고는 물론 일반해고도 할 수 없다.

둘째, 중요한 경력을 사칭한 경우에는 원칙적으로 일반해고를 할 수 있을 뿐이다.

셋째, 중요한 경력의 사칭이 노사간의 신뢰관계를 해쳤다거나 직장질서 침해의 위험이 있다는 것만으로는 징계해고할 수는 없고, 채용 후의 인사·노무의 정상적인 체계를 문란케 하는 등 현실적이고도 구체적인 피해를 초래한 경우에 비로소 징계해고를 할 수 있다고 보아야 한다. 다만, 이 경우에도 사칭행위의 반가치성(反價値性)이 시간의 경과와 더불어 치유될 수 있기 때문에 채용 후의 근무성적이나 태도 등이 반드시 고려되어야 한다.

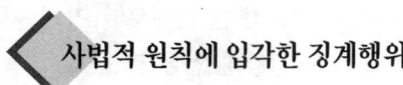
사법적 원칙에 입각한 징계행위

● 균등대우의 원칙
동일한 직장규율에 대하여 같은 정도의 위반이 있다면 이에 대한 징계처분의 종류·정도도 같아야 하며, 시(時)를 기준으로 볼 때 전례의 징계처분은 후례(後例)의 처분을 구속한다는 원칙이다.

이 원칙은 같은 행위에 대한 법적 평가는 물론 그의 재량이나 징계종류의 선택에 있어서도 특별히 정상을 참작해야 할 사정이 있는 한 같은 처분을 하지 않으면 안 된다. 또한 직장에 있어서의 노동관계가 직장의 실태에 비추어 종래 묵인되어온 사실에 대해서는 비록 그 행위가 취업규칙에 징계사유로 명시되어 있다고 할지라도 이에 대한 징계행위는 부당하다.

● 죄형법정주의의 원칙
이는 '법률이 없으면 범죄도 없으며, 형벌도 없다'는 형법상의 기본이념으로써 어떠한 행위가 범죄로 되고 이에 대해서 형벌을 요할 것인가는 미리 성문화된 법률에 규정해 두지 않으면 안 된다고 하는 원칙이다.

근로기준법 제94조(현행 제96조)가 '제재에 관한 사항'을 취업규칙의 필요적 기재사항으로 규정하고 있는 취지도 이러한 원칙을 명시적으로 선언한 것으로서 징계처분이 행사되기 위해서는 취업규칙에 명기되어 있는 경우가 아니면 행사할 수 없다는 효력규정을 정한 것이라고 이해해야 한다(서울고법 1983. 2. 7. 82다3003).

따라서 취업규칙에 규정되어 있지 않은 사유나 절차에 의한 징계처분은 무효라고 아니할 수 없다.

● 자기책임의 원칙

징계처분은 자기개인의 행위를 대상으로 하는 것이므로, 근로자는 타인의 행위로 인하여 징계처분을 받지 않아야 한다. 개인의 행위를 대상으로 한다는 것은 객관적으로 개인의 징계사유에 해당하는 행위, 즉 작위 또는 부작위행위를 행했으며 주관적으로는 그 행위에 대한 고의 또는 과실의 의사요소가 있는 행위라야 한다는 것이다. 그러므로 선의의 행위나 제3자의 행위에 대하여 책임을 추궁하는 것은 있을 수 없다.

● 불소급 · 일사부재리의 원칙

일단 징계처분이 결정된 뒤에 같은 사실에 대하여 다시 징계처분을 가하거나, 징계처분 없이 지나간 사실을 뒤에 다시 징계처분으로 삼을 수 없다.

따라서 사용자는 근로자의 행위가 행위시의 취업규칙에 징계사유로 되어 있지 않을 경우에는 그 이후에 제정된 규제에 의하여 처벌할 수 없으며, 이미 경미한 처벌이라도 행해진 행위에 대해서는 그 이후에 개전의 정이 없다거나 반성을 하고 있지 않다는 등의 추상적이고 막연한 사유만으로 중한 처벌을 추가하는 것은 이중처벌이 되므로 이는 무효가 된다.

그러나 근로자의 권리 회복이나 이익을 부여하는 소급적 조치에 대하여는 이 조치로 인하여 손해를 입는 자가 없는 한 부당하다고는 할 수 없다.

● 상당성의 원칙

사용자가 취업규칙을 적용하여 징계처분을 할 경우에 있어서도 징계사유의 유무의 인정, 정상의 판정, 징계종류의 선택재량, 징계양정의 재량 등은 사용자의 자의적 판단에만 맡겨둘 수 없으며, 징계처분이 객관적으로 상당한 것이며, 형평에 어긋나지 않는 것이라야 한다.

그러므로 징계처분이 정상의 판단을 잘못했거나 정상참작의 여지가 있음에도 불구하고 이를 적용하지 않았다거나 경미한 위반행위에 대하여 과중한 처분을 하였다거나 사용자에게도 귀책사유가 있었음에도 불구하고 근로자의 위반행위만을 문제로 하였다든가 하는 등의 경우에는 상당성의 원칙에 반하므로 그 징계처분은 무효가 된다고 보아야 할 것이다.

● 절차상 정의의 원칙

징계처분은 공동질서로서의 직장의 규율을 유지하기 위하여 그 질서위반에 대해서 제재질서벌을 과하는 것을 말한다. 징계제도가 단체적 성격을 가지고 있다는 점에서 징계의 내용상의 정당성에 못지 않게 이른바 징계절차상의 정의도 매우 중요시되지 않으면 안 된다.

징계권의 공정한 행사를 확보하고 징계제도의 합리적인 운영을 도모하기 위해서는 단체협약이나 취업규칙에 정하여진 징계절차를 엄격하게 준수하여야 한다.

대법원에 의하면 취업규칙 등에 제재에 관한 절차가 정하여져 있으면 반증이 없는 한 그 절차는 유효요건이지만, 그 징계에 관한 규정에 징계혐의사실의 고지, 변명의 기회부여 등의 절차가 규정되어 있지 않을 때에는 이와 같은 절차를 밟지 아니했다 하더라도 징계처분의 효력에는 아무 영향이 없다고 본다.

제 2 장 징계권의 일반적 한계 325

◀ 징계권의 법규범적 통제

● 법률에 의한 통제

근로기준법 제30조 제1항은 '사용자는 근로자에 대하여 정당한 이유 없이 해고·휴직·정직·전직·감봉 기타 징벌을 하지 못한다'고 규정하고 있다.

이 규정은 근로계약에 터잡은 일반해고에 대해서 뿐만 아니라 징계에 대해서도 근로자를 위한 보호규정으로서 강행적 효력을 갖는다. 동 조항이 정당한 이유없이 사용자가 징벌을 하지 못한다고 규정한 것은 취업규칙이나 단체협약에 징벌사유를 정하더라도 그것이 곧 정당한 이유가 될 수 없다는 것을 뜻하며, 징벌에 대한 정당한 이유는 취업규칙이나 단체협약의 규정에 불구하고 동 조의 기본취지에 따라 법원이 독립적으로 판단한다는 것을 의미한다.

그러므로 취업규칙 또는 단체협약의 규정에 의하나 징계의 적정성 내지 정당성은 근로기준법 제30조 제1항에 의거 법원의 심리를 받게 된다.

● 단체협약·취업규칙에 의한 통제

단체협약은 취업규칙이나 근로계약보다 우월한 효력이 있으므로 단체협약의 징계조항은 징계의 중요한 근거규정이 된다. 또한 사용자의 징계권은 취업규칙의 징계조항에 의한 통제를 받게 된다.

제 3 장
징계사유의 정당성

I. 징계의 요건

 근로기준법 제30조 제1항은 "사용자는 근로자에 대하여 정당한 이유없이 해고, 휴직, 정직, 전직, 감봉 기타 징벌을 하지 못한다"고 규정하여 해고를 비롯하여 근로자에게 불이익한 처분을 사용자가 할 경우에는 정당한 이유를 요구하고 있다.
 여기에서 말하는 '정당한 이유' 란 판례의 일관된 설시에 의하면 "사회통념상 근로계약을 계속시킬 수 없는 정도로 근로자에게 책임있는 사유가 있다든가 부득이한 경영상의 필요가 있는 경우"를 의미한다(대법원 1991. 3. 27. 90다카25420 : 1992. 5. 22. 91누5884).

> **근로기준법 제30조【해고등의 제한】**① 사용자는 근로자에 대하여 정당한 이유없이 해고, 휴직, 정직, 전직, 감봉 기타 징벌을 하지 못한다.
> ② 사용자는 근로자가 업무상 부상 또는 질병의 요양을 위하여 휴업한 기간과 그 후 30일간 또는 산전·산후의 여자가 이 법의 규정에 의하여 휴업한 기간과 그 후 30일간은 해고하지 못한다. 다만, 사용자가 제

87조에 규정된 일시보상을 행하였을 경우 또는 사업을 계속할 수 없게 된 경우에는 그러하지 아니하다.

판례

■ 근로기준법 제30조(구 제27조) 제1항에서 규정한 "정당한 이유"라 함은 사회통념상 근로계약을 계속시킬 수 없는 정도로 근로자에게 책임있는 사유가 있다든가 부득이한 경영상의 필요가 있는 경우를 말하는 것이므로 근로계약이나 취업규칙 등 사규에 해고에 관한 규정이 있는 경우 그것이 근로기준법에 위배되어 무효가 아닌 이상 그에 따른 해고는 정당한 이유가 있다고 할 것이므로 보험회사가 거수실적(보험계약을 체결하여 보험료를 입금시킨 실적)이 불량한 사원에 대하여 징계할 수 있다는 인사규정에 의한 징계면직은 정당한 것이다(대법원 1991. 3. 27. 90다카25420).

후자, 즉 부득이한 경영상의 필요가 있는 경우는 이른바 경영상해고(정리해고)를 말하는 것이다. 정리해고에 대해서는 새로이 개정된 근로기준법에서 긴박한 경영상의 필요를 비롯한 제31조 재1항 내지 제3항의 요건을 갖추는 경우에는 제31조 제5항에 의하여 명문으로 제30조 소정의 해고의 정당한 이유를 구성한다고 규정하여 종래 판례로 규제되던 법리를 제도화하였다(정리해고 부분은 제2편을 참조). 근로기준법 제30조 제1항의 의미는, 사용자는 정당한 이유없이 근로자에 대하여 "해고 … 기타 징벌"을 하지 못하도록 규정하고 있기 때문에 사용자에게 징계권이 일반적으로는 부여되어 있고, 다만 그 행사에 일정한 요건을 부과한 것이라고 이해할 수도 있다. 판례도 사용자에게 징계권이 부여되었다는 것을 전제로 하여 판단을 내리고 있다.

● 징계양정의 재량

판례에 의하면 "취업규칙에서 징계사유가 규정되고 동일한 징계사유에 대하여 여러 등급의 징계가 가능한 것으로 규정되었을 때 어떤 징계사유에 대하여 어떤 징계처분을 선택할 것인지는 징계권자의 재량에 속한다고 할 것이다. 그러나 이러한 재량은 징계권자의 자의적이고 편의적인 재량에 맡겨져 있는 것이 아니며, 징계사유와 징계처분과의 사이에 사회통념상 상당하다고 보여지는 균형의 존재가 요구되고, 경미한 징계사유에 대하여 가혹한 제재를 과한다든가 하는 것은 권리의 남용으로서 무효라고 하지 않으면 안된다"고 설시하고 있다(대법원 1991. 1. 11. 90다카21176).

판례

■ 농성기간중 사건에 대하여 노동조합원들에 대한 일체의 책임을 묻지 않기로 노사간에 단체협약을 한 경우 그 취지는 위 농성기간중의 행위뿐만 아니라 농성과 일체성을 가지는 그 준비행위, 유발행위까지도 포함하여 이를 면책시키기로 한 것이라고 봄이 타당하므로 농성전에 유인물을 무단배포하여 파업을 선동한 행위도 농성과 일체성을 가지는 것으로서 이것이 취업규칙의 징계해고사유에 해당하더라도 이를 이유로 징계해고 할 수 없다(대법원 1991. 1. 11. 90다카 21176).

사용자에게 고유권한으로서의 징계권이 존재하기는 하지만, 그 행사는 임의적 재량에 맡겨져 있는 것이 아니라 징계사유와 징계처분간의 사회통념상의 상당한 균형이 인정되어야 한다는 것이다.

따라서 해고에 대한 정당한 이유에 의한 제한은 해고재량의 행사방법에 대한 제한에 불과한 것으로 되고, 결국 이른바 해고권의 남용법리로 귀착된다. 또한 해고의 재량을 제한하기 위한 법리로서는 일사부재리의 원칙·신의칙·금반언의 원칙(대법원 1996. 4. 23. 95다53102), 형평의 원칙(대법원 1997. 10. 28. 96누5780 : 1997. 9. 12. 97누7165 : 1997. 7. 22. 95다53096) 등을 활용하고 있다.

판 례

■ 1. 노동조합법 제42조에서 규정한 노동위원회의 사용자에 대한 구제명령은 사용자에게 이에 복종하여야 할 공법상의 의무를 부담시킬 뿐, 직접 노사간의 사법상의 법률관계를 발생 또는 변경시키는 것은 아니다.
2. 제1차 해고의 효력이 다투어지고 있는 상태에서 그 제1차 해고를 취소함이 없이 절차를 보완하고 해고사유를 추가하여 행하여진 제2차 해고를, 그것이 단지 제1차 해고가 효력이 없을 것에 대비하여 행하여진 해고라는 것만으로 당연히 무효인 해고라고 할 수는 없다.
3. 인사권이 회사에 있음을 인정하면서 다만 해고, 휴직, 배치전환에 관한 인사는 조합과 협의한다고 규정하고 있는 단체협약상의 규정은 노동조합의 조합원에 대한 사용자의 자의적인 인사권이나 징계권의 행사로 노동조합의 정상적인 활동이 저해되는 것을 방지하려는 취지에서 사용자로 하여금 노동조합의 조합원에 대한 인사나 징계의 공정을 기하기 위하여 필요한 의견을 제시할 기회를 주고 제시된 노동조합의 의견을 참고자료로 고려하게 하는 정도에 지나지 않는 것이라고 봄이 상당하므로, 그 협의절차를 거치지 아니하였다고 하더라도 인사처분의 효력에는 영향이 없다고 보아야 한다.
4. 제2차 해고가 제1차 징계해고의 효력이 다투어지는 중에 행하여졌다고 하여 일사부재리의 원칙, 신의칙, 금반언의 원칙에 위반된 무효의 해고라고 볼수 없다.
(대법원 1996. 4. 23 95다 53102)

■ 1. 징계권자가 징계대상자들에 대한 징계수위를 낮추기 위한 방편으로 징계양정기준을 정하고 그에 따라 징계처분을 하였을 경우 정해진 징계양정기준이 전혀 합리성이 없다거나 특정의 근로자만을 해고하기 위한 방편이라는 등의 특별한 사정이 없는 한 이로써 바로 당해 징계처분이 형평의 원칙에 반하여 위법하다고 할 수는 없다.
2. 주차료를 횡령한 징수원들에 대한 징계양정기준을 정함에 있어서 횡령액의 다과를 고려하지 않고 주차장 근무 횟수와 근무기간 및 벌금액을 기준으로 한 것은 상당한 합리성이 있다고 보여질 뿐만 아니라 그러한 징계양정기준이 특정의 근로자만을 해고하기 위한 방편이라고도 보이지 않는다.

(대법원 1997. 10. 28. 96누5780)

● 권고사직

사용자가 근로자에게 퇴직할 것을 권유하고 근로자가 자유의사에 따라 사표를 제출하여 퇴직하는 "권고사직"이나 근로자가 스스로의 뜻에 따라 사표를 낸 다음 사용자가 이를 수리하여 퇴직하는 "의원면직" 등도 근로계약의 합의해지의 한 형태로서 구별되지만, 사용자가 특정 근로자에게 "사표를 제출하지 아니하면 해고하겠다"고 하여 어쩔 수 없이 사표를 제출하고 그것이 수리되는 경우는, 비록 "의원면직"이나 "권고사직"의 형식에 의하여 퇴직하였다고 하더라도 결국 사용자가 사표를 강요한 결과에 지나지 않으므로, 이러한 권고사직은 실질적으로 사용자의 일방적 의사에 의해 근로계약관계를 종료시키는 것이어서 "해고"로 보아야 한다(대법원 1988. 4. 25. 87다카1280 : 1992. 3. 13. 91누10046 : 1992. 5. 26. 92다3670).

또한 사용자가 근로자로부터 "일괄사표"를 제출받은 후 그 중 일부만을 "선별수리"하는 형식을 취하여 근로자를 사직시키는 사례도 있는데, 이 경우 역시 사표를 낼 마음이 없는 근로자로 하여금 어쩔 수 없이 사표를 작성·제출하게 한 것이라면, 이 역시 겉으로는 의원면직의 형식을 취하였다 하더라도 실질적으로는 "해고"인 것이다(대법원 1991. 2. 9. 90다11554 : 1992. 5. 26. 92다3670 : 1993. 2. 9. 91다44452).

2. 정당한 이유

◆ 징계에 관한 학설

 유기적 조직체로서의 기업에서는 사용자와 근로자가 함께 협력하여 사업을 운영하게 된다. 따라서 사업 내에서는 다수의 근로자가 상호 협력하고 통일적인 행동을 할 수 있도록 일정한 직장질서가 필요하게 된다. 이러한 직장질서 내지 사업 내 질서위반에 대하여 사용자가 근로자에게 부과하는 각종 불이익 인사처분을 징계라고 한다. 징계의 허용 근거에 대하여는 여러 학설이 존재하고 있지만, 이른바 고유권설과 계약설로 대별할 수 있다.

● 고유권설
 고유권설은 징계에 대한 권한을 사용자가 당연히 가지고 있다고 보는 입장으로서, 사용자는 유기적 경영조직체에 내재하는 경영질서 유지의 권능으로서 기업질서에 반하는 근로자를 기업에서 배제 또는 제재를 과하는 소위 징계권을 가진다고 한다. 따라서 근거가 되는 명시적인 규정이 없는 경우에도 사용자는 징계처분을 할 수 있다는 것이다.

● 계약설
 계약설은 근로자가 사용자와의 근로계약에 의해 사용자의 징계권을 승인함으로써 비로소 사용자는 근로자에 대하여 위 계약상의 징계권을 행사할 수 있게 되는 것이다. 그리고 취업규칙은 근로계약의 내용을 이루는 것이기 때문에 사용자는 취업규칙에 징계권에 대한 규정이 있는 경우에는 그 규칙에 명시된 징계처분 외에 일방적으로 임의의 징계처분을 행하는 것은 허용되지 않는다고 하여야 할 것이라고 한다. 요컨대, 사용자가 그 종업원인 근로자에 대하여 가지는 소위 징계권은 기업이 당연하게 가지는 것이 아니고, 취업규칙 혹은 단체협약에 터잡아, 즉 사용자와 종업원인 근로자간의 명시 혹은 묵시의 합의에 터잡아 비로소 발생하는 것이라고 보는 것이다.

● 차이점

결국 양설간의 차이는, 계약설의 경우에는 취업규칙 또는 단체협약상 징계에 관한 규정의 존재를 징계의 정당성의 요건으로 하고 있는 반면, 고유권설은 그러한 징계조항이 없더라도 징계가 가능하다고 보는 점에 있다.

◀ 판례의 태도

우리 판례는 기본적으로는 이른바 고유권설을 채택한 것으로 보인다. 예컨대 "사용자의 본질적 권한에 속하는 근로자에 대한 징계권(대법원 1993. 9. 28. 91다30620)"이라든지 "근로자의 상벌 등에 관한 인사권은 사용자의 고유권한으로서 그 범위에 속하는 징계권 역시 기업운영 또는 노동계약의 본질상 당연히 사용자에게 인정되는 권한(대법원 1994. 9. 30. 94다21337)"이라고 하여 징계권을 사용자의 고유한 권한으로 파악하고 있다.

판 례

■ 노사협상의 산물로서 단체협약에 노동조합 간부에 대한 징계해고를 함에 있어 노동조합의 사전동의를 받도록 정하여져 있다고 하더라도 이는 사용자의 노동조합 간부에 대한 부당한 징계권 행사를 제한하자는 것이지 사용자의

본질적 권한에 속하는 피용자에 대한 징계권 행사 그 자체를 부정할 수는 없는 것이므로 노동조합의 사전동의권은 어디까지나 신의성실의 원칙에 입각하여 합리적으로 행사되어야 할 것이고, 따라서 피징계자에게 객관적으로 명백한 징계사유가 있고 이에 대한 징계를 함에 있어 사용자가 노동조합측의 동의를 얻기 위하여 성실하고 진지한 노력을 다하였음에도 불구하고 노동조합측이 합리적 근거나 이유 제시도 없이 무작정 반대함으로써 동의거부권을 남용한 것이라고 인정되거나, 노동조합측이 스스로 이러한 사전동의권의 행사를 포기하였다고 인정된다면 사용자가 노동조합측의 사전동의를 받지 못하였다고 하여 그 징계처분을 무효로 볼 수는 없다(대법원 1993. 9. 28. 91다30620).

■ 단체협약에 명문으로 징계규정을 별도로 제정하기로 하였고, 그 규정에 의하여 징계규정이 만들어진 이상, 다시 구체적인 징계규정의 내용에 관하여 회사와 근로자간에 합의로서 그 범위에 속하는 징계권 역시 기업운영 또는 노동계약의 본질상 당연히 사용자에게 인정되는 권한이기 때문에 그 징계규정의 내용이 강행법규나 단체협약의 내용에 반하지 않는 한 사용자는 그 구체적 내용을 자유롭게 정할 수 있고, 그 규정이 단체협약의 부속서나 단체협약 체결절차에 준하여 제정되어야 하는 것은 아니다(대법원 1994. 9. 30. 94다21337).

그러나 예외적으로 어떤 사건에서는 계약설을 채택한 판결도 있는데, 예컨대 취업규칙에서 징계해고사유를 규정하고 있으나 규정된 사유 이외의 사유를 이유로 징계해고한 경우에는 징계사유가 존재하지 않기 때문에 그 해고는 무효라고 본 사례(대법원 1992. 7. 14. 91다32329)가 있다.

판 례

■ 회사의 취업규칙 제13조가 해고사유로서 14가지를, 제57조가 징계사유로서 17가지를, 그 별지 제재규정이 징계해고사유로서 제13조 소정의 14가지와 제57조 제3, 4, 8호에 해당하는 사유 등 17가지를 각 규정하고 있는 경우 회

사가 근로자의 비위행위가 취업규칙 제57조 제5, 13, 17호에 해당된다 하여 징계해고 처분하였다면 위 근로자의 비위행위가 징계해고사유에 해당하지 아니하므로 위 징계해고처분은 정당한 징계해고 사유없이 이루어진 것이어서 무효이다(대법원1992. 7. 14. 91다 32329).

또한 정관에 해고사유로 당연퇴직과 징계면직을 열거하고 있을 뿐인데, 정관의 위임에 따른 인사규정이 그 외에 직권면직까지 규정하고 있다면 이는 정관에 위배되어 무효이고 인사규정에 근거한 직권면직처분도 무효라고 한 사례(대법원 1992. 9. 8. 91다27556)가 있다.

판 례

■사용자의 정관규정의 표제가 '직원의 신분보장'으로 되어 있고 그 내용도 정관에 규정한 직원의 임면에 관한 사항 중 특히 임면권자가 직원을 그 의사에 반하여 면직할 수 있는 경우를 제한하는 취지임이 분명하므로 정관의 위임에 따라 제정되는 인사규정에서 위 정관상의 신분보장조항에 위배되는 규정을 둘수 없고, 그러한 규정은 무효라고 할 것인데, 인사규정이 위 정관 규정에서 본인의 의사에 반하여 해고할 수 있는 사유로 열거한 무효퇴직과 징계면직 외에 직권면직을 규정하였다면 위 정관 규정에 위배되어 무효임이 명백하고, 따라서 위 인사규정에 근거한 직권면직처분은 정당한 이유가 없는 것으로서 무효라고 할 것이다(대법원 1992. 9. 8. 91다27556).

물론 위 판례를 고유권설의 입장에서 보더라도 설명이 불가능한 것은 아니다. 고유한 권한으로서의 징계권을 사용자에게 인정한다고 하더라도 이러한 규정은 스스로의 권한에 대한 제한을 설정한 것으로 본다면 이에 반하는 사용자의 처분은 신의칙 내지 금반언의 원칙에 비추어 무효가 될 것이기 때문이다.

이러한 관점을 취한다면 징계권의 근거를 사용자의 고유한 권한에서 찾든 노사간의 합의에서 찾든 징계조항이 설정되어 있다면 문제될 소지는 없으나 문제는 징계에 관한 조항이 취업규칙이나 단체협약에 규정되어 있지 않는 경우이다. 이 때 사용자는 징계권을 행사할 수 있는가.

징계처분의 성격

 징계권의 근거로 어느설을 취하든지간에 "사용자가 근로자에 대하여 징계권을 행사할 수 있는 것은 사업활동을 원활하게 수행하는데 필요한 범위 내에서 규율과 질서를 유지하기 위한(대법원 1994. 12. 13. 93누23275)것이라는 점은 부정할 수 없다. 이러한 징계권의 기능에 초점을 맞추어 생각하여 보면, 어떤 형태이든 사업 내의 질서위반행위에 대한 제재는 필요불가결하다고 할 수 있다.

판 례

■ 사용자가 근로자에 대하여 징계권을 행사할 수 있는 것은 사업활동을 원활하게 수행하는데 필요한 범위내에서 규율과 질서를 유지하기 위한 데에 그 근거가 있으므로, 근로자의 사생활에서의 비행은 사업활동에 직접 관련이 있거나 기업의 사회적 평가를 훼손할 염려가 있는 것에 한하여 정당한 징계사유가 될 수 있다(대법원 1994. 12. 13. 93누23275).

 징계처분 속에는 일반적인 사법법리(司法法理)로는 설명하기 어려운 정직이나 감봉 등의 처분도 포함되어 있고, 징계해고시에는 퇴직금의 감액 등의 제재도 수반하는 경우가 있기 때문에 손해배상이나 계약해지와 같은 위약벌(違約罰)과는 질적으로 다른 질서벌(秩序罰)로서의 성격을 가진다.
 질서벌은 위약에 대하여 계약적으로 허용되는 범위를 뛰어넘는 제재이고 징벌적 성격을 가진다. 이러한 징계의 성격이 근로계약을 체결함으로써 사용자의 지휘명령에 따른다는 합의에서 당연히 도출되는 것이라고 볼 수는 없다.

징계의 정당성 판단

이와 같이 징계해고를 포함한 징계처분이 징벌적 성격을 갖는다면, 징계처분의 절차나 적법절차로 대변되는 절차상 정의가 관철되어야 하고, 그 내용에 대해서는 죄형법정주의의 정신이 유추되어야 할 것이다.
 죄형법정주의는 국가의 형벌권 행사로부터 국민의 자유와 권리를 보호하는 목적을 가지는 것으로서 형벌에 대하여 적용되는 원칙이지, 일체의 불이익한 제재에 대한 일반적 원칙이라고 볼 수 없음은 말할 나위도 없다. 따라서 죄형법정주의의 엄격한 요건이 사용자의 징계처분에 대해서도 그대로 적용된다고는 볼 수 없다.
 그러나 형벌이 사회질서의 유지·보호를 위하여 예방적 기능을 하는 것과 유사하게 사업내의 질서위반행위에 대하여 사용자가 징계처분을 하는 것 역시 사업내 질서를 유지·보호하기 위하여 다른 근로자에 대한 예방적 기능을 수행한다는 점을 고려하면 양자간에는 기능적 유사성이 존재한다.
 형벌이 사회로부터 범죄자를 격리시킴으로써 사회질서를 유지하는 것과 마찬가지로 사용자의 징계처분, 특히 징계해고는 징계를 범한 근로자를 기업이라는 조직체에서 배제하는 방법에 의해 사업 내 질서를 유지한다는 점에서 유사성을 발견할 수 있다.

판례

■1. 노동조합법 제42조에서 규정한 노동위원회의 사용자에 대한 구제명령은 사용자에게 이에 복종하여야 할 공법상의 의무를 부담시킬 뿐, 직접 노사간

의 사법상의 법률관계를 발생 또는 변경시키는 것은 아니다.
2. 제1차 해고의 효력이 다투어지고 있는 상태에서 그 제1차 해고를 취소함이 없이 절차를 보완하고 해고사유를 추가하여 행하여진 제2차 해고를, 그것이 단지 제1차 해고가 효력이 없을 것에 대비하여 행하여진 해고라는 것만으로 당연히 무효인 해고라고 할 수는 없다.
3. 인사권이 회사에 있음을 인정하면서 다만 해고, 휴직, 배치전환에 관한 인사는 조합과 협의한다고 규정하고 있는 단체협약상의 규정은 노동조합의 조합원에 대한 사용자의 자의적인 인사권이나 징계권의 행사로 노동조합의 정상적인 활동이 저해되는 것을 방지하려는 취지에서 사용자로 하여금 노동조합의 조합원에 대한 인사나 징계의 공정을 기하기 위하여 필요한 의견을 제시할 기회를 주고 제시된 노동조합의 의견을 참고자료로 고려하게 하는 정도에 지나지 않는 것이라고 봄이 상당하므로, 그 협의절차를 거치지 아니하였다고 하더라도 인사처분의 효력에는 영향이 없다고 보아야 한다.
4. 제2차 해고가 제1차 징계해고의 효력이 다투어지는 중에 행하여졌다고 하여 일사부재리의 원칙, 신의칙, 금반언의 원칙에 위반된 무효의 해고라고 볼 수 없다.
(대법원 1996. 4. 23. 95다 53102)

이와 같은 질서유지를 위한 수단으로서의 형벌과 징계간의 기능적·목적적 유사성을 고려한다면 죄형법정주의의 정신은 사용자의 징계처분에 대한 통제법리에 원용할 수 있다고 생각된다.

판 례

■징계처분을 받은 근로자가 재심을 청구할 수 있는 경우 그 재심절차는 징계처분에 대한 구제절차에 해당하고, 징계처분이 그 요건을 모두 갖추었다 하더라도 재심절차를 전혀 이행하지 않거나 재심절차에 중대한 하자가 있어 재심의 효력을 인정할 수 없는 경우에는 그 징계처분은 무효로 되므로, 원래의 징계처분에서 징계사유로 삼지 아니한 징계사유를 재심절차에서 추가하는 것은 추가된 징계사유에 대한 재심의 기회를 박탈하는 것으로 되어 특별한 사정이 없는 한 허용되지 아니한다(대법원 1996. 6. 14. 95누6410).

◼︎ 취업규칙에서 징계사유를 규정함에 있어 동일한 징계사유에 대하여 여러 등급의 징계가 가능한 것으로 규정하였다든가, 어떤 징계사유에 대하여 원칙적인 징계의 종류를 규정하면서 예외적으로 정상에 따라 보다 가벼운 징계를 할 수 있다는 것으로 규정하였다든가 하는 경우에 그 중 어떤 징계처분을 선택할 것인지는 징계권자의 재량에 속하는 것이기는 하나, 이러한 재량은 자의적이고 편의적인 재량에 맡겨져 있는 것이 아니며, 징계사유와 징계처분과의 사이에 사회통념상 상당하다고 보여지는 균형의 존재가 요구되고, 경미한 징계사유에 대하여 가혹한 제재를 가한다든가 하는 것은 권리의 남용으로서 무효이다(대법원 1994. 1. 28. 93다45121).

따라서 징계처분의 내용과 관련한 '정당성 판단'은 죄형법정주의의 정신을 유추하여 첫째, 징계사유에 대한 취업규칙이나 단체협약상의 근거가 필요하며, 둘째 징계사유를 규정하기 이전의 행위에 대하여 처벌할 수 없으며, 셋째 징계사유는 명확하게 규정되어야 하며 징계의 종류와 범위도 명확하여야 할 것이고, 넷째 징계조항이 없는 행위에 대하여 그것과 유사한 성질을 가지는 행위에 대한 징계조항을 적용하여서는 안 되고, 마지막으로 징계의 필요성이 인정되고 징계대상행위와 징계처분 간에 적정한 균형이 유지되어야 한다.

3. 징계사유의 판단

징계사유의 규정 여부

'법률이 없으면 처벌도 없다'는 정신은, 징계가 징벌적 성격을 가지는 한, 노사관계에서도 부정되어야 할 이유가 없다. 이러한 원칙은 징계처분과 관련하여서는 사용자가 징계처분을 행하기 위해서는 취업규칙이나 단체협약 소정의 징계사유의 존재가 사전에 규정되어 있어야 한다는 내용으로 구체화된다.

따라서 취업규칙에서 징계해고사유를 규정하고 있으나 규정된 사유 이외의 사유를 이유로 징계해고한 경우에는 징계사유가 존재하지 않기 때문에 해고는 무효라고 하지 않을 수 없다(대법원 1992. 7. 14. 91다32329).

판 례

■ 회사의 취업규칙 제13조가 해고사유로서 14가지를, 제57조가 징계사유로서 17가지를, 그 별지 제재규정이 징계해고사유로서 제13조 소정의 14가지와 제57조 제3, 4, 8호에 해당하는 사유 등 17가지를 각 규정하고 있는 경우 회사가 근로자의 비위행위가 취업규칙 제57조 제5, 13, 17호에 해당된다 하여 징계해고처분 하였다면 위 근로자의 비위행위가 징계해고사유에 해당하지 아니하므로 위 징계해고처분은 정당한 징계해고 사유없이 이루어진 것이어서 무효이다(대법원 1992. 7. 14. 91다32329).

또한 정관에 해고사유로 당연퇴직과 징계면직을 열거하고 있을 뿐인데, 정관의 위임에 따른 인사규정이 그 외에 직권면직까지 규정하고 있다면 이는 정관에 위배되어 무효이고, 인사규정에 근거한 직권면직처분도 무효라고 볼 것이다(대법원 1992. 9. 8. 91다27556).

판 례

■사용자의 정관규정의 표제가 '직원의 신분보장'으로 되어 있고 그 내용도 정관에 규정한 직원의 임면에 관한 사항 중 특히 임면권자가 직원을 그 의사에 반하여 면직할 수 있는 경우를 제한하는 취지임이 분명하므로 정관의 위임에 따라 제정되는 인사규정에서 위 정관상의 신분보장조항에 위배되는 규정을 본인의 의사에 반하여 해고할 수 있는 사유로 열거한 무효퇴직과 징계면직 외에 직권면직을 규정하였다면 위 정관규정에 위배되어 무효임이 명백하고, 따라서 위 인사규정에 근거한 직권면직 처분은 정당한 이유가 없는 것으로서 무효라고 할 것이다(대법원 1992. 9. 8. 91다27556).

■단체협약이나 취업규칙에 근로자에 대한 징계해고사유가 제한적으로 열거되어 있는 경우에는 그와 같이 열거되어 있는 사유 이외에는 징계해고할 수 없다(대법원 1993. 11. 9. 93다49935).

■1. 구노동조합법(1996. 12. 31. 법률 제5244호 부칙 제3조로 폐지)에 의하면 단체협약은 근로조건 기타 근로자의 대우에 관한 기준 등에 관한 사항을 정하는 협정으로서 서면으로 작성하여 노사 쌍방이 서명날인하여야 하고, 유효기간에 있어서 일정한 제약이 따르며, 원칙적으로 노동조합원 이외의 자에 대하여는 그 규범적 효력이 미치지 아니하는 것이고, 이에 비하여 취업규칙은 사용자가 근로자의 복무규율과 임금 등 당해 사업의 근로자 전체에 적용될 근로조건에 관한 준칙을 규정한 것을 말한다.
2. 사용자가 회사 업무수행중에 발생한 사고에 대하여 그 처리의 책임과 절차를 규정함으로써 신속하고 합리적인 사고처리를 기하기 위하여 사고처리규정을 제정·시행한 후, 3번에 걸쳐 노사 쌍방의 합의를 거쳐 각 개정·시행하고 있는 사고처리규정이 조합원 이외의 직원의 근로관계도 직접 규율하는 것으로 규정되어 있고, 유효기간에 관한 규정이 없이 계속하여 시행되어 왔을 뿐만아니라, 노사 쌍방의 서명날인도 되어있지 아니한 점에 비추어 취

업규칙에 해당한다.
3. 상벌규정이 직무태만, 근무성적 불량자로서 개전의 정이 없을 때(복무 제4호) 및 감봉 이상의 2회 이상 징계자로 개전의 정이 없을 때(복무 제5호)를 징계사유로 규정하면서, 비위의 도가 중하고 고의에 의한 경우에는 각 해고, 비위의 도가 중하고 과실이거나 비위의 도가 경하고 고의에 의한 경우로서 복무 제4호의 경우에는 정직, 복무 제5호의 경우에는 강직에 처하도록 규정하고 있는 경우, 그 각 징계사유의 유형에 있어서는 고의나 과실의 개념이 개입될 여지가 없어서 고의에 의한 경우와 과실에 의한 경우를 구분하여 징계의 양정을 할 수 없고, 따라서 징계양정기준으로 규정된 고의, 과실은 무의미한 것으로 볼 수밖에 없다는 이유로, 결국 피징계자가 저지른 비위의 내용, 성질, 경중. 징계의 목적 등에 의하여 징계양정의 구분을 하여야 한다.
(대법원 1997. 4. 25. 96누5421)

단체협약 및 취업규칙의 징계사유

취업규칙과 단체협약상 징계사유가 차이가 나는 경우에 무엇을 근거로 징계처분을 하여야 하는가가 문제된다.

단체협약에서 "해고에 관하여는 단체협약에 의하여야 하고 취업규칙에 의하여 해고할 수 없다"는 취지로 규정하거나 "단체협약에 정한 사유 외의 사유로는 근로자를 해고할 수 없다"규정하는 등 근로자를 해고함에 있어, 해고사유 등을 단체협약에 의하도록 명시적으로 규정하고 있거나 동일한 징계사유에 관하여 단체협약상의 규정과 취업규칙 등의 규정이 상호 저촉되는 경우에는, 사용자는 단체협약 소정의 징계사유에 의하여만 근로자를 징계할 수 있다(대법원 1997. 6. 13. 97다13627 : 1995. 2. 14. 94누5069 : 1993. 1. 15. 92누13035).

판 례

■ 단체협약에서 해고에 관하여는 단체협약에 따라야 하고 취업규칙에 의하여 해고할 수 없다는 취지로 규정하거나 단체협약에 정한 사유외의 사유로는 근로자를 해고할 수 없다고 규정하는 등 근로자를 해고함에 있어서 해고사유 및 해고절차를 단체협약에 의하도록 명시적으로 규정하고 있거나, 동일한 징계사유나 징계절차에 관하여 단체협약상의 규정과 취업규칙 등의 규정이 상호 저촉되는 경우가 아닌 한, 사용자가 취업규칙에서 단체협약 소정의 해고사유와는 관련이 없는 새로운 해고사유를 정하여 이에 따라 근로자를 해고하는 것이 단체협약에 반하는 것은 아니라고 함이 법원의 확립된 견해이다(대법원 1997. 6. 13. 97다13627).

징계에 관한 사항이 근로조건에 관한 사항임을 부정할 수 없고 따라서 노동조합및노동관계조정법 제33조에 따라 단체협약에 반하는 취업규칙의 효력은 무효로 되는 것에서 비롯되는 당연한 논리이다. 따라서 취업규칙에 '형사사건으로 기소되어 형의 선고를 받았을 때'와 '범법행위를 하여 형사상 소추를 받은 자'를 해고사유로 규정하고 있다고 할지라도 위와 같은 취업규칙상의 규정을 근거로 단체협약상의 '유죄판결'을 미확정 유죄판결도 포함하는 것으로 해석할 수 없다(대법원 1997. 7. 25. 97다7066).

판 례

■ 1. 단체협약에 해고사유로서 업무외의 사건으로 형사상 유죄판결을 받은 자라는 규정을 두고 있을 때 그와 같은 해고규정을 두게 된 취지는 그 유죄판결로 인하여 근로자의 기본적인 의무인 근로제공의무를 이행할 수 없는 상태가 장기화되어 근로계약의 목적이 달성될 수 없게 되었거나 사용자인 회사의 명예나 신용이 심히 실추되거나 거래관계에 악영향을 끼친 경우 또는 사용자와 근로자의 신뢰관계가 상실됨으로써 근로관계의 유지가 기대될 수 없게 되었기 때문일 것이다.
2. 유죄판결이란 단체협약의 규정상 미확정 유죄판결도 해고사유로 삼고 있

음이 분명한 경우를 제외하고는 유죄의 확정판결을 받은 자만을 의미하는 것으로 해석되어야 한다.
3. 동일한 징계사유에 관하여 취업규칙은 단체협약에 저촉될 수 없는 것이므로 회사의 취업규칙에 형사사건으로 기소되어 형의선고를 받았을 때와 범법행위를 하여 형사상 소추를 받은 자를 해고사유로 규정하고 있다고 할지라도 위와 같은 취업규칙상의 규정을 근거로 단체협약상의 유죄판결을 미확정 유죄판결도 포함하는 것으로 해석할 수 없다.
(대법원 1997. 7. 25. 97다7066)

그러나 위와 같은 경우가 아닌 때, 예컨대 단체협약에서 "이 협약은 취업규칙보다 우선한다"든지 "본 협약에 명시되지 않은 사항은 취업규칙에 따르되 근로조건을 낮출 수 없다"고만 규정한 것은 노동관계법의 정신에 따라 단체협약상의 제 규정에 저촉되는 취업규칙의 효력을 인정할 수 없다는 취지를 밝힌 것에 불과할 뿐 사용자가 취업규칙으로 새로운 해고사유를 정할 수 없다는 취지는 아니라고 판례는 보고 있다(대법원 1995. 1. 20. 94다37851).

판 례

■1. 단체협약에서 '해고에 관하여는 단체협약에 의하여야 하고 취업규칙에 의하여 해고할 수 없다'고 규정하거나, '단체협약에 정한 사유외의 사유로는 근로자를 해고할 수 없다'고 규정하는 등 근로자를 해고함에 있어서 해고사유 및 해고절차를 단체협약에 의하도록 명시적으로 규정하고 있거나, 동일한 징계사유나 징계절차에 관하여 단체협약상의 규정과 취업규칙등의 규정이 상호 저촉되는 경우가 아닌한 사용자가 취업규칙에서 단체협약 소정의 해고사유와는 관련이 없는 새로운 해고사유를 정하여 이에 터잡아 근로자를 해고하는 것이 단체협약에 반하는 것이라고는 할 수 없다.
2. 사용자와 그 소속 근로자들로 조직된 노동조합 사이에서 체결된 단체협약에 '이 협약은 취업규칙보다 우선한다.' '본 협약에 명시되지 않은 사항은 취업규칙에 따르되 근로조건을 낮출 수 없다.'고 규정한 것은 근로기준법 제97조 제1항이나 노동조합법 제36조 제1항의 정신에 따라 단체협약상의 제

규정에 저촉되는 취업규칙의 효력을 인정할 수 없다는 취지를 밝힌 것에 불과할 뿐 사용자가 취업규칙으로 새로운 해고사유를 정할 수 없다는 취지는 아니다.
(대법원 1995. 1. 20. 94다37851)

즉 단체협약에 반하지 않는 한 사용자는 취업규칙에서 새로운 징계사유를 정할 수 있고, 그 징계사유에 터잡아 징계할 수도 있는 것인바, 회사 취업규칙이 단체협약 소정의 징계사유와는 관련이 없는 새로운 징계사유를 규정한 것이라면, 이는 단체협약의 규정에 반하는 것이라 할 수 없고, 따라서 취업규칙을 적용하여 징계해고한 것을 위법하다 할 수 없다(대법원 1997. 6. 13. 97다13627 : 1994. 6. 14. 93누20115). 그러나 취업규칙의 근거조항 없이 행해진 징계처분은 앞으로 살펴 본 바와 같이 그 자체로 무효라고 하여야 할 것이다.

판례

■ 단체협약에 반하지 않는 한 사용자는 취업규칙에서 새로운 징계사유를 정할 수 있고, 그 징계사유에 터잡아 징계할 수도 있는 것인 바, 회사취업규칙이 단체협약 소정의 징계사유와는 관련이 없는 새로운 징계사유를 규정한 것이라면 이를 단체협약의 규정에 반하는 것이라 할 수 없고, 따라서 취업규칙을 적용하여 징계해고한 것을 위법하다 할 수 없다(대법원 1994. 6. 14. 93누20115).

당연퇴직조항의 의미

단체협약이나 취업규칙에 일정한 사유를 열거한 후 이에 해당하면 당연퇴직하는 것으로 본다는 조항을 둔 경우가 있다. 이에 대하여 당연퇴직조항에 해당하는 사유가 발생하면 해고가 아니기 때문에 해고의 정당한 이유에 의한 제한을 받지 않는다는 주장이 있을 수 있으나, 판례는 이를 부정하고 있다.

판례는 당연퇴직조항의 의미에 대해, 사용자가 어떤 사유의 발생을 당연퇴직 사유로 규정하고 그 절차를 통상의 해고나 징계해고와 달리한 경우에 그 당연퇴직 사유가 근로자의 사망이나 정년, 근로계약기간의 만료 등 근로관계의 자동소멸사유로 보여지는 경우를 제외하고는 이에 따른 당연퇴직은 근로기준법 제30조 소정의 제한을 받는 해고로 보아야 한다(대법원 1993. 10. 26. 92다54210).

판 례

■ 회사가 어떠한 사유의 발생을 당연퇴직사유로 규정하고 그 절차를 통상의 해고나 징계해고와는 달리 하였더라도 근로자의 의사와 관계없이 사용자측에서 일방적으로 근로관계를 종료시키는 것이면 성질상 이는 해고로서 근로기준법에 의한 제한을 받는다고 보아야 할 것이므로 근로자에 대한 퇴직조처가 단체협약이나 취업규칙에서 당연퇴직으로 규정되었다 하더라도 위 퇴직처분이 유효하기 위하여는 근로기준법제27조 제1항이 규정하는 바의 정당한 이유가 있어야 하고, 이와 같은 정당한 이유가 없는 경우에는 퇴직처분 무효확인의 소를 제기할수 없다(대법원 1993. 10. 26. 92다54210).

또한 당연퇴직시 근로관계의 종료는 당연퇴직을 해고로 보는 이상에는 퇴직처분 등 근로관계를 종료시킨다는 사용자의 의사표시가 있어야만 비로소 근로관계가 종료된다고 할 것이다(대법원 1997. 2. 14. 96다43904).

판 례

■ 사용자가 어떤 사유의 발생을 당연퇴직 사유로 규정하고 그 절차를 통상의 해고나 징계해고와 달리한 경우, 그 당연퇴직 사유가 근로자의 사망이나 정년, 근로계약기간 만료 등 근로관계의 자동소멸사유로 보여지는 경우를 제

외하고는 이에 따른 당연퇴직은 근로기준법 제27조 소정의 제한을 받는 해고라고 보아야 하므로, 이와 같이 당연퇴직을 해고로 보는 이상에는 퇴직처분 등 근로관계를 종료시킨다는 사용자의 의사표시가 있어야만 비로소 근로관계가 종료된다. 이 사건에 있어 원고의 피용자인 위 장○훈이 집행유예의 형을 선고받은 것이 위 인사규정상의 당연퇴직 사유에 해당한다고 할지라도 사용자인 원고가 이를 이유로 하여 장○훈에 대하여 퇴직처분 등 근로관계를 종료시킨다는 의사표시를 하지 아니한 이상 위 장○훈은 여전히 원고의 직원으로서의 지위를 계속하여 가지고 있다고 보아야 할 것이다(대법원 1997. 2. 14. 96다43904).

4. 소급징계의 금지

근로자의 귀책 행위시에는 징계처분의 대상이 되지 않은 사유에 대해 이후의 단체협약이나 취업규칙상 징계사유의 추가에 의하여 징계하는 것은 허용되지 않는다.

판례도 "취업규칙위반 행위시와 징계처분시에 있어서 서로 다른 내용의 취업규칙이 있는 경우, 다른 특별한 사정이 없는 한 해고 등의 의사표시는 의사표시의 시점에 시행되고 있는 신 취업규칙 소정의 절차에 따라 행하면 족하지만, 징계권(징계사유)의 유무에 관한 결정은 징계가 근로자에게 불이익한 처분이므로 문제로 되어 있는 행위시에 시행되고 있던 구 취업규칙에 따라 행하여야 할 것이다"고 하여 이러한 원칙을 인정하고 있다(대법원 1994. 12. 13. 94다27960). 다만, "사용자가 징계권 징계사유의 유무를 결정함에 있어 구 취업규칙을 적용하면서 신 취업규칙을 함께 적용하였다하더라도 그 적용된 신 취업규칙 소정의 징계사유가 구 취업규칙상의 징계사유 이상으로 부가, 확대한 것이 아니라 이와 동일하거나 이를 유형화, 세분화한 것에 불과하다면 근로자에게 있어서 특별히 불이익한 것이 아니므로, 근로자는 이를 이유로 그 징계가 위법하여 무효라고 주장할 수는 없다"(대법원 1994. 12. 13. 94다27960)고 하여 양 사유가 실질적으로 동일하다면 근로자에게 불이익성이 없기 때문에 새로운 취업규칙에 의한 징계도 가능하다고 보고 있다.

판 례

■1. 취업규칙 위반행위시와 징계처분시에 있어서 서로 다른 내용의 취업규칙이 있는 경우, 다른 특별한 사정이 없는 한 해고 등의 의사표시는 의사표시의 시점에 시행되고 있는 신 취업규칙 소정의 절차에 따라 행하면 족하지만,

징계권(징계사유)의 유무에 관한 결정은 징계가 근로자에게 있어서 불이익한 처분이므로 문제로 되어 있는 행위시에 시행되고 있던 구 취업규칙에 따라 행하여야 할 것이다.

2. 1의 경우 사용자가 징계권(징계사유)의 유무를 결정함에 있어 구 취업규칙을 적용하면서 신 취업규칙을 함께 적용하였다 하더라도 그 적용된 신 취업규칙 소정의 징계사유가 구 취업규칙상의 징계사유 이상으로 부가 확대한 것이 아니라 이와 동일하거나 이를 유형화, 세분화한 것에 불과하다면 근로자에게 있어서 특별히 불이익한 것이 아니므로, 근로자는 이를 이유로 그 징계가 위법하여 무효라고 주장할 수는 없다.

(대법원 1994. 12. 13. 94다27960)

5. 징계사유의 명확성

취업규칙이나 단체협약상의 징계사유는 명확하게 규정되어야 하며 징계의 종류와 범위도 명확하여야 한다.

이는 근로자로 하여금 어떠한 행위가 기업질서위반행위로서 금지되며 그 행위에 대해서는 어떠한 처분이 과해지는가에 대한 예측가능성을 부여하고 사용자의 자의적인 징계처분 행사를 방지하는데 필수적인 요건이라고 할 수 있다.

그렇다면 징계사유가 당사자에게 예측가능성을 부여할 수 없을 정도로 명확하지 않도록 규정되어 있다면 당해 징계사유는 무효라고 하여야 할 것이다. 다만, 징계사유가 어느 정도 명확하게 규정되어야 하는지는 일률적으로 결정할 수는 없을 것이고, 각 사유의 특수성과 취지, 목적 등을 살펴 종합적으로 판단할 수밖에 없을 것이다.

징계사유에 해당하는 경우에 부과되는 징계의 종류와 범위 역시 명확하게 규정되어야 한다. 이와 관련하여 판례는 근로자에게 여러 가지 징계혐의사실이 있는 경우 이에 대한 징계해고처분이 적정한지의 여부는 그 사유 하나씩 또는 그 중 일부의 사유만 가지고 판단할 것이 아니고 전체의 사유에 비추어 사회통념상 근로계약을 계속시킬 수 없을 정도로 근로자에게 책임이 있는지 여부에 의하여만 한다고 일괄적으로 보고 있다(대법원 1996. 9. 20. 95누15742 : 1996. 5. 31. 95누2487 : 1991. 11. 22. 91다6740).

판 례

■1. 피징계자에게 여러 가지 징계혐의 사실이 있는 경우 이에 대한 징계해고 처분이 적정한지의 여부는 그 사유 하나씩 또는 그 중 일부의 사유만 가지고

판단할 것이 아니라 전체의 사유에 비추어 사회통념상 근로계약을 계속시킬 수 없을 정도로 근로자에게 책임이 있는지 여부에 의하여야 한다.
2. 사용자가 근로자를 해고함에 있어서 표면상의 해고사유와는 달리 실질적으로 근로자가 노동조합 업무를 위한 정당한 행위를 한 것을 이유로 해고한 것으로 인정되는 경우에는 노동조합법 제39조 제1호 소정의 부당노동행위라고 보아야하고, 근로자의 노동조합 업무를 위한 정당한 행위를 실질적인 해고사유로 한 것인지는 사용자측이 내세우는 해고사유와 근로자가 한 노동조합 업무를 위한 정당한 행위의 내용, 해고를 한 시기, 사용자와 노동조합과의 관계, 동조의 사례에 있어서 조합원과 비조합원에 대한 제재의 불균형 여부, 종래의 관행에 부합 여부, 사용자의 조합에 대한 언동이나 태도, 기타 부당노동행위 의사의 존재를 추정할 수 있는 제반 사정 등을 비교 검토하여 판단하여야 하나, 적법한 징계해고사유가 있어 징계해고한 경우에 있어서는 사용자가 근로자의 노동조합활동을 못마땅하게 여긴 흔적이 있다거나 반노동조합의사를 갖고 있는 것으로 추정된다 하여 당해 해고가 부당노동행위에 해당한다고 할 수 없다.
3. 피징계자가 무단결근을 하였을 뿐만 아니라 회사에 납부하여야 할 운송수입금도 기준입금액에 미달하였고, 사무실에서 많은 종업원이 있는 가운데 상사에게 욕설과 폭행을 하였다는 이유로 징계위원회의 결의를 거쳐 행한 징계해고는 부당노동행위가 아니다.
(대법원 1996. 5. 31. 95누 2487)

이러한 관점에서 대표이사에 대한 폭언, 회사에 대한 명예훼손 등 개별 사유만으로도 징계사유가 되는지는 분명하지 않더라도 전체의 사유를 종합하면 여기에 해당한다고 본 사례가 있다(대법원 1997. 12. 9. 97누9161).

판례

■ 근로자에게 여러 가지 징계혐의사실이 있는 경우 이에 대한 징계해고 처분이 적정한지의 여부는 그 사유 하나씩 또는 그 중 일부의 사유만 가지고 판단할 것이 아니고, 전체의 사유에 비추어 사회통념상 근로관계를 계속할 수

없을 정도로 근로자에게 책임이 있는지 여부에 의하여 판단하여야 하며(대법원 1996. 9. 20. 95누15742 참조), 징계처분 이후의 비위행위라 하더라도 징계양정의 판단자료로는 삼을 수 있다고 할 것인바(대법원 1996. 4. 23. 96다2378 참조), 이 사건에서 인정되는 해고사유 하나하나가 그 자체만으로는 근로관계를 계속하기 어려운 중대한 사유가 되는지 분명하지 아니하다 하더라도 전체의 사유를 종합하여 보고, 나아가 원고가 자신에 대한 정직처분이 부당하다는 생각에만 지나치게 집착한 나머지 회사의 비리에 대한 증거를 수집한다며 밤늦은 시각까지 카메라를 들고 회사 구내를 돌아다닌 점이라든지 원고 스스로도 자신의 잘못으로 버스운행을 결행한 적이 있음에도 불구하고 참가인 회사가 버스운행을 결행하였다고 행정관청에 세차례나 고발하여 그 중 일부가 운행 전 점검불이행 등으로 확인되어 과징금을 부과받게 한 것은 비록 그 고발이 해고 이후에 이루어졌다고 할지라도 해고의 효력을 다투고 있는 원고로서는 참가인 회사와의 신뢰관계를 완전히 저버린 행위로 볼 수 밖에 없다는 점 등을 참작하여 보면 이 사건에서는 사회통념상 원고와의 근로관계를 계속하기 어려운 중대한 사유가 있다고 하지 않을 수 없다(대법원 1997. 12. 9. 97누9161).

그러나 해고가 근로자로서는 생존권을 위협하는 가장 무거운 벌이라는 점을 고려하면 그 자체로서는 해고사유가 될 수 없는 사유를 망라하여 해고를 정당화하는 것은 타당하다고 볼 수 없다.

하급심 판결이기는 하지만, 직위해제 조치된 자가 3개월이 지나도록 직위를 부여받지 못한 경우 당연퇴직하도록 규정되어 있는 회사에서 3개월 뒤 당연퇴직처분에 의해 해고한 사안에 대하여 무효라고 판정한 사례도 있다(대구지법 1993. 6. 23. 92가합17123).

판 례

■ 직위해제 처분이 그 절차도 직위해제대상 근로자의 의견진술이나 유리한 증거제출의 기회가 부여되지 않은 채 사용자에 의하여 일방적으로 행해지는 잠정적인 처분임에도 직위해제 처분의 후속조치로서 3개월이 지나도록 직

위를 부여받지 못한 경우 당연퇴직하도록 되어 있는 피고조합의 운영규정 제35조 제3항은 사용자가 근로자를 해고함에 있어 해고대상 근로자의 의견 진술 기회보장 등의 일련의 복잡한 절차를 거쳐 행해지는 징계절차를 회피하면서도 실질적으로는 징계파면 내지 해임과 동일한 효과를 발행할 수 있는 것으로서 정당한 절차를 거쳐야만 해고할 수 있는 근로기준법 제27조에 위반되는 사항으로 무효이다(대구지법 1993. 6. 23. 92가합17123).

6. 징계사유 유추적용

규정된 징계사유에 직접 해당되지 않는 행위에 대하여 그것과 유사한 성질을 가지는 행위에 대한 징계조항을 적용하는데는 무리가 있다고 보나 판례는 징계사항과 직접적으로 관련이 없는 사항이라고 할지라도 징계사유와 성질이 유사하다면 징계처분의 정당성을 판단함에 있어서 함께 고려하고 있다. 징계처분이 행해지기 1년 전의 사유까지도 포함하여 징계해고의 정당성을 판단한 사례가 있다(대법원 1989. 9. 26. 89다카5475).

판 례

■ 근로기준법 제27조 제1항 소정의 "정당한 이유"라 함은 사회통념상 고용계약을 계속시킬 수 없을 정도로 근로자에게 책임이 있는 사유가 있다든가 부득이한 경영상의 필요가 있는 경우만을 말하는 것이므로, 근로계약이나 취업규칙 등에 해고에 관한 규정이 있는 경우 그것이 위 근로기준법에 위배되어 무효가 아닌 이상 그에 따른 해고는 정당한 이유가 있는 해고라고 할 것이다(대법원 1989. 9. 26. 89다카5475).

또한 판례는 징계처분에서 징계사유로 삼지 아니한 비위행위라고 하더라도 징계종류 선택의 자료로서 피징계자의 평소의 소행과 근무성적, 당해 징계처분사유 이후에 저지른 비위행위사실 등은 징계양정에 있어서의 참작자료로 삼을 수 있다고 일관적으로 보고 있다(대법원 1997. 2. 14. 96누4244 : 1991. 2. 12. 90누5627 : 1996. 4. 23. 96다2378).

판 례

■징계처분에서 징계사유로 삼지 아니한 비위행위라고 하더라도 징계종류 선택의 자료로서 피징계자의 평소의 소행과 근무성적, 당해 징계처분사유 이후에 저지른 비위행위사실도 징계양정에 있어서의 참작자료가 될 수 있다 할 것이므로 위와 같은 원심의 판시가 원고 주장의 위 비위행위를 징계양정의 판단자료로도 삼을 수 없다는 취지의 판시라면 이는 잘못이라 할 것이다(대법원 1997. 2. 14. 96누4244).

나아가 해고의 효력을 다투고 있는 근로자에 대해서도 자신의 정당성을 입증하기 위하여 회사의 부당함을 지적하는 과정에서 행한 고발이 회사와의 신뢰관계를 완전히 저버린 행위를 하였다고 하여 해고의 정당성을 인정하는 사실상의 결정적 자료로 삼는 예까지 있다(대법원 1997. 12. 9. 97누9161).

7. 상당성(적정성)의 원칙

징계의 필요성

근로자에 대한 징계처분이 정당성을 갖기 위해서는 징계의 필요성이 인정되어야 한다. 즉 징계의 목적에 따른 필요성이 인정되어야 한다. 따라서 사용자가 근로자에 대하여 징계권을 행사할 수 있는 것은 사업활동을 원활하게 수행하는데 필요한 범위 내에서 규율과 질서를 유지하기 위한 데에 그 근거가 있으므로, 근로자의 사생활에서의 비행은 사업활동에 직접 관련이 있거나 기업의 사회적 평가를 훼손할 염려가 있는 것에 한하여 정당한 징계사유가 될 수 있다(대법원 1994. 12. 13. 93누23275).

판 례

■ 사용자가 근로자에 대하여 징계권을 행사할 수 있는 것은 사업활동을 원활하게 수행하는 데 필요한 범위 내에서 규율과 질서를 유지하기 위한 데에 그 근거가 있으므로, 근로자의 사생활에서의 비행은 사업활동에 직접 관련이 있거나 기업의 사회적 평가를 훼손할 염려가 있는 것에 한하여 정당한 징계사유가 될 수 있다(대법원 1994. 12. 13. 93누23275).

■ 근로자가 직장의 내부사실을 외부에 공표하는 것은 공표된 내용과 그 진위, 그 행위에 이르게 된 경위와 목적, 공표방법 등에 따라서 사용자의 비밀, 명예, 신용 등을 훼손하는 행위로서 징계사유가 될 수 있지만, 고도의 공공성을 갖는 공법인에 있어서는 그 업무가 무엇보다도 먼저 관련 법령 및 제규정에 따라 적법하게 수행되어야 하고, 그 업무수행에 있어서의 위법행위는 널리 공법인의 내·외부로부터 감시, 견제되어야 할 필요가 있으므로 소속 직

원에 의한 업무관련사실의 공표행위는 일반 사기업의 경우와 동일하게 평가되어서는 아니된다.
이러한 사정과 위 각 서면의 내용 등에 비추어 볼 때, 위와 같은 참가인의 행위는 원고 의료원과의 신뢰관계를 완전히 저버리는 행동으로 보기는 어렵고, 조직의 내부질서 확립을 위한 징계의 필요성과 상고이유의 주장과 같은 참가인의 징계전력 및 이 사건 파면처분 후의 행동을 고려하더라도 위 사유만으로 징계처분 중 가장 무거운 파면에 처한 것은 사회통념상 상당하다고 인정되는 균형을 상실하여 재량권의 범위를 벗어난 것이다.
(대법원 1999. 12. 21. 98두7787).

업무수행과 관련한 사례로는, 회사의 원목 수입·판매 담당자가 매출채권관리내규 등의 제 규정에 따른 조치를 취하지 아니하고 거래처와 신용거래를 시작하였고, 그 후 자체감사에서 불량채권 과다, 매출채권 잔액 대비 담보미달 등에 대한 시정지시를 받았으며, 또한 거래처의 신용상태가 악화되고 있다는 사정을 충분히 알 수 있었음에도 그에 대한 적절한 조치를 취하지 아니하고 신용거래를 계속하다가 거래처의 부도로 회사에 중대한 손해를 발생케 한 근로자에 대한 징계해고의 필요성을 긍정한 사례가 있다(대법원 1997. 4. 25. 96누9508).

판례

■ 회사의 원목 수입·판매 담당자가 매출채권관리내규 등의 제 규정에 따른 조치를 취하지 아니하고 거래처와 신용거래를 시작하였고, 그 후 자체 감사에서 불량채권 과다, 매출채권 잔액대비 담보미달 등에 대한 시정지시를 받았으며, 또한 거래처의 신용상태가 악화되고 있다는 사정을 충분히 알 수 있었음에도 그에대한 적절한 조치를 취하지 아니하고 신용거래를 계속하다가 거래처의 부도로 회사에 대하여 중대한 손해를 발생케 한 사안에서, 이는 사회통념상 고용계약을 계속시킬 수 없을 정도로 근로자에게 책임이 있는 징계사유에 해당하는 것으로서 그에 대한 해고가 징계권의 범위를 벗어난 것으로는 볼 수 없다(대법원 1997. 4. 25. 96누9508).

또 노동조합 간부가 노조활동의 일환으로 부당노동행위에 대한 조사차 영업소에 찾아가 영업소장에게 노조원 폭행에 대한 사과를 요구하였으나 이를 거절당하자 사무실에 걸려 있는 게시판을 떼어 회사의 경영방침 옆에 못을 치고 게시한 행위 등에 대하여, 영업시간 중에 고객과의 직접적인 접촉이 이루어지는 영업소에서 행해진 것이어서 회사의 대외적 이미지나 명예를 손상한 바가 크고, 회사 내의 기업질서나 직장규율을 극도로 문란하게 한 것으로서 징계의 필요성을 긍정한 예가 있다(대법원 1997. 9. 12. 97누7165).

판례

■ 원고 등은 1994. 9. 6. 당시 ○○분회 노조원들로부터 사용자측에서 부당노동행위를 한다는 보고를 받았을 뿐 실제로 부당노동행위가 있었는지 여부는 불명확한 상태임에도(그 후 노조측에서 부당노동행위로 고소하였으나 검찰에서 무혐의 결정된 것으로 보인다) 다른 영업소에 근무하는 노조원까지 동원하여 15명 가량이 사전 연락도 없이 고객과의 직접적인 접촉이 이루어지는 영업시간중에 ○○영업소에 난입하여 영업소장 등에게 폭언·폭행을 하였을 뿐만 아니라, 원고는 영업소장 책상 옆에 붙어 있는 테이블에 올라가 영업소장과 택시과장에게 발길질을 하고 판매현황판으로 택시과장의 머리를 여러 차례 때리는 등으로 폭행을 주도한 사실, 영업소장이나 택시과장은 모두 원고보다 상급자이고 연령도 7세 이상 연장인 사실, 한편 참가인은 원고 등이 ○○영업소와 XX영업소에 난입하여 업무를 방해한 부분은 집단행동에 가담한 직원들 모두에게 해당되므로 가능한 한 징계수위를 낮추어 직원들을 구제하기 위하여 폭행에 가담한 정도의 경중에 따라 징계를 하기로 결정하고, 이에 따라 이 사건 폭행행위를 주도한 원고에 대하여는 징계해고를 한 사실을 알 수 있다.

사정이 그러하다면, 원고 등의 ○○영업소 및 XX영업소에서의 위와 같은 행위는 영업시간중에 고객과의 직접적인 접촉이 이루어지는 영업소에서 행해진 것이어서 참가인의 대외적 이미지나 명예를 손상한 바가 크고, 회사 내의 기업질서나 직장규율을 극도로 문란하게 한 것으로서 결코 가볍게 평가될 수 없을 뿐만 아니라, 징계권자가 징계대상자들에 대한 징계수위를 낮추기 위한 방편으로 징계양정기준을 정하고 그에 따라 징계처분을 하였을 경우 정해진 징계양정기준이 전혀 합리성이 없다거나 특정의 근로자만을 해고하기 위한 방편이라는 등의 특별한 사정이 없는 한 이로써 바로 당해 징계처분이 형평의 원칙에 반하여 위법하다고 할 수는 없을 것이므로 이 사건 징계해고는 정당하다고 할 것이다(대법원 1997. 9. 12. 97누7165).

또한 근로자가 휴직신청이 받아들여지지 않자 출근거부를 하여 무단결근으로 해고된 근로자에 대한 징계의 필요성에 대해, 휴직신청 당시 근로자가 근무부서의 상사·동료로부터 여러 차례에 걸친 폭행·협박으로 불안한 직장생활을 감당할 수 없게 되었고 자신에게 폭행·협박 등 부당노동행위를 한 직원들을 수사기관에 고소까지 제기한 상태인 점 등을 종합하면, 근로자로서는 근무부서에서 상당한 기간에 걸쳐 근로를 제공함이 매우 부적당한 상태에 있었다고 할 것이므로 그 휴직신청에는 상당한 이유가 있었다고 할 것인바, 그럼에도 회사가 휴직신청사유의 사실 유무에 관하여 면밀히 조사하지도 아니한 채 정당한 휴직사유가 아니라는 이유로 휴직신청을 승인하지 아니한 조치는 부당하므로, 근로자가 회사에 그 휴직신청의 승인을 계속 요구하면서 출근을 거부하게 되었다면, 비록 그 결근이 회사의 승인이 없이 이루어져 무단결근에 해당하는 것이라고 할지라도 이는 통상의 무단결근행위와는 달리 사회통념상 근로계약관계를 지속케 하는 것이 현저히 부당하다고 인정할 정도의 비위행위라고는 볼 수 없다고 한 사례가 있다(대법원 1997. 7. 22. 95다53096).

판례

■ 휴직신청 당시 근로자가 근무부서의 상사·동료로부터 여러 차례에 걸친 폭행·협박으로 불안한 직장생활을 감당할 수 없게 되었고 자신에게 폭행·협박 등 부당노동행위를 한 직원들을 수사기관에 고소까지 제기한 상태인 점

등을 종합하면, 근로자로서는 근무부서에서 상당한 기간에 걸쳐 근로를 제공함이 매우 부적당한 상태에 있었다고 할 것인 바, 그럼에도 회사가 휴직신청 사유의 사실 유무에 관하여 면밀히 조사하지도 아니한 채 정당한 휴직사유가 아니라는 이유로 휴직신청을 승인하지 아니한 조치는 부당하므로 근로자가 회사에 그 휴직신청의 승인을 계속 요구하면서 출근을 거부하게 되었다면, 비록 그 결근이 회사의 승인이 없이 이루어져 무단결근에 해당하는 것이라고 할지라도 이는 통상의 무단결근 행위와는 달리 사회통념상 근로계약관계를 지속케 하는 것이 현저히 부당하다고 인정할 정도의 비위행위라고는 볼 수 없으나, 회사가 징계양정상 가장 무거운 징계처분인 징계면직 처분을 한 것은 징계권의 남용이거나 형평의 원칙에 어긋난 것으로 무효이다(대법원 1997. 7. 22. 95다53096).

징계대상행위와 징계처분과의 균형성

판례는 징계권자의 재량을 인정하는 입장에서 징계대상행위와 징계처분과의 관계에 대하여 원칙적으로 취업규칙에서 징계사유를 규정함에 있어 동일한 징계사유에 대하여 여러 등급의 징계가 가능한 것으로 규정하였다든가, 어떤 징계사유에 대하여 원칙적인 징계의 종류를 규정하면서 예외적으로 정상에 따라 보다 무거운 징계를 할 수 있는 것으로 규정하였다든가 하는 경우에 그 중 어떤 징계처분을 선택할 것인지는 징계권자의 재량에 속한다고 하면서도, 이러한 재량은 징계권자의 자의적이고 편의적인 재량에 맡겨져 있는 것이 아니며, 징계사유와 징계처분과의 사이에 사회통념상 상당하다고 보여지는 균형의 존재가 요구되고, 경미한 징계사유에 대하여 가혹한 제재를 과한다든가 하는 것은 권리의 남용으로서 무효로 보고 있다(대법원 1991. 1. 11. 90다카21176 : 1991. 10. 25. 90다20428 : 1992. 5. 22. 91누5884).

판례

1. 근로기준법 제27조 제1항은 사용자는 정당한 이유없이 해고 등의 징벌을 하지 못한다고 규정하여 사용자로 하여금 자유로이 근로자를 해고할 수 없도록 제한하고 있는 바, 여기에서의 "정당한 이유"라 함은 사회통념상 고용계약을 계속시킬 수 없을 정도로 근로자에게 책임있는 사유가 있다든가, 부득이한 경영상의 필요가 있는 경우를 말하는 것이므로, 근로계약이나 취업규칙 등에 해고에 관한 규정이 있는 경우 그것이 위 법에 위배되어 무효가 아닌 이상 그에 따른 해고는 정당한 이유가 있는 해고라고 할 것이고, 취업규칙에서 동일한 징계사유에 대하여 여러 등급의 징계가 가능한 것으로 규정하고 있는 경우에 그중 어떤 징계처분을 선택할 것인지는 징계권자의 재량에 속한다고 할 것이지만 이러한 재량은 징계권자의 자의적이고 편의적인 재량에 맡겨져 있는 것이 아니며, 징계사유와 징계처분과의 사이에 사회통념상 상당하다고 보여지는 균형의 존재가 요구되는 것이다.

2. 회사 직원들과 술집에서 단합대회를 하다가 술기운에 상사의 멱살을 잡아당기다가 옷이 찢어지게 하는 등의 폭행을 가한 근로자에 대하여 회사가 종업원의 징계에 관한 인사규정이나 상벌규정에 의하여 징계면직처분을 하였다 하더라도, 위 징계처분은 징계사유와 징계처분 사이에 상회통념상 상당하다고 인정되는 균형의 존재가 결여되어 징계권의 범위를 일탈한 처분으로서 정당한 이유없는 면직처분에 해당한다.

(대법원 1992. 5. 22. 91누5884)

징계의 수단이 여러 단계로 규정되어 있는 경우 이 중 어떠한 징계의 종류를 선택할 것인가는 징계처분의 기능을 고려하여 결정하는 것이 바람직하다. 징계처분은 사업 내 질서위반행위에 대하여 당해 위반자의 반성을 촉구하고 한편, 다른 근로자에게 경고가 되도록 하는 예방적 기능을 하기 위하여 이루어지는 것이기 때문에 그 처분의 종류도 이러한 목적에 따라 합목적적으로 결정되어야 할 것이다.

따라서 단계별 징계수단이 정해져 있는 경우에 그 중 어떠한 징계를 선택할 것인가는 징계원인인 사실의 정도, 태양, 동기 및 결과 등 제반

사정을 종합적으로 판단하여야 할 것이다. 제반 사정을 참작하여 정상 참작의 소지가 있다면 사용자는 가능한한 가벼운 제재를 취할 의무를 부담한다고 보아야 할 것이다.

징계해고는 근로자에게는 가장 무거운 형벌인 만큼 정상참작의 여지가 전혀 없고 당해 행위를 방치한다면 사업 내 질서가 전혀 유지될 수 없고 앞으로도 개선의 소지가 보이지 않을 정도로 중대한 사유에 대해서만 허용된다고 보는 것이 타당할 것이다.

판 례

1. 징계해고가 정당성을 부여받기 위하여는 사회통념상 근로계약을 존속시킬 수 없을 정도로 근로자에게 책임 있는 사유가 있음을 요하나 일단 해고사유에 해당되는 이상 근로자의 과실 정도, 피해의 경중, 평소의 소행, 징계사유 발생 이후의 특성상 종사원의 중대하거나 전적인 과실로 인한 경우에만 해고사유에 해당한다고 한정하거나, 임금협정서 또는 단체협약상 해고와 직접 관련이 없는 특정 규정의 취지를 임의로 해석하여 사망사고 또는 물적 피해는 아무리 중대하더라도 독립하여 해고사유에 해당되지 않는다고 단정할 수 없고, 비록 사망사고 또는 물적 피해가 독립하여 해고사유에 해당되지 않는다고 보더라도 그러한 피해가 복합된 것이라면 이에 대한 법적 평가도 달라질 수밖에 없다.

2. 운수회사가 종전에 사망사고를 이유로 근로자를 해고한 적이 한 건도 없었다거나 사고 이후 사고 운전사의 복직신청을 받아들여 사고를 문제삼지 아니할 태도를 보인 것만으로는 당해 근로자가 해고되지 않으리라는 신뢰가 형성되었다고 볼 수 없다.

(대법원 1997. 4. 28. 96다32556)

제 4 장
유형별 징계사유 관련 판례

　근로기준법에서는 정당한 이유없이 해고 등을 하지 못한다고 규정하고 있을 뿐 정당한 징계해고사유가 구체적으로 어떠한 경우를 말하는 것인지에 대하여는 아무런 명시규정을 두고 있지 않다.
　판례 등에 의한 징계해고처분의 정당한 이유라 함은 사회통념상 고용관계를 계속시킬 수 없을 정도로 근로자에게 책임 있는 사유가 있는 경우를 말한다.
　회사마다 자체규정에 따라 그 사유를 달리하겠지만 징계사유 중에서도 위반의 정도, 상태 등 그 정황에서 특히 중대한 사유에 해당하는 것이 중징계인 해고의 사유가 된다고 할 것이다. 따라서 어떠한 경우에 정당한 징계해고사유에 해당되는지 또는 어떠한 징계해고사유가 있을 때 그 징계해고처분이 적정한지에 대하여는 일률적·정형적으로 판단할 수 있는 것이 아니라 구체적인 사안에 따라 여러 가지 사정을 참작하여 판단하여야 할 것이다.
　여기에서는 징계해고의 정당성 여부에 관한 참고자료로서 징계해고사유를 다음과 같이 유형화하고 판례를 통하여 그 유형별 실제 사건사례를 예시하고자 한다.

① 인사명령 및 업무지시 위반행위
② 무단결근
③ 직장이탈, 근무태만 및 근무성적불량
④ 직무상의 부정행위
⑤ 직장에서의 폭행 및 폭언행위
⑥ 직무 외의 비행 및 범법행위
⑦ 업무방해 및 직장질서 위반행위
⑧ 회사의 재산상 손실초래행위
⑨ 회사비방 및 명예손상행위
⑩ 복무수칙 및 안전수칙 위반행위
⑪ 학력·경력 및 전력사칭행위
⑫ 업무수행 능력
⑬ 유인물 배포
⑭ 상사 및 동료와의 관련
⑮ 노동조합활동 및 쟁의행위 관련

인사명령 및 업무지시 위반행위

판례

■ 비노조직으로서의 승진발령에 불응하면서 직무를 포기하고 인사발령 건의문을 작성·서명운동을 펴며 회사를 비방한 자에 대한 징계해고는 정당하다 (대법원 1986. 7. 8. 85누170).

■ 근무부서 이동명령에 반발하여 작업을 거부하고 다른 직원들의 작업을 방해하며 무단결근하면서 과장된 내용의 유인물을 작성·배포한 자에 대한 징계해고는 정당하다(대법원 1991. 5. 28. 91다10497).

■ 상당한 이유없이 기능직 사원을 기능직에서 사무직으로, 다시 사무직에서 기능직으로 여러 차례에 걸쳐 수시로 전직처분을 하고 다른 기능직 사원과 차별하여 연장근로 등을 시키지 않음으로써 수입이 감소된 데 대한 항의 내지 시정요구의 수단으로 5일간 작업거부를 한 근로자에 대한 해고처분은 징계권의 남용이나 형평의 원칙에 위배되어 무효이다(대법원 1991. 5. 28. 90다8046).

■ 정당한 부서이동명령에 대하여 4일간이나 이에 불복한 행위는 사회통념상 근로계약을 계속할 수 없는 정도의 근로자의 귀책사유에 해당한다. 또한 동 인사조치에 동조하여 간호사들이 병원식당에서 소란을 피우면서 농성을 하던중 소란행위를 제지하려는 환자 2인에게 간호사 신분으로 상해행위를 하였다는 것은 사회통념상 근로계약을 지속시킬 수 없는 정도의 근로자의 귀책사유(해고)에 해당한다고 하지 않을 수 없다(대법원 1991. 7. 12. 90다9353).

■ 근로자에 대한 전출명령이 무효가 아니라면 근로자로서는 이에 따라야 할 의무가 있다 할 것이므로 그 전출명령에 따른 부임을 거부하는 근로자를 이를 이유로 해고한 것은 정당하다(대법원 1991. 9. 24. 90다12366).

■ 징계처분에 따른 시말서를 제출하지 않은 것은 그 자체가 사용자의 업무상 정당한 명령을 거부한 것으로서 징계사유가 된다.
그러나 위 징계사유에 대하여 징계종류 중 가장 무거운 파면조치를 선택한 것은 그 징계권의 범위를 일탈한 것이다(대법원 1991. 12. 24. 90다12991).

■ 근로자의 동의 없이 특정되어 있는 근로장소의 변경을 가져오는 전직(승진)명령은 정당한 인사권의 행사라기보다는 근로자의 노동조합활동을 이유로 한 불이익처분으로서 부당노동행위에 해당한다고 할 것이므로, 이를 거부한 것을 이유로 한 해고는 정당성을 갖지 못한다(대법원 1992. 1. 21. 91누5204).

■ 운수회사의 노동조합 대의원선거에 입후보하여 그 선거운동을 한다는 이유로 회사의 배차지시를 거부하고 결근한 것은 정당한 사유에 의한 결근이라고 볼 수 없어 징계해고사유에 해당한다(대법원 1992. 2. 11. 91다5976).

■ 회사의 승무이동에 대하여 불만을 품고 업무상 배차지시기피, 고의적인 지연운행 등을 이유로 시말서 3회 제출과 2회에 걸친 승무정지의 징계처분에도 불구하고 다시 배차지시거부 및 고의적인 지연운행 등을 계속 자행하여 회사의 영업에 차질을 초래케 한 자에 대한 징계해고는 정당하다(대법원 1992. 2. 25. 92누411).

■ 작업환경이 열악하다는 등의 이유로 회사의 전환배치명령에 응하지 아니하고 작업거부, 근무지 무단이탈, 불법유인물 배포행위를 한 것은 단체협약과 취업규칙상의 징계사유에 충분히 해당한다(서울고법 1992. 12. 3. 92구505).

■ 정당한 전근명령에 대하여 계속적인 부임촉구에도 불구하고 부당노동행위라 하면서 전근명령을 불응한 채 10일 이상 무단결근한 근로자에 대한 징계해고는 정당하다(대법원 1992. 12. 8. 91누11025).

■ 회사의 전근발령은 경영상의 필요에 의한 정당한 인사권의 행사라기보다는 노동조합활동을 이유로 이루어진 불이익처분으로서 이는 부당노동행위라 할 것이어서, 근로자가 동 전근명령에 불복하여 출근치 못하는 것 등은 그 귀책의 면이 회사측에 더 많다고 할 것이므로 이를 이유로 징계해고한 것은 징계권의 남용으로 부당해고가 된다(대법원 1993. 1. 12. 91누5426).

■ 호텔 전화교환원이 주임의 지시를 위반하고 모욕적인 발언을 하였다는 이유로 사전동의나 협의 없이 전화교환원과는 자격, 근무내용, 보수가 다른 객실부 소속 오더테이커로 전보한 인사명령은 위법하여 무효라 할 것이므로 위 인사명령 거부행위를 해고사유로 삼을 수 있다(대법원 1993. 9. 28. 93누3837).

■ 직업병 근로자에게 부서개편에 따라 소음이 없는 새로운 부서에서 근무하도록 정당한 작업지시를 내렸으나 부서개편 전 고유업무만을 고집하면서 이를 거부하는 행위는 설령 근무중 직업병인 소음성난청에 이환되었다는 사정을 감안하더라도 노사간의 기본적인 신뢰관계를 무너뜨리는 것이어서 위 근로자에 대한 징계해고는 정당하다(대법원 1993. 10. 22. 93다14479).

■ 탄광근로자가 상사의 정당한 작업지시에도 불구하고 이를 이행치 아니한 채 보안규정상 승차가 금지된 실차에 편승하여 퇴갱하고 이후의 작업을 거부하며 입갱하려는 조원들의 입갱까지 저지하여 다음 날 채탄작업준비가 늦어져 상당량의 채굴감량을 가져오게 한 것은 사회통념상 고용관계를 존속시킬 수 없을 정도의 책임 있는 사유(해고)에 해당한다(서울고법 1993. 11. 26. 92구5104).

■ 운전수가 회사의 배차지시를 정당한 이유없이 거부하여 여객운송이 중단되는 사태가 초래되거나 운행질서가 문란케 된 경우에는 고속여객 자동차운송사무의 특수성 및 공익성을 고려할 때 중대한 근로계약 위반행위에 해당한다고 할 것이므로, 운전자가 배차지시를 받고서도 동기회 모임을 이유로 1일 결근하여 예정노선이 1회 결행, 2회 대리운행을 초래케 한 행위는 징계사유에 해당한다(대법원 1994. 9. 13. 94다576).

■ 노조전임 해제에 따라 원직복귀를 함에 있어서 원직의 폐쇄로 인사발령에 의하여 다른 부서로 명하였으나 이 부서로의 출근을 거부하고 무단결근한 행위는 징계해고사유에 해당한다(대법원 1994. 3. 11. 93다56077).

■ 근로자가 부당한 전직에 대한 항의 내지 시정요구의 수단으로 결근(5일)한 경우, 이는 통상의 무단결근과는 달리 노사 사이의 근로계약관계를 지속케 하는 것이 현저히 부당하다고 인정할 정도의 배위행위(해고사유)라고 볼 수 없다(대법원 1994. 4. 26. 93다10279).

■ 전직처분의 정당성에 다소 의문을 품는다 하더라도 이에 항의하는 수단 역시 적정하여야 하는 바, 유효한 전직처분에 불응하고 8일간이나 계속 출근

하지 않은 것은 무단결근에 해당하고 이를 이유로 징계해고한 것은 적법하다(대법원 1994. 5. 10. 93다47677).

■여성근로자가 정당한 업무지시라고 할 수 없는 상사의 커피심부름 호출에 불응하고 이로 인하여 빚어진 상사와의 말다툼 등이 야기된 것은 상사에게도 원인을 제공한 데 대하여 상당한 잘못이 있다 할 것이므로 이를 이유로 징계처분으로 무기정직처분에 이은 자동면직처분(3개월 이내에 복직명령을 받지 못하면 자동면직된다는 규정에 의거)은 징계권의 남용으로 무효이다(서울고법 1994. 9. 2. 94나6347).

■운송사업체에 있어서 사용자가 승무직 근로자인 운전사에 대하여 행하는 배차지시는 통상적인 업무수행명령에 속한다 할 것이므로, 운전사는 특별한 사정이 없는 한 이러한 사용자의 배차지시에 따라야 할 것이고 이를 거부하는 것은 근로계약에 따른 근로자의 본질적이고 기본적인 업무인 근로제공의무를 이행하지 않는 것으로서 이는 채무불이행이 될 뿐 아니라 일반적으로 해고사유가 된다(대법원 1994. 12. 23. 94누3001).

■징계처분에 따른 시말서 부제출은 그 자체가 사용자의 업무상 정당한 명령을 거부한 것으로서 새로운 징계사유가 될 수는 있지만, 그 징계사유는 종전 징계처분에 뒤따르는 시말서 부제출이라는 가벼운 비위로서 특단의 사정이 없는 한 이에 대하여 징계종류 중 가장 무거운 해고를 선택한 것은 징계권의 범위를 일탈한 것이다(대법원 1995. 3. 3. 94누11767).

■단체협약에서 '시말서를 연 5회 이상 제출한 때'를 징계사유로 규정하고 있는 바에 따라 1년도 안 된 근무기간 동안 5차례에 걸쳐 시말서 제출의 제재처분을 받은 근로자에 대한 징계해고는 징계권의 남용·일탈로 볼 수 없다(대법원 1995. 4. 25. 94누13053).

■전보명령이 무효라며 전보명령에 항의하면서 장기간 출근거부(약 2개월)한 행위를 징계해고사유로 삼을 수 있다(대법원 1995. 5. 9. 93다51263).

■ 전보명령이 무효가 아니라면 근로자로서는 이에 따라야 할 의무가 있고 유효한 전보명령에 불응하여 부임을 거부하는 것은 잘못이라 할 것이므로, 취업규칙 등의 규정에 따른 전보명령에 불응하여 장기간 계속 무단결근한 근로자를 징계해고한 것은 정당하다(대법원 1995. 8. 11. 95다10778).

무단결근

판 례

■ 단체협약에 해고사유의 하나로 계속 7일 또는 월 3회 이상 무단결근하였을 때라고 규정한 취지는 정당한 사유의 유무에 불구하고 계속 7일 이상 결근만 하면 무조건 해고할 수 있다는 취지로 해석할 수 없다고 할 것이고, 격일제 근무자가 4일(휴무일 포함 8일) 결근한 경우에 이는 동 단체협약 소정의 해고사유에 해당되지 아니한다(대법원 1989. 3. 14. 97누980).

■ 취업규칙에 3일 이상 무단결근을 징계해고사유의 하나로 규정하고 있는 경우, 사전에 결근신고를 하고 승인을 받더라도 후일 사유서가 첨부된 결근계가 제출되지 않았다면 징계해고사유인 무단결근에 해당한다(대법원 1990. 4. 27. 89다카5451).

■ 단체협약에 정당한 이유없이 1개월 동안 연속 3일 무단결근한 것을 해고사유로 규정한 것이 근로기준법 제27조에 저촉되는 것이 아니어서, 동 규정에 의하여 연속 3일간 무단결근한 근로자를 해고한 것은 정당하다(대법원 1991. 3. 27. 90다15631).

■ 농성기간중의 사건에 대하여 일체의 책임을 묻지 않기로 하는 면책협약이 있는 경우 면책협약 이후에 처벌(유죄판결)을 받고 또 그로 인하여(구속기간 동안) 결근한 사실이 인사규정 등의 징계해고사유에 해당된다고 하더라도 이를 이유로 징계해고할 수 없다(대법원 1991. 8. 13. 91다1233).

■배차를 받고도 결근하여 이에 대한 시말서를 제출하였음에도 불구하고 다시 상당기간동안 결근하는 등 개전의 정이 없다고 여긴 근로자에 대한 징계해고는 정당하다(대법원 1992. 7. 14. 92누12998).

■만근일수(운수회사는 월 22일을 만근일수로 정하여 이를 초과하는 근무는 휴일근무로 보아 휴일근무수당을 지급하고, 당해 근로자의 청구에 의하여 휴무하는 경우에는 주휴일로 대체하도록 되어 있음) 근무 후 정당한 휴무청구권이 있었으나 회사측이 이를 거부하자 부득이 휴무청구기간 동안 휴무를 사용한 근로자에 대하여, 휴무기간은 무단결근으로 볼 수 없어 무단결근을 이유로 가장 중한 징계해고처분을 내린 것은 징계권을 남용한 것으로 무효이다(대법원 1992. 10. 25. 92다20842).

■결근의 부득이한 사유는 그 사유의 성질상 근로자가 근로계약에 기한 근로제공을 하기 어려운 것으로 인정되는 객관적인 사정을 뜻한다 할 것이므로, 특별한 사정이 없는 한 근로자가 범죄혐의로 경찰의 수배를 받고 있다는 사실만으로 결근의 정당한 사유가 될 수 없다. 따라서 아무런 연락 없이 출근치 않는 것은 무단결근에 해당하고 이를 이유로 취업규칙에 의거 징계해고한 것은 정당하다(대법원 1992. 10. 27. 92누9432).

■근로자가 7일 이상의 무단결근, 사전승인 없는 유인물 배포, 업무명령 불복종, 작업장 무단이탈 등의 이유로 단체협약 등에 위반된다고 하여 징계해고한 것은 정당하다(대법원 1993. 4. 9. 92누16973).

■버스회사 대기기사의 결근이유가 회사와의 농성으로 인한 사태수습 내지 어용노조의 임원개선을 위한 업무활동으로 인한 것이라 하여도 노동조합의 결의를 거쳤거나 구체적인 지시에 의한 조합의사에 따른 것이 아닌 조합원으로서의 자발적인 활동에 불과한 이상 무단결근을 노동조합활동으로서 정당하다고 볼 수 없어 단체협약 등에서 정하고 있는 무단결근에 해당하여 징계해고사유에 해당한다(대법원 1993. 7. 13. 92다42774).

■회사의 고소에 따라 업무방해죄에 대한 수사가 개시되고 사전구속영장으로 이를 면하기 위한 도피생활로 출근하지 않는 기간은 회사나 노조의 업무와 관련된 것이라 볼 수 없어 단체협약소정의 해고사유인 무단결근에 해당한다 (대법원 1994. 6. 24. 92다28584).

■취업규칙 등에 질병 또는 부득이한 사유로 결근을 하고자 할 때에는 사전에 신고 또는 허가를 받거나 사후에 승인을 받도록 하는 규정이 있는 경우, 이러한 절차를 밟지 않은 무단결근과 지각·조퇴 등을 빈번히 함을 이유로 징계해고 한 것은 정당하다(대법원 1995. 1. 24. 93다29662).

■1년 2개월에 걸쳐 합계 7일의 무단결근은 사회통념상 고용관계를 계속할 수 없을 정도로 상당한 기간 내에 7일 이상의 무단결근을 한 것이라고 볼 수 없으므로 인사규정 소정의 징계해고사유에 해당되지 않는다(동 판례에서는 인사규정상 '7일 이상의 무단결근하였을 때'라 함은 일정한 시간적 제한 없이 합계 7일 이상의 무단결근을 한 모든 경우를 의미하는 것이 아니라 상당한 기간 내에 합계 7일 이상의 무단결근한 경우를 의미한다고 판시하고 있다)(대법원 1995. 5. 26. 94다46596).

직장이탈, 근무태만 및 근무성적불량

판 례

■기말결산에서 계정의 금액을 맞추어 보기 전에는 결재자로서 부하직원의 부정행위를 밝혀 낼 수 없는 사실을 근무태만이라고 하여 면직조치한 것은 정당한 이유없는 해고이다(대법원 1971. 8. 31. 71다1400).

■작업공정상 근로자의 사소한 부주의로 회사에 중대한 손해를 생기게 할 가능성이 있는 작업부서의 중요한 임무를 띠고 있는 회사의 조장이 야간근무 중 졸다가 적발되어 주의를 받고도 다시 다른 방으로 자리를 옮겨 계속 졸았다면 이는 취업규칙 소정의 징계해고사유에 해당한다(대법원 1977. 3. 22. 74

다1403).

■영업소 판매원이 거액의 횡령행위를 한 경우, 이에 대한 지휘·감독상의 책임을 물어 영업소장을 징계해고처분(대기발령 이후 인사규정에 따른 면직처분)을 한 것은 정당하다(대법원 1989. 1. 17. 87다카1999).

■보험회사가 거수실적(보험계약을 체결하여 보험료를 입금시킨 실적)이 불량한 사원에 대하여 징계할 수 있다는 인사규정에 의해 한 징계면직은 정당하다(대법원 1991. 3. 27. 90다카25420).

■16년 이상 성실히 근무하여 온 근로자가 공장이 휴무한 신정연휴기간에 감시 근무자로 자원 출근하여 도난·화재예방 등의 임무를 수행하다가 교대시간을 얼마 남겨두지 않은 상황에서 공장 밖에서 음주하고 들어와 잠든 행위에 대하여 가장 무거운 징계벌인 면직처분은 재량권의 범위를 일탈한 것이다(대법원 1991. 10. 25. 90다20428).

■근무조건 개선에 관한 주장을 관철시키는 과정에서 1회 30분 조기퇴근하고 사무실에 보관중인 작업일지를 유출시킨 운수회사 정비공에 대한 가장 중한 징계해고조치는 그 비위의 정도, 연유 등에 비추어 징계권의 범위를 일탈한 것이다(대법원 1991. 12. 13. 90다18999).

■택시회사 운전기사가 배차받은 차량이 불결하다거나 몸살·두통 등의 건강상의 이유로 차량운행을 거부하거나 운행하지 않는 경우 등 계속 반복되는 근무태만, 무단결근 등은 단체협약 및 취업규칙 소정의 해고사유에 해당된다(대법원 1992. 4. 24. 91다17931).

■근로자가 작업장 이탈이나 작업복귀지시 불이행한 것이, 부하직원이 술에 취하여 행패를 부린 데서 비롯되어 홧김에 우발적으로 저질러진 행동으로서, 이러한 경미한 사유에 대하여 중한 징계인 해고처분은 형평성의 원칙에 반하는 징계권 남용이라 할 수 있다(대법원 1993. 3. 12. 92누12933).

■버스운전기사가 휴게소에 정차한다는 안내원의 안내방송이 있었음에도 불구하고 당해 안내원과의 불화로 정차하지 아니한 행위는 운전기사로서의 기본적 임무를 저버리고 운행질서에 관한 회사의 명령을 어기고 회사의 명예를 훼손한 것이긴 하나 징계 중 가장 무거운 해고를 선택한 것은 징계사유와 그 처분 사이에 사회통념상 요구되는 균형성이 상실된 징계해고처분이다(대법원 1993. 5. 25. 92다52139).

■시용계약관계(수습사원)는 그 목적에 비추어 정식채용된 통상의 근로계약관계에 비해 해고제한의 법리가 완화되어 객관적으로 합리적인 이유가 존재하면 회사는 정식채용을 거절할 수 있다고 할 것인 바, 다른 대무운전기사에 비해 대무운전 횟수가 적는 등의 불성실한 근무태도와 채용요건인 법령상 요구되는 교육미필 등으로 당해 근로자를 근무부적격자로 보아 정식채용을 거절하는 것은 정당하다(대법원 1994. 1. 11. 92다44695).

■근로자가 결제 없이 구매업무를 처리하는 등 업무에 차질을 초래하고 담당관이 업무를 불성실하게 처리해오다 대기발령되자 사무실 내에서 근무분위기를 훼손하고 다른 직원의 근무를 방해하는 경우 이는 사회통념상 노사간의 근로계약관계를 지속하게 하는 것이 현저하게 부당하다고 인정될 정도의 비위에 해당하므로 징계해고는 정당하다(대법원 1994. 4. 26. 93다60700).

■시설관리과 계장이 추가공사비 신청의혹 등으로 직위해제되고, 그후 문서반출행위와 불성실한 근무태만행위로 인해 단체협약에 의거 징계해고한 것은 정당하다(대법원 1994. 10. 14. 93누18501).

■출·퇴근시간을 준수하지 아니하고 불성실한 근무태도로 민원인과 잦은 마찰을 일으키는 등 회사에 근무함에 있어 다소 비위가 있던 것은 사실이나 이를 이유로 징계해임한 것은 재량권을 남용한 부당해고에 해당한다(대법원 1994. 11. 8. 93누23824).

제 4 장 유형별 징계사유 관련 판례 373

직무상의 부정행위

판 례

■영업소장이 우유판매대금을 일부 횡령하였다는 이유로 징계해직된 경우 그가 횡령금의 일부를 판촉비에 사용하였고 징계면직 이전에 회사가 입은 손해를 모두 배상하였다고 하더라도 비위사실이 상당한 기간 동안 수차에 걸쳐 고의로 행하여진 점에 비추어 위 징계면직은 정당하다(대법원 1990. 11. 23. 90다카21589).

■영업직원들이 공모하여 열차상품에 가짜 가격표를 붙여 판매하고 그 차액을 취하는 직무상 부정행위와 당사자간의 다툼으로 상해를 입은 자의 고소에 따라 위 부정행위가 수사를 통하여 외부에 알려져 회사의 명예를 손상시킨 것은 징계해고사유가 된다(대법원 1993. 6. 22. 92누14571).

■의류판매회사의 지점장 이하 모든 직원들이 함께 공모하여 정가판매를 할인판매한 것으로 관련 서류를 허위로 작성하여 그 차액을 분실상품대금, 직원의 경조비로 사용한 경우 이와 같은 직무상 부정행위를 이유로 징계해고처분을 행한 것은 동 부정행위에 가담한 다른 직원들에 대하여는 모두 징계정직처분을 행하였음에 비하여 지나치게 가혹한 처분으로서 징계재량권을 벗어난 것이다(대법원 1994. 5. 24. 93다2685).

직장에서의 폭행 및 폭언행위

판 례

■회사의 상사를 폭행한 것이 업무시간중에 업무수행과정에서 이루어졌다면 단체협약 소정의 징계사유인 '폭행으로 업무집행을 방해한 자'에 해당된다고 할 것이나, 상사를 폭행한 것을 징계사유로 한 근로자에 대한 징계해고는 상사가 먼저 폭행함으로써 유발된 점 등에 비추어 징계권을 남용한 것이다(대법원 1992. 2. 11. 91다25109).

■16세 연상의 선배사원을 폭언·폭행을 하여 전치 3주간의 치료를 요하는 상해를 입힌 근로자에 대하여 한 징계해고처분은 비행의 동기나 경위 등에 비추어 정당하다(대법원 1992. 3. 13. 91다39559).

■회사직원들과 술집에서 단합대회 도중 술기운에 상사의 멱살을 잡아당기다가 옷이 찢어지게 하는 등의 폭행을 가한 근로자에 대한 징계해고처분은 징계사유와 징계처분 사이에 사회통념상 상당하다고 인정되는 균형의 존재가 결여되어 징계권의 범위를 벗어난 처분이다(대법원 1992. 5. 22. 91누5884).

■사납금 미납행위로 승무정지조치 후 징계에 회부되자 상사에게 "… 죽여버리겠다"는 전화협박과 근무중에 폭언하고 소란을 피워 회사의 정상적인 업무를 방해였다면, 이는 사회통념상 고용계약을 계속할 수 없는 정도의 비위행위(해고사유)에 해당한다(대법원 1994. 8. 12. 94누1890).

■동료간의 사소한 시비로 전치 2주간의 상해를 가한 사실이 취업규칙 소정의 징계사유에 해당된다 하더라도 폭행사실이 비교적 경미하고 그 행위가 업무시간 이전 정문 밖에서 이루어져 회사업무 또는 사내 기강을 크게 저해하지 않는 점 등에 비추어, 이는 고용관계를 더 이상 지속시킬 수 없을 정도의 사유에 해당된다고 볼 수 없어 가장 중한 징계해고를 선택한 것은 징계양정에 있어 재량권의 범위를 벗어난 것이다(대법원 1994. 10. 14. 94다18355).

직무 외의 비행 및 범법행위

판례

■동일 직장 내에서 업무상 자기의 감독하에 있는 미성년자인 여자안내원을 강간하였다는 사실은 징계해고사유에 해당한다(대법원 1987. 5. 26. 86구765).

■취업규칙에 형사상 유죄판결을 받은 경우를 해고사유로 규정하고 있는 경우, 징계처분 당시 형사상 유죄판결이 선고된 바가 없고 앞으로 유죄판결선고가 예상되었다고 하여도 그러한 사정만으로는 위 규정을 적용하여 해고할 수 없다(대법원 1992. 4. 10. 92누404).

■대학 교수의 신분으로 시간강사인 미혼여성과 성적 비행(강간이 아닌 간음행위)을 저지른 것은 교원의 본분에 배치되는 행위로서 품위를 손상한 행위라고 인정하여 징계해임한 것은 정당하다(대법원 1993. 2. 23. 92다24974).

■결혼한 같은 학교 두 남녀 교사가 불륜관계를 맺어오다 각자 협의이혼까지 하게 되자 동료교사 및 학생들로부터 비난을 받고 물의를 일으킨 행위를 이유로 해임한 것은 정당하다(대법원 1993. 10. 22. 93누14240).

■근로자의 사생활에서의 비행은 업무활동에 직접 관련이 있거나 기업의 사회적 평가를 훼손할 염려가 있는 것에 한하여 정당한 징계사유가 될 수 있는 바, 공기업 소속 근로자의 부동산투기행위는 객관적으로 그 공기업의 사회적 평가에 심히 중대한 악영향을 미치는 것으로 평가될 수 있는 경우라 할 것이므로 인사 규정 소정의 '공익을 저해하는 중대한 행위를 하였을 때'에 해당한다고 보아 징계해고를 처분한 것은 정당하다(대법원 1994. 12. 13. 93누23275).

업무방해 및 직장질서 문란행위

판 례

■신문기자의 편집행위가 사시에 반하는지의 여부 등에 대한 판단은 신문기자 각자의 주관이나 정치적·종교적 신념과 양심에 따라 결론을 달리 할 수 있는 것이지만, 그 의도하는 바를 실천에 옮김에 있어서는 고용계약이나 근무 규정 등의 범위 내에서만 허용된다 할 것이므로 고용계약상의 노무제공을 거부하여 근무규정상의 의무에 반하여 기업질서를 문란케 하는 행동(고압적

인 언동으로 편집내용 주장 등)은 고용계약 등의 위반행위로서 징계사유에 해당한다(대법원 1980. 9. 9. 77다2030).

■회사로서는 근로시간을 연장하여 생산량 감소를 보충할 필요성이 있는데도 근로자가 작업반원들에게 만약 회사로부터 연장근로요구가 있더라도 이를 수락하지 말고 연장근로에 임하지 말라고 하는 것은 결국 취업규칙 소정의 해고사유인 동료를 선동하여 회사업무를 방해하였거나 방해하려고 할 경우에 해당한다(대법원 1990. 12. 7. 90다6095).

■농성기간중의 사건에 대하여 일체의 책임을 묻지 않는다는 단체협약이 있는 경우, 농성 전에 유인물을 무단배포하여 파업을 선동한 행위도 농성과 일체성을 가지는 것으로서 이것이 취업규칙의 징계해고사유에 해당하더라도 이를 이유로 징계해고할 수 없다(대법원 1991. 1. 11. 90다카21176).

■회사가 단체협약 등에 반하여 운영되고 있는 문제점을 노조간부가 공고문 게시 및 간담회를 통하여 이를 지적하고 그 시정을 강력하게 요구한 행위는 취업규칙 소정의 징계해고사유에 해당하는 허위사실 유포 및 회사의 업무방해나 위계질서를 문란케 한 것이라고 볼 수 없다(서울고법 1991. 3. 19. 90나52434).

■출근시각에 회사정문 앞에서 출근하는 근로자들을 상대로 구호를 외치고 유인물을 배포한 행위는 회사의 노무지휘권이 미치는 사내에서의 유인물 배포 행위로서 징계사유에 해당한다(대법원 1991. 4. 12. 90다8084).

■방위산업체인 회사의 근로자가 점심시간을 이용하여 식당에 모인 1,000여명의 근로자들을 상대로 임금인상 등을 요구하는 구호를 외치고 유인물을 낭독하여 시위를 선동한 행위는 취업규칙 소정의 징계해고사유인 '노동쟁의에 준하는 노사분규를 주동하는 행위'에 해당한다(대법원 1991. 10. 11. 91다20173).

■회사에서 노동조합을 탄압하고 있으니 회사에서 제조한 제품을 구매하지 말

자고 선동하는 내용의 스티커를 부착·배포한 행위는 근로자와 회사간의 근로관계를 더 이상 유지할 수 없을 정도로 신뢰관계를 크게 저해하는 것으로서 이를 이유로 상벌규정에 의하여 징계해고한 것은 정당하다(대법원 1993. 5. 25. 92누13820).

■ 재직근로자가 해고근로자로부터 부탁을 받고 진정한 노조대표를 만들어야 한다는 취지의 유인물과 회사의 노조활동 방해의도 비방유인물 및 스티커를 넘겨받아 가방에 넣고 출근하다가 정문에서 적발된 경우 이는 현실적으로 회사 내에 배포하거나 부착·게시하지 않은 이상 단체협약이나 취업규칙 소정의 징계해고사유에 해당된다고 볼 수 없다(대법원 1993. 10. 12. 93다1957).

■ 공장에서 조업중인 근로자들이 조업을 하지 못하도록 구호를 외치며 시위를 하다가 전기스위치를 내리는 등 조업을 중단케 하여 업무를 방해한 것은 단체협약상 '고의 또는 중과실로 회사에 막대한 손실을 끼쳤을 때' 또는 취업규칙상 '사업장 내 질서를 문란케 한 경우'에 해당하므로 이를 이유로 한 징계해고는 정당하다(대법원 1993. 12. 24. 92다44145).

■ 근로자가 회사의 사전 승인없이 유인물을 배포하였다 하더라도 유인물의 내용, 배포경위 등에 비추어 이를 이유로 한 징계해고가 징계권을 남용한 경우에 해당한다(대법원 1994. 4. 29. 93다34718).

■ 허가받지 아니한 집회가 점심시간중에 이루어진 것이라 하더라도 그것이 노무 지휘권이 미치는 사내에서 취업규칙이 금하고 있는 행위 형태로 이루어진 이상 이는 징계해고사유에 해당한다(대법원 1994. 5. 13. 93다32002).

■ 회사의 명예를 훼손하는 허위내용의 유인물배포행위가 취업규칙 소정의 회사의 사전 승인없이 이루어졌고, 장기간 5차례에 걸쳐 배포되었으며 배포수량, 배포대상 등에 비추어 근로자들로 하여금 사용자에 대하여 적개심을 유발시킬 우려가 있고 회사의 직장질서를 문란시킬 구체적 위험성이 있어 이를 이유로 한 징계해고는 정당하다(대법원 1994. 5. 27. 93다57551).

회사의 재산상 손실초래행위

판례

■ 회사에서 실시하려던 체육대회일이 취소되어 당일은 정상근무일이라는 회사측의 발표와 본사 노동조합의 통보를 무시한 채 지부 대의원대회를 개최하는 등 일방적으로 휴무실시를 강행하여 회사에 막대한 손해를 입힌 것은 근로자들과 회사 사이의 근로관계를 지속시킬 수 없는 중대한 비위행위라 할 것이다(대법원 1993. 7. 13. 92다43579).

■ 무리한 판매목표를 달성하기 위해 회사의 현금거래 준수방침을 어기면서 받은 당좌수표가 부도가 나서 회사에 손해를 입혔다 해도 이는 비위행위의 동기(과실), 그 구체적인 경위 내지 결과(묵인관행) 및 사후 태도(변제의사) 등을 종합하여 볼 때 사회통념상 근로계약관계를 더 이상 유지할 수 없을 정도에까지 이른 것이 아니라 할 것이므로 징계해고는 위법하다(서울고법 1994. 2. 4. 93구10790).

회사비방 및 명예손상행위

판례

■ 종신고용제를 취하는 기업 내에서 상사와의 개인적인 분쟁 및 이에 따른 은행의 정당한 인사이동조치에 대하여 외부단체에 노조탄압이라고 왜곡진정하는 등 은행의 대외적인 신뢰관계를 파괴하는 협동적·공동체적 노사관계를 부인하는 현저한 비행행위로 인한 징계해고조치는 정당하다(서울민사지법 1991. 1. 31. 90가합23354).

■ 종합병원 의사가 건강식품으로 알려진 스쿠알렌을 암에 대한 특효약이라고 선전하면서 환자들에게 특정 약국에서 이를 구입할 것을 권유하는 등 일련의 행위에 대하여 '병원의 신뢰도를 저하시키거나 명예를 훼손하는 언동을 하지 말 것'을 규정한 인사규정 등에 의해 처분한 징계면직은 유효하다(대

법원 1991. 3. 12. 90다6866).

■근무 외의 시간에 노동조합 간부 교육집회를 개최하여 그 교육을 실시한 노동조합장에 대하여 집회및시위에관한법률 위반으로 고발한 후, 그 사건에 대한 수사로 회사분위기를 문란케 하고 회사명예와 신용을 훼손하였다 하더라도 이는 국가의 형사사법권의 발동으로 인한 반사적인 결과에 따른 것이고 또한 수사결과 혐의없는 것으로 밝혀졌으므로 회사가 근로자에 대하여 행한 징계해고는 무효이다(대법원 1991. 5. 14. 91다2663).

■뚜렷한 자료도 없이 사용자를 수사기관에 고소·고발하거나 그에 대한 인격을 비난하는 내용까지 담긴 진정서 등을 타기관에 제출하는 행위는 징계사유가 되고, 공개석상에서 진실과 다른 내용이나 과장된 내용을 가지고 회사를 비방하는 행위도 정당한 징계사유가 된다고 할 것이나, 이를 이유로 근로자를 징계해고까지 하는 것은 재량권을 벗어난 것이다(대법원 1995. 3. 3. 94누11767).

■근로자들이 노동관계법 규정을 위반하고 사업장 밖인 국회의원 지구당사무실에서 쟁의행위를 하는 것은 쟁의행위의 정당성 여부는 차치하고 회사의 이미지에 부정적 평가를 갖게 할 우려가 있고, 나아가 회사의 명예를 훼손할 수도 있으므로, 이를 이유로 징계해고할 수 있다(대법원 1995. 3. 28. 94다45175).

복무수칙 및 안전수칙 위반행위

판 례

■고속버스업무의 특수성을 감안할 때 운전기사들이 회사의 기본적인 복무수칙을 위반하여 음주·도박하면서 늦게 취침한 행위는 비록 이튿날 아무런 사고 없이 운행을 완료하였다 하더라도 이를 이유로 한 징계해고처분은 정당하다(대법원 1983. 11. 22. 83다카1243).

■ 상시 화약류를 취급하는 공장의 근로자가 폭발의 위험성이 가장 높은 위험 공실에서 불과 1m 떨어진 금연구역에서 흡연한 것이 사규 위반임을 이유로 한 징계해고처분은 정당하다(대법원 1991. 8. 27. 91다20418).

■ 고속도로 휴게소에서 상당한 휴식시간이 지나도 승차하지 아니한 승객을 다음 차량에 태워 줄 것을 휴게소 직원에게 부탁하는 등의 모든 조치를 강구하고 출발한 고속버스 운전기사에 대한 징계해고는 비록 미탑승자의 고발에 따라 신문과 방송에 보도가 되었다고 하더라도 정당한 사유없이 행한 조치이다(대법원 1992. 7. 14. 92다14434).

■ 동료직원과 함께 술을 마신 후 그가 20세나 연상인 부녀자를 기숙사로 데려오기 위하여 엄마라고 거짓말을 하는 것을 제지하지 아니하고 또는 기숙사 같은 방에서 동침하는 것을 보면서 묵인한 행위는 풍기문란행위에 해당하므로 취업규칙 소정의 규정에 의한 권고사직처분은 적법하다(대법원 1993. 4. 13. 92다48208).

■ 버스운전기사가 승용차를 추월하다 발생한 사고가 사고지점의 도로상황 등에 비추어 중대한 과실이 있었다고 할 수 없고, 그 과실과 피해 정도에 있어 유사하거나 더 무거운 사고를 일으킨 다른 근로자에 대하여는 징계해고함이 없이 유독 피징계자에게만 징계해고하였음은 형평의 원칙에 반하므로 정당한 이유없는 해고이다(대법원 1993. 7. 13. 93다21125).

■ 고속버스 운수회사는 안전운행이 특히 강조되는 바, 평소 난폭운전 등 잘못된 운전습관으로 인하여 1년에 3회의 교통사고를 일으킨 운전기사에 대한 징계해고는 비록 교통사고가 개별적으로 경미하다 하더라도 정당한 이유가 있는 것으로서 적법하다(대법원 1993. 7. 13. 92다56993).

■ 근로자에게 부여된 지정차고지 주차의무는 항공유 및 항공유 운반차량의 특수성에 비추어 엄격히 준수해야 할 법령 및 의무이고 반복된 교육과 장기간 직무상 경험을 통해 알고 있으면서도 자신의 출근편의라는 개인적 목적만을 위해 노상주차하다 적발되어 형사처벌받은 것은 징계해고의 사유로 타당하

다(대법원 1994. 7. 29. 94누1883).

■ 회사의 안전보건에 관한 규칙상 담당자 외에는 사용이 금지되어 있음에도 불구하고 근로자가 근무시간중에 근무지에서 이탈해 동료와 함께 고압산소용접기의 불을 사용하여 컵라면을 끓이고 있다가 직장 상사에게 적발되어 이를 제지받았음에도 이를 계속한 행위와 평소 근무태도 등을 이유로 징계해고처분을 한 것은 정당하다(대법원 1994. 9. 23. 94다5434).

학력 · 경력 및 전력사칭행위

판 례

■ 기업이 근로자를 고용하면서 학력 또는 경력을 기재한 이력서와 그 증명서를 요구하는 이유는 단순히 근로자의 근로능력, 즉 노동력을 평가하기 위해서만이 아니라 노사간의 신뢰형성과 기업질서 유지를 위해서는 근로자의 지능과 경험, 교육 정도, 정직성 및 직장에 대한 정착성과 적응능력 등 전인격적 판단을 거쳐 고용 여부를 결정할 필요가 있으므로 그 판단자료로 삼기 위한 것으로서 근로자가 이력서에서 학력 · 경력을 은폐하거나 사칭한 내용을 사전에 알았더라면 고용계약을 체결하지 않았을 것으로 인정될 때에는(노사분규로 폐쇄된 공장에 근무한 경력의 은폐) 징계해고의 사유가 된다(대법원 1985. 4. 9. 83다카2202).

■ 고용계약시 근로자가 학력을 은폐하거나 사칭하였다 하더라도 그러한 은폐나 사칭이 노사간의 신뢰관계나 기업질서 유지에 영향이 없는 것이어서 사용자가 이를 사전에 알았더라도 고용계약을 체결하지 아니하였거나 적어도 동일 조건으로는 고용계약을 체결하지 않았으리라고 인정되지 않는 경우에는(국교중퇴를 고교중퇴로 사칭하여 납땜공으로 입사) 징계해고의 사유가 되지 않는다(대법원 1986. 10. 28. 85누851).

■ 공업고등학교 및 공업전문대학 2년중퇴의 학력을 은폐하고 중학교만을 졸

업한 것처럼 학력을 허위로 기재한 것은 징계해고사유에 해당한다(대법원 1989. 1. 31. 87다카2410).

■중졸학력 미달자가 졸업증명서를 위조하여 중졸로 속인 것을 이유로 한 징계해고는 정당하다(대법원 1989. 3. 14. 87다카3196).

■전직 회사에서의 해고사실과 주거침입혐의로 지명수배된 사실을 은폐하고 실제로 존재하지도 않은 회사에서 근무한 것처럼 이력서를 작성·제출한 것은 징계해고사유에 해당한다(대법원 1990. 10. 30. 87다카30846).

■전직 회사에서 근무한 경력이 1년 4개월 남짓에 불과한데도 회사에 제출한 이력서에는 약 4년간 근무한 것처럼 허위로 기재한 것을 이유로 한 징계해고는 적법하다(대법원 1990. 12. 7. 90다카23912).

■근로자의 대부분이 여자인 회사에 입사지망서 및 이력서를 작성·제출함에 있어 강간치상죄로 형사처벌을 받고 그 바람에 징집이 면제된 전과사실을 은폐(독자혜택으로 면제되었다고 기재)한 것은 징계해고사유에 해당한다(대법원 1991. 4. 9. 90다카27402).

■이력서에 대학입학, 수학 및 자퇴의 과정을 재직시 지명수배사실을 누락시키고 고등학교만을 졸업한 것처럼 허위기재한 것은 징계해고사유에 해당한다(대법원 1992. 6. 23. 92다8873).

■전직회사 근무시 노사분규 조장 또는 농성가담으로 인하여 퇴사한 사실이 있는데도 이를 은폐하고 당구장의 경리로 근무하였다고 허위로 이력서에 작성·제출한 것에 대한 징계해고는 정당하다(대법원 1992. 9. 25. 92다18542).

■중학교 중퇴를 중졸로 기재하고 불법노동운동 등으로 인한 징계해고당한 전직회사의 경력을 은폐한 것은 징계해고사유에 해당한다(대법원 1993. 9. 28. 93다17713).

■ 근로자가 입사 당시 과거에 형사처벌을 받고 공기업에서 파면당한 사실을 은폐하였더라도 입사 이후 13년간 성실하게 근무한 경우 경력은폐를 이유로 한 징계해고는 정당한 이유가 없다(대법원 1993. 10. 8. 93다30921).

■ 대졸학력을 고졸로 기재하고 고졸 이후에는 타회사에서 근무한 것처럼 경력을 허위기재한 것을 이유로 징계해고한 것은 적법하다(대법원 1993. 10. 26. 93다21484).

■ 대학을 졸업한 사실을 누락시키고 고등학교를 졸업하여 트럭조수 등으로 근무하다가 군에 입대한 것으로 경력을 사칭한 경우, 회사가 근로자의 학력은폐사실 등을 알고도 합병 등의 회사의 사정으로 해고조치를 못하고 1년 3개월의 기간이 경과한 후에 이를 해고시켰어도 이는 신의성실의 원칙에 위반되지 않아 정당한 해고조치에 해당한다(대법원 1994. 1. 28. 92다45230).

■ 회사는 근로자가 노동조합사무장으로 당선되자 묵시적으로 인정해 왔던 위장취업사실(무단결근 등으로 퇴직당한 전직회사 근무경력 은폐)을 1년이 지난 지금에 와서야 이를 이유로 징계해고한 것은 부당하다(서울고법 1994. 7. 1. 94나10247).

■ 대학 3년 중퇴 사실을 은폐하고 전직회사에서 학력을 은폐하여 취업한 사실이 있음을 이유로 한 징계해고는 정당하다(대법원 1994. 8. 12. 93누21521).

업무수행능력

판례

■ 두 차례에 걸쳐 직무평가를 실시한 결과 업무수행능력이 부족하다고 하나, 그 업무가 회사에 재입사 전 편집부서에서 담당하였던 디자이너 업무이었던 점으로 미루어 객관적으로 업무수행능력이 부족하다고 보여지지 아니하며, 또한 평가기준이 명확히 마련되어 있지 아니하고 평가자도 부서 내 차장 등

인 것으로 보아 평가방법 및 그 내용의 객관성을 찾아보기 어려워 이를 인정할 수 없으므로, 재입사일을 기준하여 시용기간중에 있었던 자를 직무평가 결과 업무수행능력이 부족하다는 이유로 채용거부(해고)한 것은 인사권을 남용한 부당해고로 판단된다(덕암출판 사건. 서울지방노동위원회 1995. 10. 4. 95부해304 부당해고 구제신청).

■근로자의 업무상 부상에 관한 요양종결에 따라 상당한 신체장애가 남아 있는 상태에서 그 근로자가 종전과 같은 작업강도를 지닌 갱내 기계수리공의 업무를 수행할 수 없다고 보아야 할 뿐만 아니라, 그 신체장해가 남아 있는 부분은 허리부분으로 그 부분은 신체부위 중 운동량이 많고 중량의 부하를 특히 많이 받는 부분이어서 근로자가 종전과 같이 갱내 굴진·채탄작업 등에 사용되는 기계 등의 중량 등을 취급하는 업무를 계속 담당할 경우에 장해부위가 악화될 가능성도 배제할 수 없는 사정이고 보면, 근로자에게 그와 같은 신체장해가 있어 종전의 담당업무를 수행할 수 없거나 부적합하게 되었음을 이유로 한 회사의 근로자에 대한 장해해고는 정당하고, 이러한 경우 해고시기가 근로기준법 제27조 제1항(현행 제30조 제1항 참조) 소정의 해고금지기간에 해당하지 않는 한 해고를 하기에 앞서 반드시 장해근로자에 대하여 일정기간 유예기간을 두고 배치전환 등을 하여 근무하도록 하면서 관찰하여야 하는 것은 아니다(대한석탄공사 사건. 대법원 1996. 11. 12. 95누15728 부당해고 구제재심 판정취소).
〔원심 : 서울고법 1995. 8. 24. 94구24123〕

■대기발령 처분을 받은 자는 어떠한 직무에도 종사하지 못하고 감봉처분의 효과를 가져오며 나아가 대기기간만료로 당연면직처분을 받을 가능성까지 있으며 취업규칙상 대기발령사유를 기구의 해체 또는 개편으로 인하여 적합한 보직처가 없을 때와 징계심의 계류중에 있는 자로서 담당직무의 수행이 곤란하다고 인정한 때로 국한하고 있는 사실로 볼 때, 직무수행능력 부족이나 관리능력 부실 등은 대기발령 사유가 될 수 없을 뿐 아니라 정산차율 부진이 영업국장의 문책사유가 될 수 없으므로 부당하다(한신생명보험 사건. 서울지방노동위원회 1996. 8. 28. 96부해277 부당해고).

제 4 장 유형별 징계사유 관련 판례 385

유인물 배포 관련

판 례

■ 재직 근로자가 회사를 상대로 해고무효확인소송을 제기해 복직투쟁을 벌이고 있는 전직 근로자로부터 현재의 노조집행부는 조합원의 요구를 제대로 반영하고 있지 못하니 조합원들의 권익을 위해 앞장서 줄 진정한 대표를 만들어야 한다는 취지의 유인물과 회사의 노조활동 방해의도 비방유인물 및 스티커를 넘겨받아 가방에 넣고 출근하다가 회사 정문에서 소지품 검색으로 적발된 경우 당해 근로자가 이를 현실적으로 회사 내에 배포하거나 부착·게시하지 아니한 이상 이는 배포·부착·게시에 이르지 아니한 준비행위 예컨대, 인쇄물의 제작, 운반, 소지, 연설문 작성 등에 해당하므로 당해 근로자의 이러한 행위만으로 개인이 조합과 회사의 사전동의 없이 인쇄물을 게시·배포할 수 없다고 규정한 단체협약이나 취업규칙 소정의 징계해고사유에 해당한다고 볼 수 없다(삼양통상 사건, 대법원 1993. 10. 12. 93다1957 해고무효확인).
〔원심 : 부산고법 1993. 3. 26. 92나13516〕

■ 회사의 명예를 훼손하는 허위내용의 유인물 배포행위가 취업규칙 소정의 회사의 사전승인 없이 이루어졌고 장기간 5차례에 걸쳐 배포되었으며, 배포수량, 배포대상 등에 비추어 근로자들로 하여금 사용자에 대하여 적개심을 유발시킬 염려가 있고 회사의 직장질서를 문란시킬 구체적 위험성이 있어 이를 이유로 한 해고는 사용자의 징계 재량권을 벗어난 것이라고 할 수 없다(홍안운수 사건, 대법원 1994. 5. 27. 92다57551 해고무효확인 등).
〔원심 : 서울고법 1993. 10. 19. 93나6561〕

■ 근로자가 회사의 사전승인 없이 유인물을 배포하였다 하더라도 유인물의 내용, 배포경위 등에 비추어 이를 이유로 한 징계해고가 징계권을 남용한 경우라고 인정한 사례(홍안운수 사건, 대법원 1994. 4. 29. 93다34718 해고무효확인).
〔원심 : 서울고법 1993. 6. 15. 92나42813〕

■ 사업장 내 기업질서를 유지하기 위하여 사업장 내에서의 유인물배포에 관하여 취업규칙에서 사용자의 허가를 얻도록 한 허가규정이나 이를 위반한 근로자에 대하여 징계할 수 있도록 한 징계규정은 언론의 자유를 보장한 헌법조항에 위반한다고 볼 수 없으므로 이에 근거한 해고는 정당하다(강원산업 사건. 대법원 1994. 9. 30. 94다4042 해고무효확인).
〔원심 : 서울고법 1993. 12. 9. 92나65137〕

■ 1. 지역의료보험조합 소속 노동조합 간부들이 대학 캠퍼스에서 보험료 인상 저지투쟁 발대식을 갖고 유인물을 배포하면서 가두시위를 주도한 경우, 발대식의 개최 목적이 그 지역의료보험조합에게 불이익한 보험료 인상의 저지에 있고, 거기에서 배포한 유인물의 내용이 근로조건의 개선 등과 전혀 무관한 것이라면, 설사 의료보험료의 인상으로 말미암아 보험가입자들이 불만이 높아지는 등 민원이 야기되어 창구에 근무하고 있는 노조원들이 근무애로를 겪게 되고, 그 유인물들이 지역의료보험조합 전국 협의회에서 작성하여 각 지역의 노동조합에 배포한 것이라고 하더라도, 그 시위행위 등을 가리켜 정당한 조합활동의 범주 내에 있는 것이라고 할 수는 없다.
2. '1'항의 시위 등이 비록 근무시간 외에 사업장 밖에서 이루어졌을지라도 근로자가 사용자의 이익을 배려해야 할 근로계약상의 성실의무는 거기까지도 미친다고 보아야 할 것이다(대구시 북구 의료보험조합 사건. 대법원 1994. 12. 22. 93다23152 해고무효확인 등).
〔원심 : 대구고법 1993. 4. 15. 92나8072〕

■ 회사의 허가 없이 유인물을 작성·배포하고 집회를 개최하였더라도 이는 노조를 결성하는 과정에서 정상적 활동을 하지 않는 기존 노동조합의 존재를 알게 되어 기존 노동조합을 해산하고 자신들의 노동조합을 적법한 것으로 인정받기 위하여 행한 것으로 보여지고, 유인물 내용도 전혀 허위의 사실을 근거로 회사를 비방하는 취지가 아니라면 근로계약관계를 더 이상 유지시킬 수 없을 정도의 중대한 취업규칙 위반이 있었다고 보기 어려워 이를 이유로 징계해고한 것은 징계권을 남용한 부당해고이다(삼화텍콤주식회사 사건. 서울고법 1996. 5. 23. 94구24741 부당해고 구제).

■ 유인물의 배포가 허가제를 채택하고 있다고 할지라도 노동조합의 정당한 업무를 위한 행위까지 금지할 수는 없는 것이므로 그 배포행위가 정당한가 아닌가는 허가 여부만을 가지고 판단할 것이 아니라, 그 유인물의 내용, 매수, 배포의 시기, 대상, 방법, 이로 인한 기업이나 업무에의 영향 등을 기준으로 판단하여야 한다(한국공항 사건. 대법원 1996. 9. 24. 95다11504 권고사직 등 무표확인 등).
〔원심 : 서울고법 1995. 2. 7. 93나50828〕

■ 사용자의 정당한 작업지시를 노조에서 결의 또는 위임받지 아니한 채 유인물을 무단 제작·배부하여 작업을 방해하고 직속과장을 폭행한 신청인이 징계위원회에서 두 차례에 걸쳐 몸에 쇠사슬을 감고 물리적으로 업무를 방해한 행위는 정당한 노조활동과는 무관하므로 재심신청인에 대한 징계해고는 정당한 인사권 행사이다(한라중공업 사건. 중앙노동위원회 1998. 5. 7. 98부노38 및 98부해91 부당노동행위 및 부당해고구제 재심판정 취소).

■ 근로조건의 유지, 개선과 근로자의 복리증진 및 기타 사회적·경제적 지위 향상을 위하여 참가인 학원의 운영상의 제반 문제점과 관계자의 개인비리의 혹을 지적하는 유인물을 참가인 학원의 시설물에 게시하거나 교직원에게 배포하고 대학발전을 위한 대토론회에서 발언하는 등 적극적인 활동을 전개하다 참가인 학원이 위 대토론회 발언 직후 원고를 전격적으로 징계위원회에 회부한 점 등에 비추어 참가인 학원이 원고를 해고한 것은 부당노동행위에 해당된다 할 것이다(경산대학교 사건. 서울행정법원 1998. 10. 15. 98구6288 부당노동행위 구제 재심판정 취소).

■ 1. 회사가 취업규칙에서 여론조사나 유인물의 배포에 관하여 회사의 사전승인을 얻도록 하고 있다고 할지라도 근로자들의 근로조건의 유지·향상이나 복지 증진을 위한 정당한 행위까지 금지할 수는 없는 것이므로 그 행위가 정당한가 아닌가는 회사의 승인 여부만을 가지고 판단할 것은 아니고, 그 유인물의 내용, 매수, 배포의 시기, 대상, 방법, 이로 인한 기업이나 업무에의 영향 등을 기준으로 하여야 한다.
2. 유인물로 배포된 문서에 기재되어 있는 문언에 의하여 타인의 인격, 신

용, 명예 등이 훼손 또는 실추되거나 그렇게 될 염려가 있고, 또 그 문서에 기재되어 있는 사실관계의 일부가 허위이거나 그 표현에 다소 과장되거나 왜곡된 점이 있다고 하더라도 그 문서를 배포한 목적이 타인의 권리나 이익을 침해하려는 것이 아니라 근로조건의 유지·개선과 근로자의 복지 증진, 기타 경제적·사회적 지위의 향상을 도모하기 위한 것으로서 그 문서의 내용이 전체적으로 보아 진실한 것이라면 이는 근로자들의 정당한 활동범위에 속한다.

3. 회사의 운전기사가 회사의 사전승인 없이 설문조사를 하고 이를 토대로 탄원서, 진정서 등을 제출하며, 또 회사 근로자들을 상대로 '협조문'이라는 유인물을 제작하여 배포한 행위는 그 문서의 내용에 일부 사실과 다른 점이 있고 또 표현이 다소 과장되거나 과격한 점이 있다고 하더라고 기본적으로는 위 회사 기사들의 근로조건의 향상과 복지 증진 등을 도모하기 위한 것으로서 전체적으로는 그 내용이 진실한 것이라고 할 것이므로 이를 이유로 한 해고는 부당하다

(영성교통 사건. 대법원 1997. 12. 23. 96누11778 부당해고 구제 재심판정 취소).

■ 1. 회사측이 간부직원과 하급근로자가 함께 저지른 비위사실을 징계사유로 하여 그들을 징계하는 경우에는 통상 갑반 인사위원회에서 심의처리하여 온 데 비하여 구리도난사고 및 그 사고은폐행위를 징계사유로 한 이 사건에서는 간부직원을 갑반 인사위원회에, 하급근로자는 을반 인사위원회에 각 심의처리했다 하더라도 회사상벌규정 등에 간부직원과 하급근로자가 동일한 비위사실을 저지른 경우 반드시 갑반 인사위원회에서 그들의 징계심의를 함께 해야 한다는 명문의 규정이 없는 이상 정당하다.

2. 회사 사규에 구리 등 원료의 손망실 사고가 발생한 경우 사규상의 절차에 따라 정당하게 사후 처리하도록 규정하고 있는 것은 유사한 사고의 재발을 방지하고 회사에 손실을 초래하는 것을 방지하고자 함에 취지가 있다면 '구리분실사고'와 이에 관해 징계대상자인 당해 간부직원이 사후에 취한 은폐행위를 징계사유로 삼아서 단행한 징계처분이 재량권의 범위를 벗어났다고 볼 수 없고 당해 근로자를 하급 부하직원보다 더 무거운 징계처분을 내린 것도 형평의 원칙에 어긋나지 않는다(포항종합제철 사건. 대법원 1993. 8. 13. 92다17552 해고무효확인 등).

〔원심 : 대구고법 1993. 2. 25. 92나4513〕

■ 수출업무 담당자가 회사의 방침을 알지 못한 채 직속상사인 과장의 지시에 따른 직무상의 행위로 회사에 직접적인 손해를 입혔다해도 이를 이유로 회사가 직원에게 불법행위책임을 지워 그 책임을 물을 수 없다(삼이실업 사건. 서울고법 1993. 12. 9. 92나68150 손해배상).
〔원심 : 서울민사지법 1992. 11. 3. 92가합9543〕

■ 영업소장이 회의 주재시 특정인을 지명치 않고 문책인사가 있을 것이라고 한 발언에 대해 자신을 지명한 것이라고 지레 판단하여 사직하겠다는 의사를 표명하고 사직서를 제출한 후 사직철회의사를 표명하지도 않았으므로 사직서의 수리는 정당하다(해태제과 사건. 대법원 1994. 5. 24. 93누17799 부당해고 구제 재심판정 취소).
〔원심 : 서울고법 1993. 7. 15. 93구6012〕

■ 회사 내에서의 상사에 대한 폭언 행위의 성질, 내용, 폭언이 지속된 시간 등으로 보아 회사로서는 피징계인과의 근로계약관계를 도저히 지속할 수 없는 사정에 이르렀다고 봄이 상당하다(소양기업 사건. 대법원 1995. 6. 30. 95누2548 부당해고 구제 재심판정 취소).
〔원심 : 서울고법 1995. 1. 19. 94구6378〕

■ 1. 피징계자인 여자근로자가 상사들의 호출에 대꾸하지 않은 것은 장기근속 여자사원이 경원시되는 직장 내 분위기와 여자사원에 대한 남자사원의 권위적이고 보수적인 태도 및 여자사원을 차별하는 피고회사의 관행하에서 장기근속 여자사원으로서 축적된 불만과 피해의식이 감정적·우발적으로 표출된 것이고, 특히 피징계자가 상사에 대하여 반말을 하면서 대든 것은 상사가 위압적인 자세와 결재판을 내던지고 욕설을 퍼부으며 피징계자의 뺨을 때리자 흥분한 나머지 야기된 것으로 이에 대해서는 상사에게도 원인을 제공한 데 대하여 상당한 잘못이 있다고 할 것이고, 여자사원에 대한 소속부서장의 커피심부름은 정당한 업무상 지시라고 할 수 없어 위와 같은 사유만으로 피징계자를 '무기정직'한 것은 징계권 남용으로 무효이다.
2. 단체협약상 조합원에 대한 비정상적인 대규모 인사이동, 휴직, 해고 등의 경우에는 회사가 인사권의 신중한 행사를 위하여 단순히 의견수렴절차를 거

치라는 뜻의 사전협의와는 달리, 노동조합과 의견을 성실하게 교환하여 노사간에 의견의 합치를 보아 인사권을 행사하여야 한다는 뜻에서 합의를 하도록 규정한 것으로 보아야 할 것이므로 위와 같은 합의 절차를 거치지 아니한 조합원에 대한 비정상적인 대규모 인사이동, 휴직, 해고 등은 무효라고 할 것이고, 조합원에 대한 무기정직도 위 규정에서 말하는 조합원에 대한 비정상적인 대규모 인사이동, 휴직, 해고 등의 경우에 해당한다.
(신은상호신용금고 사건. 서울고법 1994. 9. 2. 94나6347 해고무효확인(확정)).
〔원심 : 서울민사지법 1994. 1. 13. 93가합53851〕

■여자사원이 남자사원과 불화 및 커피심부름에 불응하였다 하여 노조측과 사전합의 절차를 거침이 없이 무기정직징계처분을 하고 그후 3개월 이내에 복직명령을 받지 못했다 하여 회사규정에 따라 자동면직처분을 한 것은 징계권의 남용으로 무효이다(신은상호신용금고 사건. 서울민사지법 1994. 1. 13. 93가합 53851 해고무효확인).

■1. 취업규칙 등에서 징계사유를 규정하면서 동일한 사유에 대해 여러 등급의 징계가 가능한 것으로 규정한 경우에는 그 중 어떤 징계처분을 선택할 것인지는 징계권자의 재량에 속하지만 이 재량은 징계권자의 자의적이고 편의적인 것에 맡겨져 있는 것은 아니며, 징계사유와 징계처분과의 사이에 사회통념상 상당하다고 인정되는 균형의 존재가 요구되고 경미한 징계사유에 대해 가혹한 제재를 가하는 것은 징계권 남용으로 무효이다.
2. 근로자가 해고근로자들과 경비원 사이의 실랑이에 끼여들어 경비원에게 전치 2주간의 좌측대퇴부좌상을 가한 사실이 징계사유인 '동료간 사소한 시비로 폭행하여 사내 기강을 문란케 한 자'에 해당된다 하더라도 폭행사실이 비교적 경미하고 그 행위가 업무시작시간 전 정문 밖에서 이루어져 회사업무 및 사내 기강을 크게 저해하지 않았을 뿐 아니라 위 행위 직후 당해 근로자가 곧장 정상근무에 임한 점 등에 비추어 보면 이러한 행위가 노사간 고용관계를 더 이상 지속시킬 수 없을 정도의 사유에 해당한다고 볼 수 없어 회사측이 이 행위에 대한 징계로 가장 무거운 종류의 해고를 선택한 것은 징계양정에 있어 재량권의 범위를 벗어난 것으로서 무효이다(풍성정밀 사건. 대

법원 1994. 10. 14. 94다18355 해고무효확인 등).
〔원심 : 부산고법 1994. 2. 23. 92나15376〕

■근로자가 뚜렷한 자료도 없이 소속 직장의 대표자를 수사기관에 고소, 고발 하거나 그에 대한 인격을 비난하는 내용까지 담은 진정서 등을 타 기관에 제출하는 것은 징계사유에 해당한다(금호건설 사건. 대법원 1996. 3. 12. 95다 51403 해고무효확인 등).
〔원심 : 서울고법 1995. 10. 17. 95나10015〕

■동료직원들의 대화내용을 비밀리에 녹음하여 이를 토대로 진술서를 작성, 동료직원들에 대한 형사고소사건의 자료로 제출되도록 한 일련의 행위는 사생활비밀과 자유를 침해하고 근무규정에 위반되는 것으로 정당한 해고사유가 된다〔문화체육부(문화재관리국) 사건. 대법원 1995. 10. 13. 95다184 해고무효확인 등).
〔원심 : 서울고법 1994. 12. 2. 94나31985 〕

■직장 내에서 다른 동료들의 대화내용을 비밀리에 녹음하는 행위는 그것 자체가 가장 자유스러워야 하는 개인의 사생활을 침해하는 행위일 뿐만 아니라 이로 인하여 직원 상호간에 불신을 야기하여 직장 내의 화합을 해치게 되는 것이므로 이는 위 비정규직원계약 및 근무에 관한 규정 제9조와 제12조가 규정한 근무기강 확립과 품위유지 의무에 위반되므로 해고는 정당하다 〔문화체육부(문화재관리국) 사건. 서울민사지법 1994. 6. 23. 93가합63193 해고무효 등〕

■무단결근으로 5일의 정직처분을 받고 버스 앞 범퍼 접촉사고를 일으켜 시말서를 제출하는 등 견책처분을 받고서도 회사 내에서 직속상사의 면담내용을 녹음시켜 차후에 약점을 빌미삼겠다는 생각으로 동료들에게 녹음할 것을 교사한 행위는 직원 상호간에 불신풍조를 야기하여 직장 내의 화합을 해치는 행위로 이는 회사의 근무기강 확립에 위반되는 귀책사유라고 인정되고, 인사위원회 석상에서 또다시 녹음하기에 녹음할 수 없음을 주지시키고 녹음기

를 끄도록 2차에 걸쳐 지시하였음에도 끝까지 녹음한 행위는 회사의 조직과 경영질서를 파괴하고 경영진에 대해 도전적인 행위라고 봄이 상당하다(한일고속 사건. 중앙노동위원회 1995. 8. 29. 95부해172, 95부노93 부당해고 및 부당노동행위 구제 재심신청).

■동료 폭행 및 업무명령불복, 상사에 대한 폭언 등의 사유로 3차에 걸쳐 정직 처분을 받았고 인사고과에서 2년 연속 D등급 판정을 받은 사유로 반장직에서마저 해임된 자가 차장이나 공장장이 부서이동 등 인사조치에 발뺌을 한다는 이유로 흉기를 휘두르며 상사의 멱살을 잡는 등 폭언·위협을 하였다면 징계사유가 충분하다〔대우캐리어(주) 사건. 중앙노동위원회 1996. 3. 22. 96부해16 부당해고 구제〕.

■취업규칙 제110조 제9호 및 같은 규칙 제111조 제15호에 '타인에게 폭행 또는 협박하였을 때 징계 및 징계해고할 수 있다'라는 명시적인 규정이 있으며, 또한 타인에게 폭행한 사실이 의료기관의 진단 및 법원의 판결에 의하여 인정된다면, 취업규칙을 적용하여 해고한 것은 정당한 인사권의 행사라고 보아야 한다(한국 씨티즌 정밀(주) 사건. 중앙노동위원회 1996. 5. 22. 96부해48 부당해고 구제).

■상급자인 관리소장을 폭행하여 전치 7일의 상해를 입혔고, 이미 두 차례에 걸쳐 관리소장과 다투어 구두경고조치를 받았던 사실은 직장 내의 위계질서를 문란하게 하고 직장상사의 명예를 실추시킴은 물론 직장공동생활에 필요한 최소한 신뢰관계마저 상실케 하여 근로관계를 단절해야만 할 중대한 귀책사유가 있으므로 이 사건 해고는 정당한 이유가 있다(화명주공아파트 입주자 대표회의 사건. 중앙노동위원회 1996. 2. 27. 95부해360 부당해고 구제 재심신청).

■노동조합 조합장이 근로시간중 회사로부터 승인을 받지 않고 1박 2일간 회사 밖에서 노동조합 대의원 교육을 실시하였고 회사의 대표이사를 사장실에서 폭행하여 상해를 입힌 경우, 그와 같은 행위는 단체협약 소정의 해고사유

에 해당되고 노동조합 조합장과 회사 사이의 고용관계를 더 이상 존속시킬 수 없는 사유에 해당되어 이를 이유로 해고한 것은 정당하다(덕왕기업 사건. 대법원 1995. 10. 13. 95누6434 부당노동행위 구제 재심판정 취소).
[원심 : 서울고법 1995. 4. 7. 94구7739]

■ 회사 근처 맥주집에서 술을 마시다가 회사 관리부장 부부가 술을 마시고 있는 자리에 다가가 노동조합장이 상무가 되었다는 사실에 대해 욕설을 하고 같은 날 음주상태에서 회사 당직실에 들어가 당직자가 보는 가운데 침을 뱉는 등 소란을 피운 것은, 그것이 아무리 개인적인 의견을 개진한 것이라 하더라도 근로자로서 온당한 자세였다고 보아지지 아니하므로 그 책임을 면키 어렵다 할 것이다(경안운수 사건. 서울지방노동위원회 1996. 5. 28. 96부노38, 96부해111 부당해고 구제 신청사건).

■ 상사와의 의견 충돌 끝에 항의의 표시로 사표를 제출한 다음 평소 피고인이 전적으로 보관, 관리해오던 이른바 비자금 관계 서류 및 금품이 든 가방을 들고 나온 경우, 불법영득의 의사가 있다고 할 수 없을 뿐만 아니라 그 서류 및 금품이 타인의 점유하에 있던 물건이라고도 볼 수 없다(동양화재보험 사건. 대법원 1995. 9. 5. 94도3033 절도).
[원심 : 서울형사지법 1994. 10. 25. 93노8092]

■ 1. 근로자에 대한 해고 등의 불이익처분에 정당한 이유가 있는 것으로 인정되는 경우에는 비록 사용자가 근로자의 조합활동을 못마땅하게 여긴 흔적이 있다거나 사용자에게 반노동조합의사가 추정된다고 하더라도 당해 불이익처분의 사유가 단순히 표면상의 구실에 불과하다고 할 수는 없어 그와 같은 불이익처분이 부당노동행위에 해당하지 않는다.
2. 임금협상을 위한 단체협상기간중 개최된 노사간담회에서 회사간부에게 폭언하고, 물컵을 던지고, 휴지꽂이로 안면을 가격하여 4주간의 치료를 요하는 상해를 가한 노동조합위원장에 대한 징계파면은 정당하다(홍익회 사건. 대법원 1997. 6. 24. 96누16063 부당노동행위 구제 재심판정 취소).
[원심 : 서울고법 1996. 10. 10. 95구36161]

■ 직장상사의 정당한 명령지시를 위반하고 동료사원이 보는 앞에서 흉기로 기물을 파괴하고 상사에게 폭행을 가한 행위는 우발적인 행위라고 볼 수 없고, 회사의 질서유지를 위해 회사 안에서의 폭력행위를 단체협약에 의해 징계해고할 수 있다는 규정에 따라 징계해고를 하였다면 징계권 남용이 아니다(크라운제과 사건. 중앙노동위원회 1996. 8. 21. 96부해138 부당해고구제 재심신청).

■ 군 복무중 다리에 부상을 입고 전역한 지체장애자로 국가보훈처로부터 의무고용되어 운전기사의 배차, 근태관리, 교육 등 운전기사들에 대한 부서장인 자와 하기휴가 실시문제로 서로 말다툼중 불쾌한 표정 등을 이유로 넘어뜨린 후 목재자물쇠통으로 머리를 폭행하여 5주의 치료를 요하는 부상을 입혔다면, 이는 고의적이고 감정적인 폭행행위로서 조직사회의 질서유지 및 위계질서 확립을 위해서 볼 때 어떠한 이유로도 정당화될 수 없어 민·형사상 합의 및 치료비 부담 여부에 관계 없이 징계해고사유가 된다(오성여객 사건. 중앙노동위원회 1997. 1. 21. 96부해260 부당해고구제).

■ 철강제조업체로서 직원들의 근무기강 확립에 역점을 두고 있는 경우, 사원 전체 회식자리에서 부하직원이 상사를 폭행하여 회사의 위계질서를 문란케 한 행위를 이유로 해고한 것은 정당하다(동부제강. 중앙노동위원회 1997. 2. 24. 96부노89, 96부해232 부당해고 구제 등).

■ 상급장인 반장이 정당한 업무지시를 했음에도 불구하고 심한 욕설과 함께 얼굴을 때리는 등의 폭력을 가한 행위는 조직의 위계질서와 회사의 경영질서를 문란케 한 행위로서, 취업규칙 소정의 해고사유에 해당한다(빅스타파쓰 사건. 중앙노동위원회 1997. 2. 25. 96부노100, 96부해277 부당해고 구제 등).

노동조합활동 및 쟁의행위 관련

■ 불법쟁의행위를 주도·적극 가담하고 회사의 직무복귀지시를 거부하고 상사인 노무부장을 폭행하여 상해까지 입혔음을 이유로 한 징계해고는 정당하다(대법원 1991. 9. 10. 91누6771).

■ 조합원의 찬반투표를 거치지 아니하는 등 정당성을 상실한 쟁의행위(1주일 이상 점거농성)를 주도한 노동조합장에 대한 징계해고는 단체협약 및 취업규칙 소정의 징계해고사유인 '중대한 비행 또는 정당한 명령에 대한 고의적인 불복종'에 해당되어 정당하다(대법원 1992. 9. 22. 91다4317).

■ 유인물의 내용이 전체적으로 노동조합의 업무를 위한 행위로서의 성격을 잃지 않고 주간의 휴게시간중 회사의 시설물을 이용함이 없이 단순히 조합원들에게 유인물을 전달한 데 불과하다면, 단체협약상 유인물배포시는 사전 회사의 허가를 얻고 이를 위반한 때에는 징계해고사유에 해당한다고 규정이 있다 하더라도 부당노동행위가 성립된다(대법원 1993. 2. 26. 92누14274).

■ 회사로부터 여러 차례의 정상근무 촉구에도 불구하고 월 13일 이상 무단결근까지 하면서 불법시위인 지역택시노동조합협의회의 공동임투결의대회에 참가한 행위는 단체협약 소정의 해고사유에 해당한다(대법원 1993. 4. 13. 92누16515).

■ 불법파업강행을 노조에 요구하였으나 받아들여지지 않자 독자적으로 근로자들에게 불법파업에 동조할 것을 선동하고 회사관계자에게 폭언하고 승차지시를 어기는 일련의 행위에 대한 징계해고는 정당하다(대법원 1993. 4. 13. 92다50980).

■ 회사와 노동조합간에 합의된 임금협정에 불만을 품은 근로자가 점심시간과 근무시간중에 이에 동조하는 근로자와 함께 회사의 허가 없이 어용노조의

퇴진과 기본급인상의 관철 등을 요구하는 두 차례에 걸친 농성집회를 주도한 행위는 노동조합의 결의나 지시에 따른 것이 아닐 뿐만 아니라 묵시적으로 승인한 것도 아니라면 취업규칙상 징계사유인 직장의 질서를 문란케 한 경우에 해당하여 징계해고한 것은 정당하다(대법원 1994. 1. 11. 93다49192).

■해고된 후 상당한 기간 내에 법률적 쟁송으로 해고의 효력을 다투고 있는 근로자는 쟁의행위의 개입이 금지되는 제3자에게는 해당하지 않아 쟁의행위에 가담할 수 있는 근로자 또는 조합원으로서의 지위를 그대로 가지는 것이므로, 그 한도 내에서는 해고된 근로자라 하더라도 쟁의행위에 관련된 회사의 규정이나 법령의 규정을 준수하여야 할 의무가 있고, 따라서 불법쟁의행위에 가담한 경우에는 그에 대한 책임을 지지 않을 수 없으므로 불법적인 쟁의행위에 참여한 행동은 후에 해고가 무효로 되어 근로자의 신분을 회복한 경우에는 징계사유가 될 수 있다.
그러므로 근로자의 승소판결이 선고된 이후 회사에서 최초 해고처분을 취소하고 위 해고처분사유와 해고의 효력을 다투고 있는 기간중의 불법파업농성 등으로 회사의 재물을 손괴하고 업무를 방해하는 등 취업규칙을 위배한 사실이 있음을 이유로 하여 새로이 근로자를 징계해고한 것은 적법하다(대법원 1994. 9. 30. 93다26496).

■회사의 명찰패용 지시를 어기고 회사에서 지급한 명찰이 아닌 노동조합에서 제작한 회사의 직위가 표시되어 있지 않고 회사 마크가 아닌 노동조합 마크가 새겨진 명찰을 패용한 자에 대하여 감봉, 견책 등의 징계를 한 것은 부당노동행위에 해당되지 아니하고 정당하다(서울고법 1995. 1. 20. 94구4709).

■노동조합의 조직도 기업질서의 한 부분을 이루는 것이라 할 것이므로 근로자인 조합원인 자신에 대한 인사처분이 대표이사와 노조위원장이 야합하여 이루어졌다는 등의 허위사실을 유포하며, 이에 근거하여 조합장 불신임운동 등을 전개하는 것은 기업의 공동체질서를 위태롭게 하는 것으로서 단체협약 소정의 징계해고사유에 해당한다(대법원 1995. 2. 14. 94누5847).

■ 당초 쟁의의 원인이 된 인사처분이 위법한 것이라고 하더라도 노동쟁의조정법상의 쟁의절차(쟁의발생신고, 냉각기간준수 등)를 거치지 아니하고 농성을 주도하여 레미콘차량으로 정문 등을 막고 사업장을 점거하면서 10여 일간 회사의 조업을 전면적으로 중단시킬 정도의 파업을 한 행위는 정당한 노동조합 활동으로 볼 수 없어 그 불법파업주동자를 해고한 것은 부당노동행위에 해당되지 않는다(대법원 1995. 4. 28. 94누11583).

1. 징계절차의 정당성

해고의 의의

해고는 사용자의 일방적인 의사표시에 의하여 근로계약을 해지시키는 것으로서 근로자에게는 매우 불리한 조치라 할 수 있다. 따라서 해고사유의 정당성이 인정된다고 하더라도 그 절차에 있어서도 정당성이 인정되어야 한다. 그러나 어떠한 절차를 거쳐야 할 것인지에 대해서는 근로기준법에 정해져 있지 않다. 다만, 해고의 예고절차에 대해서만 규정하고 있을 뿐이다.

해고의 절차

노사현장에서는 단체협약이나 취업규칙 등에 해고 등 근로자를 징계할 때는 징계위원회 또는 인사위원회를 구성하여 심의·의결한다거나 대상자에게 소명의 기회를 주어야 한다거나 노동조합간부의 인사 또는 징계시에는 노조의 동의를 얻어야 한다고 하는 절차에 관한 규정을 두고 있는 것이 일반적이다. 따라서 단체협약이나 취업규칙 등에 자체적 처리절차가 규정되어 있는 경우에는 이를 거치지 않은 해고 등 징계처분은 무효가 된다. 그러나 이러한 절차를 규정하고 있지 않는 경우에는 그와 같은 절차를 밟지 않고 등 징계처분을 하였다 하더라도 해고 등 징계사유가 정당하다면 그 효력은 인정된다. 그러나 해고의 절차규정이 자체적으로 규정되어 있지 않다 하여 피징계자의 소명기회마저 생략하거나 배제하는 것은 정당한 징계절차라 할 수 없다. 즉 어떠한 경우든 징계에 관한 객관적인 심의를 위해서는 징계위원회 구성은 필수적이고, 또한 본인이 충분한 소명을 할 수 있는 기회를 부여하여야 한다.

판 례

■ 근로자를 징계하기 위한 인사위원회 개최일시 및 장소를 징계대상자들에게 통보한 것이 인사위원회가 개최되기 불과 10분 전인 촉박한 통보는 징계대상자에게 사실상 변명과 소명자료를 준비할 수 없게 만드는 것이어서 적법한 통보가 아니며, 징계대상자가 징계사유를 확인하고자 인사위원회에 출석, 진술을 하였다고 하더라도 스스로 징계에 순응하는 경우가 아닌 한 그 인사위원회의 의결에 기한 징계해고를 적법한 절차에 의한 징계권의 행사라고 할 수 없다 (대법원 1994. 4. 20. 93누10972).

■ 제1차 징계위원회 개최사실을 위원회 개최 3일 전에 서면으로 통보받았다면 징계결의가 이루어진 제2차 징계위원회의 개최일시 및 장소를 개최직전에야 통보받았다 하더라도 이미 자신이 어떠한 사유로 징계위원회에 회부되어 있다는 사실을 알고 있는 상태이므로 소명의 준비를 할 시간적 여유가 없다고 할 수 없어 이 징계를 무효라고 할 만한 절차상의 하자는 없다(대법원 1994. 5. 13. 93다32002).

2. 징계절차 관련 쟁점별 해설

◀ 규정(취업규칙, 단체협약)된 징계절차를 거치지 아니한 경우

단체협약이란 노동조합과 사용자가 단체교섭을 통하여 근로조건의 기준 및 기타 사항에 관하여 체결한 협정을 말하는데, 노사 쌍방은 이를 성실히 준수이행할 의무가 있다.

그리고 취업규칙이란 근로자의 근로조건이나 복무규율에 대하여 사용자가 일방적으로 작성한 규칙을 말하는데, 사용자는 이에 대해서도 성실히 준수이행할 의무가 있다.

해고 등 근로자를 징계할 때에는 징계위원회를 구성하여 공정하게 심의하여야 한다거나, 피징계자에게 소명의 기회를 부여하여야 한다거나 하는 징계절차에 대해서는 근로기준법에 별도로 정하여져 있는 바가 없다. 따라서 이러한 절차적 요건은 사용자의 법률적 의무사항은 아니나 단체협약이나 취업규칙상에 징계사유, 징계종류, 그리고 징계절차 등 징계에 관한 규정을 두고 있는 것이 일반적이다.

이와 같이 단체협약이나 취업규칙 등에 징계절차에 관한 규정을 두고 있는 경우에 이러한 징계절차를 거치지 않고 징계하였다면 정당한 이유가 없는 한 이러한 징계권의 행사는 징계사유가 인정되는 부분에 관계없이 절차적 정의에 반하는 처분으로서 무효라고 할 것이다. 즉 ① 피징계자에게 인사위원회에서 서명할 기회를 부여하여야 한다는 규정이 있음에도 이러한 절차를 거치지 아니한 경우, ② 징계위원회의 결정을 거쳐 해고하여야 한다는 규정이 있음에도 징계위원회의 결정 절차를 거치지 아니한 경우, ③ 징계위원회의 구성에 노동조합의 대표자를 참여시키도록 되어 있음에도 불구하고 이를 위반하여 징계한 경우, ④ 조합간

부의 인사는 노동조합과 합의하여야 한다. 또는 사용자가 인사처분을 함에 있어 노동조합의 사전동의나 승낙을 얻어야 한다거나 노동조합과 인사처분에 관한 논의를 하여 의견의 합치를 보아 인사처분을 하도록 규정되어 있음에도 그 절차를 거치지 아니한 경우, ⑤ 회사의 인사결정에 이의가 있을 때는 이의서를 제출할 수 있으며 회사는 이의서 접수일로부터 7일 이내에 재심하여 그 결과를 통보하여야 한다는 규정에 따라 재심절차를 거쳐 해고처분의 당부를 확정지어야 함에도, 재심절차를 거치지 아니한 경우 등은 모두 징계절차상의 중대한 하자가 있는 경우에 해당되어 위와 같이 하자 있는 징계절차에 따라 처분된 징계조치는 모두 무효라고 할 것이다.

판 례

■ 회사의 징계절차를 규정한 인사규정에서 근로자를 징계하고자 할 때에는 징계대상자에게 필요적으로 변명의 기회를 부여할 것을 명하고 있는 경우에는 징계 통보의 시기와 방법에 대하여 특별한 규정이 없더라도 징계대상자에게 변명과 소명자료를 준비할 만한 상당한 기간을 두고 징계위원회의 개최일시와 장소를 통보하여야 하고, 이는 징계처분의 객관성과 공정성을 확보하기 위한 것으로서 이러한 절차를 거치지 아니하고 한 징계처분은 원칙적으로 효력을 인정할 수 없다(대법원 1995. 11. 14. 95누1422).

■ 1. 단체협약상의 인사협의(합의)조항이 사용자의 인사처분에 신중을 기하도록 노동조합이 의견을 제시할 수 있는 기회를 주도록 규정한 경우에는 그 절차를 거치지 않아도 인사처분의 효력에는 영향이 없지만, 사용자가 인사처분함에 있어 노동조합의 사전 동의나 승낙을 얻도록 하거나 노동조합과 인사처분에 관하여 의견이 합치를 보도록 규정한 경우에는 그 절차를 거치지 않은 인사처분은 무효이다.
2. 단체협약상의 인사협의(합의)조항의 문구상 노사 쌍방의 협상에 의한 최종적 합의로 채택된 협상력의 산물로서 노동조합 간부에 대해서는 사전 '합의'를, 조합원의 인사에 대해서는 사전 '협의'를 하도록 구분하여 사용하고

있다면 교섭당시 인사권에 대하여 제한의 정도를 달리한 것으로 보아야 하고, 노조원과는 달리 노조간부의 인사에 대해서는 노동조합과 의견을 성실히 교환하여 노사간에 '의견의 합치'를 보아 인사권을 행사하여야 한다는 뜻이라고 해석해야 한다.
(대법원 1993. 7. 13. 92다50263)

■근로자를 징계하기 위한 인사위원회의 개최일시 및 장소를 징계대상자들에게 통보한 것이 인사위원회가 개최되기 불과 10분 전인 촉박한 통보는 징계대상자에게 사실상 변명과 소명자료를 준비할 수 없게 만드는 것이어서 적법한 통보가 아니며, 징계대상자가 징계사유를 확인하고자 인사위원회에 출석, 진술을 하였다고 하더라도 스스로 징계에 순응하는 경우가 아닌 한 그 인사위원회의 의결에 기한 징계해고를 적법한 절차에 의한 징계권의 행사라고 할 수 없다(대법원 1994. 4. 26. 93누10972).

■1. 단체협약상 인사합의조항의 구체적 내용이 사용자가 인사처분을 함에 있어서 노동조합의 사전동의나 승낙을 얻어야 한다거나 노동조합과 인사처분에 관한 논의를 하여 의견의 합치를 보아 인사처분을 하도록 규정된 경우 그러한 절차를 거치지 아니한 인사처분은 원칙적으로 무효라고 할 것이나, 이 경우에도 근로자나 노동조합측에서도 스스로 이러한 사전합의 절차를 포기하였다는 등의 특별한 사정이 있는 경우에는 그 징계처분은 유효하다.
2. 사용자의 근로자에 대한 해고가 무효인 경우 근로자는 근로계약관계가 유효하게 존속함에도 불구하고 사용자의 귀책사유로 인하여 근로제공을 하지 못한 셈이므로 민법 제538조 제1항에 의하여 그 기간중에 근로를 제공하였을 경우에 받을 수 있었던 반대급부인 임금의 지급을 청구할 수 있다고 할 것이지만 해고가 없었다 하더라도 취업이 사실상 불가능한 상태가 발생한 경우라든가 사용자가 정당한 사유에 의하여 사업을 폐지한 경우에는 사용자의 귀책사유로 인하여 근로제공을 하지 못한 것이 아니므로 그 기간중에는 임금을 청구할 수 없다.
3. 사용자가 노동조합과 체결된 단체협약에 의하여 조합원의 인사에 대한 관여를 인정한 것은 사용자 스스로의 의사에 따라 사용자의 권한인 인사권에 제약을 가한 것이므로 그 효력은 협약규정의 취지에 따라 결정되며 이러

한 내용을 규정한 단체협약 규정이 인사권의 본질을 침해한 것으로 무효라 할 수 없다(대법원 1994. 9. 13. 93다50017).

■ 단체협약에 회사의 인사(징계)규정에 이의가 있을 때 노동조합과 해당 조합원은 10일 이내에 이의서를 제출할 수 있으며, 회사는 이의서가 접수된 날로부터 7일 이내에 재심을 하고, 회사는 재심에 앞서 조합과 해당 조합원의 의견을 듣는다고 규정되어 있는 경우, 해고된 근로자가 이의제출 기간 내에 이의서를 제출하였으면 회사는 단체협약에 따라 재심절차를 열어 거기에서의 결정에 따라 해고처분의 당부를 확정지어야 할 것임에도 해고처분이 그 구제 내지 확정절차로서의 재심을 전혀 생략한 하자를 갖고 있다면, 이러한 절차상의 하자는 재심절차의 기능, 그에 대한 징계대상자의 기대, 절차의 엄격성을 고려하면 현저히 절차정의에 반하는 것이므로 위 해고처분은 절차상의 중대한 하자가 있어 무효라고 할 것이다(대법원 1995. 3. 10. 94다33552).

그러나 일부 판례는 단체협약에 "회사는 노조간부에 대한 인사는 사전에 노조와 협의한다" 또는 "조합원의 인사 및 징계는 사전에 노동조합과 협의하여 행한다"라고 규정되어 있는 경우, 이와 같은 사전협의는 노동조합의 동의나 승인 또는 노동조합과 협의하여 결정하도록 함으로써 인사에 대하여 노동조합이 회사와 공동결정권을 가지거나 노동조합과의 합치된 의사에 따르게 하는 경우와는 달리 이는 노동조합의 간부에 대한 사용자의 자의적인 인사권행사로 인하여 노동조합의 정상적인 활동이 저해되는 것을 방지하려는 뜻에서 사용자로 하여금 노동조합의 간부 등에 대한 인사의 내용을 미리 노동조합에 통지하는 등 노동조합을 납득시키려는 노력을 하게 하고, 노동조합에 의견을 제시할 기회를 주게 하며, 아울러 노동조합으로부터 제시된 의견을 참고자료로 고려하게 하려는 것에 지나지 않는 것이라고 봄이 상당하므로, 노동조합의 간부에 대한 징계해고처분이 위와 같은 사전협의절차를 거치지 아니한 채 행해졌다고 하여 반드시 무효라고 볼 수 없으며, 또한 사용자가 노동조합의 사전협의 요청을 거절하였다고 하여 달리 볼 것은 아니므로 위 징계해고처분은 무효라고 볼 수 없다는 것이다.

판례

단체협약에 노동조합 간부의 인사에 대하여는 노동조합과 사전협의를 거치도록 한 취지는 단체협약 전체의 체계와 내용 및 노사의 관행에 비추어 노동조합의 간부에 대한 사용자의 자의적인 인사권 행사로 인하여 노동조합의 정상적인 활동이 저해되는 것을 방지하려는 뜻에서 사용자로 하여금 노동조합의 간부 등에 대한 인사의 내용을 미리 노동조합에 통지하는 등 노동조합을 납득시키려는 노력을 하게 하고, 노동조합에 의견을 제시할 기회를 주게 하며, 아울러 노동조합으로부터 제시된 의견을 참고자료로 고려하게 하려는 것에 지나지 않는 것이라고 봄이 상당하므로, 노동조합의 간부에 대한 징계해고처분이 위와 같은 사전협의를 거치지 아니한 채 행하여졌다고 하여 반드시 무효라고 볼 수는 없고, 사용자가 노동조합의 사전협의 요청을 거절하였다고 하여 달리 볼 것은 아니다(대법원 1995. 1. 12. 94다15653).

◆ 규정이 없는 경우의 징계절차

단체협약이나 취업규칙에 피징계자에게 소명의 기회를 부여하여야 한다는 등의 징계절차에 관한 규정이 있는 경우에는 이러한 절차를 거치지 아니한 징계처분은 앞에서 보는 바와 같이 유효하다고 할 수 없으나, 그러한 규정이 없는 경우에는 반드시 피징계자에게 소명의 기회를 부여하는 등 일반의 징계절차를 거쳐야 할 의무가 있는 것은 아니다라는 판례가 있다.

즉 근로자를 해고함에 있어서 단체협약이나 취업규칙 등의 징계관련 규정에 징계대상자의 출석 및 진술이 기회부여 등에 관한 절차가 규정되어 있지 아니한 경우에는 이와 같은 징계절차를 밟지 아니하고 해고

하였다 하더라도 그 징계를 무효라고 할 수 없다는 것이다. 취업규칙 등에 징계처분에 대한 절차로서 최초의 징계절차와는 달리 재심절차에 있어서 진술의 기회를 부여하여야 한다는 규정이 없는 경우에 재심절차 과정에 징계대상자에게 진술의 기회를 부여하지 않고 진행되었다고 하더라도 또한 그 징계를 무효라고 할 수 없다는 것이다.

판 례

■ 취업규칙 등 징계에 관한 규정에 징계혐의자의 출석 및 진술의 기회부여 등에 관한 절차가 규정되어 있지 않은 경우에는 그런 절차를 거치지 않아도 징계의 효력에는 영향이 없으므로 징계사유의 조사나 징계과정에서 별다른 절차를 밟지 않았다 하여 신의칙에 반한다 할 수 없다(대법원 1994. 9. 30. 93다26496).

■ 징계의결요구를 받은 경우 인사과는 징계의결요구서 접수일로부터 5일 이내에 징계대상자의 비행사실에 대하여 문답식으로 진술조서를 작성하여 상벌위원회에 회부하도록 한 상벌규정상의 진술조서 작성에 관한 규정은 그 문답과정에서 징계대상자가 그 혐의사실에 관하여 의견을 진술할 수는 있을 것이지만 어디까지나 징계위원회의 심의 편의를 위하여 둔 규정일 뿐이고, 징계대상자의 변명권을 부여한 규정이 아니므로, 이처럼 단체협약이나 취업규칙, 상벌규정 등에서 징계대상자의 변명권에 관하여 아무런 규정을 두고 있지 아니한 이상 이러한 변명의 기회를 부여하였는지 여부는 징계의 효력에 아무런 영향이 없다(대법원 1995. 3. 10. 94다14650).

■ 1. 근로기준법 제94조 소정의 취업규칙이라 함은 복무규율과 임금 등 근로조건에 관한 준칙의 내용을 담고 있으면 그 명칭을 불문하는 것으로서, 사용자는 같은 사업장에 소속된 모든 근로자에 대하여 일률적으로 적용되는 하나의 취업규칙만을 작성하여야 하는 것은 아니고, 근로자의 근로조건, 근로형태, 직종 등의 특수성에 따라 근로자 일부에 적용되는 별도의 취업규칙을 작성할 수 있으며, 이 경우 여러 개의 취업규칙을 합한 것이 근로기준법 제

94조 소정의 1개의 취업규칙으로 된다.
2. 이 경우 일용직 근로자에 대한 사규에는 정규 직원에 대한 사규와는 달리 징계절차에 대하여 아무런 규정도 두고 있지 아니하다면 정규 직원과는 달리 일용직 근로자에게 변명의 기회를 부여하는 등의 절차를 밟지 않았다고 하더라도 그 징계해고가 위법하지 아니하다고 본 사례
(대법원 1996. 2. 27. 95누15698)

또한 판례는 취업규칙 등에 형사상의 범죄로 유죄판결을 받았을 때 등은 당연면직된다는 규정을 두면서 일반의 징계해고제도와는 달리 아무런 절차규정을 두고 있지 않는 경우 당연퇴직 과정에 별도의 징계절차를 거쳐야 하는가가 문제될 수 있다. 이와 같이 취업규칙 등에 의하여 당연퇴직처분을 함에 있어서 징계처분 등과 같은 절차를 따로 거치지 않고 일정한 퇴직사유에 해당하기만 하면 바로 퇴직처리할 수 있도록 규정되어 있다면, 당연퇴직사유가 동일하게 징계사유로도 규정되어 있는 경우를 제외하고는 다른 일반의 징계과정과 마찬가지로 징계절차를 거쳐야 하거나 진술의 기회를 부여하여야 하는 것은 아니므로 징계처분과 같은 절차를 거치지 아니하고 퇴직처분하였다 하더라도 유효하며, 또한 당연퇴직사유가 실질적으로 징계사유로 보여지는 경우에도 달리 해석할 것은 아니다라는 것이다.

판 례

■1. 근로자가 교통사고를 내고 도주하여 특정범죄가중처벌 등에 관한 법률위반(도주차량)으로 구속 후 징역 8월의 선고유예판결이 확정되었고 이를 이유로 사용자측의 인사규정(당연면직)에 의하여 당연면직되었다면 그 면직과정에서 별도의 징계절차를 거쳐야 하거나 진술의 기회를 주어야 하는 것은 아니다.
2. 피징계자가 국가유공자예우 등에 관한 법률에서 정한 취업보호대상자라도 인사규정상 당연면직조항의 적용에서 배제되지 않고, 근로를 제공할 수

있는 신체적 조건을 갖추고 있다하여 당연면직대상에서 제외된다 할 수 없
고 인사규정에 근거하여 당연면직 조치한 것이 징계권을 남용한 것에 해당
하여 무효라고 할 수 없으며, 확정된 판결의 선고유예기간이 지났다고 하여
당연면직 조치가 위법하거나 무효로 된다고 할 수 없다.
(대법원 1993. 6. 29. 93다14165)

■사용자가 어떤 사유의 발생을 당연퇴직사유로 규정하고 그 절차를 통상의
해고나 징계해고와 달리 한 경우에 그 당연퇴직사유가 근로자의 사망이나
정년, 근로계약기간의 만료 등 근로관계의 자동소멸사유로 보여지는 경우를
제외하고는 이에 따른 당연퇴직처분은 근로기준법 제27조 소정의 제한을 받
는 해고라 할 것이고, 따라서 당연퇴직처분이 유효하려면 근로기준법 제27
조 제1항(현행 제30조 제1항 참조) 소정의 정당한 이유가 있어야 하는 것이
므로, 단체협약 등에서 당연퇴직사유에 대하여 다른 징계해고에 관한 절차
등을 거치도록 규정하고 있지 않더라도 근로기준법상의 해고제한 규정을 회
피하려는 것으로서 무효라고 할 수 없고, 당연퇴직사유가 동일하게 징계사
유로도 규정되어 있는 경우를 제외하고는 당연퇴직처분을 함에 있어서 다른
일반의 징계절차를 거쳐야 한다고 할 수 없으며, 이는 당연퇴직사유가 실질
적으로 징계사유가 보여지는 경우에도 달리 해석할 것은 아니다(대법원
1995. 3. 24. 94다42082).

소명의 기회 부여

단체협약에 "조합원을 징계하고자 할 때에는 징계위원회 개최 5일 전
에 해당 조합원에게 서면으로 통보하여야 한다"거나 "조합원을 해고 등
징계함에 있어서는 3일 전까지 통보하고 소명의 기회를 부여하여야 한
다"는 규정이 있는 경우, 이와 같은 소명기회의 취지는 해당 조합원으로
하여금 징계에 회부된 사유에 관한 변명을 준비할 기회를 주어 징계권
을 공정하고 합리적으로 행사하고자 함에 있다고 할 것이다.

판 례

■ 단체협약 등에서 조합원의 징계시 사전 통지와 진술권 부여를 의무조항으로 규정하고 있다면 이는 징계의 객관성과 공정성을 확보하기 위한 것으로서 징계의 유효요건이고, 징계 대상자가 구속중이라고 하여도 서면 또는 대리인을 통하여 징계절차에서 변명을 하고 소명자료를 제출할 이익이 있는 것이므로 사전 통지를 하지 아니함으로써 이러한 기회가 박탈되었다면 그 징계는 효력이 없다(대법원 1996. 9. 6. 95다16400).

그러나 예를 들어 단체협약에 조합원을 징계하고자 할 때에는 징계위원회 개최 5일 전에 당사자에게 통보하여야 한다고 규정하고 있는 경우, 징계를 받을 조합원에게 5일의 여유를 두지 아니하고 징계에 회부된 사실이 통보되었을 경우에도 피징계자가 스스로 징계위원회에 출석하여 출석통지절차에 대한 이의를 제기하지 않고 충분한 소명을 한 경우에는 그와 같은 절차상의 하자는 치유된다고 보아야 할 것이다. 그리고 비록 징계위원회가 개최되기 3시간 전에 통지를 받았기 때문에 변명 및 소명자료를 준비할 시간적 여유 없이 촉박하게 이루어진 것이어서 절차상 흠이 있다고 볼 수 있더라도, 징계대상자 스스로 징계위원회에 출석하여 위 통지가 촉박하게 이루어진 것이어서 부당하다라는 이의를 제기함이 없이 변명을 하고 소명자료마저 제출한 경우에는 이로써 그와 같은 절차상의 흠은 치유되어 결국 위 징계해고처분은 절차상으로 그 정당성을 갖춘 것이라고 보아야 할 것이다.

그러므로 소명기회를 부여하여야 한다는 징계절차에 관한 규정을 위반하였으나 실질적으로 변명의 기회를 가져 처분된 경우에는 징계절차의 위반문제는 발생되지 아니한다고 보아야 할 것이다.

판 례

■ 근로자 징계절차상 하자가 있음에도 근로자 스스로 인사위원회에 출석하여

충분한 변명의 기회를 가졌다면 절차상의 하자는 치유되고 자의로 사직서를 제출하고 이의 없이 퇴직금을 수령했다면 이로 인해 근로관계는 종료되었다고 볼 수 있으므로, 근로자의 귀책사유로 인해 회사에 근로를 제공할 수 없는 객관적인 상태에 있더라도 근로자의 임금청구는 받아들일 수 없다(대법원 1996. 9. 20. 96다23337).

■ 피징계자에게 단체협약 소정의 사전 통보기간보다 약간 짧은 기간을 두고 징계회부 사실이 통보되었을 경우에도 피징계자가 스스로 징계위원회에 출석하여 출석통지절차에 대한 이의를 제기하지 아니하고 충분한 소명을 한 경우에는 그와 같은 절차상의 하자는 치유된다고 보아야 할 것이다(대법원 1995. 3. 3. 94누11767).

절차위반의 하자 치유

취업규칙 등에 "근로자를 징계함에 있어서는 사전에 소명의 기회를 주어야 한다"는 규정이 있음에도 불구하고 여러 가지 이유로 소명의 기회를 부여하지 않고 징계위원회가 개최되고 징계처분이 결정된 경우에 이는 징계절차상 하자로 위 징계처분은 무효가 된다고 할 수 있다. 그러나 이와 같은 징계과정에 절차 위반이 하자가 있더라도 피징계자가 위 징계처분에 대한 재심을 청구하고 그 재심위원회에서 충분한 진술과 변명을 하였다면 위 징계위원회의 징계절차상의 하자는 치유되었다고 보아야 한다. 즉 징계처분에 대한 재심절차는 최초 징계절차와 함께 그 전부가 하나의 징계처분절차를 이루는 것으로서 그 절차의 정당성도 징계과정 전부에 관하여 판단되어야 하므로 최초의 징계과정에 절차 위반의 하자가 있더라도 재심과정에서 보완되었다면 그 절차 위반의 하자는 치유된다고 할 수 있다.

판례

■ 징계처분에 대한 재심절차는 원래의 징계절차와 함께 전부가 하나의 징계처분절차를 이루는 것으로 그 절차의 정당성도 징계과정 전부에 대해 판단되어야 할 것이므로 원래의 징계과정에서 절차위반의 하자가 있었더라도 재심과정에서 보완되었다면 그 절차 위반의 하자는 치유된다고 할 것이다(대법원 1993. 10. 26. 93다2958).

징계처분의 취소

사용자가 징계절차에 하자가 있거나 징계양정이 잘못된 경우 또는 징계사유의 인정에 잘못이 있음을 스스로 인정한 때에는 노동위원회의 구제명령이나 법원의 무효확인판결을 기다릴 것도 없이 스스로 징계처분을 취소할 수 있으며 나아가 새로이 적법한 징계처분을 하는 것도 가능하다고 본다. 즉 사용자의 근로자에 대한 징계처분은 근로자의 기업질서 위반행위에 대한 제재로서의 징벌이라고 할 수 있는 바, 단체협약이나 취업규칙 등에 징계에 관한 절차를 규정하고 있는 경우에는 그 절차를 지켜야 함에도 불구하고 그 징계절차를 밟지 않는 등의 징계절차의 하자가 있음을 이유로, 경징계대상자를 중징계처분을 하는 등의 징계양정의 재량한계를 일탈하였음을 이유로, 또는 위반행위에 대한 구체적인 사실관계의 조사확인 미흡으로 인한 징계사유 인정에 대한 잘못이 있음을 이유로 노동위원회의 결정이나 법원의 판결에 관계 없이 이미 징계처분이 이루어진 사안에 대하여 사용자는 스스로 그 징계처분을 취소할 수 있으며, 이 경우 최초의 징계처분을 취소하면 그 처분은 소급해서 무효로 되어 처음부터 해고처분이 없었던 것으로 되지만 그렇다고 하여 징계대상자에 대한 종전의 비위사실이 용서되거나 징계사유가 없어지는 것이 아니기 때문에, 그후 새로이 같은 사유 또는 새로운 사유를 추가하여 다시 징계처분을 한다고 하더라도 이는 일사부재리의 원칙이나 신의칙에 위배된다고 볼 수 없을 것이다.

판례

■ 사용자가 징계절차에 하자가 있거나, 징계양정이 잘못된 경우 또는 징계사유의 인정에 잘못이 있음을 스스로 인정할 때에는 노동위원회의 구제명령이나 법원의 무효확인판결을 기다릴 것 없이 스스로 징계처분을 취소할 수 있고, 나아가 새로이 적법한 징계처분을 하는 것도 가능하다 할 것이며, 이러한 경우 당초의 해고처분을 취소하면 그 처분은 소급하여 무효로 되어 처음부터 해고처분이 없었던 것과 같은 상태로 되므로, 사용자가 별도로 그 징계대상자를 원직에 복귀시켜야 할 의무를 부담하게 되는 것이 아니고, 또한 사용자인 회사가 징계절차에 하자가 있음을 스스로 인정하여 그 제1차 징계처분을 취소한 것을 일컬어 위 회사가 그 징계대상자에 대한 종전의 비리를 모두 용서한 것이라고 볼 수도 없다(대법원 1994. 12. 27. 94누11132).

또한 근로자의 해고무효확인소송의 결과 사용자의 최초의 징계처분이 무효라는 확정판결이 있는 경우에도 징계양정의 재량한계를 일탈한 경우에는 동일사유에 대하여 가벼운 징계처분으로 변경할 수 있고, 또한 징계절차상 하자가 있는 경우에는 이를 보완하거나 치유할 수 있도록 새로이 적법한 징계절차를 거쳐 징계권을 행사할 수 있다고 본다.

사전합의(사전동의)조항 위반의 징계

단체협약의 인사협의(합의)조항에 조합간부의 인사에 대하여는 '사전합의'를, 조합원의 인사에 대하여는 '사전협의'를 하도록 용어를 구분하여 사용하고 있다면, 교섭 당시 사용자의 인사권에 대하여 조합간부와 조합원을 구분하여 제한의 정도를 달리 정한 것으로 보아야 하고, 그 정도는 노조간부에 대하여는 조합원에 대한 사전협의의 경우보다 더 신중하게 노동조합측의 의견을 참작하여야 한다는 정도의 차이가 있는 것으로 볼 수는 없는 것이므로, 노조원에 대한 인사권의 신중한 행사를 위하여 단순히 의견수렴절차를 거치라는 뜻의 '사전협의'와는 달리 노조간부의 인사에 대하여는 노동조합과 의견을 성실하게 교환하여 노사간에 '의견의 합치'를 보아 인사권을 행사하여야 한다는 뜻에서 '사전합의'를 하도록 규정한 것이라고 해석하는 것이 타당하다.

따라서 노사협상의 산물로서 노동조합 간부에 대한 징계해고를 함에 있어 노동조합의 사전합의를 받도록 되었다 하더라도 이는 사용자의 노동조합 간부에 대한 부당한 징계권 행사를 제한하자는 것이지 사용자의 본질적 권한에 속하는 피용자에 대한 징계권 행사는 어디까지나 신의성실의 원칙에 입각하여 합리적으로 행사되어야 할 것인 바, 만약 노동조합측 징계위원이 징계위원회의 개최나 심의를 방해하거나 그 방해를 위하여 징계위원회 출석 자체를 거부하거나 출석하더라도 징계사유에 대한 정당한 의견제시를 하지 아니하고 중대한 징계사유가 있음이 명백하며 회사가 노동조합측과 사전합의를 위하여 성실하고 진지한 노력을 다하였음에도 불구하고 노동조합측이 합리적인 근거나 이유제시도 없이 무작정 징계에 반대함으로써 사전합의에 이르지 못하였다고 인정되는 경우에는, 이른바 합의거부권을 포기나 남용한 것이 되어 이러한 경우에는 사용자가 사전합의를 받지 아니하고 징계처분을 하더라도 그 징계는 유효하다고 보아야 할 것이다.

판 례

■ 인사합의조항이 노동조합 간부의 인사 및 징계 전반에 관하여 사전합의를 거치게 하고 있더라도 이는 사용자의 인사권을 제한한 것일 뿐 이를 근본적으로 부정하는 것이 아닌 이상 ① 노동조합측에 중대한 배신행위가 있고 이로 인하여 사용자측의 절차상의 흠결이 초래된 경우이거나, ② 회사에 대하

여 피징계자가 중대한 위법행위를 하여 직접적으로 막대한 손해를 입혔고, ③ 비위사실이 징계사유에 해당함이 객관적으로 명백하며, ④ 회사가 노동조합측과 사전 합의를 위하여 성실하고 진지한 노력을 다했음에도 노동조합측의 합리적인 근거나 이유 제시 없이 무작정 징계에 반대함으로써 사전합의에 이르지 못했다고 인정되는 경우에는 노동조합측이 합의거부권을 남용한 것이 되어 사용자가 이러한 합의 없이 한 해고도 유효하다(대법원 1993. 7. 13. 92다50263).

또한 단체협약에 노동조합 간부에 대한 징계해고를 함에 있어 노동조합의 사전동의를 받도록 정하여져 있는 경우에도 노동조합의 사전동의권은 사전합의권과 마찬가지로 사용자의 노동조합 간부에 대한 부당한 징계권 행사를 제한하자는 것이지 사용자의 본질적 권한에 속하는 피용자에 대한 징계권 행사 그 자체를 부정할 수는 없는 것이므로 이는 어디까지나 신의성실의 원칙에 입각하여 합리적으로 행사되어야 할 것이다. 따라서 피징계자에게 객관적으로 명백한 징계사유가 있고 이에 대한 징계를 함에 있어 사용자가 노동조합측의 동의를 얻기 위하여 성실하고 진지한 노력을 다하였음에도 불구하고 노동조합측이 합리적 근거나 이유제시도 없이 무작정 반대함으로써 동의거부권을 남용한 것이라고 인정되거나 노동조합측이 스스로 이러한 사전동의권의 행사를 포기하였다고 인정된다면 사용자가 노동조합측의 사전동의를 받지 못하고 징계처분을 하더라도 그 징계처분을 무효로 볼 수는 없을 것이다.

판 례

1. 단체협약상의 인사협의(합의)조항 소정의 노동조합의 의견제시절차를 거치지 않은 경우에 그 인사처분의 효력에는 영향이 없으나 노동조합의 사전동의나 승낙을 얻도록 규정하고 있는 경우에 그 절차를 거치지 않은 인사처분은 원칙적으로 무효이다.
2. 노동조합 간부에 대한 징계해고에 있어서 사전합의를 받도록 되어 있더

라도 이 사용자의 징계권 행사자체를 부정할 수는 없는 것이므로 신의성실의 원칙에 입각하여 합리적으로 행사되어야 하는 것이고, 만일 피징계자에게 명백하고 중대한 징계사유가 있음에도 불구하고 피징계자가 노동조합 간부라는 이유만으로 무작정 징계를 거부하는 행위를 한다면 이는 이른바 합의권의 포기나 합의거부권의 남용에 해당되어 사전합의를 받지 않았더라도 징계처분을 무효로 볼 수 없다.
(대법원 1993. 8. 24. 92다34926)

■1. 단체협약 등에 규정된 인사협의(합의)조항의 구체적 내용이 사용자가 인사를 함에 있어서 신중을 기할 수 있도록 노동조합이 의견을 제시할 수 있는 기회를 주어야 하도록 규정된 경우에는 그 절차를 거치지 아니하였다고 하더라도 이것만 가지고는 인사의 효력에 영향이 있다고 할 수 없을 것이지만, 사용자가 인사를 함에 있어 노동조합의 동의나 승낙을 얻어야 한다거나 노동조합과 논의를 하여 의견의 합치를 보아 인사를 하도록 규정된 경우에는 그 절차를 거치지 아니한 인사처분은 원칙적으로 무효라고 보아야 할 것이다.
2. 단체협약의 전체적인 체계 및 내용 등에 비추어 보면 조합원의 해고 문제는 노동조합과 합의하여야 한다는 단체협약 소정의 '합의'라는 용어는 회사와 노동조합의 합치된 의사에 따르게 함으로써 회사의 인사권이나 징계권을 전반적으로 제한하려는 취지에서 규정된 것이 아니고, 조합원에 대한 회사의 자의적인 인사권이나 징계권의 행사로 노동조합의 정상적인 활동이 저해되는 것을 방지하려는 취지에서 인사나 징계의 공정을 기하기 위하여 노동조합에게 필요한 의견을 제시할 기회를 주고, 제시된 노동조합의 의견을 참고로 하게 하는 취지라고 해석함이 상당하다.
3. 단체협약에 정하여진 해고에 관한 절차위반이 그 해고를 무효로 하느냐 여부는 일률적으로 말할 수는 없고 그 규정의 취지에 따라 결정되어야 할 것이고, 단체협약 규정상의 해고절차를 위반하여 처벌받았다 하여 그것만으로 반드시 당해 해고의 사법상 효력이 부정되는 것은 아니라 할 것이며, 해고예고의무를 위반한 해고라 하여도 해고의 정당한 이유를 갖추고 있는 한 해고의 사법상 효력에는 영향이 없고, 해고수당의 지급 여부도 해고의 효력을 좌우하는 것은 아니다.
(대법원 1994. 3. 22. 93다28553)

소명기회 포기시 징계

　징계과정에 징계대상자에게 출석케 하여 진술의 기회를 부여하도록 하는 것은 징계대상자로 하여금 자기에게 이익되는 사실을 진술하거나 증거자료를 제출할 수 있는 기회를 부여하는 데 목적이 있으므로, 징계위원회가 진술의 기회를 부여하였음에도 징계대상자가 진술권을 포기하거나 출석통지서의 수령을 거부하여 진술권을 포기한 것으로 간주되는 경우에는 징계대상자의 소명 없이 서면심사만으로 징계의결할 수 있다. 즉 취업규칙 등의 징계에 관한 규정에 피징계자의 출석 및 진술의 기회 부여 등에 관한 절차가 규정되어 있는 경우에 그러한 절차는 징계처분의 유효요건이지만, 그 규정의 취지는 징계대상자에게 징계혐의사실에 관하여 자신에게 이익되는 소명의 기회를 부여하여야 한다는 데 있고 소명 자체가 반드시 있어야 하는 것은 아니므로 그 기회를 부여하였는데도 소명하지 아니하고 징계대상자의 연기요청에 따라 징계위원회의 개최를 연기하였는데도 다시 연기요청을 하면서 출석하지 아니하는 등 스스로 진술의 기회를 포기한 것으로 간주되는 경우에는 징계대상자의 참석과 의견개진 없이 징계위원회를 예정대로 개최하여 징계의결을 하더라도 그 징계처분은 유효하다고 보아야 할 것이다.

판례

■ 징계위원회에서 징계대상자에게 징계혐의 사실을 고지하고 그에 대하여 진술한 기호를 부여하면 족한 것이지 그 혐의사실 개개의 사항에 대하여 구체적으로 발문을 하여 징계대상자가 이에 대하여 빠짐없이 진술하도록 조치하여야 하는 것은 아니다(대법원 1995. 7. 14. 94누11491).

■ 징계위원회가 징계혐의자에게 징계위원회의 출석통지서를 송부하여 충분한 진술을 할 수 있는 기회를 부여하려고 하였음에도 징계혐의자가 진술권을

포기하거나 출석통지서의 수령을 거부하여 진술권을 포기한 것으로 보게 되는 경우 징계위원회가 그 후에는 징계혐의자에게 징계위원회에의 출석통지를 할 필요없이 서면심사만으로 징계의결할 수 있다(대법원 1993. 12. 14. 93누14851).

■취업규칙 등의 징계에 관한 규정에 피징계자의 출석 및 진술의 기회부여 등에 관한 절차가 규정되어 있는 경우에는 그러한 절차는 징계처분의 유효요건이지만, 그 규정의 취지는 피징계자에게 징계혐의 사실에 관하여 자신에게 이익되는 소명의 기회를 부여하여야 한다는 데 있고, 소명 자체가 반드시 있어야 하는 것은 아니므로 그 기회를 부여하였는데도 소명하지 아니하고 연기요청을 하는 경우에는 연기요청에도 불구하고 피징계자의 참석과 의견 개진 없이 징계위원회를 예정대로 개최할 수 있다(대법원 1995. 5. 23. 94다24763).

징계위원회 구성

단체협약이나 취업규칙에 징계위원회 구성에 관하여 규정된 경우는 이를 반드시 지켜야 징계의 정당성이 확보될 수 있다.

징계위원회는 징계권의 공정하고 합리적 행사를 보장하기 위한 것이므로 징계위원회의 구성이 자체규정을 위반하거나 공정성과 합리성을 현저히 상실한 경우에는 징계사유 인정 여부와 관계 없이 절차에 반하는 것으로 무효가 될 것이다.

특히 징계사유와 관련된 자가 위원으로 참석할 경우 징계의 공정성을 기대하기에는 사회통념상 무리가 있다고 보여지므로 제척규정이 있는 경우에는 이를 반드시 이행하여야 할 것이다.

제 5 장 징계절차의 정당성 417

판 례

■ 피고조합의 징계위원회에 징계위원으로 참석하여 그 심의와 결정을 하였던 4명의 징계위원 중 2명은 피징계자에 대한 징계사유로 삼은 징계위원들에 대한 욕설, 폭언 등 피징계자의 행위로 인한 구체적인 피해자들로서 징계사유와 관련이 있는 자들이라고 할 것이고, 징계위원들의 제척을 규정한 운영규정 제94조는 징계권의 공정하고 합리적인 행사를 보장하기 위한 것이므로 이는 이른바 강행규정으로서 징계의 유효요건이라 할 것이고, 따라서 이러한 절차에 위반하여 원고에 대한 징계사유들 중의 구체적인 피해자라고 할 수 있는 사람들이 징계위원으로 들어가서 그 심의와 결정을 한 위 징계위원회는 그 구성에 중대한 잘못이 있고 그 잘못된 징계위원회의 징계결의에 기하여 이루어진 피고조합의 해임도 그 절차상 중대한 하자가 있게 되어 피징계자의 나머지 실체적 무효주장을 살펴볼 필요도 없이 무효이다(서울고법 1993. 10. 21. 92나67041).

■ 1. 지역의료보험조합운영규정 중 '징계위원회의 위원 중 징계혐의자의 친족이나 그 징계사유와 관계 있는 자는 그 징계사건의 심의에 관여하지 못한다'라는 제94조 규정의 취지는 피징계자의 친족이나 그 징계사유와 이해관계가 있는 자는 그가 피징계자와 이해를 같이 하는 자이거나 징계사유의 피해자인 사용자이거나를 불문하고 모두 제척시키려는 취지라고 보아야 한다.
2. 제척제도는 기피신청제도와는 달리 당사자의 신청이나 재판 등 특별한 절차를 거칠 필요 없이 제척원인이 있다는 사유만으로 당연히 당해 사건의 직무집행을 할 수 없는 제도이므로 제척원인이 있는 징계위원은 비록 그가 당연직 징계위원이고 또한 피징계자가 징계절차에서 그 징계위원에 대한 제척의 재판을 신청한 적이 없다고 하더라도 당해 사건의 직무집행으로부터 당연히 제외되어야 한다.
3. 징계위원의 제척을 규정한 지역의료보험조합운영규정 제94조는 공정하고 합리적인 징계권의 행사를 보장하기 위한 것으로서 이에 위반한 징계권의 행사는 징계사유가 인정되는 여부에 관계 없이 절차에 있어서의 정의에 반하는 것으로서 무효이다.
(대법원 1994. 10. 7. 93누20214)

■ 1. 지역의료보험조합 운영규정상 '징계위원회의 위원 중 징계혐의자의 친족이나 그 징계사유와 관계 있는 자는 그 징계사건의 심의에 관여하지 못한다'고 규정한 취지는 피징계자의 친족이나 그 징계사유와 관계 있는 자는 그가 피징계자와 이해관계를 같이 하는 자이거나 징계혐의사유의 피해자이거나를 불문하고 모두 제척시키려는 취지라고 보아야 한다.
2. 제척제도는 기피신청제도와는 달리 당사자의 신청이나 재판 등 특별한 절차를 거칠 필요 없이 제척원인이 있다는 사유만으로 당연히 당해 사건의 직무집행을 할 수 없는 제도이므로 제척원인이 있는 징계위원은 비록 그가 당연직 징계위원이고 피징계자가 징계절차에서 그 징계위원에 대해 제척의 재판을 신청한 적이 없다 하더라도 당해 사건의 직무집행으로부터 당연히 제외되어야 한다.
3. 징계위원의 제척을 규정한 지역의료보험조합운영규정 제94조는 공정하고 합리적인 징계권을 보장하기 위한 강행규정이라 할 것이므로 이에 위반한 징계권 행사는 징계사유가 인정되는 여부에 관계 없이 절차에 있어서는 정의에 반하는 것으로서 무효이다.
(대법원 1994. 11. 25. 93다56602)

■ 피고회사와 노조 사이에 징벌위원회 위원장을 윤번제로 운영하도록 되어 있을 뿐, 피고회사에서 처음으로 열리는 원고에 대한 징벌의 심의결정을 위한 징벌위원회의 경우 누가 먼저 위원회 위원장을 할 것인가에 대한 아무런 규정이 없으므로 피고회사 대표이사인 김용만은 노사의 합의에 의해 징벌위원회 위원장으로 선정된 것이 아니므로 적법한 위원장이라 할 수 없어, 김용만이 소집한 징벌위원회는 소집권한 없는 자에 의해 소집된 것이라 할 것이어서, 결국 이 사건 징계해고 의결은 징벌위원회 운영규정에 위배된 징벌위원회에 의해 이루어진 부적법한 의결이라 할 것이다(대법원 1996. 3. 12. 95다48711).

■ 사용자는 노동조합이 징계위원회의 구성원에 노조 대표를 포함시키기로 한 단체협약이 있는 상황에서 피징계자가 노동조합의 대표자인 경우, 단체협약의 취지가 노조 대표 중에서 징계위원을 위촉하여 징계위원회에 대한 노동조합의 참여권을 보장하기 위한 것인 이상 징계권자가 노동조합의 참여를

전혀 배제시킨 채 징계위원회를 구성하는 것은 허용되지 아니하고, 피징계자를 대행하여 노동조합을 대표할 권한이 있는 조합원을 가려내어 그를 징계위원으로 위촉하는 등의 방법으로 징계위원회에 노동조합의 참여를 보장하여야 한다고 한 사례(대법원 1997. 3. 25. 96다43416)

2. 징계해고의 효력발생시기

사용자는 근로자를 징계함에 있어서 해고사유가 정당하고 취업규칙이나 단체협약에 규정된 징계절차를 거치는 등 해고의 유효요건을 갖추어 근로자에게 해고 의사를 통지하였다고 하더라도 그 해고의 효력이 근로자가 통지를 받은 날에 곧바로 생기는 것은 아니다.

원칙적으로 사용자는 해고 대상 근로자에게 적어도 30일 전에 예고를 하여 그 기간이 경과하여야 한다. 다만, 그에 갈음하여 30일분 이상의 통상임금(해고예고수당)을 지급하면 그 지급시점에서 해고의 효력이 발생한다(근로기준법 제27조 2 제1항 본문).

다만, 천재·사변, 기타 부득이한 사유로 사업계속이 불가능한 경우, 근로자가 고의로 사업에 막대한 지장을 초래하였거나 재산상 손해를 끼쳤고 그러한 사유에 관하여 노동부장관의 승인을 얻은 경우에는 해고예고나 해고예고수당의 지급절차 없이 즉시 해고할 수 있다(근로기준법 제27조 2 제1항 단서).

부록

관계 서식

징계의결요구 신청서 (1)

인적사항		소 속	직 위	성 명
징계사항				
징계의결요구권자	의견			
	양정			

위와 같이 징계 의결을 요구함.

　　　　　　　　　　년　　월　　일

　　　　　　징계요구자 :　　　　㊞

　　　　　인사위원회 위원장　귀하

인사위원회 회부조서 (2)

인사위 제 호	20 . .	
심의대상자	성 명 성 명 성 명	직 위 직 위 직 위	부 서 부 서 부 서
회부안건	.

(내 용)

(회부이유)

상기 내용의 안건을 본 인사위원회에 회부하오니 처리하여 주시기 바랍니다.

20 년 월 일

인사위원회 간사 직책 성 명　　　㊞

관계 서식 425

심사조사서

공적 / 징계				
사 번		소 속		
직 위		성 명		
담당업무		성 별	남, 여	생년월일
입사일자	년 월 일			

공적 내용 (육하원칙)
징계

년   월   일

부 장   ㊞

인사위원회 출석통지서

소 속		직 위		성 명	
출석사유					
출석일시					
출석장소					
유의사항	1. 출석하실 때는 관련 사항에 대한 증빙이나 소명자료를 가지고 의사표시를 할 수 있습니다. 2. 사정에 의하여 출석하지 못할 때에는 인사위원회 개최 전날까지 도착하도록 의사표시를 서면으로 제출할 수 있으며 이 때 객관적으로 인정될 수 있는 증빙이 필요합니다. 3. 정당한 의사표시가 없거나 출석하지 않을 경우에는 아무런 의사표시가 없는 것으로 간주되며, 소명의 불충분으로 인하여 불리한 경우도 있을 수 있습니다.				

위와 같이 귀하의 출석을 통지합니다.

년　월　일

인사위원회 위원장　　㊞

귀 하

관계 서식 427

출석요청서

출석자성명		부 서	
급 호		출석명령일	20 . .

제 목 :

1. 상기의 건과 관련 당사 징계위원회에서는 귀하의 진술을 청취코자 하오니 20 년 월 일까지 임원 회의실로 출석하여 주시기 바랍니다.

2. 상기 출석 요청에 불응시 귀하가 징계위원회의 결정사항에 이의없는 것으로 인정됨을 알려드립니다.

주 식 회 사

징 계 위 원 장

출석요청서 수령확인증

징계위원회에서 본인에게 통보한 제87-   호 출석명령서를 수령하였음을 확인합니다.

수 령 일 시 : 20 년   월   일

수 령 자 :   ㉠

출석통지서 수령증

성 명 :

소 속 :

상기 본인은 징계위원회 출석통지서를 정히 수령하였음.

20 . . .

수 령 인   ㉙

징계의결서

	소 속	직 위	성 명
징계대상자			
의결요지			
사유			

　　　　　　　　　　년　월　일

　　　　　인 사 위 원 회

　　　　　　위원장　　　　㊞
　　　　　　위　원　　　　㊞
　　　　　　위　원　　　　㊞
　　　　　　위　원　　　　㊞
　　　　　　위　원　　　　㊞
　　　　　　위　원　　　　㊞

징계회의록		
일 시		
장 소		
참석자(징계위원)		
구분 \ 내용	회 의 내 용	

징계처분통지서

직 위	성 명	소 속

주 문	
(이 유)	

위와 같이 처분하였음을 통지함.

년   월   일

(기관명)   주식회사

(직위·성명) 사 장   ㊞

경 고 장

제   호

소 속 :
직 위 :
성 명 :

귀하에게 관련된 다음 사항은 사원으로서 시정되어야 할 사항이므로 각성을 촉구하며 이후 이러한 일이 없도록 엄중 경고함.

일 자	지 적 내 용	비 고

년   월   일

사 장   ㊞

관계 서식 433

시 말 서	결재	계	계장	과장	부장

소 속		성 명	
직 위		주민등록번호	

20 년   월   일

작성자 성명 :　　　　㊞

재심청구서

인적사항	소 속	직 책	성 명	입사일자	주민등록번호

징계건명	

재심청구이유	

위와 같이 청구합니다.

년 월 일

재심청구자　　　　㊞

소 속 장　　　　㊞

대한법률연구회가 만드는 생활법률의 기본지식 07

일·반·인·을·위·한

부당노동행위와 부당해고 생활법률의 기본지식

지은이/박영수
펴낸이/강선희
펴낸곳/가림M&B

기획·편집/장연수·이선희·김진호·홍경숙·손일호·이정아
인쇄/홍이인쇄
제본/원진제책사

등록/1999. 1. 18. 제5-89호
주소/서울 광진구 구의동 57-71 부원빌딩 4층
대표전화/458-6451　팩스/458-6450
인터넷 http://www.galim.co.kr
e-mail galim@galim.co.kr
천리안 ID galimmb

ⓒ GALIM M&B, 2000

저자와 협의에 의하여 검인을 생략함.

이 책의 무단 전재나 복제를 금합니다.
이 책의 자세한 내용의 판권 표시는 표지 날개에 있습니다.

ISBN 89-89107-08-3 13360

애독자카드

보내는 사람

☐☐☐-☐☐☐

우 표
지금 바로
보내 주십시오

좋은 책은 좋은 사람, 좋은 세상을 만듭니다.
가람기획사 · 가람M&B

⬚1⬚ ⬚4⬚ ⬚3⬚-⬚2⬚⬚0⬚⬚0⬚

서울특별시 광진구 구의동 57-71 부림빌딩 4층

☎ (02)458-6451·2 Ⓕ (02)458-6450

당신을 귀하신 독자회원으로 모십니다.
이 엽서는 도착되는 즉시 보다 충실한 내용과 세련된 편집을 위하여 편집자의 꼼꼼한 검토를 거쳐 좋은 사람, 좋은 세상을 만드는 데 소중한 자료가 됩니다. 구입해 주셔서 감사합니다.

이름		성별	
생년월일		직업	
학교(전공)		전화번호	
주소			
구입하신 책		구입하신 서점	
구독신문		구독잡지	

■ 이 책을 구입하게 된 동기는?
1. 광고 매체(광고 매체명 :   )
2. 신간안내 서평(구독 매체명 :   )
3. 서점에서 우연히 눈에 띄어서(서점명 :   )
4. 주위의 권유   5. 기타

■ 이 책에 대한 소감은? (내용·제목·표지·본문편집·가격 등)

■ 책을 선택하는 경향은?

■ 좋아하는 작가와 작품 (국내외 포함)

■ 가림·가림M&B에 바라는 말씀

* 생활법률의 기본지식에 관련된 개정사항과 법령 등에 관해 자세히 알고 싶은 경우 독자카드를 우송해 주시면 관련 자료를 보내 드립니다.
* 관련 자료들을 인터넷을 통해서 직접 다운로드 받아 보실 수도 있으며 전자우편을 통해 상담을 하실 수도 있습니다.
Web Site http://www.galim.co.kr.